普通高等学校"十一五"规划教材

经济法新编

主　编　唐立新　汪发元
副主编　凡启兵　吕传翠　王爱明

图书在版编目(CIP)数据

经济法新编/唐立新,汪发元主编.—武汉:武汉大学出版社,2009.1
(2017.1 重印)
普通高等学校"十一五"规划教材
　ISBN 978-7-307-06846-9

Ⅰ.经… Ⅱ.①唐… ②汪… Ⅲ.经济法—中国—高等学校—教材
Ⅳ.D922.29

中国版本图书馆 CIP 数据核字(2009)第 010310 号

责任编辑:高璐　王立伟　　责任校对:黄添生　　版式设计:马　佳

出版发行:**武汉大学出版社**　(430072　武昌　珞珈山)
　　　　（电子邮件:cbs22@whu.edu.cn　网址:www.wdp.com.cn）
印刷:虎彩印艺股份有限公司
开本:720×1000　1/16　印张:26.5　字数:500 千字　插页:1
版次:2009 年 1 月第 1 版　　2017 年 1 月第 6 次印刷
ISBN 978-7-307-06846-9/D·868　　定价:36.00 元

版权所有,不得翻印;凡购我社的图书,如有质量问题,请与当地图书销售部门联系调换。

前　言

由于国家经济发展迅速，很多法律法规都作了修改。为此，本教材依照修改后的新的法律法规，对内容作了重大调整和修改：新增了财会类本科生必须掌握的内容，删除了可以单独设立为一门课的劳动法、产品质量法、消费者权益保护法、税法，反不正当竞争法并入了知识产权法一章。

本版仍然采取了务实的作风，没有讨论经济法和各法律部门之间的关系，没有讨论经济法与行政法、民商法的区别和联系。根据经济类、管理类和财会类学生今后工作的特点，对这三个专业学生在工作中必须掌握的知识，作了重点讲解。本教材从我国经济发展的实际出发，力求把最实用、最新、最基础的与经济、管理和财会有关的法律知识传授给学生，真正做到让学生学有所获，学有所用，学有所长。在此需要特别说明的是鉴于合伙企业法的特殊性和重要性以及公司法的独立性，将企业法律基础知识和合伙企业法作为本书第一章，合称为企业法律制度，公司法作为本书第二章。

本书以务实的作风，紧扣经济发展的现实，特别注重经济法的基础理论、基本知识和全新法律、法规的介绍，注重学生基本技能的培养。内容新颖、操作性强、知识点突出是本书最大的特点。为此，本书以经济法基础知识、基本理论和基本技巧的掌握和运用为定位。

在本书的写作过程中，我们全体执笔人员力求做到全面、准确、新颖，但由于时间仓促，能力所限，疏漏不妥之处在所难免，请广大专家、同行批评指正。

本书由汪发元副教授统稿，分别由长江大学经济学院、管理学院和沙市大学担任经济法教学任务的教师分工合作编写。

凡订本教材的任课教师，如有需要，本教材主编赠多媒体课件一套，联系方式：13997633769，E-mill：wangfayuan315@sina.com。

目 录

第一章 企业法律制度 1
  第一节 企业和企业法概述 1
  第二节 合伙企业法 8

第二章 公司法 35
  第一节 公司和公司法概述 35
  第二节 有限责任公司 43
  第三节 股份有限公司的设立和组织机构 54
  第四节 公司债券、公司财务、会计 65

第三章 外商投资企业法 71
  第一节 外商投资企业法概述 71
  第二节 中外合资经营企业法 75
  第三节 中外合作经营企业法 81
  第四节 外资企业法 84

第四章 合同法 88
  第一节 合同法概述 88
  第二节 合同的订立 90
  第三节 合同的效力 95
  第四节 合同的履行 100
  第五节 合同的变更、转让和权利义务终止 105
  第六节 违约责任 111

第五章 担保法 117
  第一节 担保法概述 117
  第二节 保证 121

第三节　抵押 ·· 127
　第四节　质押 ·· 132
　第五节　留置权 ·· 133
　第六节　定金 ·· 135

第六章　知识产权法律制度 ·· 138
　第一节　著作权法 ·· 138
　第二节　专利法 ·· 153
　第三节　商标法 ·· 168
　第四节　反不正当竞争法 ·· 182

第七章　企业破产法 ·· 192
　第一节　破产法概述 ·· 192
　第二节　破产申请与受理 ·· 197
　第三节　债务人财产与管理人 ·· 204
　第四节　债权人会议 ·· 211
　第五节　重整程序 ·· 214
　第六节　和解制度 ·· 220
　第七节　破产清算程序 ·· 222

第八章　证券法 ·· 228
　第一节　证券法概述 ·· 228
　第二节　证券发行 ·· 230
　第三节　证券交易和上市公司的收购 ···································· 239
　第四节　证券交易所、证券中介机构和违法责任 ·························· 252

第九章　外汇管理法律制度 ·· 258
　第一节　外汇和外汇管理概述 ·· 258
　第二节　经常项目外汇管理和资本项目外汇管理 ·························· 260
　第三节　金融机构外汇业务管理、人民币汇率和外汇市场管理 ·············· 264
　第四节　违反外汇管理的法律责任 ······································ 266

第十章　支付结算法律制度 ·· 271
　第一节　支付结算概述 ·· 271
　第二节　票据结算之外的结算方式 ······································ 274

  第三节 结算纪律与责任……………………………………………… 299
  第四节 人民币银行结算账户管理制度……………………………… 304

第十一章 票据法 ……………………………………………………… 322
  第一节 票据法概述…………………………………………………… 322
  第二节 汇票…………………………………………………………… 341
  第三节 本票…………………………………………………………… 363
  第四节 支票…………………………………………………………… 366
  第五节 法律责任……………………………………………………… 372

第十二章 会计法 ……………………………………………………… 375
  第一节 会计法概述…………………………………………………… 375
  第二节 会计监督……………………………………………………… 377
  第三节 会计机构和会计人员………………………………………… 386
  第四节 违反会计法的法律责任……………………………………… 391

第十三章 经济仲裁和诉讼 ……………………………………………… 397
  第一节 经济仲裁……………………………………………………… 397
  第二节 涉外仲裁……………………………………………………… 402
  第三节 经济诉讼……………………………………………………… 407

参考书目 …………………………………………………………………… 415

第一章 企业法律制度

第一节 企业和企业法概述

一、企业的概念和分类

（一）企业的概念

1. 企业的概念

"企业"这个词最早是来自英语的 Enterprise 一词，其含义原为企图冒险从事某项事业，后来用以指经营组织或经营体。关于企业的概念，国内外至今还没有一个统一的表述。我们认为，企业是依法设立的，从事经营性活动并具有独立或相对独立的法律人格的组织。

2. 企业的特征

一般说来，企业具有如下特征：

（1）企业必须依法设立

这是企业的法律特征，也是企业开始活动的前提条件。首先，企业必须依法选择其组织形式。企业只能在法律规定的范围内选择自己的组织形式，而不能超越法定范围自定企业形式；其次，企业的建立必须具备法律所规定的实质要件，如满足注册资本的要求，有经营场所和从事经营的必要条件，有自己的企业名称等等；再次，企业的设立必须按照法律规定的程序进行，即必须具备相应的形式要件。如有的企业成立要经有关政府主管部门的批准并履行相关手续；只有经国家工商行政管理部门审核、登记并颁发营业执照后，企业才能有效成立。

总之，企业必须依照法律规定的设立条件和设立程序才能成立，并取得相应的权利能力和行为能力后，才能开始营业活动。在我国，公司企业依《公司法》设立，合伙企业依《合伙企业法》设立，个人独资企业则依《个人独资企业法》设立。

（2）企业具有组织性

企业是一个组织体，它是由多数个体按照一定规则组合而成的有机整体。

在企业内部有一个或多个出资人、管理者、劳动者;由内部契约和章程来确立相互之间的权利义务关系,分配利益和权力;他们有统一的意志,对外以一个主体身份出现,发生外部联系。企业是市场中独立的主体,是一种事实上和法律上的客观存在物。

作为组织体,企业的行为具有持续性,而不是一次性的或短期的生产经营和服务性活动。这一特征将企业与流动摊贩、临时合伙、一次性交易等非连续、非稳定性行为区分开,为社会经济的稳定有序发展提供了保障。

(3) 企业具有经营性

企业的经营性,是指它基于一定的经济目的进行筹划运作,考虑投入产出,重视经济核算,借以参与社会的经济、文化等活动。企业经营的目的一般是为了营利,即为了获得利益并将所得利益分配于成员。

但是,经营性不等于营利性。大多数企业从事的是营利性经营(这种企业一般被称为商事企业),但也有的企业从事政策性或公益性经营,如政府设立的水、电等公用企业、政策性银行等,这类企业不以营利为目的或主要不以营利为目的,其经营的目的是为了追求某种社会效益。

经营性也不等于经济性。在市场经济发达的国家和地区,企业不一定直接参与社会再生产活动,它也可以通过从事文化、教育、艺术、体育等活动来实现营利的目的。

(4) 企业具有独立或相对独立的法律人格

这是对企业法律地位的概括。不同的企业类型,其法律地位各不相同。个人独资企业是一个经营实体,它具有自己的名称或商号,以企业的名义从事生产经营活动,甚至可以参与法律诉讼,但它不是企业法人。企业法人的重要特征之一就是以法人财产独立地对外承担有限责任,个人独资企业既无独立财产,对外又承担无限责任,因此它不具备独立的法人资格,而只是自然人个人进行商业活动的一种特殊形态。

我国的《合伙企业法》没有直接规定合伙企业的法律地位。一般认为,在我国,合伙企业不是法人,而是在自然人、法人之外的特殊的一种独立的法律主体——自然人企业;合伙人对合伙企业的债务承担无限连带责任。

公司企业则属法人企业,具有独立的法律人格,具有表现为公司的财产和债务责任与股东的个人财产和责任是完全分开的,企业拥有可以独立支配的财产,并以其所有的全部财产对企业债务承担责任。

然而,即使是非法人企业,法律仍赋予其一定的主体资格。企业有固定的经营场所,可以以企业自己的名义签订合同,对外进行经营活动,可以以自己的名义起诉和应诉,在财产和责任的承担上也表现为相对的独立性。我国《合伙企业法》第19条规定:"合伙企业存续期间,合伙人的出资和所有以合伙名义取得的收益均为合伙企业的财产。合伙企业的财产由全体合伙人依照本法共同管理和使用。"该法第39条进一步规定："合伙企业对其债务，应先以其全部财产进行清偿。合伙企业财产不足清偿到期债务的，各合伙人应当承担无限连带清偿责任。"这表明，合伙企业尽管对企业的财产没有所有权，但其财产仍具有浓厚的"团体"色彩，由全体合伙人共有；在债务责任的承担上，优先以企业财产清偿，合伙人个人承担的只是补充责任。

(二) 企业的分类

1. 个人独资企业、合伙企业和公司企业

这是依企业的组织形式的不同对企业进行的最基本的法律上的分类。个人独资企业是指依照《个人独资企业法》在中国境内设立，由一个自然人投资，财产为投资人个人所有，投资人以其个人财产对企业债务承担无限责任的经营实体。合伙企业，是指依照《合伙企业法》在中国境内设立的由合伙人订立合伙协议，共同出资、合伙经营、共享收益、共担风险，并对合伙企业债务承担无限连带责任的营利性组织。公司是指依照《公司法》设立的以营利为目的的企业法人。

2. 内资企业和外商投资企业

这是我国依企业投资者是否具有涉外因素对企业进行的分类。

外商投资企业，亦俗称"三资企业"，包括中外合资经营企业、中外合作经营企业、外资企业三种形式，是指依据中国法律在中国境内设立的，由外商投资者单独直接投资或者外商投资者和中国投资者共同投资的企业。这里的中国内地投资者包括中国内地的公司、企业和其他经济组织，外商投资者包括外国和港澳台地区的公司、企业和其他经济组织和个人。企业全部由中国内地投资者举办的，则为内资企业。

3. 全民所有制企业、集体所有制企业、私营企业和混合所有制企业

全民所有制企业是指由国家出资举办的，企业全部资产归国家所有的经济组织。全民所有制企业是我国国民经济的主导力量。集体所有制企业是指企业资产归集体所有的经济组织。私营企业是指由自然人投资设立或由自然人控股，以雇佣劳动为基础的营利性经济组织。混合所有制企业是指跨所有制成分组成的企业，如中外合资经营企业、中外合作经营企业。

4. 大型企业、中型企业和小型企业

这是根据企业生产经营规模的大小所做的一种分类。各国对于大中小型企业的划分标准有很大不同，并且由于经济的发展变化，这些标准也在不断地调整，如有的国家侧重于企业的生产销售总额，有的国家侧重于企业的利润、固定资产原值，还有的要参考企业职工的数量。

以上述标准对企业分类可以衡量一个企业对社会经济的影响程度。在法律

上，这样划分的意义在于国家可以据此区分不同规模的企业在国民经济中的作用，从而采取不同的政策和改革措施，以调整经济结构，促进资源的合理配置。在企业改革中，国有大中型企业是改革的重点。

5. 工业企业、商业企业、交通运输企业、金融企业等

这是依企业主要营业的性质为划分标准的一种分类。据此企业还可以分为邮电、农林、水利、地质勘探、建筑安装、外贸、物质、保险、旅游、餐饮等行业。

这种划分有利于加强行业管理。

6. 法人企业和非法人企业

这是依企业法律地位的不同所做的一种分类。符合法人条件，依法取得法人资格的企业为法人企业；不符合法人条件，依法不能取得法人资格的企业为非法人企业。公司是典型的法人企业，而独资企业、合伙企业则属自然人企业，是非法人企业。

这种分类可以直接反映出企业的法律地位，明确企业与投资人的财产关系和责任关系。另外，根据企业行政隶属关系，企业可分为中央企业和地方企业。根据其他标准，企业还可分为人合企业和资合企业；公用企业和非公用企业等。

二、企业法的概念

企业法的概念在世界范围内仍是争论不休的。世界上没有制定过一部统一的名称为企业法的法律。甚至在有的国家和地区的理论和实践中不存在"企业法"这一法律术语。法的定义性研究仅仅只能适用于一个国家或一带地区，没有普遍性。

在我国，现今关于"企业法"的理解也有广义和狭义之分。广义的企业法，是指调整国家管理企业，以及企业在生产经营或服务性活动中所发生的经济关系法律规范的总称。这一含义的企业法既有纵向关系即国家与企业之间的管理关系，也有横向关系即企业在生产经营或服务性活动中所发生的经济关系。如此，其范围大致与"纵横统一论"观点的经济法的外延相当。广义企业法是个十分庞大的体系，与划分法律部门和分支的方法不同，它不以某种特别性质的社会关系为对象，并以企业这种社会关系主体为基础建立，而由企业介入社会关系的广度和深度所决定。此种意义上的企业法必然与调整各种特定法律关系的法律部门或单行法规整体地或局部地交叉或重合。因而这样的企业法从来没有也永远不会实化为一个独立的、体系完整的内容确定的法律部门法典性文件，而最多不过是一个由若干法律规范综合而成的一个抽象或观念化的体系。

狭义的企业法是关于企业设立、变更、解散、组织机构与管理、成员权利与义务以及其对内对外关系的法律规范的总称，因而它是有关企业的组织法。它以企业为规范的对象，主要调整以下社会关系：

1. 国家对企业的经济管理关系

指国家在管理经济过程中与企业之间发生的管理与被管理的关系。在现代市场经济中，企业是最基本的市场主体。国家为了行使管理经济的职能，协调经济运行，必须通过法律对企业的组织与行为进行指导、协调、监督以及必要的审查和批准，在此过程中发生的国家及国家有关经济管理部门与企业之间的经济管理关系均属于企业法调整的范围。

2. 企业的内部组织关系

指企业在设立、活动、变更及终止过程中发生的企业与出资人、企业组织机构之间以及出资人、企业组织机构之间的社会关系。这种组织关系就内容而言，既包括企业内部各方之间的分工协作、互相制约的关系，也包括企业内部的管理与被管理的关系；就性质而言，企业内部组织关系主要是财产关系的内容，如企业与出资人之间发生的有关利润分配的关系，同时也包括某些同财产关系密切联系的人身关系的因素，如企业因其设立而具有的名称权等内容的人身权。

3. 企业部分经营活动所产生的经济关系

指与企业的组织特点直接相关的，企业对内和对外从事经营活动所发生的财产关系或经济关系。企业的经营活动很多，所发生的经济关系范围也很广，但并不是企业全部经营活动中所发生的经济关系都由企业法调整。总的来讲，企业的经营活动分为两类，一类是普通的业务活动，如买卖、运输、制造、承揽等；另一类是与企业的组织特点直接相关的业务活动，主要指公司股票的发行、交易，企业债券的发行转让等，这种活动一般只有企业甚至在大多数情况下只有公司企业才能从事。各国企业法一般只调整企业的第二类经营活动所产生的经济关系。企业普通的经营活动中产生的经济关系则不属于企业法调整的范畴，而由其他部门法如合同法、贸易法、代理法等加以调整。另外，即使对于企业的第二类特有的经营活动，各国企业法（主要是公司法）的调整范围也不尽相同。我国公司法对公司的股票发行与交易以及公司债券的发行与交易问题仅做了原则规定，至于股票、债券发行与上市交易的具体规则则由有关的证券立法加以规定。

企业法除了上述广义的企业法和狭义的企业法之外，还有如下两种分类：

1. 组织的企业法和规制的企业法，这是按企业法的内容所作的分类。组织的企业法是指规定企业的发起、设立、组织结构、权利义务的法律规范，与第一种分类中的狭义的企业法相同；规制的企业法是指国家以维护社会公共福利及交易秩序为目的对企业的营业自由进行干涉的法律规范，规制的企业法是广义企业法中非有关企业组织的规定，如关于反垄断法、物价法、消费者权益保护法等。

2. 特别的企业法和普通的企业法。这是按企业法律规范的实用范围而作的分类。特别的企业法是指那些针对某些类型的企业的特殊性所作的特别规定的法律。如对国有企业、公用企业、国防企业等特殊类型的企业以及一切国家认为应执行特殊政策的企业类型所制定的法律；普通企业法是指适用于一切企业的法律。特别企业法既包括企业组织法的因素又包括企业规制法的因素，主要是企业规制法的因素。普通企业法则分为组织的企业法和规制的企业法两类，前者由个人独资企业法、合伙企业法和公司法组成，后者即是上述提及的规制的企业法。

三、我国企业立法的历史和现状

(一) 新中国成立初期至"文化大革命"前的企业立法

中华人民共和国成立后，废除了国民党政府颁行的一切法律。新中国成立初期，为了保护有利于国计民生的工商业，鼓励私营企业经营的积极性并扶助其发展，中央人民政府于1950年和1951年分别颁布《私营企业暂行条例》和《私营企业暂行条例实施办法》，1954年《公私合营工业企业暂行条例》。

1956年对私营经济的社会主义改造完成后，私营公司和公私合营公司不复存在。自此至1979年，传统的公司形式在我国消失。从1957年到"文化大革命"前，我国颁布了若干企业法规，并根据这些法规，按行业或者产品组建和发展了一些后被称为"行政性公司"的兼具生产经营和行政管理职能的国有公司。

(二) 改革开放后至《公司法》颁布前的企业立法

中国共产党十一届三中全会以后，我国进入了社会主义现代化建设的新时期，企业立法也得到迅速发展。这一时期的企业立法与经济体制改革密切相联，着眼于转换企业经营机制、增强国有企业的活力和吸引外资的能力。至《公司法》颁布前，主要有以下几方面内容：

1. 关于全民所有制企业的立法：《全民所有制工业企业厂长工作条例》（1986年）、《全民所有制工业企业职工代表大会条例》（1988年）、《全民所有制工业企业承包经营责任制暂行条例》（1988年）、《全民所有制小型工业企业租赁经营责任制暂行条例》（1988年）、《全民所有制工业企业转换经营机制条例》（1992年）等。其中，1988年颁布的《全民所有制工业企业法》是我国国有企业的一部基本法律，发挥了重要作用。

2. 关于集体所有制企业和私营企业的立法：《中华人民共和国乡村集体所

有制企业条例》（1990年）、《中华人民共和国城镇集体所有制企业条例》（1991年）、《私营企业暂行条例》（1988年）等。

3. 关于外商投资企业的立法：《中外合资经营企业法》（1979年通过，1990年修改）、《外资企业法》（1986年）、《中外合作经营企业法》（1988年）、《中外合资经营企业法实施条例》（1983年）、《关于鼓励外商投资的规定》（1986年）、《外商企业法实施细则》（1990年）、《中外合作经营企业法实施细则》（1995年）等。

4. 关于企业登记管理的立法：《中华人民共和国企业法人登记管理条例》及其《实施细则》（1988年）、《企业名称登记管理规定》（1991年）等。

5. 关于股份制试点企业的立法：《股份制企业试点办法》、《股份有限公司规范意见》、《有限责任公司规范意见》（1993年）、《股票发行与交易管理暂行条例》（1993年）等。

(三)《公司法》颁布后的企业立法

1993年12月29日，第八届全国人大常委会第五次会议通过了《中华人民共和国公司法》，自1994年7月1日起施行。1999年12月25日，第九届全国人大常委会第十三次会议通过了《关于修改〈中华人民共和国公司法〉的决定》。《公司法》的颁布，不仅是我国公司立法的重大成就，更重要的是，它对我国经济体制改革意义深远，标志着我国的经济体制改革进入了一个新阶段，同时也为了建立适应市场经济需要的我国现代企业法律体系奠定了基础。《公司法》施行后，又颁布了一系列与《公司法》配套的法规、行政规章，主要包括：1994年6月24日国务院发布的《中华人民共和国公司登记管理条例》；1994年8月4日国务院发布的《关于股份有限公司境外募集股份及上市的特别规定》；1995年1月10日国家对外经济贸易部发布的《关于设立外商投资股份有限公司若干问题的暂行规定》；1996年1月2日国务院发布的《关于股份有限公司境内上市外资股的规定》等。

《公司法》的颁布为我国的企业立法提出了一个不同于以往的所有制立法的新的立法思路，即依企业资本构成和投资者责任形式为标准进行企业立法，预示着一个全新的企业立法体系的建立。在这一思路下，1997年2月23日，第八届全国人大常委会通过了《合伙企业法》。1999年8月30日，第九届全国人大常委会通过了《个人独资企业法》。

2004年8月28日，第十届全国人民代表大会常务委员会第十一次会议通过了《关于修改〈中华人民共和国公司法〉的决定》，《公司法》进行了第二次修正；2005年10月27日，中华人民共和国第十届全国人民代表大会常务委员会第十八次会议修订通过了新的《中华人民共和国公司法》，并于2006年1月1日起施行。该法的修订和实施是我国法制建设的一件大事。它对于确定公司的法律地位，规范公司的组织和行为，建立现代企业制度，维护社会经济秩序，促进社会主义市场经济的发展，具有重要的现实意义。

（四）我国企业立法的特点

总结我国企业立法的历史，可以看出如下几个明显的特征：

1. 立法服务于我国的经济体制改革尤其是企业改革。企业改革的每一步进程都会有有关的法律、法规或规章产生。企业改革20多年来，改革的目标和方向越来越明确，改革的理论越来越成熟，有关的企业立法也越来越完善。

2. 依所有制和行业标准进行企业立法。依此标准，我国制定了《全民所有制工业企业法》等基本法律。《公司法》的颁布，为我国提出了一种新的企业立法标准，即资本构成和责任形式标准，并依此标准颁布了《合伙企业法》、《个人独资企业法》。但依所有制标准制定的法律、法规仍然有效，这就是说，我国目前存在着两种标准的企业立法体系。

我国的企业立法仍存在立法技术上的缺陷，如可操作性差、各部门立法难以衔接甚至相互矛盾等。

第二节 合伙企业法

一、合伙企业法概述

（一）合伙的概念

合伙，是指两个以上的人为着共同目的，相互约定共同出资、共同经营、共享收益、共担风险的自愿联合。合伙应是一种以合同关系为基础的企业组织形式。

（二）合伙企业的概念及分类

1. 合伙企业的概念

合伙企业，是指自然人、法人和其他组织按照《中华人民共和国合伙企业法》（下称《合伙企业法》）在中国境内设立的普通合伙企业和有限合伙企业。

2. 合伙企业的分类

合伙企业分为普通合伙企业和有限合伙企业。普通合伙企业由普通合伙人组成，合伙人对合伙企业债务承担无限连带责任。《合伙企业法》对普通合伙人承担责任的形式有特别规定的，从其规定。有限合伙企业由普通合伙人和有限合伙人组成，普通合伙人对合伙企业债务承担无限连带责任，有限合伙人以其认缴的出资额为限对合伙企业债务承担责任。

(三) 合伙企业法的概念和基本原则

1. 合伙企业法的概念

合伙企业法有广义和狭义之分。狭义的合伙企业法,是指由国家最高立法机关依法制定的、规范合伙企业合伙关系的专门法律,即《中华人民共和国合伙企业法》。该法于1997年2月23日由第八届全国人民代表大会常务委员会第二十四次会议通过,2006年8月27日第十届全国人民代表大会常务委员会第二十三次会议修订。广义的合伙企业法,是指国家立法机关或者其他有权机关依法制定的、调整合伙企业合伙关系的各种法律规范的总称。因此,除了《合伙企业法》外,国家有关法律、行政法规和规章中关于合伙企业的法律规范,都属于合伙企业法的范畴。

第一,采取合伙制的非企业专业服务机构的合伙人承担责任形式的法律适用问题。《合伙企业法》规定,非企业专业服务机构依据有关法律采取合伙制的,其合伙人承担责任的形式可以适用《合伙企业法》关于特殊的普通合伙企业合伙人承担责任的规定。非企业专业服务机构,是指不采取企业(如公司制)形式成立的、不以营利为目的的、以自己专业知识提供特定咨询等方面服务的组织,如律师事务所、会计师事务所等专业服务机构。

第二,外国企业或者个人在中国境内设立合伙企业的管理办法问题。《合伙企业法》规定,外国企业或者个人在中国境内设立合伙企业的管理办法由国务院规定。外国企业,是指依照外国法律在中国境外设立的企业。外国个人即外国自然人,是指不具有中华人民共和国国籍者。《合伙企业法》没有禁止外国企业或者个人在中国境内设立合伙企业,但具体的诸如一些程序性的问题等,需要由国务院作出具体的规定。

2. 合伙企业法的基本原则

《合伙企业法》遵循下列基本原则:

(1) 协商原则。合伙协议是合伙人建立合伙关系,确定合伙人各自的权利义务,使合伙企业得以设立的前提,也是合伙企业的基础。合伙协议依法由全体合伙人协商一致、以书面形式订立。

(2) 自愿、平等、公平、诚实信用原则。订立合伙协议、设立合伙企业,应当遵循自愿、平等、公平、诚实信用原则。自愿原则,是指全体合伙人充分表达自己的真实意志,根据自己的真实意愿作出签订合伙协议、设立合伙企业的意思表示。平等原则,是指全体合伙人在签订合伙协议、设立合伙企业的过程中,具有平等法律地位、享受平等的法律待遇以及享有平等的法律保护。公平原则,是指全体合伙人应当本着公平的观念实施自己的行为,同时,司法机关也应当本着公平的观念处理有关纠纷。诚实信用原则,是指全体合伙人在签订合伙协议、设立合伙企业的过程中,讲诚实、守信用,以善意的方式处理有关问题。

（3）守法原则。合伙企业及其合伙人必须遵守法律、行政法规，遵守社会公德、商业道德，承担社会责任。

（4）合法权益受法律保护原则。合伙企业及其合伙人的合法财产和权益受法律保护。这主要包括两方面的内容：一是受法律保护的对象是合法的财产和权益，也就是合伙企业及其合伙人财产应属于合法占有的财产，其权益也属于依法所享有的权益。二是严禁任何单位和个人侵犯合伙企业及其合伙人合法占有的财产和依法应享有的权益。

（5）依法纳税原则。按照国家有关税收规定，由合伙人分别缴纳所得税。合伙企业的生产经营所得和其他所得，是指合伙企业从事生产经营以及与生产经营有关的活动所取得的各项收入。合伙企业不缴纳企业所得税。

二、普通合伙企业

（一）普通合伙企业的概念

普通合伙企业，是指由普通合伙人组成，合伙人对合伙企业债务依照《合伙企业法》规定承担无限连带责任的一种合伙企业。普通合伙企业具有以下特点：

（1）由普通合伙人组成。所谓普通合伙人，是指在合伙企业中对合伙企业的债务依法承担无限连带责任的自然人、法人和其他组织。《合伙企业法》规定，国有独资公司，国有企业、上市公司以及公益性和事业单位、社会团体不得成为普通合伙人。

（2）合伙人对合伙企业债务依法承担无限连带责任，法律另有规定的除外。所谓无限连带责任，包括两个方面：一是连带责任。即所有的合伙人对合伙企业的债务都有责任向债权人偿还，不管自己在合伙协议中所承担的比例如何。一个合伙人不能清偿对外债务的，其他合伙人都有清偿的责任。但是，当某一合伙人偿还合伙企业的债务超过自己所应承担的数额时，有权向其他合伙人追偿。二是无限责任。即所有的合伙人不仅以自己投入合伙企业的资金和合伙企业的其他资金对债权人承担清偿责任，而且在不够清偿时还要以合伙人自己所有的财产对债权人承担清偿责任。

所谓法律另有规定的除外，是指《合伙企业法》有特殊规定的，合伙人可以不承担无限连带责任。按照《合伙企业法》中"特殊的普通合伙企业"的规定，对以专业知识和专门技能为客户提供有偿服务的专业服务机构，可以设立为特殊的普通合伙企业。在这种特殊的普通合伙企业中，对合伙人在执业活动中因故意或者重大过失造成合伙企业债务的，应当承担无限责任或者无限连带责任，其他合伙人以其在合伙企业中的财产份额为限承担责任；对合伙人在执业活动中非故意或者重大过失造成的合伙企业债务以及合伙企业的其他债务，全体合伙人承担无限连带责任。对合伙人执业活动中因故意或者重大过失造成的合伙企业债务，以合伙企业财产对外承担责任后，该合伙人应当按照合伙协议的约定对给合伙企业造成的损失承担赔偿责任。

(二) 合伙企业的设立

1. 合伙企业的设立条件

根据《合伙企业法》的规定，设立合伙企业，应当具备下列条件：

(1) 有两个以上合伙人。合伙人为自然人的，应当具有完全民事行为能力。合伙企业合伙人至少为两人以上。对于合伙企业合伙人数的最高限额，我国《合伙企业法》未作规定，完全由设立人根据所设企业的具体情况决定。

关于合伙人的资格，《合伙企业法》作了以下限定：①合伙人可以是自然人，也可以是法人或者其他经济组织。如何组成，除法律另有规定外不受限制。②合伙人为自然人的，应当具有完全民事行为能力。无民事行为能力人和限制民事行为能力人不得成为合伙企业的合伙人。③国有独资公司、国有企业、上市公司以及公益性和事业单位、社会团体不得成为普通合伙人。

(2) 有书面合伙协议。合伙协议，是指由各合伙人通过协商，共同决定相互间的权利义务，达成的具有法律约束力的协议。合伙协议应当依法由全体合伙人协商一致，以书面形式订立。

合伙协议应当载明下列事项：合伙企业的名称和主要经营场所的地点；合伙目的和合伙经营范围；合伙人的姓名或者名称、住所；合伙人的出资方式、数额和缴付期限；利润分配、亏损分担方式；合伙事务的执行；入伙与退伙；争议解决办法；合伙企业的解散与清算；违约责任等。合伙协议经全体合伙人签名、盖章后生效。合伙人依照合伙协议享有权利、履行义务。修改或者补充合伙协议，应当经全体合伙人一致同意；但是，合伙协议另有约定的除外。合伙协议未约定或者约定不明确的事项，由合伙人协商决定；协商不成的，依照《合伙企业法》和其他有关法律、行政法规的规定处理。

(3) 有合伙人认缴或者实际缴付的出资。合伙协议生效后，合伙人应当按照合伙协议的规定缴纳出资。合伙人可以用货币、实物、知识产权、土地使用权或者其他财产权利出资，也可以用劳务出资。合伙人以实物、知识产权、土地使用权或者其他财产权利出资，需要评估作价的，可以由全体合伙人协商确定，也可以由全体合伙人委托法定评估机构评估。合伙人以劳务出资的，其评估办法由全体合伙人协商确定，并在合伙协议中载明。合伙人应当按照合伙协议约定的出资方式、数额和缴付期限，履行出资义务。以非货币财产出资的，依照法律、行政法规的规定，需要办理财产权转移手续的，应当依法办理。

（4）有合伙企业的名称和生产经营场所。普通合伙企业应当在其名称中标明"普通合伙"字样，其中，特殊的普通合伙企业，应当在其名称中标明"特殊普通合伙"字样，合伙企业的名称必须和"合伙"联系起来，名称中必须有"合伙"二字。

（5）法律、行政法规规定的其他条件。

2. 合伙企业的设立登记

根据《合伙企业法》和国务院发布的《合伙企业登记管理办法》的规定，合伙企业的设立登记，应按如下程序进行：

（1）申请人向企业登记机关提交相关文件。该类文件有：①全体合伙人签署的设立登记申请书；②全体合伙人的身份证明；③全体合伙人指定的代表或者共同委托的代理人的委托书；④合伙协议；⑤出资权属证明；⑥经营场所证明；⑦国务院工商行政管理部门规定提交的其他文件。此外，合伙企业的经营范围中有属于法律、行政法规规定在登记前须经批准的项目的，该项经营业务应当依法经过批准，并在登记时提交批准文件。合伙协议约定或者全体合伙人决定，委托一名或者数名合伙人执行合伙企业事务的，还应当提交全体合伙人的委托书。

（2）企业登记机关核发营业执照。申请人提交的登记申请材料齐全、符合法定形式，企业登记机关能够当场登记的，应予当场登记，发给营业执照。除此之外，企业登记机关应当自受理申请之日起20日内，作出是否登记的决定。对符合《合伙企业法》规定条件的，予以登记，发给营业执照；对不符合规定条件的，不予登记，并应当给予书面答复，说明理由。

合伙企业的营业执照签发日期，为合伙企业成立日期。合伙企业领取营业执照前，合伙人不得以合伙企业的名义从事合伙业务。

合伙企业设立分支机构，应当向分支机构所在地的企业登记机关申请登记，领取营业执照。

(三) 合伙企业财产

1. 合伙企业财产的构成

根据《合伙企业法》的规定，合伙人的出资、以合伙企业名义取得的收益和依法取得的其他财产，均为合伙企业的财产。从这一规定可以看出，合伙企业财产由以下三部分构成：

（1）合伙人的出资。《合伙企业法》规定，合伙人可以用货币、实物、知识产权、土地使用权或者其他财产权利出资，也可以用劳务出资。这些出资形成合伙企业的原始财产。需要注意的是，合伙企业的原始财产是全体合伙人"认缴"的财产，而非各合伙人"实际缴纳"的财产。

（2）以合伙企业名义取得的收益。合伙企业作为一个独立的经济实体，可以有自己的独立利益。因此，以其名义取得的收益作为合伙企业获得的财产，当然归属于合伙企业，成为合伙财产的一部分。以合伙企业名义取得的收益，主要包括合伙企业的公共积累资金、未分配的盈余、合伙企业债权、合伙企业取得的工业产权和非专利技术等财产权利。

（3）依法取得的其他财产。即根据法律、行政法规的规定合法取得的其他财产，如合法接受赠与的财产等。

2. 合伙企业财产的性质

合伙企业的财产具有独立性和完整性两方面的特征。所谓独立性，是指合伙企业的财产独立于合伙人，合伙人出资以后，一般说来，便丧失了对其作为出资部分的财产的所有权或者持有权、占有权，合伙企业的财产权主体是合伙企业，而不是单独的每一个合伙人。所谓完整性，是指合伙企业的财产作为一个完整的统一体而存在，合伙人对合伙企业财产权益的表现形式，仅是依照合伙协议所确定的财产收益份额或者比例。

根据《合伙企业法》的规定，合伙人在合伙企业清算前，不得请求分割合伙企业的财产；但是，法律另有规定的除外。合伙人在合伙企业清算前私自转移或者处分合伙企业财产的，合伙企业不得以此对抗善意第三人。在确认善意取得的情况下，合伙企业的损失只能向合伙人进行追索，而不能向善意第三人追索。合伙企业也不能以合伙人无权处分其财产而对善意第三人的权利要求进行对抗，即不能以合伙人无权处分其财产而主张其与善意第三人订立的合同无效。当然，如果第三人是恶意取得，即明知合伙人无权处分而与之进行交易，或者与合伙人通谋共同侵犯合伙企业权益，则合伙企业可以据此对抗第三人。

3. 合伙人财产份额的转让

合伙人财产份额的转让，是指合伙企业的合伙人向他人转让其在合伙企业中的全部或者部分财产份额的行为。由于合伙人财产份额的转让将会影响到合伙企业以及各合伙人的切身利益，因此，《合伙企业法》对合伙人财产份额的转让作了以下限制性规定：

（1）除合伙协议另有约定外，合伙人向合伙人以外的人转让其在合伙企业中的全部或者部分财产份额时，须经其他合伙人一致同意。这一规定适用于合伙人财产份额的外部转让。所谓合伙人财产份额的外部转让，是指合伙人把其在合伙企业中的全部或者部分财产份额转让给合伙人以外的第三人的行为。合伙人财产份额的外部转让，只有经其他合伙人一致同意，并表明其他合伙人同意与受让人共同维持原合伙企业，合伙企业才能存续下去。如果其他合伙人不同意接受受让人，则合伙企业无法存续下去。当然，"合伙人向合伙人以外的人转让其在合伙企业中的全部或者部分财产份额时，须经其他合伙人一致同意"是一项法定的原则,且这项原则是在合伙协议中没有规定的情况下才有法律效力。如果合伙协议有另外的约定,即合伙协议约定,合伙人向合伙人以外的人转让其在合伙企业中的全部或者部分财产份额时,无须经过其他合伙人一致同意,比如约定 2/3 以上合伙人同意或者一定出资比例同意的情况下,则应执行合伙协议的规定。

(2) 合伙人之间转让在合伙企业中的全部或者部分财产份额时,应当通知其他合伙人。这一规定适用于合伙人财产份额的内部转让。所谓合伙人财产份额的内部转让,是指合伙人将其在合伙企业中的全部或者部分财产份额转让给其他合伙人的行为。合伙人财产份额的内部转让因不涉及合伙人以外的人参加,合伙企业存续的基础没有发生实质性变更,因此不需要经过其他合伙人一致同意,只需要通知其他合伙人即可产生法律效力。

(3) 合伙人向合伙人以外的人转让在合伙企业中的财产份额的,在同等条件下,其他合伙人有优先购买权;但是,合伙协议另有约定的除外。所谓优先购买权,是指在合伙人转让其财产份额时,在多数人接受转让的情况下,其他合伙人基于同等条件可先于其他非合伙人购买的权利。优先购买权的发生存在两个前提:一是合伙人财产份额的转让没有约定的转让条件、转让范围的限制。也就是说,"合伙协议"没有"另有约定"或者另外的限制,如有另外约定或者限制,则应依约定或限制办理。二是优先购买的前提是同等条件。同等的条件,主要是指购买的价格条件,当然也包括其他条件。这一规定的目的在于维护合伙企业现有合伙人的利益,维护合伙企业在现有基础上的稳定。

合伙人以外的人依法受让合伙人在合伙企业中的财产份额的,经修改合伙协议即成为合伙企业的合伙人,依照《合伙企业法》和修改后的合伙协议享有权利,履行义务。合伙人以外的人成为合伙人须修改合伙协议,未修改合伙协议的,不应算作是法律所称的"合伙企业的合伙人"。合伙人以外的人成为合伙人后,依照《合伙企业法》和修改后的合伙协议享有权利,履行义务。

此外,由于合伙人以财产份额出质可能导致该财产份额依法发生权利转移,《合伙企业法》规定,合伙人以其在合伙企业中的财产份额出质的,须经其他合伙人一致同意;未经其他合伙人一致同意,其行为无效,由此给善意第三人造成损失的,由行为人依法承担赔偿责任。合伙人财产份额的出质,是指合伙人将其在合伙企业中的财产份额作为质押物来担保债权人债权实现的行为。对合伙人财产份额出质的规定,包括以下两方面的内容:一是合伙人可以其在合伙企业中的财产份额作为质物,与他人签订质押合同,但必须经其他合伙人一致同意,否则,合伙人的出质行为无效,即不产生法律上的效力,不受法律的保护。二是合伙人非法出质给善意第三人造成损失的,依法承担赔偿责任。合伙人擅自以其在合伙企业中的财产份额出质,违背了合伙企业存续的基础，具有主观上的过错。合伙人非法出质给善意第三人造成损失的，应当依法赔偿因其过错行为给善意第三人所造成的损失。

（四）合伙事务执行

1. 合伙事务执行的形式

根据《合伙企业法》的规定，合伙人执行合伙企业事务，可以有两种形式：

（1）全体合伙人共同执行合伙事务。这是合伙事务执行的基本形式，也是在合伙企业中经常使用的一种形式，尤其是在合伙人较少的情况下更为适宜。在采取这种形式的合伙企业中，按照合伙协议的约定，各个合伙人都直接参与经营，处理合伙企业的事务，对外代表合伙企业。

（2）委托一个或数个合伙人执行合伙事务。该形式是在各合伙人共同执行合伙事务的基础上引申而来。在合伙企业中，有权执行合伙事务的合伙人并不都愿意行使这种权利，而愿意委托其中的一个或者数个合伙人执行合伙事务，从而就从共同执行合伙事务的基本形式中，引申出了共同委托一部分人去执行合伙事务的形式。按照合伙协议的约定或者经全体合伙人决定，可以委托一个或者数个合伙人对外代表合伙企业，执行合伙事务。

关于合伙企业事务委托给一个或者数个合伙人执行时，其他未接受委托的合伙人是否还可以再执行合伙企业事务的问题，《合伙企业法》对此作了明确规定，即委托一个或数个合伙人执行合伙事务的，其他合伙人不再执行合伙事务。这一规定主要是考虑到按照合伙协议的约定或者经全体合伙人决定，将合伙事务委托给部分合伙人执行，没有必要再由其他合伙人执行，否则容易引起冲突与矛盾。当然，对合伙协议或者全体合伙人作出的决定以外的某些事项，如果没有委托一个或数个合伙人执行时，可以由全体合伙人共同执行或者由全体合伙人决定委托给某一个特定的合伙人办理。

合伙人可以将合伙事务委托一个或者数个合伙人执行，但并非所有的合伙事务都可以委托给部分合伙人决定。根据《合伙企业法》的规定，除合伙协议另有约定外，合伙企业的下列事项应当经全体合伙人一致同意：（1）改变合伙企业的名称；（2）改变合伙企业的经营范围、主要经营场所的地点；（3）处分合伙企业的不动产；（4）转让或者处分合伙企业的知识产权和其他财产权利；（5）以合伙企业名义为他人提供担保；（6）聘任合伙人以外的人担任合伙企业的经营管理人员。

2. 合伙人在执行合伙事务中的权利和义务

（1）合伙人在执行合伙事务中的权利。根据《合伙企业法》的规定，合伙人在执行合伙事务中的权利主要包括以下内容：

①合伙人对执行合伙事务享有同等的权利。合伙企业的特点之一就是合伙

经营，各合伙人无论其出资多少，都有权平等享有执行合伙企业事务的权利。

②执行合伙事务的合伙人对外代表合伙企业。合伙人在代表合伙企业执行事务时，不是以个人的名义进行一定的民事行为，而是以合伙企业事务执行人的身份组织实施企业的生产经营活动。合伙企业事务执行人与代理人不同，代理人以被代理人的名义行事，代理权源于被代理人的授权；而合伙企业事务执行人虽以企业名义活动，但其权利来自于法律的直接规定。合伙企业事务执行人与法人的法定代表人也不同，法定代表人是法律规定的并经过一定登记手续而产生的法人单位的代表，他不一定是该法人单位的出资者；而合伙企业事务执行人则是因其出资行为取得合伙人身份，并可以对外代表合伙企业。考虑到法人和其他组织可以参与合伙，《合伙企业法》同时规定，作为合伙人的法人、其他组织执行合伙企业事务的，由其委托的代表执行。

③不执行合伙事务的合伙人的监督权利。《合伙企业法》规定，不执行合伙事务的合伙人有权监督执行事务合伙人执行合伙事务的情况。这一规定有利于维护全体合伙人的共同利益，同时也可以促进合伙事务执行人更加认真谨慎地处理合伙企业事务。合伙事务是合伙企业的公共事务，事务的执行情况涉及每个合伙人的个人利益，每个合伙人都有权去关心合伙企业的利益。因此，不执行合伙事务的合伙人有权监督执行事务的合伙人执行合伙事务的情况。

④合伙人查阅合伙企业会计账簿等财务资料的权利。合伙经营是一种以营利为目的的经济活动，合伙人之间的财产共有关系、共同经营关系、连带责任关系决定了全体合伙人形成了以实现合伙目的为目标的利益共同体。每个合伙人都有权利而且有责任关心了解合伙企业的全部经营活动。因此，查阅合伙企业会计账簿等财务资料，作为了解合伙企业经营状况和财务状况的有效手段，成为合伙人的一项重要权利。

⑤合伙人有提出异议的权利和撤销委托的权利。在合伙人分别执行合伙事务的情况下，由于执行合伙事务的合伙人的行为所产生的亏损和责任要由全体合伙人承担。因此，《合伙企业法》规定，合伙人分别执行合伙事务的，执行事务合伙人可以对其他合伙人执行的事务提出异议。提出异议时，应当暂停该项事务的执行。如果发生争议，依照有关规定作出决定。受委托执行合伙事务的合伙人不按照合伙协议或者全体合伙人的决定执行事务的，其他合伙人可以决定撤销该委托。上述"依照有关规定作出决定"是指，合伙人对合伙企业有关事项作出决议，按照合伙协议约定的表决办法办理。合伙协议未约定或者约定不明确的，实行合伙人一人一票并经全体合伙人过半数通过的表决办法。

(2) 合伙人在执行合伙事务中的义务。根据《合伙企业法》的规定，合伙人在执行合伙事务中的义务主要包括以下内容：

①合伙事务执行人向不参加执行事务的合伙人报告企业经营状况和财务状

况。《合伙企业法》规定,由一个或者数个合伙人执行合伙事务的,执行事务合伙人应当定期向其他合伙人报告事务执行情况以及合伙企业的经营和财务状况,其执行合伙事务所产生的收益归合伙企业,所产生的费用和亏损由合伙企业承担。

②合伙人不得自营或者同他人合作经营与本合伙企业相竞争的业务。各合伙人组建合伙企业是为了合伙经营、共享收益,如果某一合伙人自己又从事或者与他人合作从事与合伙企业相竞争的业务,势必影响合伙企业的利益,背离合伙的初衷;同时还可能形成不正当竞争,使合伙企业处于不利地位,损害其他合伙人的利益。因此,《合伙企业法》规定,合伙人不得自营或者同他人合作经营与本合伙企业相竞争的业务。

③合伙人不得同本合伙企业进行交易。合伙企业中每一合伙人都是合伙企业的投资者,如果自己与合伙企业交易,就包含了与自己交易,也包含了与别的合伙人交易,而这种交易极易造成损害他人利益。因此,《合伙企业法》规定,除合伙协议另有约定或者经全体合伙人一致同意外,合伙人不得同本合伙企业进行交易。

④合伙人不得从事损害本合伙企业利益的活动。合伙人在执行合伙事务过程中,不得为了自己的私利,坑害其他合伙人利益,也不得与其他人恶意串通,损害合伙企业的利益。

3. 合伙事务执行的决议办法

《合伙企业法》规定,合伙人对合伙企业有关事项作出决议,按照合伙协议约定的表决办法办理。合伙协议未约定或者约定不明确的,实行合伙人一人一票并经全体合伙人过半数通过的表决办法。《合伙企业法》对合伙企业的表决办法另有规定的,从其规定。这一规定确定了合伙事务执行决议的三种法定办法:

(1) 由合伙协议对决议办法作出约定。这种约定有两个前提:一是不与法律相抵触,即法律有规定的按照法律的规定执行,法律未作规定的可在合伙协议中约定。二是在合伙协议中作出的约定,应当由全体合伙人协商一致共同作出。至于在合伙协议中所约定的决议办法,是采取全体合伙人一致通过,还是采取2/3以上多数通过,或者采取其他办法,由全体合伙人视所决议的事项而作出约定。

(2) 实行合伙人一人一票并经全体合伙人过半数通过的表决办法。这种办法也有一个前提,即合伙协议未约定或者约定不明确的,才实行合伙人一人一票并经全体合伙人过半数通过的表决办法。需要注意的是,对各合伙人,无论出资多少和以何物出资,表决权数应以合伙人的人数为准,亦即每一个合伙人对合伙企业有关事项均有同等的表决权,使用经全体合伙人过半数通过的表决办法。

（3）依照《合伙企业法》的规定作出决议。如《合伙企业法》规定，合伙人按照合伙协议的约定或者经全体合伙人决定，可以增加或者减少对合伙企业的出资；又如《合伙企业法》规定，处分合伙企业的不动产、改变合伙企业的名称等，除合伙协议另有约定外，应当经全体合伙人一致同意，等等。

4. 合伙企业的损益分配

（1）合伙损益。合伙损益包括两方面的内容：一是合伙利润。合伙利润，是指以合伙企业的名义所取得的经济利益，它反映了合伙企业在一定期间的经营成果。二是合伙亏损。合伙亏损，是指以合伙企业的名义从事经营活动所形成的亏损。合伙亏损是全体合伙人所共同面临的风险，或者说是共同承担的经济责任。

（2）合伙损益分配原则。合伙损益分配包含合伙企业的利润分配与亏损分担两个方面，对合伙损益分配原则，《合伙企业法》作了原则规定，主要内容为：

①合伙企业的利润分配、亏损分担，按照合伙协议的约定办理；合伙协议未约定或者约定不明确的，由合伙人协商决定；协商不成的，由合伙人按照实缴出资比例分配、分担；无法确定出资比例的，由合伙人平均分配、分担。

②合伙协议不得约定将全部利润分配给部分合伙人或者由部分合伙人承担全部亏损。

5. 非合伙人参与经营管理

在合伙企业中，往往由于合伙人经营管理能力不足，需要在合伙人之外聘任非合伙人担任合伙企业的经营管理人员，参与合伙企业的经营管理工作。《合伙企业法》规定，除合伙协议另有约定外，经全体合伙人一致同意，可以聘任合伙人以外的人担任合伙企业的经营管理人员。这项法律规定表明了以下三层含义：（1）合伙企业可以从合伙人之外聘任经营管理人员；（2）聘任非合伙人的经营管理人员，除合伙协议另有约定外，应当经全体合伙人一致同意；（3）被聘任的经营管理人员，仅是合伙企业的经营管理人员，不是合伙企业的合伙人，因而不具有合伙人的资格。

关于被聘任的经营管理人员的职责，《合伙企业法》作了明确规定，主要有：（1）被聘任的合伙企业的经营管理人员应当在合伙企业授权范围内履行职务；（2）被聘任的合伙企业的经营管理人员，超越合伙企业授权范围履行职务，或者在履行职务过程中因故意或者重大过失给合伙企业造成损失的，依法承担赔偿责任。

（五）合伙企业与第三人的关系

合伙企业与第三人关系，实际是指有关合伙企业的对外关系，涉及合伙企业对外代表权的效力、合伙企业和合伙人的债务清偿等问题。

1. 合伙企业对外代表权的效力

（1）合伙企业与第三人关系。所谓合伙企业与第三人关系，是指合伙企业的外部关系，即合伙企业与合伙企业的合伙人以外的第三人的关系。合伙企业是由自然人、法人和其他组织依照《合伙企业法》通过订立合伙协议而设立的营利性组织。在合伙企业设立以后，必然要以合伙企业的名义从事生产经营活动，进行商品的交换、服务的供需和财产的流转，从而与其他市场主体（包括自然人、法人和其他组织）发生联系，形成其外部关系。因此，合伙企业与第三人关系也就是合伙企业与外部的关系。由于合伙企业在债务承担上是一种连带责任关系，这种关系在一定程度上就会与合伙人自身发生一定的牵连。例如，当合伙企业对外发生了债务并且合伙企业的财产不能清偿其债务时，这一关系即可转化为合伙人与债权人（第三人）之间的关系。

（2）合伙事务执行中的对外代表权。可以取得合伙企业对外代表权的合伙人，主要有三种情况：一是由全体合伙人共同执行合伙企业事务的，全体合伙人都有权对外代表合伙企业，即全体合伙人都取得了合伙企业的对外代表权；二是由部分合伙人执行合伙企业事务的，只有受委托执行合伙企业事务的那一部分合伙人有权对外代表合伙企业，而不参加执行合伙企业事务的合伙人则不具有对外代表合伙企业的权利；三是由于特别授权在单项合伙事务上有执行权的合伙人，依照授权范围可以对外代表合伙企业。执行合伙企业事务的合伙人在取得对外代表权后，即可以合伙企业的名义进行经营活动，在其授权的范围内作出法律行为。合伙人的这种代表行为，对全体合伙人发生法律效力，即其执行合伙事务所产生的收益归合伙企业，所产生的费用和亏损由合伙企业承担。

（3）合伙企业对外代表权的限制。合伙人执行合伙事务的权利和对外代表合伙企业的权利，都会受到一定的内部限制。如果这种内部限制对第三人发生效力，必须以第三人知道这一情况为条件，否则，该内部限制不对该第三人发生抗辩力。《合伙企业法》规定，合伙企业对合伙人执行合伙事务以及对外代表合伙企业权利的限制，不得对抗善意第三人。这里所指的合伙人，是指在合伙企业中有合伙事务执行权与对外代表权的合伙人；这里所指的限制，是指合伙企业对合伙人所享有的事务执行权与对外代表权权利能力的一种界定；这里所指的对抗，是指合伙企业否定第三人的某些权利和利益，拒绝承担某些责任；这里所指的不知情，是指与合伙企业有经济联系的第三人不知道合伙企业所作的内部限制，或者不知道合伙企业对合伙人行使权利所作限制的事实；这里所指的善意第三人，是指本着合法交易的目的，诚实地通过合伙企业的事务执行人，与合伙企业之间建立民事、商事法律关系的法人、非法人团体或自然人。如果第三人与合伙企业事务执行人恶意串通、损害合伙企业利益，则不属善意的情形。需要指出的是，不得对抗善意第三人，主要是针对给第三人造成的损失而言，即当执行合伙事务的合伙人给善意第三人造成损失时，合伙企业不能因为有对合伙人执行合伙事务以及对外代表合伙企业权利的限制，就对善意第三人不承担责任。

保护善意第三人的利益是为了维护经济往来的交易安全，这是一项被广泛认同的法律原则。例如，合伙企业内部规定，有对外代表权的合伙人甲在签订合同时，须经乙和丙两个执行事务的合伙人的同意，如果甲自作主张没有征求乙和丙的同意，与第三人丁签订了一份买卖合同；而丁不知道在合伙企业内部对甲所作的限制，在合同的履行中，也没有从中获得不正当的利益。这种情况下，第三人丁应当为善意第三人，丁所得到的利益应当予以保护；合伙企业不得以其内部所作的在行使权利方面的限制为由，否定善意第三人丁的正当权益，拒绝履行合伙企业应承担的责任。

2. 合伙企业和合伙人的债务清偿

（1）合伙企业的债务清偿与合伙人的关系。从以下三个方面加以说明：

①合伙企业财产优先清偿。《合伙企业法》规定，合伙企业对其债务，应先以其全部财产进行清偿。所谓合伙企业的债务，是指在合伙企业存续期间产生的债务。合伙企业对其债务，应先以其全部财产进行清偿。也就是说，合伙企业的债务，应先由合伙企业的财产来承担，即在合伙企业存在自己的财产时，合伙企业的债权人应首先从合伙企业的全部财产中求偿，而不应当向合伙人个人直接请求债权。这样，既有利于理顺合伙企业与第三人的法律关系，明确合伙企业的偿债责任，也有利于保护债权人的债权实现。

②合伙人的无限连带清偿责任。《合伙企业法》规定，合伙企业不能清偿到期债务的，合伙人承担无限连带责任。所谓合伙人的无限责任，是指当合伙企业的全部财产不足以偿付到期债务时，各个合伙人承担合伙企业的债务不是以其出资额为限，而是以其自有财产来清偿合伙企业的债务。合伙人的连带责任，是指当合伙企业的全部财产不足以偿付到期债务时，合伙企业的债权人对合伙企业所负债务，可以向任何一个合伙人主张，该合伙人不得以其出资的份额大小、合伙协议有特别约定、合伙企业债务另有担保人或者自己已经偿付所承担的份额的债务等理由来拒绝。当然，合伙人由于承担连带责任，所清偿数额超过其应分担的比例时，有权向其他合伙人追偿。

③合伙人之间的债务分担和追偿。《合伙企业法》规定，合伙人由于承担无限连带责任，清偿数额超过规定的其亏损分担比例的，有权向其他合伙人追偿。这一规定，在重申合伙人对合伙债务负无限连带责任的基础上，明确了合伙人分担合伙债务的比例，以合伙企业分担亏损的比例为准。关于合伙企业亏

损分担比例,《合伙企业法》规定,合伙企业的亏损分担,按照合伙协议的约定办理;合伙协议未约定或者约定不明确的,由合伙人协商决定;协商不成的,由合伙人按照实缴出资比例分担;无法确定出资比例的,由合伙人平均分担。

合伙人之间的分担比例对债权人没有约束力。债权人可以根据自己的清偿利益,请求全体合伙人中的一人或数人承担全部清偿责任,也可以按照自己确定的比例向各合伙人分别追索。依照《合伙企业法》的规定,该合伙人有权就超过部分向其他未支付或者未足额支付应承担数额的合伙人追偿。但是,合伙人的这种追偿权,应当具备以下三项条件:一是追偿人已经实际承担连带责任,并且其清偿数额超过了他应当承担的数额;二是被追偿人未实际承担或者未足额承担其应当承担的数额;三是追偿的数额不得超过追偿人超额清偿部分的数额或被追偿人未足额清偿部分的数额。

(2) 合伙人的债务清偿与合伙企业的关系。在合伙企业存续期间,可能发生个别合伙人因不能偿还其私人债务而被追索的情况。由于合伙人在合伙企业中拥有财产利益,合伙人的债权人可能向合伙企业提出各种清偿请求。为了保护合伙企业和其他合伙人的合法权益,同时也保护债权人的合法权益,《合伙企业法》作了如下规定:

①合伙人发生与合伙企业无关的债务,相关债权人不得以其债权抵消其对合伙企业的债务,也不得代位行使合伙人在合伙企业中的权利。首先,合伙人发生与合伙企业无关的债务,相关债权人不得以其债权抵消其对合伙企业的债务。这是因为该债权人对合伙企业的负债,实际上是对全体合伙人的负债,而合伙企业某一合伙人对该债权人的负债,只限于该合伙人个人,如果允许两者抵消,就等于强迫合伙企业其他合伙人对个别合伙人的个人债务承担责任,这违反了合伙企业的本意,加大了合伙人的风险,也不利于合伙企业这种经济组织形式的发展。其次,合伙人发生与合伙企业无关的债务,相关债权人不得代位行使该合伙人在合伙企业中的权利。这是因为合伙人之间相互了解和信任是合伙关系稳定的基础,如果允许个别合伙人的债权人代位行使该合伙人在合伙企业中的权利,如参与管理权、事务执行权等,则不利于合伙关系的稳定和合伙企业的正常运营。况且,该债权人因无合伙人身份,其行使合伙人的权利而不承担无限连带责任,这无异于允许他将自己行为的责任风险转嫁于合伙企业的全体合伙人,这显然是不公平的。

②合伙人的自有财产不足清偿其与合伙企业无关的债务的,该合伙人可以以其从合伙企业中分取的收益用于清偿;债权人也可以依法请求人民法院强制执行该合伙人在合伙企业中的财产份额用于清偿。这既保护了债权人的清偿利益,也无损于全体合伙人的合法权益。因为在债权人取得其债务人从合伙企业

中分取的收益用来清偿的情况下，该债权人并不参与合伙企业内部事务，也不妨碍其债务人作为合伙人正常行使其正当的权利。而在债权人依法请求人民法院强制执行债务人在合伙企业中的财产份额作为清偿的情况下，如果该债权人因取得该财产份额而成为合伙企业合伙人，则无异于合伙份额的转让，因此，债权人取得合伙人地位后，就要承担与其他合伙人同样的责任，因而不存在转嫁责任风险的问题。

人民法院强制执行合伙人的财产份额时，应当通知全体合伙人，其他合伙人有优先购买权；其他合伙人未购买，又不同意将该财产份额转让给他人的，依照《合伙企业法》的规定为该合伙人办理退伙结算，或者办理削减该合伙人相应财产份额的结算。这里需要注意三点：一是这种清偿必须通过民事诉讼法规定的强制执行程序进行，债权人不得自行接管债务人在合伙企业中的财产份额；二是人民法院强制执行合伙人的财产份额时，应当通知全体合伙人；三是在强制执行个别合伙人在合伙企业中的财产份额时，其他合伙人有优先购买权。也就是说，如果其他合伙人不愿意接受该债权人成为其合伙企业新的合伙人，可以由他们中的一人或者数人行使优先购买权，取得该债务人的财产份额。受让人支付的价金，用于向该债权人清偿债务。

（六）入伙与退伙

1. 入伙

入伙，是指在合伙企业存续期间，合伙人以外的第三人加入合伙，从而取得合伙人资格。

(1) 入伙的条件和程序。《合伙企业法》规定，新合伙人入伙，除合伙协议另有约定外，应当经全体合伙人一致同意，并依法订立书面入伙协议。订立入伙协议时，原合伙人应当向新合伙人如实告知原合伙企业的经营状况和财务状况。这一规定包括四层含义：一是新合伙人入伙，应当经全体合伙人一致同意，未获得一致同意的，不得入伙；二是合伙协议无另外约定，如果合伙协议对新合伙人入伙约定了相应的条件，则必须按照约定执行；三是新合伙人入伙，应当依法订立书面入伙协议，入伙协议应当以原合伙协议为基础，并对原合伙协议事项作相应变更，订立入伙协议不得违反公平原则、诚实信用原则；四是订立入伙协议时，原合伙人应当向新合伙人如实告知原合伙企业的经营状况和财务状况。

(2) 新合伙人的权利和责任。一般来讲，入伙的新合伙人与原合伙人享有同等权利，承担同等责任。但是，如果原合伙人愿意以更优越的条件吸引新合伙人入伙，或者新合伙人愿意以较为不利的条件入伙，也可以在入伙协议中另行约定。关于新入伙人对入伙前合伙企业的债务承担问题，《合伙企业法》规定，新合伙人对入伙前合伙企业的债务承担无限连带责任。

2. 退伙

退伙，是指合伙人退出合伙企业，从而丧失合伙人资格。

（1）退伙的原因。合伙人退伙一般有两种原因：一是自愿退伙；二是法定退伙。

自愿退伙，是指合伙人基于自愿的意思表示而退伙。自愿退伙可以分为协议退伙和通知退伙两种。

关于协议退伙，《合伙企业法》规定，合伙协议约定合伙期限的，在合伙企业存续期间，有下列情形之一时，合伙人可以退伙：①合伙协议约定的退伙事由出现；②经全体合伙人一致同意；③发生合伙人难以继续参加合伙企业的事由；④其他合伙人严重违反合伙协议约定的义务。合伙人违反上述规定退伙的，应当赔偿由此给其他合伙人造成的损失。

关于通知退伙，《合伙企业法》规定，合伙协议未约定合伙期限的，合伙人在不给合伙企业事务执行造成不利影响的情况下，可以退伙，但应当提前30日通知其他合伙人。由此可见，法律对通知退伙有一定的限制，即附有以下三项条件：①必须是合伙协议未约定合伙企业的经营期限；②必须是合伙人的退伙不给合伙企业事务执行造成不利影响；③必须提前30日通知其他合伙人。这三项条件必须同时具备，缺一不可。合伙人违反上述规定退伙的，应当赔偿由此给合伙企业造成的损失。

法定退伙，是指合伙人因出现法律规定的事由而退伙。法定退伙分为当然退伙和除名两类。

关于当然退伙，《合伙企业法》规定，合伙人有下列情形之一的，视为当然退伙：①作为合伙人的自然人死亡或者被依法宣告死亡；②个人丧失偿债能力；③作为合伙人的法人或者其他组织依法被吊销营业执照、责令关闭、撤销或者被宣告破产；④法律规定或者合伙协议约定合伙人必须具有相关资格而丧失该资格；⑤合伙人在合伙企业中的全部财产份额被人民法院强制执行。此外，合伙人被依法认定为无民事行为能力人或者限制民事行为能力人的，经其他合伙人一致同意，可以依法转为有限合伙人，普通合伙企业依法转为有限合伙企业。其他合伙人未能一致同意的，该无民事行为能力或者限制民事行为能力的合伙人退伙。当然退伙以退伙事由实际发生之日为退伙生效日。

关于除名，《合伙企业法》规定，合伙人有下列情形之一的，经其他合伙人一致同意，可以决议将其除名：①未履行出资义务；②因故意或者重大过失给合伙企业造成损失；③执行合伙事务时有不正当行为；④发生合伙协议约定的事由。对合伙人的除名决议应当书面通知被除名人。被除名人接到除名通知之日，除名生效，被除名人退伙。被除名人对除名决议有异议的，可以自接到除名通知之日起30日内，向人民法院起诉。

(2) 退伙的效果。退伙的效果,是指退伙时退伙人在合伙企业中的财产份额和民事责任的归属变动。分为两类情况:一是财产继承;二是退伙结算。

关于财产继承,《合伙企业法》规定,合伙人死亡或者被依法宣告死亡的,对该合伙人在合伙企业中的财产份额享有合法继承权的继承人,按照合伙协议的约定或者经全体合伙人一致同意,从继承开始之日起,取得该合伙企业的合伙人资格。有下列情形之一的,合伙企业应当向合伙人的继承人退还被继承合伙人的财产份额:①继承人不愿意成为合伙人;②法律规定或者合伙协议约定合伙人必须具有相关资格,而该继承人未取得该资格;③合伙协议约定不能成为合伙人的其他情形。合伙人的继承人为无民事行为能力人或者限制民事行为能力人的,经全体合伙人一致同意,可以依法成为有限合伙人,普通合伙企业依法转为有限合伙企业。全体合伙人未能一致同意的,合伙企业应当将被继承合伙人的财产份额退还该继承人。根据这一法律规定,合伙人死亡时其继承人可依法定条件取得该合伙企业的合伙人资格:一是有合法继承权;二是有合伙协议的约定或者全体合伙人的一致同意;三是继承人愿意。死亡的合伙人的继承人取得该合伙企业的合伙人资格,从继承开始之日起获得。

关于退伙结算,除合伙人死亡或者被依法宣告死亡的情形外,《合伙企业法》对退伙结算作了以下规定:①合伙人退伙,其他合伙人应当与该退伙人按照退伙时的合伙企业财产状况进行结算,退还退伙人的财产份额。退伙人对给合伙企业造成的损失负有赔偿责任的,相应扣减其应当赔偿的数额。退伙时有未了结的合伙企业事务的,待该事务了结后进行结算。②退伙人在合伙企业中财产份额的退还办法,由合伙协议约定或者由全体合伙人决定,可以退还货币,也可以退还实物。③合伙人退伙时,合伙企业财产少于合伙企业债务的,退伙人应当依照法律规定分担亏损,即如果合伙协议约定亏损分担比例的,按照合伙协议的约定办理;合伙协议未约定或者约定不明确的,由合伙人协商决定;协商不成的,由合伙人按照实缴出资比例分担;无法确定出资比例的,由合伙人平均分担。

合伙人退伙以后,并不能解除对于合伙企业既往债务的连带责任。根据《合伙企业法》的规定,退伙人对基于其退伙前的原因发生的合伙企业债务,承担无限连带责任。

(七) 特殊的普通合伙企业

1. 特殊的普通合伙企业的概念

特殊的普通合伙企业,是指以专业知识和专门技能为客户提供有偿服务的专业服务机构。特殊的普通合伙企业名称中应当标明"特殊普通合伙"字样。

2. 特殊的普通合伙企业的责任形式

(1) 责任承担。《合伙企业法》规定,一个合伙人或者数个合伙人在执业活动中因故意或者重大过失造成合伙企业债务的，应当承担无限责任或者无限连带责任，其他合伙人以其在合伙企业中的财产份额为限承担责任。合伙人在执业活动中非因故意或者重大过失造成的合伙企业债务以及合伙企业的其他债务，由全体合伙人承担无限连带责任。所谓重大过失，是指明知可能造成损失而轻率地作为或者不作为。根据这一法律规定，特殊的普通合伙企业的责任形式分为两种：

①有限责任与无限连带责任相结合。即一个合伙人或者数个合伙人在执业活动中因故意或者重大过失造成合伙企业债务的，应当承担无限责任或者无限连带责任，其他合伙人以其在合伙企业中的财产份额为限承担责任。这是因为其他合伙人出资后，该出资即形成合伙企业财产，由合伙企业享有财产权，合伙人对该出资即丧失占有、使用、收益和处分的权利。但由于特殊普通合伙企业的特殊性，为了保证特殊的普通合伙企业的健康发展，必须对合伙人的责任形式予以改变，否则，以专业知识和专门技能为客户提供服务的专业服务机构难以存续。因此，对一个合伙人或者数个合伙人在执业活动中的故意或者重大过失行为与其他合伙人相区别对待，对于负有重大责任的合伙人应当承担无限责任或者无限连带责任，其他合伙人只能以其在合伙企业中的财产份额为限承担责任。这也符合公平、公正原则，如果不分清责任，简单地归责于无限连带责任或者有限责任，不但对其他合伙人不公平，而且债权人的利益也难以得到保障。

②无限连带责任。对合伙人在执业活动中非因故意或者重大过失造成的合伙企业债务以及合伙企业的其他债务，全体合伙人承担无限连带责任。这是在责任划分的基础上作出的合理性规定，以最大限度地实现公平、正义和保障债权人的合法权益。当然，这种责任形式的前提是，合伙人在执业过程中不存在重大过错，即既没有故意，也不存在重大过失。

（2）责任追偿。《合伙企业法》规定，合伙人执业活动中因故意或者重大过失造成的合伙企业债务，以合伙企业财产对外承担责任后，该合伙人应当按照合伙协议的约定对给合伙企业造成的损失承担赔偿责任。

3. 特殊的普通合伙企业的执业风险防范

特殊的普通合伙企业应当建立执业风险基金、办理职业保险。

执业风险基金，主要是指为了化解经营风险，特殊的普通合伙企业从其经营收益中提取相应比例的资金留存或者根据相关规定上缴至指定机构所形成的资金。执业风险基金用于偿付合伙人执业活动造成的债务。执业风险基金应当单独立户管理。

职业保险，又称职业责任保险，是指承保各种专业技术人员因工作上的过失或者疏忽大意所造成的合同一方或者他人的人身伤害或者财产损失的经济赔偿责任的保险。

三、有限合伙企业

(一) 有限合伙企业的概念及法律适用

1. 有限合伙企业的概念

有限合伙企业,是指由有限合伙人和普通合伙人共同组成,普通合伙人对合伙企业债务承担无限连带责任,有限合伙人以其认缴的出资额为限对合伙企业债务承担责任的合伙组织。有限合伙企业引入有限责任制度,有利于调动各方的投资热情,实现投资者与创业者的最佳结合。

有限合伙企业与普通合伙企业和有限责任公司相比较,具有以下显著特征:(1) 在经营管理上,普通合伙企业的合伙人,一般均可参与合伙企业的经营管理。有限责任公司的股东有权参与公司的经营管理(含直接参与和间接参与)。而在有限合伙企业中,有限合伙人不执行合伙事务,而由普通合伙人从事具体的经营管理。(2) 在风险承担上,普通合伙企业的合伙人之间对合伙债务承担无限连带责任。有限责任公司的股东对公司债务以其各自的出资额为限承担有限责任。而在有限合伙企业中,不同类型的合伙人所承担的责任则存在差异,其中有限合伙人以其各自的出资额为限承担有限责任,普通合伙人之间承担无限连带责任。

2. 有限合伙企业法律适用

《合伙企业法》规定了两种类型的企业,即普通合伙企业和有限合伙企业。有限合伙企业与普通合伙企业之间既有相同点,也有区别,其中两者的差别主要表现为合伙企业的内部构造上。普通合伙企业的成员均为普通合伙人(特殊的普通合伙企业除外),而有限合伙企业的成员则被划分为两部分,即有限合伙人和普通合伙人。这两部分合伙人在主体资格、权利享有、义务承受与责任承担等方面存在着明显的差异。在法律适用中,凡是《合伙企业法》中对有限合伙企业有特殊规定的,应当适用有关《合伙企业法》中对有限合伙企业的特殊规定。无特殊规定的,适用有关普通合伙企业及其合伙人的一般规定。

(二) 有限合伙企业设立的特殊规定

1. 有限合伙企业人数

《合伙企业法》规定,有限合伙企业由 2 个以上 50 个以下合伙人设立;但是,法律另有规定的除外。有限合伙企业至少应当有 1 个普通合伙人。按照规定,自然人、法人和其他组织可以依照法律规定设立有限合伙企业,但国有独资公司、国有企业、上市公司以及公益性的事业单位、社会团体不得成为有限合伙企业的普通合伙人。

在有限合伙企业存续期间，有限合伙人的人数可能发生变化。然而，无论如何变化，有限合伙企业中必须包括有限合伙人与普通合伙人两部分，否则，有限合伙企业应当进行组织形式变化。《合伙企业法》规定，有限合伙企业仅剩有限合伙人的，应当解散；有限合伙企业仅剩普通合伙人的，应当转为普通合伙企业。

2. 有限合伙企业名称

《合伙企业法》规定，有限合伙企业名称中应当标明"有限合伙"字样。按照企业名称登记管理的有关规定，企业名称中应当含有企业的组织形式。为便于社会公众以及交易相对人对有限合伙企业的了解，有限合伙企业名称中应当标明"有限合伙"的字样，而不能标明"普通合伙"、"特殊普通合伙"、"有限公司"、"有限责任公司"等字样。

3. 有限合伙企业协议

有限合伙企业协议是有限合伙企业生产经营的重要法律文件。有限合伙企业协议除符合普通合伙企业合伙协议的规定外，还应当载明下列事项：（1）普通合伙人和有限合伙人的姓名或者名称、住所；（2）执行事务合伙人应具备的条件和选择程序；（3）执行事务合伙人权限与违约处理办法；（4）执行事务合伙人的除名条件和更换程序；（5）有限合伙人入伙、退伙的条件、程序以及相关责任；（6）有限合伙人和普通合伙人相互转变程序。

4. 有限合伙人出资形式

《合伙企业法》规定，有限合伙人可以用货币、实物、知识产权、土地使用权或者其他财产权利作价出资。有限合伙人不得以劳务出资。有限合伙人的出资可能成为有限合伙企业的最低财产，劳务出资的实质是用未来劳动创造的收入来投资，其难以通过市场变现，法律上执行困难。如果普通合伙人用劳务出资，有限合伙人也用劳务出资，将来该有限合伙企业将难以承担债务责任，这将不利于保护债权人的利益。

5. 有限合伙人出资义务

《合伙企业法》规定，有限合伙人应当按照合伙协议的约定按期足额缴纳出资；未按期足额缴纳的，应当承担补缴义务，并对其他合伙人承担违约责任。按期足额出资是有限合伙人必须履行的义务，因此有限合伙人应当按照合伙协议的约定按期足额缴纳出资。合伙人未按照协议的约定履行缴纳出资义务的，首先应当承担补缴出资的义务，同时还应对其他合伙人承担违约责任。

6. 有限合伙企业登记事项

《合伙企业法》规定，有限合伙企业登记事项中应当载明有限合伙人的姓名或者名称及认缴的出资数额。

（三）有限合伙企业事务执行的特殊规定

1. 有限合伙企业事务执行人

《合伙企业法》规定，有限合伙企业由普通合伙人执行合伙事务。执行事务合伙人可以要求在合伙协议中确定执行事务的报酬及报酬提取方式。如合伙协议约定数个普通合伙人执行合伙事务，这些普通合伙人均为合伙事务执行人。如合伙协议无约定，全体普通合伙人是合伙事务的共同执行人。合伙事务执行人除享有一般合伙人相同的权利外，还有接受其他合伙人的监督和检查、谨慎执行合伙事务的义务，若因自己的过错造成合伙财产损失的，应向合伙企业或其他合伙人负赔偿责任。此外，由于执行事务合伙人较不执行事务合伙人对有限合伙企业要多付出劳动，因此，执行事务合伙人可以就执行事务的劳动付出，要求企业支付报酬。对于报酬的支付方式及其数额，应由合伙协议规定或全体合伙人讨论决定。

2. 禁止有限合伙人执行合伙事务

《合伙企业法》规定，有限合伙人不执行合伙事务，不得对外代表有限合伙企业。有限合伙人的下列行为，不视为执行合伙事务：（1）参与决定普通合伙人入伙、退伙；（2）对企业的经营管理提出建议；（3）参与选择承办有限合伙企业审计业务的会计师事务所；（4）获取经审计的有限合伙企业财务会计报告；（5）对涉及自身利益的情况，查阅有限合伙企业财务会计账簿等财务资料；（6）在有限合伙企业中的利益受到侵害时，向有责任的合伙人主张权利或者提起诉讼；（7）执行事务合伙人怠于行使权利时，督促其行使权利或者为了本企业的利益以自己的名义提起诉讼；（8）依法为本企业提供担保。

另外，《合伙企业法》规定，第三人有理由相信有限合伙人为普通合伙人并与其交易的，该有限合伙人对该笔交易承担与普通合伙人同样的责任。有限合伙人未经授权以有限合伙企业名义与他人进行交易，给有限合伙企业或者其他合伙人造成损失的，该有限合伙人应当承担赔偿责任。

3. 有限合伙企业利润分配

《合伙企业法》规定，有限合伙企业不得将全部利润分配给部分合伙人；但是，合伙协议另有约定的除外。

4. 有限合伙人权利

（1）有限合伙人可以同本企业进行交易。《合伙企业法》规定，有限合伙人可以同本有限合伙企业进行交易；但是，合伙协议另有约定的除外。因为有限合伙人并不参与有限合伙企业事务的执行，对有限合伙企业的对外交易行为，有限合伙人并无直接或者间接的控制权，有限合伙人与本有限合伙企业进行交易时，一般不会损害本有限合伙企业的利益。有限合伙协议可以对有限合伙人与有限合伙企业之间的交易进行限定，如果有限合伙协议另有约定的，则必须按照约定的要求进行。普通合伙人如果禁止有限合伙人同本有限合伙企业进行交易，应当在合伙协议中作出约定。

(2) 有限合伙人可以经营与本企业相竞争的业务。《合伙企业法》规定，有限合伙人可以自营或者同他人合作经营与本有限合伙企业相竞争的业务；但是，合伙协议另有约定的除外。与普通合伙人不同，有限合伙人一般不承担竞业禁止义务。普通合伙人如果禁止有限合伙人自营或者同他人合作经营与本有限合伙企业相竞争的业务，应当在合伙协议中作出约定。

(四) 有限合伙企业财产出质与转让的特殊规定

1. 有限合伙人财产份额出质

《合伙企业法》规定，有限合伙人可以将其在有限合伙企业中的财产份额出质。但是合伙协议另有约定的除外。所谓有限合伙人将在有限合伙企业中的财产份额出质，是指有限合伙人以其在合伙企业中的财产份额对外进行权利质押。有限合伙人在有限合伙企业中的财产份额，是有限合伙人的财产权益，在有限合伙企业存续期间，有限合伙人可以对该财产权利进行一定的处分。有限合伙人将其在有限合伙企业中的财产份额进行出质，产生的后果仅仅是有限合伙企业的有限合伙人存在变更的可能，这对有限合伙企业的财产基础并无根本的影响。因此，有限合伙人可以按照《担保法》及其相关规定进行财产份额的出质。但是，有限合伙企业合伙协议可以对有限合伙人的财产份额出质作出约定，如有特殊约定，应按特殊约定进行。

2. 有限合伙人财产份额转让

《合伙企业法》规定，有限合伙人可以按照合伙协议的约定向合伙人以外的人转让其在有限合伙企业中的财产份额，但应当提前30日通知其他合伙人。这是因为有限合伙人向合伙人以外的其他人转让其在有限合伙企业中的财产份额，并不影响有限合伙企业债权人的利益。但是，有限合伙人对外转让其在有限合伙企业中的财产份额应当依法进行，一是要按照合伙协议的约定进行转让；二是应当提前30日通知其他合伙人。有限合伙人对外转让其在有限合伙企业的财产份额时，有限合伙企业的其他合伙人有优先购买权。

(五) 有限合伙人债务清偿的特殊规定

《合伙企业法》规定，有限合伙人的自有财产不足清偿其与合伙企业无关的债务的，该合伙人可以以其从有限合伙企业中分取的收益用于清偿；债权人也可以依法请求人民法院强制执行该合伙人在有限合伙企业中的财产份额用于清偿。人民法院强制执行有限合伙人的财产份额时，应当通知全体合伙人。在同等条件下，其他合伙人有优先购买权。由此，有限合伙人清偿其债务时，首先应当以自有财产进行清偿，只有自有财产不足清偿时，有限合伙人才可以使用其在有限合伙企业中分取的收益进行清偿，也只有在有限合伙人的自有财产不足清偿其与合伙企业无关的债务的，人民法院才可以应债权人请示强制执行该合伙人在有限合伙企业中的财产份额用于清偿。人民法院强制执行有限合伙人的财产份额时，应当通知全体合伙人，且在同等条件下，其他合伙人有优先购买权。

（六）有限合伙企业入伙与退伙的特殊规定

1. 入伙

《合伙企业法》规定，新入伙的有限合伙人对入伙前有限合伙企业的债务，以其认缴的出资额为限承担责任。这里需要注意，在普通合伙企业中，新入伙的合伙人对入伙前合伙企业的债务承担连带责任，而在有限合伙企业中，新入伙的有限合伙人对入伙前有限合伙企业的债务，以其认缴的出资额为限承担责任。

2. 退伙

（1）有限合伙人当然退伙。《合伙企业法》规定，有限合伙人出现下列之一情形时当然退伙：①作为合伙人的自然人死亡或者被依法宣告死亡；②作为合伙人的法人或者其他组织依法被吊销营业执照、责令关闭、撤销，或者被宣告破产；③法律规定或者合伙协议约定合伙人必须具有相关资格而丧失该资格；④合伙人在合伙企业中的全部财产份额被人民法院强制执行。

（2）有限合伙人丧失民事行为能力的处理。《合伙企业法》规定，作为有限合伙人的自然人在有限合伙企业存续期间丧失民事行为能力的，其他合伙人不得因此要求其退伙。这是因为有限合伙人对有限合伙企业只进行投资，而不负责事务执行。作为有限合伙人的自然人在有限合伙企业存续期间丧失民事行为能力，并不影响有限合伙企业的正常生产经营活动，其他合伙人不能要求该丧失民事行为能力的合伙人退伙。

（3）有限合伙人继承人的权利。《合伙企业法》规定，作为有限合伙人的自然人死亡、被依法宣告死亡或者作为有限合伙人的法人及其他组织终止时，其继承人或者权利承受人可以依法取得该有限合伙人在有限合伙企业中的资格。

（4）有限合伙人退伙后的责任承担。《合伙企业法》规定，有限合伙人退伙后，对基于其退伙前的原因发生的有限合伙企业债务，以其退伙时从有限合伙企业中取回的财产承担责任。

（七）合伙人性质转变的特殊规定

《合伙企业法》规定，除合伙协议另有约定外，普通合伙人转变为有限合伙人，或者有限合伙人转变为普通合伙人，应当经全体合伙人一致同意。有限合伙人转变为普通合伙人的，对其作为有限合伙人期间有限合伙企业发生的债务承担无限连带责任。普通合伙人转变为有限合伙人的，对其作为普通合伙人期间合伙企业发生的债务承担无限连带责任。

四、合伙企业解散和清算

（一）合伙企业解散

合伙企业解散，是指各合伙人解除合伙协议，合伙企业终止活动。

根据《合伙企业法》的规定，合伙企业有下列情形之一的，应当解散：（1）合伙期限届满，合伙人决定不再经营；（2）合伙协议约定的解散事由出现；（3）全体合伙人决定解散；（4）合伙人已不具备法定人数满30天；（5）合伙协议约定的合伙目的已经实现或者无法实现；（6）依法被吊销营业执照、责令关闭或者被撤销；（7）法律、行政法规规定的其他原因。

（二）合伙企业清算

合伙企业解散的，应当进行清算。《合伙企业法》对合伙企业清算作了以下几方面的规定：

1. 确定清算人

合伙企业解散，应当由清算人进行清算。清算人由全体合伙人担任；经全体合伙人过半数同意，可以自合伙企业解散事由出现后15日内指定一个或者数个合伙人，或者委托第三人，担任清算人。自合伙企业解散事由出现之日起15日内未确定清算人的，合伙人或者其他利害关系人可以申请人民法院指定清算人。

2. 清算人的职责

清算人在清算期间执行下列事务：（1）清理合伙企业财产，分别编制资产负债表和财产清单；（2）处理与清算有关的合伙企业未了结事务；（3）清缴所欠税款；（4）清理债权、债务；（5）处理合伙企业清偿债务后的剩余财产；（6）代表合伙企业参加诉讼或者仲裁活动。

3. 通知和公告债权人

清算人自被确定之日起10日内将合伙企业解散事项通知债权人，并于60日内在报纸上公告。债权人应当自接到通知书之日起30日内，未接到通知书的自公告之日起45日内，向清算人申报债权。债权人申报债权，应当说明债权的有关事项，并提供证明材料。清算人应当对债权进行登记。清算期间，合伙企业存续，但不得开展与清算无关的经营活动。

4. 财产清偿顺序

合伙企业财产在支付清算费用和职工工资、社会保险费用、法定补偿金以及缴纳所欠税款、清偿债务后的剩余财产，依照《合伙企业法》关于利润分配和亏损分担的规定进行分配。

合伙企业财产清偿问题主要包括以下三方面的内容：

(1) 合伙企业的财产首先用于支付合伙企业的清算费用。清算费用包括：①管理合伙企业财产的费用，如仓储费、保管费、保险费等。②处分合伙企业财产的费用，如聘任工作人员的费用等。③清算过程中的其他费用，如通告债权人的费用、调查债权的费用、咨询费用、诉讼费用等。

(2) 合伙企业的财产支付合伙企业的清算费用后的清偿顺序如下：合伙企业职工工资、社会保险费用和法定补偿金；缴纳所欠税款；清偿债务。其中，法定补偿金主要是指法律、行政法规和规章所规定的应当支付给职工的补偿金，如《中华人民共和国劳动法》规定的解除劳动合同的补偿金。

(3) 分配财产。合伙企业财产依法清偿后仍有剩余时，对剩余财产依照《合伙企业法》的规定进行分配，即按照合伙协议的约定办理；合伙协议未约定或者约定不明确的，由合伙人协商决定；协商不成的，由合伙人按照实缴出资比例分配；无法确定出资比例的，由合伙人平均分配。

5. 注销登记

清算结束，清算人应当编制清算报告，经全体合伙人签名、盖章后，在15日内向企业登记机关报送清算报告，申请办理合伙企业注销登记。

合伙企业注销后，原普通合伙人对合伙企业存续期间的债务仍应承担无限连带责任。

6. 合伙企业不能清偿到期债务的处理

合伙企业不能清偿到期债务的，债权人可以依法向人民法院提出破产清算申请，也可以要求普通合伙人清偿。合伙企业依法被宣告破产的，普通合伙人对合伙企业债务仍应承担无限连带责任。

五、违反合伙企业法的法律责任

(一) 违法行为及其法律责任

1. 合伙企业及合伙人违法行为应承担的法律责任

(1) 违反《合伙企业法》规定，提交虚假文件或者采取其他欺骗手段，取得合伙企业登记的，由企业登记机关责令改正，处以5000元以上5万元以下的罚款；情节严重的，撤销企业登记，并处以5万元以上20万元以下的罚款。

(2) 违反《合伙企业法》规定，合伙企业未在其名称中标明"普通合伙"、"特殊普通合伙"或者"有限合伙"字样的，由企业登记机关责令限期改正，处以2000元以上1万元以下的罚款。

(3) 违反《合伙企业法》规定，未领取营业执照，而以合伙企业或者合伙企业分支机构名义从事合伙业务的，由企业登记机关责令停止，处以5000

元以上5万元以下的罚款。

(4) 合伙企业登记事项发生变更时，未依照规定办理变更登记的，由企业登记机关责令限期登记；逾期不登记的，处以2000元以上2万元以下的罚款。合伙企业登记事项发生变更，执行合伙事务的合伙人未按期申请办理变更登记的，应当赔偿由此给合伙企业、其他合伙人或者善意第三人造成的损失。

(5) 合伙人执行合伙事务，或者合伙企业从业人员利用职务上的便利，将应当归合伙企业的利益据为己有的，或者采取其他手段侵占合伙企业财产的，应当将该利益和财产退还合伙企业；给合伙企业或者其他合伙人造成损失的，依法承担赔偿责任。

(6) 合伙人对《合伙企业法》规定或者合伙协议约定必须经全体合伙人一致同意始得执行的事务擅自处理，给合伙企业或者其他合伙人造成损失的，依法承担赔偿责任。

(7) 不具有事务执行权的合伙人擅自执行合伙事务，给合伙企业或者其他合伙人造成损失的，依法承担赔偿责任。

(8) 合伙人违反《合伙企业法》规定或者合伙协议的约定，从事与本合伙企业相竞争的业务或者与本合伙企业进行交易的，该收益归合伙企业所有；给合伙企业或者其他合伙人造成损失的，依法承担赔偿责任。

(9) 合伙人违反合伙协议的，应当依法承担违约责任。合伙人履行合伙协议发生争议的，合伙人可以通过协商或者调解解决。不愿通过协商、调解解决或者协商、调解不成的，可以按照合伙协议约定的仲裁条款或者事后达成的书面仲裁协议，向仲裁机构申请仲裁。合伙协议中未订立仲裁条款，事后又没有达成书面仲裁协议的，可以向人民法院起诉。

2. 合伙企业清算人违法行为应承担的法律责任

(1) 清算人未依照《合伙企业法》规定向企业登记机关报送清算报告，或者报送清算报告隐瞒重要事实，或者有重大遗漏的，由企业登记机关责令改正。由此产生的费用和损失，由清算人承担和赔偿。

(2) 清算人执行清算事务，牟取非法收入或者侵占合伙企业财产的，应当将该收入和侵占的财产退还合伙企业；给合伙企业或者其他合伙人造成损失的，依法承担赔偿责任。

(3) 清算人违反《合伙企业法》规定，隐匿、转移合伙企业财产，对资产负债表或者财产清单作虚假记载，或者在未清偿债务前分配财产，损害债权人利益的，依法承担赔偿责任。

(4) 行政管理机关及其人员违法行为应承担的法律责任

有关行政管理机关的工作人员违反规定，滥用职权、徇私舞弊、收受贿赂、侵占合伙企业合法权益的。

（二）其他有关规定

1. 违反合伙企业法的刑事责任

违反《合伙企业法》规定，构成犯罪的，依法追究刑事责任。

2. 民事赔偿责任和缴纳罚款、罚金的承担顺序

违反《合伙企业法》规定，应当承担民事赔偿责任和缴纳罚款、罚金，其财产不足以同时支付的，先承担民事赔偿责任。

思 考 题

1. 企业的概念及特征是怎样的？
2. 普通合伙企业如何清偿债务？
3. 有限合伙企业如何清偿债务？

第二章 公 司 法

公司是现代企业制度的基本形式。国外公司制已有几百年的发展历史。我国改革开放以来,党中央提出了建立现代企业制度的要求,国内公司制企业得到了迅速发展。至2006年初在工商行政管理机关登记的公司制企业有120多万家,公司制已成为我国企业的主要形式。

第一节 公司和公司法概述

一、公司的概念、特征和种类

(一)概念

《公司法》指出本法所称的公司是指依照公司法在中国境内设立的有限责任公司和股份有限公司。这就是说在中国只有有限责任公司和股份有限公司两种,而且也只有这两种才称得上公司。

那么如何界定公司呢?公司的概念应当反映公司的本质特征。公司是按公司法设立的,而且是市场经济中的市场主体,是以赚钱为目的的,因此,对公司的概念可以这样概括:公司是依法定程序成立,以盈利为目的的企业法人。

对于这个概念,可从以下方面理解:

1. 公司是按照《公司法》的规定设立的,而不是按照别的什么法律设立的,只有按照《公司法》设立的才称得上公司;

2. 设立公司的目的就是为了盈利,盈利是公司唯一的宗旨;

3. 公司是企业法人,具有法人资格,能独立地承担民事责任,享有民事权利。

(二)特征

1. 营利性,公司是以盈利为目的的,成立公司就是为了盈利;

2. 独立性,公司独立于政府或个人之外,具有法人资格;

3. 集合性,公司的资产来源于股东的入股,是股权的集合,也称为经济集合体;

4. 标准性,公司都是依照《公司法》设立的,其组织机构、运行规则都很相似。

(三) 公司分类

依据不同的标准，有不同的分法。按国际上通行的做法，一般有以下几种分法：

1. 按公司对外的信用：可分为人合公司、资合公司、人资两兼的公司。
2. 按公司的国籍：可分为本国公司、外国公司、跨国公司。
3. 按公司的依附关系：可分为母公司、子公司。
4. 按股东责任：分无限公司、有限责任公司、股份有限公司、两合公司。
   A. 无限公司：股东承担无限连带责任；
   B. 有限责任公司：以出资额为限承担有限责任；
   C. 股份有限公司：等额股份以认购为限；
   D. 两合公司：部分股东无限责任、部分有限。

二、公司法的概念

(一) 公司法的概念

公司法有狭义和广义之分。狭义的公司法仅指《公司法》，是 1993 年 12 月 29 日由第八届全国人民代表大会常务委员会第五次会议通过的法律，自 1994 年 7 月 1 日起施行。公司法的颁布，为我国现代企业制度的建立发挥了重要作用。但随着经济体制改革的深入，有些条款已显得越来越不适应。之后，进行了几次小的修改，2005 年 10 月 27 日第十届全国人民代表大会常务委员会第十八次会议通过修改后的《公司法》，并于 2006 年 1 月 1 日起施行。当然，我们在工作中讲的公司法，更多地是指广义的公司法，即调整公司的经济关系，规范公司的组织及行为的法律规范的总称。

(二) 公司法的调整范围

《公司法》第 1 条指出，为了规范公司的组织和行为，保护公司、股东和债权人的合法权益，维护社会经济秩序，促进社会主义市场经济的发展，制定本法。由此可以清楚地看出，公司法调整的范围有以下几点：

1. 以公司为调整对象。公司法只调整和规范公司，非公司制的企业、事业单位，以及国家权力机关、行政机关、司法机关都不属于公司法调整的范畴。
2. 是确认公司法律地位和资格的组织法。公司是市场主体，只有经过国家工商行政管理机关，依照法定程序进行登记和确认才能成为合法的主体，否则是非法的。公司一经登记就具有了法人资格，就能独立地承担民事责任，而且必须履行自己的义务。
3. 是规范公司经营活动的行为法。公司在经营中，必须遵守国家的法律法规,其行为必须符合公司法的规定。无论是公司的外部行为还是公司股东间的内部行为,都应当符合公司法的规定。当然,新公司法在规范公司内部行为上,更加尊重股东个人的意愿,指导性规定比以往多,强制性规定少了。

三、关于公司的一般规定

(一) 公司的责任

1. 公司是企业法人,有独立的法人财产,享有法人财产权。公司以其全部财产对公司的债务承担责任。

2. 有限责任公司的股东以其认缴的出资额为限对公司承担责任;股份有限公司的股东以其认购的股份为限对公司承担责任。

3. 公司股东依法享有资产收益、参与重大决策和选择管理者等权利。

4. 公司从事经营活动,必须遵守法律、行政法规,遵守社会公德、商业道德,诚实守信,接受政府和社会公众的监督,承担社会责任。

5. 公司的合法权益受法律保护。

(二) 公司的成立

1. 设立公司,应当依法向公司登记机关申请设立登记。符合本法规定的设立条件的,由公司登记机关分别登记为有限责任公司或者股份有限公司;不符合本法规定的设立条件的,不得登记为有限责任公司或者股份有限公司。

这一规定说明,公司的设立必须进行登记,这是公司成立的必经程序。未经登记而以公司名义开展经营活动的为非法行为,是法律所禁止的。同时,在登记时,必须符合法定的条件才能登记为公司。

2. 法律、行政法规规定设立公司必须报经批准的,应当在公司登记前依法办理批准手续。在公司登记时,如果有前置审批的内容必须报批。当然,前置审批只有法律法规才能规定,地方法规和部门规章都不得规定前置审批条件,这也是行政许可法明确规定的。

3. 公众可以向公司登记机关申请查询公司登记事项,公司登记机关应当提供查询服务。按照政府公务公开透明的原则,公司的登记应当向公众公开,查询是公众的权利,是阳光行政的需要。

4. 依法设立的公司,由公司登记机关发给公司营业执照。公司营业执照签发日期为公司成立日期。公司有申请日、开业日,但都不是公司的法定成立时间,营业执照签发日为公司成立日。

5. 公司营业执照应当载明公司的名称、住所、注册资本、实收资本、经营范围、法定代表人姓名等事项。这是公司的基本情况,特别是公司法明确规定公司注册资本可以分期缴纳,因此,在以往的基础上,增加了实收资本一项。

6. 公司营业执照记载的事项发生变更的，公司应当依法办理变更登记，由公司登记机关换发营业执照。该条说明，公司可以变更，但应当办理变更登记，不得擅自变更。

7. 依照本法设立的有限责任公司，必须在公司名称中标明有限责任公司或者有限公司字样。依照本法设立的股份有限公司，必须在公司名称中标明股份有限公司或者股份公司字样。股份有限公司和有限责任公司各有自己的特点，必须明确标明，以防混淆。而且股份有限公司因其资本来源的特殊性，公司资料必须向公众公开。

8. 有限责任公司变更为股份有限公司，应当符合本法规定的股份有限公司的条件。股份有限公司变更为有限责任公司，应当符合本法规定的有限责任公司的条件。该条说明，有限公司和股份有限公司相互变更登记，必须符合所要变更的公司的类型，以防止不符合条件的公司在两种类型中以变更的手段完成公司登记，从而蒙骗公众。

9. 有限责任公司变更为股份有限公司的，或者股份有限公司变更为有限责任公司的，公司变更前的债权、债务由变更后的公司承继。这条是关于公司变更后，债权债务的承担规定，以防止逃避债务的行为发生。这也是民法的一般规定。

10. 公司以其主要办事机构所在地为住所。一个公司可能有多个经营场所，但主要办事机构只有一个，这个地方为公司的住所地，这涉及公司的日常监管，以及民事诉讼的管辖权。

(三) 公司章程的效力

1. 设立公司必须依法制定公司章程。公司章程对公司、股东、董事、监事、高级管理人员具有约束力。公司章程对公司而言有公司宪法之称，公司的行为，股东的责、权、利都由公司章程规定。公司、股东、董事、监事、高级管理人员受公司章程约束，但公司员工不受公司章程约束。

2. 公司的经营范围由公司章程规定，并依法登记。公司可以修改公司章程，改变经营范围，但是应当办理变更登记。公司经营范围是由公司章程决定的，而不是由登记机关决定的，但要经过登记，因此，在登记时，登记机关不能随意改变公司章程上的经营范围。

3. 公司的经营范围中属于法律、行政法规规定须经批准的项目，应当依法经过批准。按照行政许可法的规定，只有法律和行政法规有明确规定的需要经过审批的外，登记机关不得以此为由拒绝登记，任何部门也不得擅自设定审批事项。

(四) 公司法定代表人、股东权责规定

1. 公司法定代表人依照公司章程的规定，由董事长、执行董事或者经理担任，并依法登记。公司法定代表人变更，应当办理变更登记。公司法属于实体和程序二者合一的法，因而更加尊重股东的自治权。为此，公司的法定代表人将不一定由公司的董事长来担任。因为，在很多公司中，董事长更多的是名誉职务，本身对业务的介入程度很浅。为此，公司法定代表人依照公司章程的规定，由董事长、执行董事或者经理担任，并依法登记。

一些学者认为，英美法系国家和地区的公司立法例中并没有法定代表人这个职务安排，建议我国公司法废除该制度，进而建立由董事或执行董事或授权董事代表公司的制度。这是一种极富挑战意味的想法。法定代表人制度为一些大陆法系国家采用，至今未变，我国建立的由一个自然人代表组织的做法便于集中组织的意志，便于交易对方的确认，因法定而不是授权表达出的公司意志对交易的安全更有保障。并且，由法定代表人授权其他人从事公司的活动，并不影响公司的工作效力。至于对独任的法定代表人的权力的限制、对其可能给公司和股东利益造成的伤害的防范，完全可以通过构建良善的公司治理结构达成。一个组织特别是对资产过亿、从业人员上万的大公司来讲，如果有多个人在法律上有各自独立的代表权，它到底会给公司的健康运作和社会的有序发展带来什么样的影响，没有人可以预料。

考虑到董事长一般是出资者的利益代表，一个自然人完全可能在多个公司担任董事长，而法人代表的职务是直接参与公司运营的角色，公司法统一规定让董事长担任法定代表人必然对某些公司的运作带来不便，确实有必要加以改进。这样，形成了现在的规定：由公司章程确定，董事长、执行董事或者经理担任法定代表人。董事长是公司存在董事会体制下的职务，有限公司规模较小或一人公司如不设董事会的得有执行董事，一个自然人担任多个公司的董事长的，为方便经营可选择由经理担任法定代表人。但某些规模较大的公司在董事分工的基础上，可能产生若干执行董事并在公司章程中规定执行董事代表公司的并不违反公司法的规定，或者由董事长、经理两人为公司法定代表人的也不违反公司法，只要章程明确规定且在公司的营业执照上载明即可。

2. 公司向其他企业投资或者为他人提供担保，依照公司章程的规定，由董事会或者股东会、股东大会决议；公司章程对投资或者担保的总额及单项投资或者担保的数额有限额规定的，不得超过规定的限额。公司为公司股东或者实际控制人提供担保的，必须经股东会或者股东大会决议。

公司为他人提供担保，可能给公司财产带来较大风险，需要慎重。新《公司法》第16条规定："公司向其他企业投资或者为他人提供担保，依照公司章程的规定，由董事会或者股东会、股东大会决议；公司章程对投资或者担保的总额及单项投资或者担保的数额有限额规定的，不得超过规定的限额。公司为公司股东或者实际控制人提供担保的，必须经股东会或者股东大会决议。"

当然实际控制人支配的股东如果参与表决，这对其他股东是不公平的，因而公司法规定的股东或者受前款规定的实际控制人支配的股东，不得参加前款规定事项的表决。该项表决由出席会议的其他股东所持表决权的过半数通过。

3. 公司股东应当遵守法律、行政法规和公司章程，依法行使股东权利，不得滥用股东权利损害公司或者其他股东的利益；不得滥用公司法人独立地位和股东有限责任损害公司债权人的利益。公司股东滥用股东权利给公司或者其他股东造成损失的，应当依法承担赔偿责任。

这一规定应当包含以下内容：

第一，股东不得实施同业竞争。同业竞争必然导致其他股东的合法权益难以保障。

第二，股东不得恶意欠缴公司股金。新公司法实行的分期缴付制，每个股东都有责任按承诺缴付出资，否则是对其他股东的违约，必须承担违约责任。

第三，股东不得利用有限责任损害债权人利益。也就是说股东对承诺的股金负有责任，恶意逃债的由欠缴股金的股东承担连带责任。

4. 公司股东滥用公司法人独立地位和股东有限责任，逃避债务，严重损害公司债权人利益的，应当对公司债务承担连带责任。公司的控股股东、实际控制人、董事、监事、高级管理人员不得利用其关联关系损害公司利益。

该条是新公司法在为公司的设立和经营活动提供较为宽松条件的同时，为防范滥用公司制度的风险，增加的"公司法人人格否认"制度的规定。即当公司股东滥用公司法人独立地位和股东有限责任，逃避债务，严重损害公司债权人利益时，该股东即丧失依法享有的仅以其对公司的出资为限对公司承担有限责任的权利，而应对公司的全部债务承担连带责任。

这也就是说，若作为债务人的公司存在公司法人人格否认的情况，则债权人可不将该公司作为独立法人对待，直接要求其股东承担债务偿还的连带责任。因此，这一规定，为防范滥用公司制度的风险，保证交易安全，保障公司债权人的利益，维护社会经济秩序，提供了必要的制度安排。

5. 公司股东会或者股东大会、董事会的决议内容违反法律、行政法规的无效。这是防止公司违法恶意逃债的一条硬性规定，是保护债权人利益的必要条款。当然，对于这种无效的处理，应当通过申请法院撤销来完成。

6. 股东会或者股东大会、董事会的会议召集程序、表决方式违反法律、行政法规或者公司章程，或者决议内容违反公司章程的，股东可以自决议作出之日起60日内，请求人民法院撤销。

这是对股东权益的一种救济途径，是防止大股东滥用权利的有效办法。当然，为了防止其他股东滥用撤销权，公司法规定股东提起撤销诉讼的，要提供相应担保。

7. 公司根据股东会或者股东大会、董事会决议已办理变更登记的,人民法院宣告该决议无效或者撤销该决议后,公司应当向公司登记机关申请撤销变更登记。

该条规定说明司法权是股东权益的终极保证权,但人民法院宣告该决议无效或者撤销该决议后,公司股东不向公司登记机关申请撤销变更登记的,怎么办?还缺乏手段和办法,国家应当会出台相应的司法解释或行政解释。

(五) 公司分支机构和对外投资

1. 公司可以设立分公司。设立分公司,应当向公司登记机关申请登记,领取营业执照。分公司不具有法人资格,其民事责任由公司承担。分公司是营业性组织,不具有法人资格,是不能独立承担民事责任的市场主体,应当在公司授权范围内活动。

2. 公司可以设立子公司,子公司具有法人资格,依法独立承担民事责任。

3. 公司可以向其他企业投资;但是,除法律另有规定外,不得成为对所投资企业的债务承担连带责任的出资人。这一规定取消了原公司法中有关累计投资额不得超过本公司净资产50%的规定,而且一般只对其投资承担有限责任。

(六) 公司社团组织

1. 公司应当设立中国共产党的组织、工会组织,开展党的活动和工会活动,党组织、工会组织参与公司管理。公司应当为党组织的活动和工会活动提供必要条件。

2. 公司工会参与民主管理,保护工人合法权益。公司工会代表职工,就职工的劳动报酬、工作时间、福利、保险和劳动安全卫生等事项依法与公司签订集体合同。

公司研究决定改制以及经营方面的重大问题和制定重要的规章制度时,应当听取公司工会的意见,并通过职工代表大会或者其他形式听取职工的意见和建议。公司依照宪法和有关法律的规定,通过职工代表大会或者其他形式,实行民主管理。

公司必须保护职工的合法权益,依法与职工签订劳动合同,参加社会保险,加强劳动保护,实现安全生产。

3. 公司应当采用多种形式,加强公司职工的职业教育和岗位培训,提高职工素质。

四、公司董事、监事、高级管理人员的资格和义务

(一) 公司董事、监事、高级管理人员的资格

1. 有下列情形之一的,不得担任公司的董事、监事、高级管理人员:

（1）无民事行为能力或者限制民事行为能力；

（2）因贪污、贿赂、侵占财产、挪用财产或者破坏社会主义市场经济秩序，被判处刑罚，执行期满未逾 5 年，或者因犯罪被剥夺政治权利，执行期满未逾 5 年；

（3）担任破产清算的公司、企业的董事、厂长或者经理，对该公司、企业的破产负有个人责任的，自该公司、企业破产清算完结之日起未逾 3 年；

（4）担任因违法被吊销营业执照、责令关闭的公司、企业的法定代表人，并负有个人责任的，自该公司、企业被吊销营业执照之日起未逾 3 年；

（5）个人所负数额较大的债务到期未清偿。

2. 公司违反前款规定选举、委派董事、监事或者聘任高级管理人员的，该选举、委派或者聘任无效。

董事、监事、高级管理人员在任职期间出现以上所列情形的，公司应当解除其职务。

3. 董事、监事、高级管理人员应当遵守法律、行政法规和公司章程，对公司负有忠实义务和勤勉义务。

4. 董事、监事、高级管理人员不得利用职权收受贿赂或者其他非法收入，不得侵占公司的财产。

（二）行为准则

1. 董事、高级管理人员行为的禁止性规定。董事、高级管理人员不得有下列行为：

（1）挪用公司资金；

（2）将公司资金以其个人名义或者以其他个人名义开立账户存储；

（3）违反公司章程的规定，未经股东会、股东大会或者董事会同意，将公司资金借贷给他人或者以公司财产为他人提供担保；

（4）违反公司章程的规定或者未经股东会、股东大会同意，与本公司订立合同或者进行交易；

（5）未经股东会或者股东大会同意，利用职务便利为自己或者他人谋取属于公司的商业机会，自营或者为他人经营与所任职公司同类的业务；

（6）接受他人与公司交易的佣金归为己有；

（7）擅自披露公司秘密；

（8）违反对公司忠实义务的其他行为。

2. 董事、高级管理人员行为违反禁止性规定的后果

（1）收入上缴。董事、高级管理人员违反以上规定所得的收入应当归公司所有。

（2）承担赔偿责任。董事、监事、高级管理人员执行公司职务时违反法

律、行政法规或者公司章程的规定，给公司造成损失的，应当承担赔偿责任。

（3）接受质询。股东会或者股东人会要求董事、监事、高级管理人员列席会议的，董事、监事、高级管理人员应当列席并接受股东的质询。

（4）协助调查。董事、高级管理人员应当如实向监事会或者不设监事会的有限责任公司的监事提供有关情况和资料，不得妨碍监事会或者监事行使职权。

3. 董事、高级管理人员有违反行为准则规定的情形的，有限责任公司的股东、股份有限公司连续180日以上单独或者合计持有公司1%以上股份的股东，可以书面请求监事会或者不设监事会的有限责任公司的监事向人民法院提起诉讼；监事执行公司职务时违反法律、行政法规或者公司章程的规定，给公司造成损失的，前述股东可以书面请求董事会或者不设董事会的有限责任公司的执行董事向人民法院提起诉讼，要求其承担赔偿责任。

监事会、不设监事会的有限责任公司的监事，或者董事会、执行董事收到以上规定的股东书面请求后拒绝提起诉讼，或者自收到请求之日起30日内未提起诉讼，或者情况紧急、不立即提起诉讼将会使公司利益受到难以弥补的损害的，上述股东有权为了公司的利益以自己的名义直接向人民法院提起诉讼。

他人侵犯公司合法权益，给公司造成损失的，上述股东可以依照规定向人民法院提起诉讼。

董事、高级管理人员违反法律、行政法规或者公司章程的规定，损害股东利益的，股东可以向人民法院提起诉讼。

第二节　有限责任公司

一、有限责任公司的设立

（一）有限责任公司的概念、特点

1. 概念：股东以其认缴的出资额为限对公司承担责任，公司以全部资产为限对公司债务承担责任。这种形式的公司就是有限责任公司。

2. 特点：有限责任公司有以下几个特点：

（1）责任的有限性：股东以其认缴的出资额为限对公司承担责任，公司以全部资产为限对公司债务承担责任。

（2）信息的闭锁性：有限责任公司的信息是公司的商业秘密，不对外公开。

（3）股东的限定性：公司法规定，有限责任公司的股东人数是1~50人，不得超过50人。

（4）规模的小型性：一般都是小规模的公司，机构简单、决策灵活、管理简便。

（5）设立的简单性：只要符合法定的条件，经申请名称核准后，依章程就可设立。

（二）有限责任公司设立的条件

1. 股东符合法定人数。一般是 1～50 人，也就是说不得超过 50 人。

2. 股东出资达到法定资本最低限额。公司法规定最低限度为 3 万元人民币。

3. 股东共同制定公司章程。必须经全体股东签字认可，充分体现股东的意思自治。

4. 有公司名称，建立符合有限责任公司要求的组织机构。我国实行的是名称预先核准，在核准名称的基础上实行登记。组织机构有很大的灵活性，可以设立股东会、董事会、监事会，小公司也可不设董事会，只设执行董事、执行监事。

5. 有公司住所。住所是公司办公必备的场所，而且涉及公司的日常监管权和诉讼管辖权，因而必须有住所。

（三）有限责任公司的章程

有限责任公司章程应当载明下列事项：

1. 公司名称和住所；

2. 公司经营范围；

3. 公司注册资本；

4. 股东的姓名或者名称；

5. 股东的出资方式、出资额和出资时间；

6. 公司的机构及其产生办法、职权、议事规则；

7. 公司法定代表人；

8. 股东会会议认为需要规定的其他事项。

（四）有限责任公司的注册资本

1. 有限责任公司的注册资本。有限责任公司的注册资本为在公司登记机关登记的全体股东认缴的出资额。公司全体股东的首次出资额不得低于注册资本的 20%，也不得低于法定的注册资本最低限额，其余部分由股东自公司成立之日起两年内缴足；其中，投资公司可以在 5 年内缴足。这里的投资公司是指以资金融通、对外投资、收取利息为主营业务的公司。

有限责任公司注册资本的最低限额为人民币 3 万元。法律、行政法规对有限责任公司注册资本的最低限额有较高规定的，从其规定。

2. 有限责任公司股东的出资方式。股东可以用货币出资，也可以用实物、知识产权、土地使用权等可以用货币估价并可以依法转让的非货币财产作价出资；但是，法律、行政法规规定不得作为出资的财产除外。

这是在原有基础上的突破，一是将工业产权扩大到整个知识产权，二是放宽无形财产出资比例的限制，三是根本改变了对股东出资的立法方式，以一个富有弹性的抽象标准"可以用货币估价并可以依法转让的非货币财产"取代了原来固化的全面列举式规定，不仅实质性地扩大了股东出资的范围，而且能够灵活地适应现实生活中新的财产形式的产生和旧有财产形式的变化。按此规定，股东可以股权等出资作为注册资本。对作为出资的非货币财产应当评估作价，核实财产，不得高估或者低估作价。法律、行政法规对评估作价有规定的，从其规定。

全体股东的货币出资金额不得低于有限责任公司注册资本的30%。

3. 有限责任公司股东出资的手续。股东应当按期足额缴纳公司章程中规定的各自所认缴的出资额。股东以货币出资的，应当将货币出资足额存入有限责任公司在银行开设的账户；以非货币财产出资的，应当依法办理其财产权的转移手续。

股东不按照规定缴纳出资的，除应当向公司足额缴纳外，还应当向已按期足额缴纳出资的股东承担违约责任。

4. 有限责任公司股东出资额的审验。缴纳出资后，必须经依法设立的验资机构验资并出具证明。

股东的首次出资经依法设立的验资机构验资后，由全体股东指定的代表或者共同委托的代理人向公司登记机关报送公司登记申请书、公司章程、验资证明等文件，申请设立登记。

5. 有限责任公司股东出资不实的责任。有限责任公司成立后，发现作为设立公司出资的非货币财产的实际价额显著低于公司章程所定价额的，应当由交付该出资的股东补足其差额；公司设立时的其他股东承担连带责任。

6. 有限责任公司成立后，应当向股东签发出资证明书。出资证明书由公司盖章。

出资证明书应当载明下列事项：

（1）公司名称；

（2）公司成立日期；

（3）公司注册资本；

（4）股东的姓名或者名称、缴纳的出资额和出资日期；

（5）出资证明书的编号和核发日期。

二、有限责任公司的组织机构

（一）股东会

1. 有限责任公司股东会由全体股东组成。股东会是公司的权力机构，依照本法行使职权。

2. 股东会行使下列职权：

（1）决定公司的经营方针和投资计划；

（2）选举和更换非由职工代表担任的董事、监事，决定有关董事、监事的报酬事项；

（3）审议批准董事会的报告；

（4）审议批准监事会或者监事的报告；

（5）审议批准公司的年度财务预算方案、决算方案；

（6）审议批准公司的利润分配方案和弥补亏损方案；

（7）对公司增加或者减少注册资本作出决议；

（8）对发行公司债券作出决议；

（9）对公司合并、分立、解散、清算或者变更公司形式作出决议；

（10）修改公司章程；

（11）公司章程规定的其他职权。

对以上事项股东以书面形式一致表示同意的，可以不召开股东会会议，直接作出决定，并由全体股东在决定文件上签名、盖章。

3. 股东会会议的主持人。股东会会议分为首次会议、定期会议和临时会议。首次股东会会议由出资最多的股东召集和主持，依照公司法规定行使职权。

（1）会议的召开权。定期会议应当依照公司章程的规定按时召开。代表1/10以上表决权的股东，1/3以上的董事，监事会或者不设监事会的公司的监事提议召开临时会议的，应当召开临时会议。

（2）会议的主持人。有限责任公司设立董事会的，股东会会议由董事会召集，董事长主持；董事长不能履行职务或者不履行职务的，由副董事长主持；副董事长不能履行职务或者不履行职务的，由半数以上董事共同推举一名董事主持。这和传统的做法是不一样的，传统的做法是由董事长委托一名董事主持。这也体现了董事对企业管理的公平权、民主权。

有限责任公司不设董事会的，股东会会议由执行董事召集和主持。

董事会或者执行董事不能履行或者不履行召集股东会会议职责的，由监事会或者不设监事会的公司的监事召集和主持；监事会或者监事不召集和主持的，代表1/10以上表决权的股东可以自行召集和主持。

(3) 会议的通知。召开股东会会议，应当于会议召开 15 日前通知全体股东；但是，公司章程另有规定或者全体股东另有约定的除外。

股东会应当对所议事项的决定制作会议记录，出席会议的股东应当在会议记录上签名。

(4) 会议的表决。股东会会议由股东按照出资比例行使表决权；但是，公司章程另有规定的除外。

股东会的议事方式和表决程序，除公司法另有规定的外，由公司章程规定。

(5) 修改公司章程的表决。股东会会议作出修改公司章程、增加或者减少注册资本的决议，以及公司合并、分立、解散或者变更公司形式的决议，必须经代表 2/3 以上表决权的股东通过。

(6) 董事会的组成人数。有限责任公司设董事会，其成员为 3 人至 13 人；但是，规模较小，只设执行董事的除外。

两个以上的国有企业或者两个以上的其他国有投资主体投资设立的有限责任公司，其董事会成员中应当有公司职工代表；其他有限责任公司董事会成员中可以有公司职工代表。董事会中的职工代表由公司职工通过职工代表大会、职工大会或者其他形式民主选举产生。

董事会设董事长一人，可以设副董事长。董事长、副董事长的产生办法由公司章程规定。

董事任期由公司章程规定，但每届任期不得超过 3 年。董事任期届满，连选可以连任。

董事任期届满未及时改选，或者董事在任期内辞职导致董事会成员低于法定人数的，在改选出的董事就任前，原董事仍应当依照法律、行政法规和公司章程的规定，履行董事职务。

(二) 董事会

董事会对股东会负责，行使下列职权：

1. 董事会的职权

(1) 召集股东会会议，并向股东会报告工作；
(2) 执行股东会的决议；
(3) 决定公司的经营计划和投资方案；
(4) 制定公司的年度财务预算方案、决算方案；
(5) 制定公司的利润分配方案和弥补亏损方案；
(6) 制定公司增加或者减少注册资本以及发行公司债券的方案；
(7) 制定公司合并、分立、解散或者变更公司形式的方案；
(8) 决定公司内部管理机构的设置；

（9）决定聘任或者解聘公司经理及其报酬事项，并根据经理的提名决定聘任或者解聘公司副经理、财务负责人及其报酬事项；

（10）制定公司的基本管理制度；

（11）公司章程规定的其他职权。

2. 董事会会议的主持

董事会会议由董事长召集和主持；董事长不能履行职务或者不履行职务的，由副董事长召集和主持；副董事长不能履行职务或者不履行职务的，由半数以上董事共同推举一名董事召集和主持。

董事会的议事方式和表决程序，除公司法有规定的外，由公司章程规定。

董事会应当对所议事项的决定制作会议记录，出席会议的董事应当在会议记录上签名。董事会决议的表决，实行一人一票。

(三) 有限责任公司的经理

1. 经理的职权。有限责任公司可以设经理，由董事会决定聘任或者解聘。经理对董事会负责，行使下列职权：

（1）主持公司的生产经营管理工作，组织实施董事会决议；

（2）组织实施公司年度经营计划和投资方案；

（3）拟订公司内部管理机构设置方案；

（4）拟订公司的基本管理制度；

（5）制定公司的具体规章；

（6）提请聘任或者解聘公司副经理、财务负责人；

（7）决定聘任或者解聘应由董事会决定聘任或者解聘以外的负责管理的人员；

（8）董事会授予的其他职权。

公司章程对经理职权另有规定的，从其规定。

经理列席董事会会议。

2. 经理的兼任规定。股东人数较少或者规模较小的有限责任公司，可以设一名执行董事，不设董事会。执行董事可以兼任公司经理。执行董事的职权由公司章程规定。

3. 有限责任公司监事会。

（1）监事会的设立。有限责任公司设监事会，其成员不得少于3人。股东人数较少或者规模较小的有限责任公司，可以设1至2名监事或者不设监事会。监事会应当包括股东代表和适当比例的公司职工代表，其中职工代表的比例不得低于1/3，具体比例由公司章程规定。监事会中的职工代表由公司职工通过职工代表大会、职工大会或者其他形式民主选举产生。

（2）监事会的主持人。监事会设主席一人，由全体监事过半数选举产生。

监事会主席召集和主持监事会会议；监事会主席不能履行职务或者不履行职务的，由半数以上监事共同推举一名监事召集和主持监事会会议。

（3）监事的兼职规定。董事、高级管理人员不得兼任监事。

监事的任期每届为3年。监事任期届满，连选可以连任。

监事任期届满未及时改选，或者监事在任期内辞职导致监事会成员低于法定人数的，在改选出的监事就任前，原监事仍应当依照法律、行政法规和公司章程的规定，履行监事职务。

（4）监事会的职权。监事会、不设监事会的公司的监事行使下列职权：

第一，检查公司财务；

第二，对董事、高级管理人员执行公司职务的行为进行监督，对违反法律、行政法规、公司章程或者股东会决议的董事、高级管理人员提出罢免的建议；

第三，当董事、高级管理人员的行为损害公司的利益时，要求董事、高级管理人员予以纠正；

第四，提议召开临时股东会会议，在董事会不履行本法规定的召集和主持股东会会议职责时召集和主持股东会会议；

第五，向股东会会议提出提案；

第六，依照《公司法》第152条的规定，即董事、监事、高级管理人员执行公司职务时违反法律、行政法规或者公司章程的规定，给公司造成损失的，监事会对董事、高级管理人员提起诉讼；

第七，公司章程规定的其他职权。

监事可以列席董事会会议，并对董事会决议事项提出质询或者建议。

监事会、不设监事会的公司的监事发现公司经营情况异常，可以进行调查；必要时，可以聘请会计师事务所会计师等协助其工作，费用由公司承担。

（5）监事会会议。监事会每年度至少召开一次会议，监事可以提议召开临时监事会会议。监事会的议事方式和表决程序，除本法有规定的外，由公司章程规定。监事会决议应当经半数以上监事通过。

监事会应当对所议事项的决定制作会议记录，出席会议的监事应当在会议记录上签名。

监事会、不设监事会的公司的监事行使职权所必需的费用，由公司承担。

三、有限责任公司股东的权益

（一）如实登记权

公司应当将股东的姓名或者名称及其出资额向公司登记机关登记；登记事项发生变更的，应当办理变更登记。未经登记或者变更登记的，不得对抗第三人。

(二) 查阅复制权

股东有权查阅、复制公司章程、股东会会议记录、董事会会议决议、监事会会议决议和财务会计报告。公司的日常管理始终是少数人进行的，但全体股东都有权了解公司经营决策的全过程，以防止侵害自己合法权益的行为发生，因而享有查询、复制权。

股东可以要求查阅公司会计账簿。股东要求查阅公司会计账簿的，应当向公司提出书面请求，说明目的。公司有合理根据认为股东查阅会计账簿有不正当目的，可能损害公司合法利益的，可以拒绝提供查阅，并应当自股东提出书面请求之日起 15 日内书面答复股东并说明理由。公司拒绝提供查阅的，股东可以请求人民法院要求公司提供查阅。

(三) 分红增股权

1. 原则上按出资比例分红增股。股东按照实缴的出资比例分取红利；公司新增资本时，股东有权优先按照实缴的出资比例认缴出资。

2. 有特殊约定的遵照约定执行。全体股东约定不按照出资比例分取红利或者不按照出资比例优先认缴出资的，依照约定办理。

四、有限责任公司股东的责任

《公司法》明确规定，公司成立后，股东不得抽逃出资。

有限责任公司是人合性质的企业，是股东相互合意、信任才产生的合作关系。正是因为人合才可以不按出资比例分取红利或增股的规定，也就是说充分尊重股东的意愿。如果有股东抽逃出资是对公司不负责任的行为，对其他股东形成违约，因而为法律所禁止。

五、一人有限责任公司的特别规定

一人公司问题长期困扰我们，既限制了投资者的个人判断与选择，也对工商机关的管理活动造成某种困境，因为现实经济体系中实际上产生了名为两人或多人投资的公司，而实际就是一人投资的公司的情况，名义股东与实际股东之间发生纠纷，法院的判处也比较困难。国外的英美法系国家早已承认一人公司，日本在 20 世纪 90 年代初也通过修订公司法予以承认，在我国的外资企业和中外合作经营企业中早就存在一人公司。过去，我们主要受传统民法关于法人社团理论的思想限制和对一人股东可能利用有限责任不正当操控公司损害社会利益和债权人利益的担心，没有予以承认。

这些年来，理论界已经进行了较多的讨论，现行立法修订中各方意见比较一致，特别是立法机关非常开明，用"与时俱进"的态度明确了一人公司的合法性。

(一) 概念

1. 概念：一人有限责任公司，是指只有一个自然人股东或者一个法人股东的有限责任公司。

2. 沿革：从实际情况看，一个股东的出资额占公司资本的绝大多数而其他股东只占象征性的极少数，或者一个股东拉上自己的亲朋好友作挂名股东的有限责任公司，即实质上的一人公司，已是客观存在，也很难禁止。根据我国的实际情况，并研究借鉴国外的通行做法，允许一个自然人投资设立有限责任公司，将其纳入公司法的调整范围。这是适应经济发展的需要，和国际接轨的明智做法，是适应世界经济一体化的措施。

(二) 设立的基本条件

1. 资本要求：一人有限责任公司的注册资本最低限额为人民币10万元。股东应当一次性足额缴纳公司章程规定的出资额。

2. 设立限制：一个自然人只能投资设立一个一人有限责任公司。该一人有限责任公司不能投资设立新的一人有限责任公司。

3. 明示规定：一人有限责任公司应当在公司登记中注明自然人独资或者法人独资，并在公司营业执照中载明。一人有限责任公司章程由股东制定。

4. 决议形式：一人有限责任公司不设股东会。股东作出《公司法》第38条第1款所列规定时，应当采用书面形式，并由股东签名后置备于公司。

5. 财务审计：一人有限责任公司应当在每一会计年度终了时编制财务会计报告，并经会计师事务所审计。

(三) 对外责任

一人有限责任公司的股东不能证明公司财产独立于股东自己的财产的，应当对公司债务承担连带责任。

由于一人公司特别是一个自然人设立的一人公司缺乏股东之间的相互制约，很容易将公司的财产与股东本人的财产相混同，将公司的财产变为股东自己的财产。

而公司制度的基本特征，就是股东只以其对公司出资承担有限责任，股东对公司的债务不直接承担责任，这就容易使公司债权人的利益受到损害。对此，新《公司法》主要设立了5项风险防范制度：

第一，对一人公司实行严格的资本确定原则，一人有限责任公司的注册资本不得低于10万元，并且必须一次缴足。

第二，一人公司必须在公司营业执照中载明自然人独资或者法人独资，予以公示。

第三，一个自然人只能设立一个一人公司，该一人公司不能再设立新的一人公司。

第四，一人公司应当在每一会计年度编制财务会计报告，并经依法设立的会计师事务所审计。

第五，在发生债务纠纷时，一人公司的股东有责任证明公司的财产与股东自己财产是相互独立的，由一人股东承担举证责任。如果股东不能证明公司的财产独立于股东个人的财产，股东即丧失只以其对公司的出资承担有限责任的权利。

这种规定比其他国家关于一人公司的法律规定更为严格，这也是由于我国市场经济处在初级阶段，很多制度不落实，人们的诚信度还不高，法律和制度的制约还十分有限所致。

六、国有独资公司的特别规定

（一）概念

《公司法》所称国有独资公司，是指国家单独出资、由国务院或者地方人民政府授权本级人民政府国有资产监督管理机构履行出资人职责的有限责任公司。

由于国有独资公司也是有限责任公司，因此，关于有限责任公司的一般规定也适用于国有独资公司。

（二）章程和机构

1. 章程：国有独资公司章程由国有资产监督管理机构制定，或者由董事会制定报国有资产监督管理机构批准。

这体现的是资产所有者权益。国有独资公司资产为国家所有，而国家委托国有资产监督管理机构代表国家实施管理，章程是公司管理的根本依据，故章程由国有资产监督管理机构制定，或者由董事会制定报国有资产监督管理机构批准。

2. 股东会：国有独资公司不设股东会，由国有资产监督管理机构行使股东会职权。

国有资产监督管理机构可以授权公司董事会行使股东会的部分职权，决定公司的重大事项，但公司的合并、分立、解散、增加或者减少注册资本和发行公司债券，必须由国有资产监督管理机构决定；其中，重要的国有独资公司合并、分立、解散、申请破产的，应当由国有资产监督管理机构审核后，报本级人民政府批准。

重要的国有独资公司，由国务院另行明确规定。

3. 董事会：国有独资公司设董事会，依照公司法的相关规定行使职权。董事每届任期不得超过3年。董事会成员中应当有公司职工代表。

董事会成员由国有资产监督管理机构委派；但是，董事会成员中的职工代表由公司职工代表大会选举产生。

董事会设董事长一人，可以设副董事长。董事长、副董事长由国有资产监督管理机构从董事会成员中指定。

4. 经理：国有独资公司设经理，由董事会聘任或者解聘。经理依照公司法的规定行使职权。

经国有资产监督管理机构同意，董事会成员可以兼任经理。

国有独资公司的董事长、副董事长、董事、高级管理人员，未经国有资产监督管理机构同意，不得在其他有限责任公司、股份有限公司或者其他经济组织兼职。国有独资公司董事长、副董事长、董事、高级管理人员兼职易发生同业竞争或滥用职权行为。

5. 监事会：国有独资公司监事会成员不得少于5人，其中职工代表的比例不得低于1/3，具体比例由公司章程规定。

监事会成员由国有资产监督管理机构委派；但是，监事会成员中的职工代表由公司职工代表大会选举产生。监事会主席由国有资产监督管理机构从监事会成员中指定。

监事会行使公司法规定的职权和国务院规定的其他职权。

七、有限责任公司的股权转让

（一）自愿转让规定

1. 股东之间的转让。有限责任公司的股东之间可以相互转让其全部或者部分股权。这是指股东间相互自愿转让，只要自愿，部分或全部都行。

2. 股东向外转让。股东向股东以外的人转让股权，应当经其他股东过半数同意。股东应就其股权转让事项书面通知其他股东征求同意，其他股东自接到书面通知之日起满30日未答复的，视为同意转让。其他股东半数以上不同意转让的，不同意的股东应当购买该转让的股权；不购买的，视为同意转让。

经股东同意转让的股权，在同等条件下，其他股东有优先购买权。两个以上股东主张行使优先购买权的，协商确定各自的购买比例；协商不成的，按照转让时各自的出资比例行使优先购买权。

3. 公司章程对股权转让另有规定的，从其规定。

转让股权后，公司应当注销原股东的出资证明书，向新股东签发出资证明书，并相应修改公司章程和股东名册中有关股东及其出资额的记载。对公司章程的该项修改不需再由股东会表决。

（二）强制转让规定

1. 法院强制转让。人民法院依照法律规定的强制执行程序转让股东的股权时，应当通知公司及全体股东，其他股东在同等条件下有优先购买权。其他股东自人民法院通知之日起满 20 日不行使优先购买权的，视为放弃优先购买权。

2. 公司回购股票规定。有下列情形之一的，对股东会该项决议投反对票的股东可以请求公司按照合理的价格收购其股权：

（1）公司连续 5 年不向股东分配利润，而公司该 5 年连续盈利，并且符合本法规定的分配利润条件的；

（2）公司合并、分立、转让主要财产的；

（3）公司章程规定的营业期限届满或者章程规定的其他解散事由出现，股东会会议通过决议修改章程使公司存续的。

自股东会会议决议通过之日起 60 日内，股东与公司不能达成股权收购协议的，股东可以自股东会会议决议通过之日起 90 日内向人民法院提起诉讼。

3. 股份的继承。自然人股东死亡后，其合法继承人可以继承股东资格；但是，公司章程另有规定的除外。

第三节　股份有限公司的设立和组织机构

一、概念和特点

（一）股份有限公司的概念

公司股份划分为等额股份，股东以认缴的出资额为限对公司债务承担责任，公司以全部资产为限对公司债务承担责任的公司为股份有限公司。

（二）股份有限公司的特点

1. 股份的等额性。股份有限公司的全部股份划分为等额，每股相等，同股同权。

2. 责任的有限性。股东只以认缴的出资为限对公司债务承担责任，公司以全部资产为限对公司债务承担责任。

3. 信息的开放性。股份有限公司资料必须定期向外公布，以便公众了解情况。

4. 规模的庞大性。股份有限公司资本金最低 500 万元，虽比以前《公司法》的规定降了一半，但仍然是很大的，一般企业达不到。

二、设立和变更

（一）设立条件

设立股份有限公司，应当具备下列条件：

1. 发起人符合法定人数；
2. 发起人认购和募集的股本达到法定资本最低限额；
3. 股份发行、筹办事项符合法律规定；
4. 发起人制定公司章程，采用募集方式设立的经创立大会通过；
5. 有公司名称，建立符合股份有限公司要求的组织机构；
6. 有公司住所。

(二) 设立方式

股份有限公司的设立，可以采取发起设立或者募集设立的方式。

1. 发起设立，是指由发起人认购公司应发行的全部股份而设立公司。

设立股份有限公司，应当有 2 人以上 200 人以下为发起人，其中须有半数以上的发起人在中国境内有住所。

股份有限公司发起人承担公司筹办事务。

发起人应当签订发起人协议，明确各自在公司设立过程中的权利和义务。

股份有限公司采取发起设立方式设立的，注册资本为在公司登记机关登记的全体发起人认购的股本总额。公司全体发起人的首次出资额不得低于注册资本的 20%，其余部分由发起人自公司成立之日起两年内缴足；其中，投资公司可以在 5 年内缴足。在缴足前，不得向他人募集股份。

2. 募集设立，是指由发起人认购公司应发行股份的一部分，其余股份向社会公开募集或者向特定对象募集而设立公司。

股份有限公司采取募集方式设立的，注册资本为在公司登记机关登记的实收股本总额。

(三) 股份有限公司的注册资本

1. 总体要求。股份有限公司注册资本的最低限额为人民币 500 万元。法律、行政法规对股份有限公司注册资本的最低限额有较高规定的，从其规定。

2. 发起设立的要求。以发起设立方式设立股份有限公司的，发起人应当书面认足公司章程规定其认购的股份；一次缴纳的，应即缴纳全部出资；分期缴纳的，应即缴纳首期出资。以非货币财产出资的，应当依法办理其财产权的转移手续。

发起人不依照前款规定缴纳出资的，应当按照发起人协议承担违约责任。

发起人首次缴纳出资后，应当选举董事会和监事会，由董事会向公司登记机关报送公司章程、由依法设定的验资机构出具的验资证明以及法律、行政法规规定的其他文件，申请设立登记。

3. 募集设立的要求。以募集设立方式设立股份有限公司的，发起人认购的股份不得少于公司股份总数的 35%；但是，法律、行政法规另有规定的，从其规定。

(四) 股份有限公司章程

股份有限公司章程应当载明下列事项：

1. 公司名称和住所；
2. 公司经营范围；
3. 公司设立方式；
4. 公司股份总数、每股金额和注册资本；
5. 发起人的姓名或者名称、认购的股份数、出资方式和出资时间；
6. 董事会的组成、职权和议事规则；
7. 公司法定代表人；
8. 监事会的组成、职权和议事规则；
9. 公司利润分配办法；
10. 公司的解散事由与清算办法；
11. 公司的通知和公告办法；
12. 股东大会会议认为需要规定的其他事项。

(五) 募集股份的要求

1. 发起人向社会公开募集股份，必须公告招股说明书，并制作认股书，由认股人填写认购股数、金额、住所，并签名、盖章。认股人按照所认购股数缴纳股款。

2. 招股说明书应当附有发起人制定的公司章程，并载明下列事项：

（1）发起人认购的股份数；
（2）每股的票面金额和发行价格；
（3）无记名股票的发行总数；
（4）募集资金的用途；
（5）认股人的权利、义务；
（6）本次募股的起止期限及逾期未募足时认股人可以撤回所认股份的说明。

3. 股票承销。发起人向社会公开募集股份，应当由依法设立的证券公司承销，签订承销协议。

发起人向社会公开募集股份，应当同银行签订代收股款协议。

代收股款的银行应当按照协议代收和保存股款，向缴纳股款的认股人出具收款单据，并负有向有关部门出具收款证明的义务。

4. 验资。发行股份的股款缴足后，必须经依法设立的验资机构验资并出具证明。发起人应当自股款缴足之日起 30 日内主持召开公司创立大会。创立大会由发起人、认股人组成。

5. 募股违约责任。发行的股份超过招股说明书规定的截止期限尚未募足的，或者发行股份的股款缴足后，发起人在 30 日内未召开创立大会的，认股人可以按照所缴股款并加算银行同期存款利息，要求发起人返还。

（六）创立大会

1. 人数规定。发起人应当在创立大会召开 15 日前将会议日期通知各认股人或者予以公告。创立大会应有代表股份总数过半数的发起人、认股人出席方可举行。

2. 创立大会职权。创立大会行使下列职权：

（1）审议发起人关于公司筹办情况的报告；

（2）通过公司章程；

（3）选举董事会成员；

（4）选举监事会成员；

（5）对公司的设立费用进行审核；

（6）对发起人用于抵作股款的财产的作价进行审核；

（7）发生不可抗力或者经营条件发生重大变化直接影响公司设立的，可以作出不设立公司的决议。

创立大会对前款所列事项作出决议，必须经出席会议的认股人所持表决权过半数通过。

3. 抽资规定。发起人、认股人缴纳股款或者交付抵作股款的出资后，除未按期募足股份、发起人未按期召开创立大会或者创立大会决议不设立公司的情形外，不得抽回其股本。

（七）登记手续

1. 登设资料。董事会应于创立大会结束后 30 日内，向公司登记机关报送下列文件，申请设立登记：

（1）公司登记申请书；

（2）创立大会的会议记录；

（3）公司章程；

（4）验资证明；

（5）法定代表人、董事、监事的任职文件及其身份证明；

（6）发起人的法人资格证明或者自然人身份证明；

（7）公司住所证明。

2. 前置审批。以募集方式设立股份有限公司公开发行股票的，还应当向公司登记机关报送国务院证券监督管理机构的核准文件。

3. 股东违约责任。股份有限公司成立后，发起人未按照公司章程的规定缴足出资的，应当补缴；其他发起人承担连带责任。股份有限公司成立后，发现作为设立公司出资的非货币财产的实际价额显著低于公司章程所定价额的，应当由交付该出资的发起人补足其差额；其他发起人承担连带责任。

4. 公司违约责任。股份有限公司的发起人应当承担下列责任：

（1）公司不能成立时，对设立行为所产生的债务和费用负连带责任；

（2）公司不能成立时，对认股人已缴纳的股款，负返还股款并加算银行同期存款利息的连带责任；

（3）在公司设立过程中，由于发起人的过失致使公司利益受到损害的，应当对公司承担赔偿责任。

5. 变更办法。有限责任公司变更为股份有限公司时，折合的实收股本总额不得高于公司净资产额。有限责任公司变更为股份有限公司，为增加资本公开发行股份时，应当依法办理。

6. 日常公开。股份有限公司应当将公司章程、股东名册、公司债券存根、股东大会会议记录、董事会会议记录、监事会会议记录、财务会计报告置备于本公司。

股东有权查阅公司章程、股东名册、公司债券存根、股东大会会议记录、董事会会议决议、监事会会议决议、财务会计报告，对公司的经营提出建议或者质询。

三、股东大会

1. 股东大会组成。股份有限公司股东大会由全体股东组成。股东大会是公司的权力机构，依照公司法行使职权。

2. 股东大会召开。应当每年召开一次年会。有下列情形之一的，应当在两个月内召开临时股东大会：

（1）董事人数不足本法规定人数或者公司章程所定人数的2/3时；

（2）公司未弥补的亏损达实收股本总额1/3时；

（3）单独或者合计持有公司10%以上股份的股东请求时；

（4）董事会认为必要时；

（5）监事会提议召开时；

（6）公司章程规定的其他情形。

3. 股东大会的主持。股东大会会议由董事会召集，董事长主持；董事长不能履行职务或者不履行职务的，由副董事长主持；副董事长不能履行职务或者不履行职务的，由半数以上董事共同推举一名董事主持。

董事会不能履行或者不履行召集股东大会会议职责的，监事会应当及时召集和主持；监事会不召集和主持的，连续90日以上单独或者合计持有公司10%以上股份的股东可以自行召集和主持。

4. 股东大会的准备。召开股东大会,应当将会议召开的时间、地点和审议的事项于会议召开 20 日前通知各股东;临时股东大会应当于会议召开 15 日前通知各股东;发行无记名股票的,应当于会议召开 30 日前公告会议召开的时间、地点和审议事项。

5. 提案条件。单独或者合计持有公司 3% 以上股份的股东,可以在股东大会召开 10 日前提出临时提案并书面提交董事会;董事会应当在收到提案后 2 日内通知其他股东,并将该临时提案提交股东大会审议。临时提案的内容应当属于股东大会职权范围,并有明确议题和具体决议事项。

股东大会不得对事先未列明的事项作出决议。

无记名股票持有人出席股东大会会议的,应当于会议召开 5 日前至股东大会闭会时将股票交存于公司。

6. 表决权限。股东出席股东大会会议,所持每一股份有一表决权。但是,公司持有的本公司股份没有表决权。

股东大会作出决议,必须经出席会议的股东所持表决权过半数通过。但是,股东大会作出修改公司章程、增加或者减少注册资本的决议,以及公司合并、分立、解散或者变更公司形式的决议,必须经出席会议的股东所持表决权的 2/3 以上通过。

7. 重大事项表决。

(1) 公司法和公司章程规定公司转让、受让重大资产或者对外提供担保等事项必须经股东大会作出决议的,董事会应当及时召集股东大会会议,由股东大会就上述事项进行表决。

(2) 股东大会选举董事、监事,可以依照公司章程的规定或者股东大会的决议,实行累积投票制。

累积投票制,是指股东大会选举董事或者监事时,每一股份拥有与应选董事或者监事人数相同的表决权,股东拥有的表决权可以集中使用。比如,一个公司 1000 股,设 3 个董事,也就是说在选董事时每股有 3 票权,既可以投在 1 人身上,也可分别投在 3 人身上。投在 3 人身上为分别使用,投在 1 人身上为累积使用。

(3) 股东可以委托代理人出席股东大会会议,代理人应当向公司提交股东授权委托书,并在授权范围内行使表决权。

(4) 股东大会应当对所议事项的决定制作会议记录,主持人、出席会议的董事应当在会议记录上签名。会议记录应当与出席股东的签名册及代理出席的委托书一并保存。

四、董事会、经理

（一）董事会

1. 董事会组成

（1）股份有限公司设董事会，其成员为5人至19人。

（2）董事会成员中可以有公司职工代表。董事会中的职工代表由公司职工通过职工代表大会、职工大会或者其他形式民主选举产生。

（3）董事会任期和有限责任公司董事任期的规定相同，一般为3年。股份有限公司董事会职权也和有限责任公司董事会职权的规定相同。

（4）董事会设董事长一人，可以设副董事长。董事长和副董事长由董事会以全体董事的过半数选举产生。

2. 董事会会议的召开

董事长召集和主持董事会会议，检查董事会决议的实施情况。副董事长协助董事长工作，董事长不能履行职务或者不履行职务的，由副董事长履行职务；副董事长不能履行职务或者不履行职务的，由半数以上董事共同推举一名董事履行职务。

（1）董事会每年度至少召开两次会议，每次会议应当于会议召开10日前通知全体董事和监事。

代表1/10以上表决权的股东、1/3以上董事或者监事会，可以提议召开董事会临时会议。董事长应当自接到提议后10日内，召集和主持董事会会议。

董事会召开临时会议，可以另定召集董事会的通知方式和通知时限。

（2）董事会会议应有过半数的董事出席方可举行。董事会作出决议，必须经全体董事的过半数通过。这里是指全体董事，不仅包括参会的董事，也包括未参会的董事。

董事会决议的表决，实行一人一票。

董事会会议，应由董事本人出席；董事因故不能出席，可以书面委托其他董事代为出席，委托书中应载明授权范围。

（3）董事会应当对会议所议事项的决定制作议记录，出席会议的董事应当在会议记录上签名。

董事应当对董事会的决议承担责任。董事会的决议违反法律、行政法规或者公司章程、股东大会决议，致使公司遭受严重损失的，参与决议的董事对公司负赔偿责任。但经证明在表决时曾表明异议并记载于会议记录的，该董事可以免除责任。这一规定从法律上加重了董事的责任，而且是通过经济手段承担责任，体现了法治和市场运作的特点。

(二) 股份有限公司经理

1. 股份有限公司设经理，由董事会决定聘任或者解聘。
《公司法》关于股份有限公司经理职权的规定同有限责任公司经理职权的规定一致。

2. 公司董事会可以决定由董事会成员兼任经理。

3. 公司不得直接或者通过子公司向董事、监事、高级管理人员提供借款。

4. 公司应当定期向股东披露董事、监事、高级管理人员从公司获得报酬的情况。

五、监事会

(一) 监事会组成

股份有限公司设监事会，其成员不得少于3人。

1. 监事会应当包括股东代表和适当比例的公司职工代表，其中职工代表的比例不得低于1/3，具体比例由公司章程规定。监事会中的职工代表由公司职工通过职工代表大会、职工大会或者其他形式民主选举产生。

2. 监事会设主席一人，可以设副主席。监事会主席和副主席由全体监事过半数选举产生。监事会主席召集和主持监事会会议；监事会主席不能履行职务或者不履行职务的，由监事会副主席召集和主持监事会会议；监事会副主席不能履行职务或者不履行职务的，由半数以上监事共同推举一名监事召集和主持监事会会议。

3. 董事、高级管理人员不得兼任监事。

监事的每届任期为3年。监事任期届满，连选可以连任。

(二) 监事会的职权及履行方式

1. 监事会的职权。

第一，检查公司财务；

第二，对董事、高级管理人员执行公司职务的行为进行监督，对违反法律、行政法规、公司章程或者股东会决议的董事、高级管理人员提出罢免的建议；

第三，当董事、高级管理人员的行为损害公司的利益时，要求董事、高级管理人员予以纠正；

第四，提议召开临时股东会会议，在董事会不履行本法规定的召集和主持股东会会议职责时召集和主持股东会会议；

第五，向股东会会议提出提案；

第六，依照《公司法》第152条的规定，即董事、监事、高级管理人员执行公司职务时违反法律、行政法规或者公司章程的规定，给公司造成损失的，监事会对董事、高级管理人员提起诉讼；

第七，公司章程规定的其他职权。

监事可以列席董事会会议，并对董事会决议事项提出质询或者建议。

监事会、不设监事会的公司的监事发现公司经营情况异常，可以进行调查；必要时，可以聘请会计师事务所会计师等协助其工作，费用由公司承担。

2. 监事会行使职权所必需的费用，由公司承担。

3. 监事会每6个月至少召开一次会议。监事可以提议召开临时监事会会议。

4. 监事会的议事方式和表决程序，按《公司法》的规定和公司章程规定执行。监事会决议应当经半数以上监事通过。

监事会应当对所议事项的决定制作会议记录，出席会议的监事应当在会议记录上签名。

六、上市公司的特别规定

（一）概念

上市公司是指其股票在证券交易所上市交易的股份有限公司。这种公司一般都是大型上市公司，上市是公司融资的重要方式。

（二）具体规定

1. 上市公司在1年内购买、出售重大资产或者担保金额超过公司资产总额30%的，应当由股东大会作出决议，并经出席会议的股东所持表决权的2/3以上通过。

2. 上市公司设独立董事，具体办法由国务院规定。

3. 上市公司设董事会秘书，负责公司股东大会和董事会会议的筹备、文件保管以及公司股东资料的管理，办理信息披露事务等事宜。

4. 上市公司董事与董事会会议决议事项所涉及的企业有关联关系的，不得对该项决议行使表决权，也不得代理其他董事行使表决权。该董事会会议由过半数的无关联关系董事出席即可举行，董事会会议所作决议须经无关联关系董事过半数通过。出席董事会的无关联关系董事人数不足3人的，应将该事项提交上市公司股东大会审议。

七、股份有限公司的股份发行和转让

（一）股份发行

1. 股份有限公司的资本划分为股份，每一股的金额相等。

2. 公司的股份采取股票的形式。股票是公司签发的证明股东所持股份的凭证。

3. 股份的发行，实行公平、公正的原则，同种类的每一股份应当具有同等权利。

同次发行的同种类股票，每股的发行条件和价格应当相同；任何单位或者个人所认购的股份，每股应当支付相同价额。

4. 股票发行价格可以按票面金额，也可以超过票面金额，但不得低于票面金额。超过票面金额发行的称为溢价发行。

5. 股票采用纸面形式或者国务院证券监督管理机构规定的其他形式。其他形式包括股票卡、股权证等。

6. 股票应当载明下列主要事项：

（1）公司名称；

（2）公司成立日期；

（3）股票种类、票面金额及代表的股份数；

（4）股票的编号。

7. 股票由法定代表人签名，公司盖章。

发起人的股票，应当标明发起人股票字样。

8. 公司发行的股票，可以为记名股票，也可以为无记名股票。

公司向发起人、法人发行的股票，应当为记名股票，并应当记载该发起人、法人的名称或者姓名，不得另立户名或者以代表人姓名记名。

9. 公司发行记名股票的，应当置备股东名册，记载下列事项：

（1）股东的姓名或者名称及住所；

（2）各股东所持股份数；

（3）各股东所持股票的编号；

（4）各股东取得股份的日期。

10. 发行无记名股票的，公司应当记载其股票数量、编号及发行日期。

11. 除记名股票和无记名股票外的其他股票，由国务院另行规定。

12. 股份有限公司成立后，即向股东正式交付股票。公司成立前不得向股东交付股票。

（二）新股的发行

1. 公司发行新股，股东大会应当对下列事项作出决议：

（1）新股种类及数额；

（2）新股发行价格；

（3）新股发行的起止日期；

（4）向原有股东发行新股的种类及数额。

2. 公司经国务院证券监督管理机构核准公开发行新股时，必须公告新股招股说明书和财务会计报告，并制作认股书。

3. 公司公开发行新股也应按最初发行股票的规定办理。

4. 公司发行新股，可以根据公司经营情况和财务状况，确定其作价方案。

（三）变更登记

公司发行新股募足股款后，必须向公司登记机关办理变更登记，并公告。

（四）股份转让

1. 股东持有的股份可以依法转让。

2. 股东转让其股份，应当在依法设立的证券交易场所进行或者按照国务院规定的其他方式进行。

3. 记名股票，由股东以背书方式或者法律、行政法规规定的其他方式转让；转让后由公司将受让人的姓名或者名称及住所记载于股东名册。

股东大会召开前20日内或者公司决定分配股利的基准日前5日内，不得进行前款规定的股东名册的变更登记。

4. 无记名股票的转让，由股东将该股票交付给受让人后即发生转让的效力。

5. 发起人持有的本公司股份，自公司成立之日起1年内不得转让。公司公开发行股份前已发行的股份，自公司股票在证券交易所上市交易之日起1年内不得转让。

6. 公司董事、监事、高级管理人员应当向公司申报所持有的本公司的股份及其变动情况，在任职期间每年转让的股份不得超过其所持有本公司股份总数的25%；所持本公司股份自公司股票上市交易之日起1年内不得转让。上述人员离职后半年内，不得转让其所持有的本公司股份。公司章程可以对公司董事、监事、高级管理人员转让其所持有的本公司股份作出其他限制性规定。

7. 公司不得收购本公司股份。但是，有下列情形之一的除外：

（1）减少公司注册资本；

（2）与持有本公司股份的其他公司合并；

（3）将股份奖励给本公司职工；

（4）股东因对股东大会作出的公司合并、分立决议持异议，要求公司收购其股份的。

公司因以上原因收购本公司股份的，应当经股东大会决议。公司收购本公司股份后，属于第（1）项情形的，应当自收购之日起10日内注销；属于第（2）项、第（4）项情形的，应当在6个月内转让或者注销。

公司依照第（3）项规定收购的本公司股份，不得超过本公司已发行股份总额的5%；用于收购的资金应当从公司的税后利润中支出；所收购的股份应当在1年内转让给职工。

8. 公司不得接受本公司的股票作为质押权的标的。

9. 记名股票被盗、遗失或者灭失,股东可以依照《中华人民共和国民事诉讼法》规定的公示催告程序,请求人民法院宣告该股票失效。人民法院宣告该股票失效后,股东可以向公司申请补发股票。

10. 上市公司的股票,依照有关法律、行政法规及证券交易所交易规则上市交易。

上市公司必须依照法律、行政法规的规定,公开其财务状况、经营情况及重大诉讼,在每会计年度内半年公布一次财务会计报告。

第四节 公司债券、公司财务、会计

一、公司债券

(一) 债券的一般规定

1. 债券的概念。公司债券是指公司依照法定程序发行,约定在一定期限还本付息的有价证券。

2. 发行条件。公司发行公司债券应当符合《中华人民共和国证券法》规定的发行条件。

3. 发行公告。发行公司债券的申请经国务院授权的部门核准后,应当公告公司债券募集办法。

公司债券募集办法中应当载明下列主要事项:

(1) 公司名称;
(2) 债券募集资金的用途;
(3) 债券总额和债券的票面金额;
(4) 债券利率的确定方式;
(5) 还本付息的期限和方式;
(6) 债券担保情况;
(7) 债券的发行价格、发行的起止日期;
(8) 公司净资产额;
(9) 已发行的尚未到期的公司债券总额;
(10) 公司债券的承销机构。

4. 债券记载事项。

(1) 实物券记载事项。公司以实物券方式发行公司债券的,必须在债券上载明公司名称、债券票面金额、利率、偿还期限等事项,并由法定代表人签名,公司盖章。

公司债券,可以为记名债券,也可以为无记名债券。

公司发行公司债券应当置备公司债券存根簿。

(2) 公司债券存根簿记载事项。发行记名公司债券的,应当在公司债券存根簿上载明下列事项:

第一,债券持有人的姓名或者名称及住所;

第二,债券持有人取得债券的日期及债券的编号;

第三,债券总额,债券的票面金额、利率、还本付息的期限和方式;

第四,债券的发行日期。

(3) 无记名公司债券记载事项。发行无记名公司债券的,应当在公司债券存根簿上载明债券总额、利率、偿还期限和方式、发行日期及债券的编号。

记名公司债券的登记结算机构应当建立债券登记、存管、付息、兑付等相关制度。

(二) 公司债券的转让

1. 公司债券可以转让,转让价格由转让人与受让人约定。

(1) 公司债券在证券交易所上市交易的,按照证券交易所的交易规则转让。

(2) 记名公司债券,由债券持有人以背书方式或者法律、行政法规规定的其他方式转让;转让后由公司将受让人的姓名或者名称及住所记载于公司债券存根簿。

(3) 无记名公司债券的转让,由债券持有人将该债券交付给受让人后即发生转让的效力。

2. 债券与股票的转换。上市公司经股东大会决议可以发行可转换为股票的公司债券,并在公司债券募集办法中规定具体的转换办法。上市公司发行可转换为股票的公司债券,应当报国务院证券监督管理机构核准。

发行可转换为股票的公司债券,应当在债券上标明可转换公司股票字样,并在公司债券存根簿上载明可转换公司股票的数额。

可转换为股票的公司债券,公司应当按照其转换办法向债券持有人换发股票,但债券持有人对转换股票或者不转换股票有选择权。

二、公司财务、会计

(一) 公司财会制度的总体规定

1. 公司应当依照法律、行政法规和国务院财政部门的规定建立本公司的财务、会计制度。

2. 公司应当在每一会计年度终了时编制财务会计报告,并依法经会计师事务所审计。

3. 财务会计报告应当依照法律、行政法规和国务院财政部门的规定制作。

(二) 公司财会制度的具体运作

1. 有限责任公司应当依照公司章程规定的期限将财务会计报告送交各股东。

2. 股份有限公司的财务会计报告应当在召开股东大会年会的 20 日前置备于本公司，供股东查阅；公开发行股票的股份有限公司必须公告其财务会计报告。

(三) 公司利润公配、公积金管理

1. 公司分配当年税后利润时，应当提取利润的 10% 列入公司法定公积金。公司法定公积金累计额为公司注册资本的 50% 以上的，可以不再提取。

2. 公司的法定公积金不足以弥补以前年度亏损的，在依照前款规定提取法定公积金之前，应当先用当年利润弥补亏损。

3. 公司从税后利润中提取法定公积金后，经股东会或者股东大会决议，还可以从税后利润中提取任意公积金。

4. 公司弥补亏损和提取公积金后所余税后利润，有限责任公司依照公司章程约定的规定分配；股份有限公司按照股东持有的股份比例分配，但股份有限公司章程规定不按持股比例分配的除外。

5. 股东会、股东大会或者董事会违反规定，在公司弥补亏损和提取法定公积金之前向股东分配利润的，股东必须将违反规定分配的利润退还公司。

6. 公司持有的本公司股份不得分配利润。

7. 股份有限公司以超过股票票面金额的发行价格发行股份所得的溢价款以及国务院财政部门规定列入资本公积金的其他收入，应当列为公司资本公积金。

8. 公司的公积金用于弥补公司的亏损、扩大公司生产经营或者转为增加公司资本。但是，资本公积金不得用于弥补公司的亏损。

9. 法定公积金转为资本时，所留存的该项公积金不得少于转增前公司注册资本的 25%。

(四) 公司账册和审计规定

1. 公司聘用、解聘承办公司审计业务的会计师事务所，依照公司章程的规定，由股东会、股东大会或者董事会决定。

2. 公司股东会、股东大会或者董事会就解聘会计师事务所进行表决时，应当允许会计师事务所陈述意见。

3. 公司应当向聘用的会计师事务所提供真实、完整的会计凭证、会计账簿、财务会计报告及其他会计资料，不得拒绝、隐匿、谎报。

4. 公司除法定的会计账簿外，不得另立会计账簿。

5. 对公司资产，不得以任何个人名义开立账户存储。

三、公司合并、分立、增资、减资

（一）公司合并的方式

1. 公司合并可以采取吸收合并。一个公司吸收其他公司为吸收合并，被吸收的公司解散。

2. 新设合并。两个以上公司合并设立一个新的公司为新设合并，合并各方解散。

（二）合并准备

1. 公司合并的通知。公司合并，应当由合并各方签订合并协议，并编制资产负债表及财产清单。公司应当自作出合并决议之日起10日内通知债权人，并于30日内在报纸上公告。债权人自接到通知书之日起30日内，未接到通知书的自公告之日起45日内，可以要求公司清偿债务或者提供相应的担保。

2. 债权债务处理。公司合并时，合并各方的债权、债务，应当由合并后存续的公司或者新设的公司承继。

（三）公司分立

1. 分立准备。公司分立，应当编制资产负债表及财产清单。公司应当自作出分立决议之日起10日内通知债权人，并于30日内在报纸上公告。

2. 公司分立，其财产作相应的分割。

3. 分立后的债务。公司分立前的债务由分立后的公司承担连带责任。但是，公司在分立前与债权人就债务清偿达成的书面协议另有约定的除外。

（四）公司注册资本减少

1. 公司需要减少注册资本时，必须编制资产负债表及财产清单。

2. 公司应当自作出减少注册资本决议之日起10日内通知债权人，并于30日内在报纸上公告。债权人自接到通知书之日起30日内，未接到通知书的自公告之日起45日内，有权要求公司清偿债务或者提供相应的担保。

3. 公司减资后的注册资本不得低于法定的最低限额。

（五）公司注册资本的增加

1. 有限责任公司增加注册资本时，股东认缴新增资本的出资，依照公司法设立有限责任公司缴纳出资的有关规定执行。

2. 股份有限公司为增加注册资本发行新股时，股东认购新股，依照公司法设立股份有限公司缴纳股款的有关规定执行。

（六）变更登记

1. 公司合并或者分立，登记事项发生变更的，应当依法向公司登记机关办理变更登记。

2. 公司解散的，应当依法办理公司注销登记。

3. 设立新公司的,应当依法办理公司设立登记。
4. 公司增加或者减少注册资本,应当依法向公司登记机关办理变更登记。

四、公司解散和清算

(一) 公司解散原因
1. 公司章程规定的营业期限届满或者公司章程规定的其他解散事由出现;
2. 股东会或者股东大会决议解散;
3. 因公司合并或者分立需要解散;
4. 依法被吊销营业执照、责令关闭或者被撤销;
5. 公司经营困难人民法院依照本法予以解散。

(二) 公司续展
1. 公司依章程规定的营业期限届满的,可以通过修改公司章程而存续。
2. 修改公司章程,有限责任公司须经持有 2/3 以上表决权的股东通过,股份有限公司须经出席股东大会会议的股东所持表决权的 2/3 以上通过。
3. 公司经营管理发生严重困难,继续存续会使股东利益受到重大损失,通过其他途径不能解决的,持有公司全部股东表决权 10% 以上的股东,可以请求人民法院解散公司。

(三) 清算组织
1. 公司解散的,应当在解散事由出现之日起 15 日内成立清算组,开始清算。
2. 有限责任公司的清算组由股东组成,股份有限公司的清算组由董事或者股东大会确定的人员组成。
3. 逾期不成立清算组进行清算的,债权人可以申请人民法院指定有关人员组成清算组进行清算。人民法院应当受理该申请,并及时组织清算组进行清算。

(四) 清算组在清算期间行使下列职权:
1. 清理公司财产,分别编制资产负债表和财产清单;
2. 通知、公告债权人;
3. 处理与清算有关的公司未了结的业务;
4. 清缴所欠税款以及清算过程中产生的税款;
5. 清理债权、债务;
6. 处理公司清偿债务后的剩余财产;
7. 代表公司参与民事诉讼活动。

(五) 清算公告
清算组应当自成立之日起 10 日内通知债权人,并于 60 日内在报纸上公告。债权人应当自接到通知书之日起 30 日内,未接到通知书的自公告之日起 45 日内,向清算组申报其债权。

思 考 题

1. 试比较有限责任公司和股份公司的异同点。
2. 公司合并的种类和方式有哪些?
3. 公司法定公积金是如何规定的?
4. 股东会有哪些职权?
5. 董事会有哪些职权?
6. 监事会有哪些职权?
7. 经理有哪些职权?
8. 公司分立后债务如何清偿?

第三章 外商投资企业法

第一节 外商投资企业法概述

一、外商投资企业的概念

1. 概念

外商投资企业，是指依据中国法律在中国境内设立的，由外国投资者单独直接投资或者外国投资者和中国投资者共同投资的企业。其中外国投资者是指外国的公司、企业和其他经济组织或个人；而中国投资者仅指与外商共同投资举办企业的中国公司、企业或者其他经济组织。

2. 基本特征

（1）外商投资企业是外商直接投资举办的企业。

（2）外商投资企业是吸引外国私人投资举办的企业。

（3）外商投资企业经中国政府批准，是在中国境内设立，具有中国国籍的企业。外商投资企业依据中国法律，经中国政府批准在中国境内设立，具有中国国籍，且必须遵守中国法律，受中国法律的管辖和保护。

3. 种类

目前，在我国设立的外商投资企业，依照外商在企业注册资本和资产中所占股权和份额的比例不同，可分为合资企业和外商独资企业。合资企业以其是股权式还是契约式又可分为中外合资经营企业和中外合作经营企业两种。外商独资企业又叫外资企业。

4. 外商投资企业的权利和义务

（1）权利：①生产经营计划权；②资金筹措运用权；③物资采购权；④产品销售权；⑤外汇收入使用权；⑥劳动用工管理权；⑦机构设置和人员编制权。

（2）义务：①必须遵守中国的法律、行政法规，不得损害中国的社会公共利益；②必须履行依法签订的协议、合同、章程；③必须依照中国税法的规定缴纳税款；④应及时向有关部门报告生产和经营情况，接受中国政府有关机关的管理和监督;⑤应承担我国法律、行政法规规定的义务。

二、外商投资企业法的概念、特征和原则

1. 外商投资企业法的概念

外商投资企业法,是指调整外商投资企业在设立、经营管理过程中所发生的经济关系的法律规范的总称。目前,我国没有一部统一的外商投资企业法,而是采取分别立法的方式进行立法。我国现行的外商投资企业法主要有:《中华人民共和国中外合资经营企业法》、《中华人民共和国中外合作经营企业法》、《中华人民共和国外资企业法》,国务院发布的《中外合资经营企业法实施条例》和对外经济贸易部发布实施的《中华人民共和国外资企业法实施细则》等。

2. 外商投资企业法的调整对象

外商投资企业法的调整对象主要包括以下三方面的关系:

(1) 调整国家对外商投资企业的经济管理关系。外商投资企业在设立、变更、终止及经营过程中,要接受经贸管理部门、工商管理部门、税务部门、外汇管理部门和其他相关政府管理部门的管理和监督,这就构成了国家与外商投资企业之间的经济管理关系,政府部门必须依法行使管理监督权。

(2) 调整外商投资企业与国内外其他企业,经济组织之间的关系。外商投资企业在生产经营活动过程中,广泛地与国内外其他企业、经济组织发生经济交往,需要通过法律调整,以维护正常的社会经济秩序。

(3) 调整外商投资者之间的经济关系。中外合资经营企业和中外合作经营企业,涉及中外合资者和中外合作者的权利义务关系,需要通过法律对各方的权利进行确认和保护,也要通过法律对各方的义务进行规范和约束,以保护他们各自的合法权益。

3. 外商投资企业法的体系

外商投资企业法主要由以下法律规范和内容构成:(1) 总则性法律规范,包括立法依据和宗旨,基本原则,效力范围以及若干用语之释义等;(2) 程序性法律规范,包括立项,可行性研究,企业名称预先核准,谈判协商,签署协议,合同和章程,审查批准,等级注册,变更,终止和清算以及争议解决方式等;(3) 组织性法律规范,包括企业的投资主体,法律地位,组织形式,注册资本和组织机构等;(4) 经营管理性法律规范,包括企业的投资方向管理,进出口管理,税收征管,外汇管理等。

外商投资企业法,就其基本形式而言,由基本法、专项法和相关法所组成。基本法有《中华人民共和国中外合资经营企业法》(以下简称《中外合资经营企业法》)及其《实施条例》;《中华人民共和国中外合作经营企业法》

（以下简称《中外合作经营企业法》）及其《实施条例》；《中华人民共和国外资企业法》（以下简称《外资企业法》）及其《实施条例》；《中华人民共和国台湾同胞投资保护法》等。专项法有税收、建设用地、劳动管理、财务管理、外汇管理等方面的法律、法规。相关法有《企业法人登记管理条例》，《中华人民共和国合同法》，《中华人民共和国公司法》，《中华人民共和国海关法》，《中华人民共和国对外贸易法》，《中华人民共和国仲裁法》等。

4. 外商投资企业法的原则

（1）维护国家主权原则

维护国家主权原则是我国独立自主对外开展关系的基本方针在外商投资企业法中的体现，是举办外商投资企业的前提条件，是外商投资企业法的首要原则和根本原则。它要求作为外国投资者的外国公司、企业、其他经济组织和个人，在中国境内投资创办企业，必须遵守我国的法律法规，服从我国的管辖；吸收外商投资绝对不能丧权辱国，损害我国的国民经济和社会公共利益；必须防止带有政治性要求的外商投资，防止外国资本控制我国的经济命脉，防止外商投资者践踏我国的法律，损害我国的公共秩序和社会利益。

（2）平等互利原则

在国际经济合作和技术交流过程中，国家无论大小和贫富，都应该一律平等，互相尊重别国的主权和愿望，这是任何国家吸收外商投资时都必须遵守的国际准则。外商投资企业法的平等互利原则包括两层含义：一是中外投资者之间法律地位平等和权利义务对等；二是中外投资者都有利可图。平等和互利是密不可分，相辅相成的，平等是互利的基础，互利则是平等的必然要求。

（3）参照国际惯例的原则

国际惯例是指在长期的国际交往过程中逐渐形成的，为各国所接受和沿用的一系列约定俗成的原则、规范和具体做法等，包括成文或不成文两种形式。它对各国经济交往、技术交流和贸易提供了一整套彼此都能接受的规则，因而为许多国家的立法所采纳。外商投资企业法适当参照国际惯例，有利于外国投资者接受，有利于吸引更多外资为我国经济建设和社会发展服务。外商投资企业立法将参照国际惯例作为一项原则固定下来，既可以达到维护我国利益的目的，又可以使我国的外商投资企业法和国际上的通行规则趋于一致。

三、外国投资者的法律地位

外国投资者一般是指依照东道国法律从事投资经营活动的外国自然人、公司、企业和其他经济组织。外国投资者在东道国投资时，其本国对其享有属人管辖权，而东道国对其享有属地管辖权。东道国在确定外国投资者的法律地位时，一方面要确认和保护外国投资者的利益，以吸引外国投资者投资，发展本国经济；另一方面，又要按照国家主权原则，对外国投资者实行必要的管制，以防止其进行损害东道国权益的活动。一般来说，外国投资者的法律地位主要有以下基本内容：

1. 外国投资者的权利和义务

按照国际惯例，各国对外国投资者的待遇标准有优惠待遇、最惠国待遇和国民待遇。我国经济尚不发达，仍属发展中国家，一般采取最惠国待遇，只在少数领域中给予外国投资者以国民待遇。随着我国经济体制改革的深化和经济发展水平的提高，我国将逐渐对外国投资者实行国民待遇。

外国投资者享有的权利主要有以下几个方面：第一，外国投资者的财产所有权依法受到我国法律的保护。《中外合资经营企业法》规定，中国政府依法保护外国投资者在中国境内的投资，应分得的利润和其他合法权益，任何人不得侵犯；外国合资方有权依法向中国合作方或第三者转让部分或全部出资额。《外资企业法》规定，国家对外资企业不实行国有化和征收，在特殊情况下，根据社会公共利益的需要，对外资企业依照法律程序实行征收，并给予相应的补偿；外国投资者从外资企业获得的合法利润，其他合法收入和清算后的资金，可以汇往国外。第二，外国投资者有权依照我国法律，根据投资指南，自主选择投资的部门和地区，自主确定投资规模和投资形式，并有权享受一定的优惠。第三，外国投资者在其所投资的企业享有与其投资比例相当的经营管理权。第四，外国投资者在合同方面享有特殊权利。在中国境内履行经国家批准的中外合资经营企业合同、中外合作经营企业合同、中外合作勘探开发自然资源合同，当法律有新的规定时，可以仍然按照合同的约定执行。第五，外国投资者有权依照我国法律及和我国缔结的有关条约，选择解决投资争议的方式以妥善地解决投资争议，维护自己的合法权益。

外国投资者的义务具体有以下几个方面：第一，外国投资者必须尊重中国主权，遵守中国法律、法规和规章。第二，外国投资者所投资的企业必须符合中国国民经济发展要求，能促进中国经济的发展和科学技术水平的提高。第三，外国投资者必须在我国限定的行业和地区投资，在经济特区、经济技术开发区和开放地区投资，必须服从国家在一定时期的投资规模安排。第四，外国投资者在中国境内开办的企业不得造成环境污染，不得忽视劳动安全卫生，不得危及社会公共安全，不得损害消费者的健康和安全。第五，外国投资者与中方合资合作者签订的协议、合同、章程不得显失公平，不得损害中方合资合作者的权益。第六，外国投资者的财务和非财务资料应当公开，还应当向所在国的主管机关提交其他必要的资料。

2. 外国投资者的法律管辖和法律保护

外商投资企业的各项生产经营活动和涉讼活动都必须遵守中国的法律。其一切生产经营活动，必须接受我国工商行政管理机关的监督和管理，其涉讼活动均出我国相应级别的人民法院管辖。

我国对外国投资者的法律保护表现在：第一，国内法的保护。外国投资者的合法权益受到宪法的承认和保护；受到《中外合资经营企业法》、《中外合作经营企业法》、《外资企业法》等基本法律的保护；还受到地方立法的保护。第二，通过签订及参加双边、多边国际条约为外国投资者提供国际法上的保护。我国对外签订了二十多个双边投资鼓励和保护协定，还同一些国家签订了避免双重征税和防止偷税、漏税协定，参加了有关国际公约和国际组织。

第二节　中外合资经营企业法

一、中外合资经营企业法的概念

（一）中外合资经营企业的概念

中外合资经营企业是指国外公司、企业和其他经济组织或个人，依照中华人民共和国法律和行政法规，经中国政府批准，按照平等互利的原则，在中国境内同中国公司、企业或其他经济组织共同投资、共同经营、共负盈亏的企业法人组织，简称为合营企业。掌握了合营企业的概念也就掌握了其法律特征的要点：

1. 合营企业至少有一方为外国投资者，同样也至少有一方是中国投资者。外国投资者可以是公司、企业、其他经济组织、团体或个人。中国投资者可以是公司、企业或者是其他经济组织。应当注意这个特点的涉外因素含义，特别是中方的个人不能成为中外合资经营企业中方的当事人。

2. 合营企业是经中国政府批准设立的中国法人，必须遵守中华人民共和国的法律、行政法规，并受中国法律、行政法规的保护。中国法人是合营企业适用中国法律的基点。

3. 合营企业是中外双方投资者共同投资、共同经营、共负盈亏。共同投资即中外双方都要有投资，其中外方投资比例一般不得少于25%，否则，不享受合营企业的待遇。

4. 合营企业的组织形式为有限责任公司，合营各方以各自认缴的出资额为限对合营企业承担有限责任。在合营企业的注册资本中，外国合营者的投资比例一般不低于25%，注册资本在合营期内不得减少。合营企业是股权式企业，以有限责任公司为组织形式。董事会是合营企业的最高权力机构，决定合营企业的一切重大问题。

(二) 中外合资经营企业法的概念

中外合资经营企业法有狭义和广义的两种理解：狭义的理解是中外合资经营企业法即指1979年第五届全国人大第二次会议通过同年7月8日颁布施行的《中华人民共和国中外合资经营企业法》（简称《合营企业法》，1990年4月4日，第七届全国人民代表大会第三次会议作了修改，2001年3月15日第九届全国人大第四次会议再次作了修改）。广义理解是以《合营企业法》为基本法，包括调整合营企业内外管理与经济协作关系的一系列法律规范的总称。

二、中外合资经营企业的设立

(一) 设立条件

1. 设立中外合营企业应注重经济效益，符合下列一项或数项要求：（1）采用先进技术设备和科学管理方法，能增加产品品种，提高产品质量和产量，节约能源和材料；（2）有利于企业技术改造，能做到投资少、见效快、收益大；（3）能扩大出口，增加外汇收入；（4）能培训技术人员和经营管理人员。

2. 凡有下列情况之一的，不予批准设立合资企业：（1）有损中国主权的；（2）违反中国法律的；（3）不符合中国国民经济发展要求的；（4）造成环境污染的；（5）签订的协议、合同、章程显属不公平，损害一方权益的。

(二) 设立程序

1. 申请。申请设立合营企业，由中国合营者负责向审批机构报送下列正式文件：

（1）设立合营企业的申请书；

（2）合营各方共同编制的可行性研究报告；

（3）由合营各方授权代表签署的合营企业协议、合同和章程；

（4）由合营各方委派的合营企业董事长、副董事长、董事人选名单；

（5）中国合营者的企业主管部门和合营企业所在地的省、自治区、直辖市人民政府对设立该合营企业签署的意见。

2. 审批。在中国境内设立合营企业，必须经商务部审查批准。批准后，由商务部发给批准证书或批准文件。

凡具备下列条件的，国务院授权省、自治区、直辖市人民政府或者国务院有关部门审批，经批准设立的合营企业应当报商务部备案：（1）投资总额在国务院规定的投资审批权限以内，中国合营者的资金来源已经落实的；（2）不需要国家增拨原材料，不影响燃料、动力、交通运输、外贸出口配额等方面的全国平衡的。

商务部和国务院授权的省、自治区、直辖市人民政府或者国务院有关部门自接到中国合营者按规定报送的全部文件之日起，要在3个月内决定批准或者不批准。审批机构如发现报送的文件有不妥之处，应要求申请人限期修改，否则不予批准。批准设立的，由商务部发给批准证书或文件。

3. 设立合营企业的登记。申请者应当自收到批准证书或文件之日起 30 日内，按照国家有关规定，向工商行政管理机关办理登记手续。合营企业的营业执照签发日期，即为该合营企业的成立日期。

登记管理机构应当在受理申请后 30 日内，作出核准登记或不予登记的决定。合营企业经登记管理机构登记注册，领取《企业法人营业执照》后，企业即告成立，取得中国法人资格；合营企业凭《企业法人营业执照》可以刻制公章、开立账户、签订经济合同进行经营活动。

三、合营企业的资本

（一）注册资本和投资总额的比例

合营企业的投资总额，是指按照合营企业合同、章程规定的生产规模投入的基本建设资金和生产流动资金的总和。如果合营各方的出资额之和达不到投资总额，可以以合营企业的名义进行借款。在这种情况下，投资总额包括注册资本和企业借款两部分。

合营企业的注册资本，是指合营企业在登记管理机构登记的资本总额，应为各方认缴的出资额之和。合营企业的注册资本，应与企业生产规模、经营范围的实际需要相适应。

中外合资经营企业的注册资本和投资总额的比例应当遵守下列规定：

1. 投资总额在 300 万美元以下的（含 300 万美元），其注册资本至少应占投资总额的 70%。

2. 投资总额在 300 万美元以上至 1 000 万美元的（含 1 000 万美元），其注册资本至少应占投资总额的 50%，其中投资总额在 420 万美元以下的，注册资本不得低于 210 万美元。

3. 投资总额在 1 000 万美元以上至 3 000 万美元的（含 3 000 万美元），其注册资本至少应占投资总额的 40%，其中投资总额在 1 250 万美元以下的，注册资本不得低于 500 万美元。

4. 投资总额在 3 000 万美元以上的，其注册资本至少应占投资总额的 1/3，其中投资总额在 3 600 万美元以下的，注册资本不得低于 1 200 万美元。中外合资经营企业如遇特殊情况，不能执行上述规定的，由商务部会同国家工商行政管理局批准。中外合资经营企业增加投资的，其追加的注册资本与增加的投资额的比例，应按上述规定执行。

（二）合营各方的出资比例

在合营企业的注册资本中，外国合营者的出资比例一般不得低于 25%。

合营各方按注册资本比例分享利润和分担风险及亏损。合营者注册资本如果转让，必须经合营各方同意，且彼此分别享有优先受让权。

（三）出资方式

合营各方的出资方式依法可以以现金、实物、工业产权、土地使用权等进行投资。作为外国合营者出资的机器设备或者其他物资，应当是合营企业生产所必需的，并且作价不得高于同类机器设备或者其他物资当时的国际市场价格。中国合营者的投资包括为合营企业经营期间提供的场地使用权。如果场地使用权未作为中国合营者投资的一部分，合营企业应当向中国政府缴纳使用费。上述各项投资应在合营企业的合同和章程中加以规定，其价格由合营各方评议商定（但场地除外，场地需经过权威评估机构评定）。

外国合营者出资的外币，按缴款当日中国人民银行公布的基准汇率折算成人民币或者套算成约定的外币。中国合营者出资的人民币现金，需要折算成外币的，按缴款当日中国人民银行公布的基准汇率折算。外国合营者以工业产权或者专有技术作为出资，应提交该工业产权或者专有技术的有关资料作为附件，外国合营者作为出资的机器设备或者其他物资、工业产权、专有技术，应报审批机构批准。

（四）出资期限

合营各方应当在合营合同中订明出资期限，并且按照合营合同规定期限缴清各自的出资。合同中规定一次缴清的，合营各方应当从营业执照签发日起6个月内缴清。合同中规定分期缴付出资的，合营各方第一期出资不得低于认缴额的15%，并且应在营业执照签发日起3个月内缴清。合营各方未按上述期限缴付出资的，视同合营企业自动解散，合营企业批准证书自动失效。

合营一方未按合营合同的规定如期缴清其出资的，即构成合同违约。守约方有权催告违约方在1个月内缴付或者缴清出资。逾期仍未缴付或者缴清出资的，视同违约方放弃合营合同中的一切权利，自动退出合营企业。守约方应当在逾期后1个月内，向原审批机关申请另找合营者承担违约方在合营合同中的权利义务。守约方可以依法要求违约方赔偿因其未缴付或者缴清出资所造成的经济损失。违约方已按合营合同规定缴付部分出资的，由合营企业对该出资进行清理。

（五）注册资本的变更和转让

合营企业在合营期内不得减少其注册资本。因投资总额和生产经营规模等发生变化，确需减少的，应报经原审批机关批准后，方可减少。增加注册资本应由合营企业董事会通过，并报原审批机关批准，向原登记机关办理变更登记手续。

合营一方如向第三方转让其全部或部分出资额，须经合营各方同意，并报原审批机关批准。合营一方转让其全部或部分出资额时,合营他方有优先购买权。合营一方向第三方转让出资的条件,不得比向合营他方转让出资的条件优惠。违反上述规定的,其转让无效。

合营企业注册资本的增加、转让或以其他方式处置,应由董事会会议通过,并报原审批机关批准,向原登记机关办理变更登记手续。

四、合营企业的组织机构

(一) 董事会

董事会是合营企业的最高权力机构,决定合营企业的一切重大问题。董事会的职权是按照合营企业章程规定,讨论决定合营企业的一切重大问题,如企业发展战略,投资计划,生产经营活动方案,收支预算,利润分配,劳动工资计划,歇业停业,以及总经理、副总经理、总工程师、总会计师、审计师等人选的任命或聘任及解聘等事宜。

董事会的人数不得少于3人,在合营企业合同、章程中明确规定,董事名额分配由合营各方参照出资比例协商确定,由合营各方按照分配的名额分别委派。董事任期为4年,经合营者继续委派可以连任。

合营企业设董事会,其人数组成由合营各方协商,在合同、章程中明确规定,并由合营各方委派和撤换。董事长和副董事长由合营各方协商确定或由董事会选举产生。合营一方担任董事长的,当然地由合营他方担任副董事长。董事会根据平等互利的原则,决定合营企业的重大问题。董事长是合营企业的法定代表人,董事长不能履行职责时,应授权副董事长或其他董事代表合营企业,对外开展经营活动或办理有关事务。

董事会会议每年至少召开一次,经1/3以上的董事提议,可召开董事会临时会议,董事会会议应有2/3以上的董事出席方能举行。

下列事项由出席董事会会议的董事一致通过方可作出决议,如合营企业章程的修改,合营企业的终止和解散,合营企业注册资本的增加和转让,合营企业与其他经济组织的合并等。关于其他事项,可以根据合营企业章程载明的议事规则作出决议。

(二) 经营管理机构

合营企业的经营管理机构,负责企业的日常经营管理工作。经营管理机构设总经理1人,副总经理若干人,正副总经理或者正副厂长由合营各方分别担任。

总经理执行董事会会议的各项决议,组织领导合营企业的日常经营管理工作。在董事会授权范围内,总经理对外代表合营企业,对内任命下级工作人员,行使董事会授予的其他职权;副总经理协助总经理工作,总经理处理重大问题时应当同副总经理协商。合营企业可以根据生产经营需要，自行确定其结构设置和人员编制，合营企业需要在国外和我国港澳台地区设立分支机构时，应报国家商务部批准。

合营企业总经理、副总经理、总工程师、审计师等由董事会聘任，可以由中国公民担任，也可以由外国公民担任。总会计师由董事会聘请，通常由中国公民担任。

总经理、副总经理不得兼任其他经济组织的总经理或副总经理，不得参与其他经济组织对本企业的商业竞争。

五、合营企业的期限、解散和清算

（一）中外合资经营企业的合营期限

中外合资经营企业的合营期限，是指合营各方根据中国的法律、行政法规的规定和合营各方对合营企业经营目标的期望，在合营合同中对合营企业存续期间的规定。要注意对于限制类的中外合资经营项目，必须约定经营期限。对于属于国家规定鼓励投资和允许投资项目的合营企业，除上述行业外，合营各方可以在合同中约定合营期限，也可以不约定合营期限。

合营企业的合营期限，一般项目原则上为10年至30年。投资大、建设周期长、资金利润低的项目，由外国合营者提供先进技术或者关键技术生产尖端产品的项目，或者在国际上有竞争能力的产品的项目，其合营期限可以延长到50年。经国务院特别批准的可在50年以上。

（二）合营企业终止的原因

1. 企业发生严重亏损，无力继续经营；

2. 合营一方不履行合营协议、合同、章程规定的义务，致使企业无法继续经营；

3. 因自然灾害、战争等不可抗力遭受严重损失，无法继续经营；

4. 合营企业未达到其经营目的，同时又无发展前途；

5. 合营企业合同、章程规定的其他解散原因已经出现。

（三）中外合资经营企业争议的解决

合营各方如在解释或履行合营企业协议、合同、章程时发生争议，应尽量通过友好协商或调解解决。如经过协商或调解无效，则提请仲裁或司法解决。

合营各方根据有关仲裁书面协议，可以在中国的仲裁机构进行仲裁，也可以在其他仲裁机构进行仲裁。如合营各方之间没有仲裁书面协议，发生争议的任何一方都可以向中国的人民法院提起诉讼。

在解决争议期间，除争议各项外，合营各方应继续履行合营企业协议、合同、章程所规定的其他各项条款。

第三节 中外合作经营企业法

一、中外合作经营企业的概念

中外合作经营企业是指外国合作者与中国合作者根据中国的法律，在中国境内共同投资举办的，按合作企业合同的约定分配收益或者产品、分担风险和亏损的企业组织形式。中国合作者包括中国的企业或者其他经济组织，外国的合作者包括外国的企业和其他经济组织或者个人。

中外合作企业属于契约式企业，其基础是合作企业合同。中外双方通过协商，就投资或者合作条件、收益或者产品分配、风险和亏损的分担、经营管理的方式和合作企业的终止时财产的归属等事项达成一致意见，订立合同，在合同基础上设立合作企业。

二、合作企业与合营企业法律制度比较

中外合作经营企业和中外合资经营企业的出资方式决定了二者的区别。

1. 企业的组织形式不同。合营企业是法人企业，其组织形式是有限责任公司；而合作企业形式有多种，有的具有法人资格，有的不具有法人资格。具有法人资格的合作企业，其企业组织形式也是有限责任公司。

2. 出资方式不同。合作企业的合作者的投资或者提供的合作条件，讲究的是合意而不必有明确的股份，而合营企业股东的出资有明确的股份。

3. 利润分配、亏损和风险的承担不同。合营企业按出资比例分配利润、分担风险和亏损；而合作经营企业是按照合同的约定来分配收益、分担风险和亏损。

4. 投资的回收方式不同。合营企业在合营期间不能收回出资，而合作企业的外国合作者可根据合作合同的规定方式在合作期间收回出资。

5. 企业的解散和清算不同。合营企业合营期满，清算后的剩余财产由合营各方按出资比例分配；合作企业期满后外国合作者已先行收回出资的，可以不必清算，企业的全部财产归中国合作者所有；如果合作合同约定要对剩余财产进行分配的，则必须按法定程序进行清算。

6. 组织机构及经营管理不同。合营企业的最高权力机构是董事会，由总经理、副总经理组成经营管理机构负责企业的日常经营管理工作；合作企业则设立董事会或联合管理机构，决定企业的重大问题。董事会或联合管理机构是否聘请总经理由合作企业决定，合作企业还可以不设董事会或联合管理机构，而采用托管方式经营管理企业。

附：合作企业与合营企业法律制度比较

	合营企业	合作企业
合营方式	股权式合营	契约式合营
组织形式	为中国法人，即有限责任公司	分为有法人资格的，是有限责任公司；无法人资格的，是合伙
出资方式	各种出资折合成股金，以货币形式表现各方的投资比例	各方出资无需折合成股金计算各方投资比例
利润分配、风险负担方式	依据出资比例	依据合同约定
投资收回方式	只有在依法终止时，外国合营者才能收回自己的资本	外国合营者在一定条件下可以先行回收投资
企业的资产归属	依据出资比例分配	外方先行收回投资的，全部固定资产归中方所有
经营管理机构	董事会是最高权力机构，下聘总经理	1.有法人资格的：董事会是最高权力机构；2.无法人资格的：设立联合管理机构；3.同时可以委托第三方进行管理

三、中外合作经营企业中外商先行回收投资的方式和条件

1. 外商先行回收投资的方式

根据《中外合作经营企业法》及其《实施细则》的规定，外国合作者在合作期限内可以申请按下列方式先行回收其投资：

（1）在按照投资或者提供合作条件进行分配的基础上，在合作企业合同中约定扩大外国合作者的收益分配比例；

（2）经财政税务机关按照国家有关税收的规定审查批准，外国合作者在合作企业缴纳所得税前回收投资；

（3）经财政税务机关和审查批准机关批准的其他回收投资方式。

2. 外商先行回收投资的法定条件

（1）中外合作经营者在合作企业合同中约定合作期满时，合作企业的全部固定资产无偿归中国合作者所有；

（2）对于税前回收投资的，必须向财政税务机关提出申请，并由财政税务机关依法审查批准；

（3）中外合作者应当依照有关法律的规定和合作企业合同的约定，对合作企业的债务承担责任；

（4）外国合作者提出先行回收投资的申请，并具体说明先行回收投资的总额、期限和方式，经财政税务机关审查同意后，报审查批准机关审批；

（5）外国合作者应在合作企业的亏损弥补之后，才能先行回收投资。

四、合作企业的资本

（一）出资

中外合作经营企业的合作者的出资或合作条件可以是现金、实物、土地使用权、工业产权、非专利技术和其他财产权利。合作企业注册资本与投资总额的比例，参照法律对合营企业的规定。

（二）收益分配及亏损、风险的承担

合作企业的收益分配及亏损、风险的承担，由合作各方在合作合同中约定，可以不按出资比例确定。合作企业的收益分配方式，可以是利润分成，也可以是产品分成或其他分配方式。法人型合作企业的股东对合作企业承担有限责任，合伙型合作企业的资产不足清偿债务的，合作者各方承担连带责任。

五、中外合作经营企业的组织机构

（一）董事会

法人型的中外合作企业的组织形式是有限责任公司，一般采取董事会制。董事会是合作企业的最高权力机构。中外合作者分别担任董事长、副董事长，具体由合作各方协商产生。总经理负责合作企业日常经营管理工作，由董事会聘任，对董事会负责。

（二）联合管理机构

不具备法人资格的中外合作企业，由中外合作者各方推举的代表组成联合管理委员会，联合管理委员会的主任、副主任由中外合作各方分别担任，具体职位和分工由中外合作各方协商确定。联合管理委员会有权决定企业的重大问题，任命和选派总经理人选。

（三）委托管理

委托管理有两种形式：一种是由董事会或联合管理委员会委托合作一方对企业进行经营管理，他方不参与经营管理，管理者与合作企业是代理关系。另一种是委托合作各方以外的第三方进行经营管理，合作各方不参与企业的具体管理，作为投资人，只在委托合同规定的职权范围内对代理人进行监督。

六、合作企业的管理

（一）购销管理

中外合作企业在批准的范围内开展经营活动，有权进口本企业需要的物资，出口本企业生产的产品。合作企业在经批准的经营范围内购买所需的原材料、燃料等物资，按照公平、合理的原则，可以在国内市场也可以在国外市场上购买。

（二）财务管理

中外合作企业必须在中国境内设立会计账簿，进行独立核算，按照规定制作会计报表，并接受所在地的财政税务机关的监督。

（三）外汇管理

中外合作企业凭营业执照在国家外汇管理机关允许经营外汇业务的银行或其他金融机构开立外汇账户。合作企业的有关外汇事宜，应按我国外汇管理条例的规定办理。

（四）劳动管理

中外合作企业对职工的录用、辞退、报酬、福利、劳动保险等事项，应当依法通过订立合同加以规定。合作企业的职工依法可以建立工会组织，开展工会活动，维护职工的合法权益。合作企业应当为本企业工会提供必要的活动条件。

第四节 外资企业法

一、外资企业的概念和特征

1. 外资企业的概念。外资企业是依照中国法律，在中国境内设立的全部资本由外国投资者投资的企业。

2. 外资企业的法律特征：

（1）外资企业是依照中国法律在中国境内设立的企业。外资企业的设立必须以中国的法律为依据，具备中国法律规定的设立条件，并按照中国法律规定的程序报经专门的审批机关批准，凭批准证书或文件到当地的企业登记管理机关办理企业注册登记手续，且企业的住所在中国境内。

（2）外资企业具备法人资格的，经申请批准，可取得中国企业法人资格，该企业组织形式为有限责任公司；外资企业也可以采取其他组织形式，并根据相应形式确定投资人对企业承担法律责任的具体形式。

（3）外资企业的资本全部属于外国投资者所有。

二、外资企业的设立

(一) 设立的条件

设立外资企业,必须有利于中国国民经济的发展,符合中国政府及相关法律对举办外资企业的规定,严格按照"鼓励、限制、禁止"的原则及精神,予以审核批准,国家鼓励举办产品出口或者技术先进的外资企业。

(二) 设立的程序

1. 提供报告。外国投资者应当向拟设立外资企业所在地的县级或县级以上政府提交报告,由当地政府审核批准。

2. 申请审批。报告经所在地政府批准后,外国投资者应当通过地方政府向国家专门审批机关提出设立外资企业的申请,并按要求报送有关材料和文件。

3. 登记注册。设立外资企业的申请经国家审批机关批准后,外国投资者应当在收到批准证书或文件之日起30日内向当地企业登记机关申请办理企业登记注册手续,领取营业执照,企业即告成立。

三、外资企业的组织形式与注册资本

(一) 外资企业的组织形式

外资企业的法律形态一般为有限责任公司,经批准也可以采取其他组织形式。

外资企业为有限责任公司的,外国投资者对企业的责任以其认缴的出资额为限,承担有限责任;外资企业为其他形式的,外国投资者对企业的责任适用中国法律法规的规定,一般承担无限连带责任。

外资企业的法定代表人是依照章程的规定,代表外资企业行使职权的负责人。法定代表人无法履行职权时,应当以书面形式委托代理人,代为行使职权。

(二) 外资企业的注册资本

外资企业的注册资本,是指为设立外资企业在工商行政管理机关登记的资本总额,即外国投资者认缴的全部出资额。外资企业的注册资本要与其经营规模相适应,注册资本与投资总额的比例应当符合中国的有关规定。

外资企业在经营期间将其财产或权益对外抵押、转让,须经原审批机关批准,并向工商行政管理机关备案和办理有关手续。

(三) 出资方式和出资期限

外国投资者可以用可自由兑换的外币出资,也可以用实物、工业产权、非专利技术出资,经审批机关批准,也可以用其从中国境内举办的其他外资企业获得的人民币利润出资。

外国投资者作为出资的机器设备，必须符合以下条件：一是外资企业所必需的；二是中国不能生产的，或者虽能生产，但在技术性能或者供应时间上不能保证需要的。同时，该机器设备的作价不得高于同类机器设备当时的国际市场的正常价格。

外国投资者缴付出资的期限，应当在设立外资企业的申请书和外资企业章程中载明。外国投资者未能在营业执照签发之日起90日内缴付第一期出资的，无正当理由逾期30日不缴付其他各期出资的，外资企业证书自动失效。外国投资者的每期出资缴付后，都应由法定的验资机构验资，出具有效的验资证明，并报审批机关和工商行政管理机关备案。

（四）外资企业的用地及费用

外资企业的用地由外资企业所在地的县级或县级以上土地管理部门审批，并办理相关用地手续，领取土地使用权证，同时，按规定向土地管理部门缴纳土地使用费；如使用的是经过开发的土地，应缴付土地开发费。外资企业的土地使用年限与经批准的外资企业的经营期限相同。

四、外资企业的经营管理

（一）购销管理

外资企业在批准的经营范围内所需的原材料、燃料等物资，按照公平、合理的原则，可以在国内市场购买，也可以在国际市场上购买。

（二）外汇管理

外资企业凭营业执照在中国境内可在经营外汇业务的银行或者其他金融机构开立外汇账户，由开户银行监督其外汇收付情况。外资企业的外汇收入和外汇支出，应在开户银行的外汇账户中进行。外资企业需要在中国境外的银行开立账户的，需经外汇管理机关批准，并依照规定定期报告外汇收支情况和提供银行对账清单。外国投资者从外资企业获得的合法利润、其他合法收入和清算后的资金，可以汇往国外。外资企业的外籍职工的工资收入和其他合法收入，依法缴纳个人所得税后，可以汇往国外。

（三）财务管理

外资企业应依照中国法律法规的规定建立财务会计制度，并报企业所在地的财政和税务部门备案。外资企业应在企业所在地设置会计账簿，接受当地财政和税务机关的监督。

外资企业应依法纳税，税后利润应提取后备金和职工奖励基金、福利基金。后备金的提取比例不得低于税后利润的10%，累计提取后备金总额达到注册资本的50%时，可不再提取。职工奖励及福利基金的提取比例由外资企业在企业章程中或其他文件中规定。

外资企业以往会计年度的亏损未弥补前，不得分配本期利润。

（四）劳动管理

外资企业在中国境内雇佣职工，应依照中国劳动法的规定，签订劳动合同。外资企业的职工依法有权建立自己的工会组织，代表和维护职工的利益；工会有权代表职工与外资企业签订集体劳动合同，并监督合同的执行情况。外资企业应积极支持本企业工会的工作，提供其开展工会活动的必要条件，并每月按企业职工实发工资总额的2%的比例拨付工会经费。

思 考 题

1. 什么是外商投资企业？其法律特征有哪些？
2. 简述中外合资企业和中外合作企业的概念和区别。
3. 合作企业的出资和收益分配是如何规定的？
4. 中外合资经营企业的最高权力机构和内资公司有什么不同？

第四章 合 同 法

第一节 合同法概述

一、合同的概念和特征

(一) 合同的概念

《中华人民共和国合同法》(以下简称《合同法》) 中规定的合同是指平等主体的自然人、法人、其他组织之间设立、变更、终止民事权利义务关系的协议。

《合同法》所称的合同就是民事合同，不包括劳动合同和行政合同，而且不是指所有的民事合同，主要是指有关财产关系的合同。有关身份关系的协议，如婚姻、收养、监护等协议适用其他法律，如婚姻法、收养法等，不适用合同法。

(二) 合同的法律特征

1. 合同是一种民事法律行为。《民法通则》规定："民事法律行为是以设立、变更、终止民事权利义务为目的的合法行为。"合同的签订都是有一定目的的，其目的就是设立民事权利义务关系。这种权利义务要受到保护必须合法，包括形式和内容都要合法。

2. 合同是双方或多方的民事法律行为。双方行为是两个方向相反的意思表示一致构成的民事行为。多方行为是两个以上方向一致的意思表示所构成的行为。

3. 合同是当事人意思表示一致的协议。

4. 合同当事人的法律地位平等。要求当事人之间必须具有平等的法律地位，没有管理和被管理的关系。如果当事人之间的法律地位不平等，就不可能有真实表达自己意思的自由，因而也就无法认定当事人之间的意思表示是否真实一致。

二、合同的分类

1. 根据合同当事人双方权利义务的分担方式可分为：双务合同与单务合同。

双务合同：是指双方当事人都享有权利和承担义务的合同。双方的债权债务关系呈对应状态，即每一方当事人既是债权人又是债务人。如买卖、租赁等合同。

单务合同：指一方当事人只享有权利而不尽义务，另一方当事人只负义务而不享有权利的合同。如赠与合同、归还原物的借用合同和无偿保管合同。

2. 根据当事人取得权益是否须给付相应代价可分为：有偿合同与无偿合同。

有偿合同：是指当事人取得权益须偿付一定代价的合同。如买卖、保险合同。

无偿合同：是指当事人一方只取得权利而不偿付任何代价的合同。如赠与合同。

3. 根据是否交付标的物可分为：诺成合同与践成合同。

诺成合同：不依赖标的物的交付，只需当事人意思表示一致即可成立的合同。如借贷合同、运输合同、仓储保管合同、委托合同、雇佣合同。

践成合同：也叫实践合同，除当事人意思表示一致外，还需以交付合同标的物为合同成立要件。如赠与合同、借用合同。

4. 根据是否需要采取特定的形式或程序可分为：要式合同与非要式合同。

非要式合同：不需要特定的形式和手续。如公证、登记。

要式合同：需要经过特定的形式合同才能成立。如车辆买卖、房屋转让、专利转让等。

5. 根据合同是否具有从属性可分为：主合同与从合同。

主合同：不以其他合同的存在为前提，不受其他合同制约而能独立存在的合同。

从合同：必须以他种合同的存在为前提，自身不能独立存在的合同。

6. 根据合同是否事先制定好可分为：格式合同与非格式合同。

三、合同法的基本原则

（一）平等原则。只有平等主体之间才能签订合同，这是自愿的前提。
1. 订立合同时双方当事人的法律地位平等；
2. 履行合同时双方当事人的法律地位平等；
3. 承担合同责任时双方当事人的法律地位平等。

（二）自愿原则。自愿原则被认为是合同法的最重要的基本原则。自愿是指合同当事人在从事合同活动时，能充分、自主地根据自己的内心意愿，设立、变更、终止债权债务关系，任何单位和个人不得非法干预。它是平等原则的必然延伸和要求，又是公平原则的前提。具体表现为：

1. 缔结合同的自由；2. 选择相对人的自由；3. 确定合同内容的自由；4. 选择合同形式自由；5. 变更和解除合同的自由；6. 选择解决合同争议方法的自由。

自愿原则也不是绝对的，也是要受到一定限制的。如合同事项法律、法规有特别规定的要从其规定。

（三）公平原则。公平是法律最基本的价值取向。法律的基本目标就是在公平与正义的基础上建立社会秩序。公平原则要求合同当事人应当根据公平、正义的观念确定各方的权利和义务。各方当事人都应当在不侵害他人合法权益的基础上实现自己的利益，不得滥用自己的权利。

1. 平衡利益。即双方当事人订立合同时确定的权利和义务要大体平衡。
2. 维护社会正义。公平原则还要求当事人要维护社会正义。主要体现在合同当事人不得恶意串通，订立合同损害第三人的利益。格式合同中的格式条款提供的一方不得依仗自己的垄断或优势地位损害社会正义，谋取非法或不合理利益，从而造成对不特定相对人显失公平的后果。

（四）诚实信用原则。诚实信用原则被看作是私法活动的"帝王"规则。在合同法上要求当事人讲究信用，恪守诺言，诚实不欺。在不损害他人利益的前提下，实现自己的利益。

公平原则和诚实信用原则都可以用来补充法律规定的不足，在法律没有规定，合同没有约定或者规定、约定不明确时，可以运用公平原则、诚实信用原则来确定双方的权利和义务。

（五）公序良俗原则。这一原则是一切民事法律的基本原则，也是对"自愿"原则的限制和补充。当事人订立、履行合同，应当遵守法律、行政法规，尊重社会公德，不扰乱社会经济秩序，损害社会公共利益。即当事人在自由地行使自己的权利时，要尊重公共秩序和善良风俗。

第二节　合同的订立

一、合同订立的概念

合同的订立，是指两个或两个以上的当事人，依法就合同的主要条款经过协商一致，达成协议的法律行为。合同当事人可以是自然人，也可以是法人或者其他组织,但都应当具有与订立合同相应的民事权利能力和民事行为能力。当事人也可以依法委托代理人订立合同。

二、合同订立的形式

《合同法》第10条规定:"当事人订立合同,有书面形式、口头形式和其他形式。法律、行政法规规定采用书面形式的,应当采用书面形式。当事人约定采用书面形式的,应当采用书面形式。"由此可见,合同形式有以下几种:

(一)书面形式

书面形式就是以文字方式表现合同内容的形式。采用书面形式的最大特点就是便于保存,有据可查,发生纠纷时方便举证,有利于当事人主张权利,也便于法院或仲裁机构审判、裁决。因此,对于关系复杂的合同、价款或报酬数额较大的合同,当事人最好采用书面形式。书面形式又分为一般书面形式和特殊书面形式。特殊书面形式是指除了用文字表现合同内容外,还要对合同进行其他程序,主要有公证、审批、登记。

(二)口头形式

口头形式就是以谈话的方式订立合同,如当面交谈、电话联系等。以口头形式订立合同,简单、方便、迅速,在日常生活中经常被采用。但口头形式的缺点也是明显的,即不能复制,容易发生争议。发生争议后不易举证。

(三)其他形式

其他形式一般是指推定形式和默示形式。

推定形式是指当事人不直接用书面方式或者口头方式进行意思表示,而是通过某种行为来进行意思表示。

默示形式是指当事人用沉默不语的方式进行意思表示。

三、合同的内容

《合同法》第12条规定:"合同的内容由当事人约定,一般包括以下条款:(一)当事人的名称或者姓名和住所;(二)标的;(三)数量;(四)质量;(五)价款或者报酬;(六)履行期限、地点和方式;(七)违约责任;(八)解决争议的方法。"这样,可以防止因缺少某些条款,而过多地造成合同不成立的情况,有利于促进交易。另外,本条还规定:"当事人可以参照各类合同的示范文本订立合同。"合同示范文本一般由制定者根据长期的实践,反复优选,统一制定,具有指导性、内容完备性等特点。当事人参照示范文本,可以比较全面、公平地约定双方的权利和义务。

四、合同的订立程序

合同的订立,就是双方当事人在平等基础上经过充分协商达成协议的过程。关于订约程序,一般要经过两个步骤,即要约和承诺。合同法对要约、承诺作出了全面、系统的规定。

(一) 要约

1. 要约的概念

要约是希望和他人订立合同的意思表示。也就是一方当事人以订立合同为目的,向对方当事人提出合同条件,希望对方当事人接受。要约又通常被称为发盘、出盘、发价、报价(发盘分为实盘和虚盘,实盘为要约,虚盘为要约邀请)。其中发出要约的一方叫要约人,对方当事人叫要约相对人或者叫受要约人。

要约邀请,又称要约引诱,是希望他人向自己发出要约的意思表示。要约邀请有三个特点:一是其内容不具备合同成立的全部必要因素,一般只有标的,有时候有价格;二是要约邀请对当事人不具有约束力。因为要约邀请只是订立合同的一种预备行为。其本身不发生法律后果,对当事人不具有约束力,要约人并不受其约束;三是要约邀请的相对人一般为不特定的人。

2. 要约的构成条件

(1) 内容具体确定。要约的内容必须是明确的,不是含糊不清的,必须包含要约人所希望订立的合同的基本条款,如果受要约人表示同意,合同即告成立。否则,即使是受要约人作出答复,合同也不能成立。

(2) 表明经受要约人承诺,要约人即受该意思表示约束。即要约人在要约中表明他自身受该意思表示的约束,对方一经承诺,他就要和对方签订合同。如果其意思表示中附有某种条件,比如"以签订合同确认书为准"、"须以本公司最后确认为准"、"须以货物尚未售出为准"、"仅供参考"等字样,则该发盘仅为虚盘,不是实盘,是要约邀请,不是要约,因其不含有受该意思表示约束的意思。

(3) 受要约人一般为特定的人。但广告要约的受要约人为不特定的人。

3. 要约的生效

要约何时生效,关系到要约从什么时候起对要约人产生约束力,也涉及承诺期限问题,是要约承诺制度中非常重要的内容。世界各国对此采取的原则不一样。大陆法系国家一般采用"到达主义原则",而英美法系国家一般采用"投邮主义原则"或者叫"发信主义原则",我国《合同法》采用的是到达主义原则,规定:"要约到达受要约人时生效。采用数据电文形式订立合同,收件人指定特定系统接收数据电文的,该数据电文进入该特定系统的时间,视为到达时间；未指定特定系统的，该数据电文进入收件人的任何系统的首次时间，视为到达时间。"

4. 要约的撤回

要约撤回是指要约人在要约生效前，阻止要约发生法律效力的行为。但撤回要约不是无条件的、随意的，否则会影响交易的安全。我国《合同法》规定："撤回要约的通知应当在要约到达受要约人之前或者与要约同时到达受要约人。"

5. 要约的撤销

要约撤销，是指要约人在要约生效后，将该项要约取消，从而使要约的法律效力归于消灭的行为。

撤销与撤回都旨在使要约作废，但二者存在重要的区别。撤回是在要约到达受要约人生效前的行为，而撤销是在要约到达受要约人生效后的行为。这时可能影响到受要约人的利益。因此，两者的条件和受到的限制是不一样的。我国《合同法》规定："撤销要约的通知应当在受要约人发出承诺通知之前到达受要约人。" 此外，还规定了不得撤销要约的情形。① 否则，将会在实际上否定要约的法律效力。

（1）要约人确定了承诺期限或者以其他形式明示要约不可撤销。如注明"本要约为不可撤销"。

（2）受要约人有理由认为要约是不可撤销的，并已经为履行合同做了准备工作。《联合国国际货物销售合同公约》规定："已本着对该项要约的信赖行事。"

6. 要约的失效

要约失效是指要约丧失其法律效力，当事人，尤其是要约人不再受其约束。

《合同法》第20条规定："有下列情形之一的，要约失效：（一）拒绝要约的通知到达要约人；（二）要约人依法撤销要约;② （三）承诺期限届满，受要约人未作出承诺；（四）受要约人对要约的内容作出实质性变更。③"

（二）承诺

1. 承诺的概念及有效条件

承诺是受要约人同意接受要约的意思表示。承诺需要具备三个条件：

（1）承诺的内容应当与要约的内容一致，即"受要约人同意要约"。

---

① 与《联合国国际货物销售合同公约》第16条的规定是一致的。

② 注意：这里没有撤回，因为撤回的要约未生效，也就不存在失效的问题。

③ 原要约经变更后视为新要约，原要约失效。

(2) 承诺应以通知或行为作出。

从承诺方式看,《合同法》第 22 条规定:"承诺应当以通知的方式作出,但根据交易习惯或者要约表明可以通过行为作出承诺的除外。"可见,承诺的方式有两种:

第一,通知。也就是承诺一般情况下,应当以明示的方式作出,当然这种通知可以是书面的,也可以是口头的(对于口头合同而言)。

第二,行为。即除通知外,根据交易习惯或者要约表明可以通过行为作出承诺。

(3) 承诺应在合理的承诺期限内到达要约人。

从承诺期限看,承诺一般必须在承诺期限内(或称要约有效期内)到达要约人,超出承诺期限,一般不能产生承诺的效力,而是新的要约。

按照《合同法》第 23 条的规定,要约有效期有三种情况:

第一,要约中确定的承诺期限。即要约人明确告知对方的期限。

第二,要约中没有确定承诺期限,如果要约是以口头作出的,应当即时作出承诺。

第三,要约中没有确定承诺期限,如果要约是以书面作出的,承诺应当在合理期限内到达。所谓合理期限应考虑各种因素。如要约发出到受要约人的时间;受要约人研究、了解要约内容的时间;考虑是否接受要约的时间;发出承诺到达要约人的时间。

2. 承诺的撤回

承诺可以撤回,但撤回只适用于以书面通知方式,并且采用到达主义原则的情况下。以口头方式承诺的和以行为方式承诺的,不能撤回。撤回也需要一定的条件,即"撤回承诺的通知应当在承诺通知到达要约人之前或者与承诺通知同时到达要约人"。在承诺通知到达要约人后,承诺生效,合同成立,不可能撤回,也不能撤销。

3. 承诺的生效与合同的成立

承诺生效即承诺产生法律效力,导致合同成立。承诺的生效意味着合同成立,但承诺生效并不是合同生效。

合同法规定了在三种特殊情况下承诺生效或者叫合同成立的时间:

一是《合同法》第 32 条规定:"当事人采用合同书形式订立合同的,自双方当事人签字或盖章时合同成立。"也就是说签字盖章标志着最后的承诺。

二是《合同法》第 37 条规定:"在签字或盖章之前,当事人一方已经履行主要义务,对方接受的,该合同成立。"并且还规定:"应采用书面形式而未采用书面形式,但一方已经履行主要义务,对方接受的,该合同成立。"

三是《合同法》第 33 条规定:"当事人采用信件、数据电文等形式订立合同的,可以在合同成立之前要求签订确认书。签订确认书时合同成立。"

合同成立的地点涉及纠纷发生后的诉讼管辖问题,《合同法》对合同成立的地点作了规定。其第 34 条规定:"承诺生效的地点为合同成立的地点。采用数据电文形式订立合同的,收件人的主营业地为合同成立的地点;没有主营业地的,其经常居住地为合同成立的地点。当事人另有约定的,按照其约定。"第 35 条规定:"当事人采用合同书形式订立合同的,双方当事人签字或者盖章的地点为合同成立的地点。"

五、缔约过错责任

缔约过错责任也叫缔约过失责任,是指一方当事人在订立合同过程中,因为过错给对方当事人造成损失时,所应承担的责任。

(一)假借订立合同,恶意进行磋商。一方当事人知道他方与其竞争对手就某一商事谈判时,在不想让竞争对手成交时,故意向他方发出要约,使他方转而同其谈判,致使他方和其竞争对手不能成交。其行为就是假借订立合同恶意进行磋商,要承担导致缔约不成的过错责任。

(二)故意隐瞒与订立合同有关的重要事实或者提供虚假情况。如订立运输合同时,夸大自己的运输能力。这些缔约过错会使对方当事人遭受交货后货物不能按时运达的损失,为此,缔约过错方应当就此承担损害赔偿责任。

(三)有其他违背诚实信用原则的行为。在当事人为订立合同而进行接触、洽商时,基于诚实信用原则而发生的各种说明、告知、注意以及保护等义务,这叫先合同义务。违反它即构成缔约过错责任。

有其他违背诚实信用原则的行为。如《合同法》第 43 条规定:"当事人在订立合同过程中知悉的商业秘密,无论合同是否成立,不得泄露或者不正当地使用。泄露或者不正当地使用该商业秘密给对方造成损失的,应当承担损害赔偿责任。"

第三节 合同的效力

一、合同的成立与生效

要讲合同的效力,首先要弄清合同成立与合同生效的关系。成立与生效关系密切,但却是截然不同的两个概念。

合同成立指合同当事人订立合同的行为完成,要约与承诺的过程已经结束或者双方已经签字盖章。而合同生效是指合同产生法律效力,生效后,当事人必须按照合同履行义务,否则要承担违约责任。合同生效以合同成立为前提,即有合同，合同才能生效，没有合同，合同生效、失效、有效、无效便无从谈起。但合同成立并不意味着合同生效。有时候，合同生效还需要履行批准、登记等手续或者等待条件的成就或期限的届至。合同作为一种民事法律行为，其生效也要具备四个条件：

（1）合同当事人具有相应的民事行为能力；

（2）意思表示真实；

（3）不违反法律、行政法规或者社会公共利益；

（4）合同的形式合法。

二、合同生效的时间

根据合同法的规定，合同生效的时间有以下几种情况：

（一）依法成立的合同，自成立时起生效。按照《合同法》第44条第1款规定，一般情况下，合同依法成立，意味着生效。

（二）办理批准、登记手续后生效。《合同法》第44条第2款规定："法律、行政法规规定应当办理批准、登记等手续生效的，依照其规定。"

（三）条件成就时生效、失效。《合同法》第45条规定："当事人对合同的效力可以约定附条件。附生效条件的合同，自条件成就时生效。附解除条件的合同，自条件成就时失效。"中华人民共和国最高人民法院关于《合同法》的解释第9条规定：以批准、登记为生效前提的合同，在一审法庭辩论终结前，当事人办理了批准、登记手续的，应认定合同已生效。规定应当办理登记手续，但未规定登记后生效的，当事人未办理登记手续，不影响合同的效力。

（四）期限届至时生效、届满时失效。即《合同法》第46条规定："当事人对合同的效力可以约定附期限。附生效期限的合同，自期限届至时生效。附终止期限的合同，自期限届满时失效。"附期限与附条件的区别在于条件处于不确定状态，而期限处于确定状态，将来一定会到来。

三、效力待定的合同

效力待定（或者叫未定）的合同是指这些合同的签订从主体上来看存在着某些瑕疵，不完全符合法律的规定。对这种合同的效力《合同法》作了较为灵活的规定，在某些情况下认定其是有效的，在某些情况下认定其是无效的。所以人们把这种合同叫作效力未定或者叫待定的合同。

（一）限制民事行为能力人（10~18岁）订立的合同

《合同法》第47条规定："限制民事行为能力人订立的合同，经法定代理人追认后，该合同有效，但纯获利益的合同或者与其年龄、智力、精神健康状况相适应而订立的合同，不必经法定代理人追认。相对人可以催告法定代理人在一个月内予以追认。法定代理人未作表示的,视为拒绝追认。合同被追认之前,善意相对人有撤销的权利。撤销应当以通知的方式作出。"

(二) 无权代理人签订的合同

《合同法》第 48 条规定:"行为人没有代理权、超越代理权或者代理权终止后以被代理人名义订立的合同,未经被代理人追认,对被代理人不发生效力,由行为人承担责任。相对人可以催告被代理人在一个月内予以追认。被代理人未作表示的,视为拒绝追认。合同被追认之前,善意相对人有撤销的权利。撤销应当以通知的方式作出。"

无权代理是指不符合法律规定的代理行为,包括没有代理权、超越代理权和代理权终止后的代理。基于这种无权代理行为签订的合同的效力也可以用三句话来概括:

1. 合同一般无效。基于合同无效所产生的责任由行为人即无权代理人承担。

2. 经被代理人追认后有效。行为人在进行"代理"行为时没有代理权,但是经过被代理人追认后,无权代理行为变成了有权代理行为,所以代理行为有效,被代理人要承担合同义务。

3. 相对人有催告权和撤销权。即相对人可以催告被代理人在一个月内予以追认。被代理人未作表示的,视为拒绝追认。合同被追认之前,善意相对人有撤销的权利。撤销应当以通知的方式作出。

(三) 表见代理合同

表见代理即代理人实际上没有代理权,但是相对人有理由相信其有代理权,法律为保护善意相对人的利益,规定代理行为有效,由被代理人承担责任。

表见代理有两个突出特征:1. 行为人为无权代理,即行为人在进行"代理"行为时确无代理权,本质上属于无权代理;2. 相对人为善意,主观上无过错,即行为人虽然实际上无代理权,但是从外部表象上看,他是有代理权的,也就是相对人完全有理由相信其是有代理权的。而且这种有代理权的表象往往是由于"被代理人"的过失引起的,在这种情况下法律强制要求被代理人履行合同义务,承担合同责任。

(四) 法定代表人、负责人越权订立的合同

《合同法》第 50 条规定:"法人或者其他组织的法定代表人、负责人超越权限订立的合同,除相对人知道或者应当知道其超越权限的以外,该代表行为有效。"

(五) 无处分权的人处分他人财产的合同

处分权是财产所有权的四大权能之一,应该由财产所有人和享有处分权的

人来行使。如果无处分权的人处分了他人财产则构成侵权，由此签订的合同一般应认定无效。但也不是一概而论。《合同法》第51条规定："无处分权的人处分他人财产，经权利人追认或者无处分权的人订立合同后取得处分权的，该合同有效。"无处分权的人处分他人财产未经权利人追认，这种处分无效。这里的无效，不能否定物权法中的"善意取得"，即这种无处分权的人处分他人财产的合同虽然在债权法上是无效的，但是善意相对人却可以基于其善意而取得该财产的所有权。财产的权利人不能基于其权利而要求善意相对人返还财产，而只能要求无处分权的行为人赔偿其经济损失。

四、合同的无效

合同的无效是指合同已经成立，但是由于违反法定事由而使其不能产生法律约束力。对于这种合同，当事人不仅不能履行，而且要承担法律责任。

（一）合同无效

《合同法》第52条规定：有下列情形之一的，合同无效：1. 一方以欺诈、胁迫的手段订立合同，损害国家利益；2. 恶意串通，损害国家、集体或者第三人利益；3. 以合法形式掩盖非法目的；4. 损害社会公共利益；5. 违反法律、行政法规的强制性规定。

（二）免责条款无效

《合同法》在规定合同无效的同时，还规定了两项免责条款无效。即第53条规定：合同中的下列免责条款无效：1. 造成对方人身伤害的；2. 因故意或重大过失造成对方财产损失的。它与第52条规定的区别是，第52条规定的情形往往造成整个合同无效，而第53条仅指该条款无效，并不影响合同中其他条款的效力。

五、合同的可变更、可撤销

可变更、可撤销合同的效力待定，如果当事人申请变更或撤销合同，则合同无效，如果当事人并未申请变更或撤销合同，则合同有效。

（一）合同可变更、可撤销的情形

《合同法》第54条规定：下列合同，当事人一方有权请求人民法院或者仲裁机构变更或者撤销：1. 因重大误解订立的；2. 在订立合同时显失公平的。一方以欺诈、胁迫的手段或者乘人之危，使对方在违背真实意思的情况下订立的合同，受损害方有权请求人民法院或者仲裁机构变更或撤销。当事人请求变更的，人民法院或者仲裁机构不得撤销。

重大误解指行为人因对行为的性质，对方当事人，标的物的品种、质量、规格和数量等的错误认识，使行为后果与自己的意思相悖，且由于该合同造成较大损失。

显失公平指一方当事人利用自己的优势或者利用对方没有经验签订合同,致使双方的权利义务明显违反公平原则。

(二) 撤销权的消灭

可变更、可撤销合同的效力待定。当事人是否申请,他人不得而知,这就使这类合同的效力处于不确定状态。如果这种不确定状态持续时间过长,就会不利于社会经济秩序的稳定。所以《合同法》规定,撤销权在一定条件下消灭。

《合同法》第55条规定:有下列情形之一的,撤销权消灭:1. 具有撤销权的当事人自知道或应当知道撤销事由之日起一年内没有行使撤销权;2. 具有撤销权的当事人知道撤销事由后明确表示或者以自己的行为放弃撤销权的。

六、合同无效和被撤销的法律后果

《合同法》第56条规定:"无效的合同或者被撤销的合同自始没有法律约束力。合同部分无效,不影响其他部分效力的,其他部分仍然有效。"该条规定了合同从什么时候无效以及合同可能全部无效也可能部分无效的问题。

《合同法》第57条规定:"合同无效、被撤销或者终止的,不影响合同中独立存在的有关解决争议方法的条款的效力。"也就是说,有关解决争议的方法的条款虽然也是合同的一部分,但在效力上却具有独立性,与其他部分分开。合同其他部分无效,该部分仍然有效,当事人之间的争议仍然要按照约定方法来解决。

合同无效或被撤销后的财产后果,有以下几种处理方法:

1. 返还财产或者折价补偿。
2. 赔偿损失。
3. 追缴财产,收归国有或返还集体、第三人。这是指当事人串通,损害当事人以外的他人利益时的财产后果。实际上是一种特殊的返还财产。它与返还财产的区别是:返还财产是指返还对方当事人财产,追缴财产是返还当事人以外的第三人。具体讲,损害国家利益而取得的财产,应收归国家所有;损害集体、第三人利益而取得的财产,应返还集体、第三人。《合同法》第58条规定:"合同无效或者被撤销后,因该合同取得的财产,应当予以返还;不能返还或者没有必要返还的,应当折价补偿。有过错的一方应当赔偿对方因此所受到的损失,双方都有过错的,应当各自承担相应的责任。"第59条规定:"当事人恶意串通,损害国家、集体或者第三人利益的,因此取得的财产收归国家所有或者返还集体、第三人。"

第四节 合同的履行

一、合同履行概述

合同的履行就是为了实现合同的目的。合同权利义务的实现，只有通过履行才能达到。所以合同的订立是前提，合同的履行是关键。《合同法》中关于担保、违约责任的规定都是为了合同的履行。

（一）合同履行的概念

合同履行是指合同生效后，合同双方当事人按照合同的约定，全面完成各自承担的合同义务，使双方当事人的合同目的得以实现的行为。

（二）合同履行的法律特征

1. 履行是当事人的履约行为。履约行为可以是作为，也可以是不作为。合同的内容不同，履行的表现形式也不同，但任何合同的履行都必须有当事人的履约行为，这是合同权利得以实现的条件。

2. 履行是当事人全面、正确完成合同义务的行为。只有当事人双方按照合同的约定或法律的规定，全面正确地完成各自承担的义务，才能使合同权利得以实现，也才能使合同法律关系归于消灭。

3. 履行是当事人全面完成合同义务的行为过程。包括当事人的最终履行行为以及为完成最终履行行为所实施的一系列准备行为。

二、合同履行的原则

合同履行的原则，是指合同当事人在履行合同过程中所应遵循的基本准则。它可以弥补合同成文立法的不周延性缺陷；又可以限定法官在裁定合同纠纷时的自由裁量权。合同法规定了两个履行原则。诚实信用原则、全面履行原则。

（一）全面履行原则

《合同法》第60条第1款规定："当事人应当按照约定全面履行自己的义务。"

全面履行原则，又称为正确履行原则和适当履行原则，指当事人应当按照合同的各个条款，全面、正确地履行自己的义务。《合同法》第71条规定："债权人可以拒绝债务人提前履行债务，但提前履行不损害债权人利益的除外。债务人提前履行债务给债权人增加的费用，由债务人负担。"第72条规定："债权人可以拒绝债务人部分履行债务，但部分履行不损害债权人利益的除外。债务人部分履行债务给债权人增加的费用，由债务人负担。"

(二) 诚实信用原则

诚实信用原则是指当事人在履行合同义务时，诚实、守信、善意、不滥用权利和规避义务，根据合同的性质、目的和交易习惯履行通知、协助、保密等义务。

三、合同履行中的抗辩权

抗辩权就是指在双务合同中，一方当事人在对方不履行或履行不符合约定时，依法对抗对方要求或否认对方权利主张的权利。

《合同法》规定了同时履行抗辩权、后履行抗辩权和不安（先履行）抗辩权三种。

(一) 同时履行抗辩权

1. 概念

同时履行抗辩权是指在双务合同中应当同时履行的一方当事人有证据证明另一方当事人在同时履行的时间不能履行或不能适当履行，到履行期对其享有不履行或部分履行的权利。

《合同法》第66条规定："当事人互负债务，没有先后履行顺序的，应当同时履行。一方在对方履行之前有权拒绝其履行要求。一方在对方履行债务不符合约定时，有权拒绝其相应的履行要求。"这就是合同法对同时履行抗辩权的规定。

2. 同时履行抗辩权的适用条件

(1) 必须双方基于同一双务合同互负对价债务。

必须由同一双务合同产生债务，而且是双方当事人互负债务。两个不同的合同中的债务，不能产生同时履行抗辩权。并且当事人双方互负债务之间具有对价性和牵连性。

(2) 要行使抗辩权的当事人没有先行给付的义务。

(3) 对方当事人未履行债务或未按约定正确履行债务。

(4) 而且对方的对待给付是可能履行的。

3. 同时履行抗辩权的行使程序

只能由当事人行使，法院不能依职权主动适用同时履行抗辩权。

(二) 后履行抗辩权

《合同法》第67条规定："当事人互负债务，有先后履行顺序，先履行一方未履行的，后履行一方有权拒绝其履行要求。先履行一方履行债务不符合约定的，后履行一方有权拒绝其相应的履行要求。"

后履行抗辩有两个条件：一是双务合同债务的存在；二是存在履行债务的先后顺序。

(三) 不安抗辩权

1. 概念

不安抗辩权又称先履行抗辩权,是指当事人互负债务,有先后履行顺序的,先履行的一方有确切证据证明另一方丧失履行债务能力时,在对方没有履行或者没有提供担保之前,有权中止合同履行的权利。

2. 适用不安抗辩权的条件

《合同法》第68条规定:"应当先履行债务的当事人,有确切证据证明对方有下列情形之一的,可以中止履行:(一)经营状况严重恶化;(二)转移财产、抽逃资金,以逃避债务;(三)丧失商业信誉;(四)有丧失或者可能丧失履行债务能力的其他情形。当事人没有确切证据中止履行的,应当承担违约责任。"由此可见,适用不安抗辩权需要有以下几个条件:

①后序履行合同义务的一方当事人在合同订立后丧失了履行合同的能力。也叫"履行不能"。

②行使不安抗辩权的当事人有对方丧失履行能力的确切证据。

3. 不安抗辩的程序

《合同法》第69条规定:"当事人依照本法第68条的规定中止履行的,应当及时通知对方。"也就是说当事人进行不安抗辩的程序就是"及时通知",将自己中止履行的决定及原因及时告知对方。进行不安抗辩的一方在享有权利的同时,也要承担法定的通知义务。

4. 不安抗辩的后果

《合同法》第69条规定:"对方提供适当担保时,应当恢复履行。中止履行后,对方在合理期限内未恢复履行能力并且未提供适当担保的,中止履行的一方可以解除合同。"可见,不安抗辩的后果有两个:

①恢复履行。即对方提供适当担保时,应恢复履行。

②解除合同。如果在合理期限内未恢复履行能力并且未提供适当担保,表明后序履行人完全丧失了履行能力,先履行方可解除合同。

四、合同履行的保全

合同的保全是指为保护合同债权人的债权不受债务人不当行为的损害而赋予合同债权人以一定保护措施的法律制度。

(一) 代位权

1. 代位权的概念

代位权是指当债务人怠于行使其对第三人享有的到期债权从而损害债权人的利益时,债权人为保全自己的债权,可以以自己的名义代位行使债务人对第三人债权的权利。

2. 行使代位权的条件

代位权并非债权人可以随意行使的一种权利，必须具备一定条件。《合同法》第73条规定："因债务人怠于行使其到期债权，对债权人造成损害的，债权人可以向人民法院请求以自己的名义代位行使债务人的债权，但该债权专属于债务人自身的除外。代位的行使范围以债权人的债权为限。债权人行使代位权的必要费用，由债务人负担。"可见，行使代位权需具备以下条件：

（1）债权人的债权有采取保全措施的必要。也就是"因债务人怠于行使其到期债权，对债权人造成损害"。如无损害，则不能行使代位权。

（2）债务人对第三人享有到期债权。如果债务人对第三人不享有到期债权，则债权人也不能行使代位权。因为债务人的债权未到期，则第三人不负有偿还义务，债权人也就不能代位求偿。

（3）债务人怠于行使其债权。也就是债务人应行使且能行使而不行使其债权。如果债务人已经行使，则债权人不能再代位行使。

（4）债务人的债权非专属于债务人自身。也就是说债务人的债权不具有人身性质，具有人身性质的债权只能由债务人本人享有，而不能由他人代为享有。最高人民法院关于适用《中华人民共和国合同法》若干问题的解释（一）第12条规定：专属于债务人自身的债权指基于扶养关系、抚养关系、赡养关系、继承关系产生的给付请求权和劳动报酬、退休金、养老金、抚恤金、安置费、人寿保险、人身伤害赔偿请求权等权利。

（5）债权人以自己的名义行使代位权。债权人只须以自己的名义请求第三人履行债务。债权人一般要通过强制执行程序才能实现其债权。

（6）代位权的行使应通过人民法院。合同法规定：债权人行使代位权"请求人民法院"，也就表明应通过诉讼方式，而不能直接行使。

（7）代位权的行使范围以债权人的债权为限。

（8）行使代位权的必要费用由债务人负担。

3. 行使代位权的法律效力

（1）对债权人的效力：行使代位权的债权人可以就行使代位权的结果而直接受偿，而不是由债务人的全体债权人平均受偿。

（2）对债务人的效力：一是债务人的债权受到限制，即债务人不得对自己的债权行使处分权，二是债权人行使代位权时，当胜诉时债务人应受判决的拘束，但债权人败诉时，债务人仍可对第三人提起诉讼。

（3）对第三人的效力：债权人行使代位权时，第三人对于债务人所享有的一切抗辩权都可以用来对抗债权人。

（二）撤销权

1. 撤销权的概念

撤销权是指债权人对于债务人危害债权人利益的行为，请求人民法院予以撤销的权利。

2. 行使撤销权的条件

《合同法》第74条规定："因债务人放弃到期债权或者无偿转让财产，对债权人造成损害的，债权人可以请求人民法院撤销债务人的行为。债务人以明显不合理的低价转让财产，对债权人造成损害，并且受让人知道该情形的，债权人也可以请求人民法院撤销债务人的行为。撤销权的行使范围以债权人的债权为限。债权人行使撤销权的必要费用，由债务人负担。"可见，行使撤销权应具备以下条件：

（1）债务人实施了处分财产的行为。具体包括三种行为：放弃到期债权；无偿转让财产；以明显不合理的低价转让财产。

（2）债务人处分财产的行为已经发生了法律效力。

（3）债务人处分财产的行为损害了债权人的利益。

（4）债务人或者第三人主观上有恶意。

（5）撤销权的行使范围以债权人的债权为限。撤销权是法律对债权的扩张，这种扩张以债权人的利益得到保护为限度。

（6）撤销权的行使应通过人民法院以诉讼方式进行。最高人民法院关于适用《中华人民共和国合同法》若干问题的解释（一）第23条规定：撤销权诉讼由被告住所地人民法院管辖。

（7）行使撤销权的必要费用，由债务人负担。最高人民法院关于适用《中华人民共和国合同法》若干问题的解释（一）第26条规定：包括律师代理费、差旅费等，第三人有过错的，应当适当分担。

3. 撤销权的行使期限

撤销权的行使期限是指债权人请求人民法院撤销债务人处分财产行为的时间界限，超过这一期限，债权人的撤销权消灭。

撤销权的行使期限，也可以叫撤销权的行使时效。《合同法》第75条规定："撤销权自债权人知道或者应当知道撤销事由之日起1年内行使。自债务人的行为发生之日起5年内没有行使撤销权的，该撤销权消灭。"可见，撤销权的行使期限也有两种情况：

（1）普通期限。1年，自债权人知道或者应当知道撤销事由之日起计算。

（2）最长期限。5年，自债务人的行为（即撤销事由）发生之日起计算。这是指债权人不知道也不应当知道撤销事由的情况。

4. 撤销权行使的法律后果

（1）对债务人的效力：债务人的行为自撤销后即归于消灭，视为自始无效。

（2）对受益人的效力：第三人因该行为取得的财产，应返还债务人不能返还的可以折价赔偿。

（3）对债权人的效力：行使撤销权的债权人有权请求受益人向自己返还所受财产或利益，但无权就该财产或利益自己优先受偿，其有义务将收取的财产或利益返还给债务人，作为全体债权人的一般担保。行使撤销权而支出的费用由债务人承担。

第五节 合同的变更、转让和权利义务终止

一、合同的变更

（一）合同变更的概念

合同变更是指在合同生效后，尚未履行或者尚未完全履行之前，当事人在原合同的基础上达成协议，修改或者补充原合同的内容。

合同的变更，是对原合同内容的修改或补充，不是对原合同内容的全部变更，也不是对原合同实质内容的变更，应保留原合同的实质内容，如果没有保留原合同的实质内容，就会导致原合同的基本权利义务发生变化，实际上就是消灭了原合同而订立了新合同，不属于合同的变更。

（二）合同变更的条件

《合同法》第77条规定："当事人协商一致，可以变更合同。法律、行政法规规定变更合同应当办理批准、登记等手续的，依照其规定。"

《合同法》第78条规定："当事人对合同变更的内容约定不明确的，推定为未变更。"可见，合同变更需要以下条件：

1. 原合同已生效。如果原合同未生效或者根本没有合同，就根本谈不上变更合同的问题。

2. 原合同未履行或者未完全履行。

3. 当事人需要协商一致。即对变更的内容协商一致，这与合同的订立需要协商一致是相同的，体现合同的当事人意思自治。

4. 当事人对变更合同的内容约定明确。只有内容约定明确才能断定当事人变更的真实意思，才便于履行。如果变更的内容不明确便无法断定当事人的意思，这种变更也就不能否定原合同的效力，所以只能推定为未变更。

5. 遵守法定程序。对那些以批准、登记等手续为生效条件的合同，其变更也必须办理批准、登记等手续才能生效。

二、合同的转让

（一）合同转让的概念

合同转让是指合同当事人依法将合同的权利义务全部或部分转让给第三人的行为。

合同的转让实际上也是一种合同的变更，不过它不是合同权利义务内容的变更，而是合同主体的变更。而变更是合同内容的变更，不是主体的变更。合同转让包括单纯的权利转让、单纯的义务转让和权利义务一并转让三种情况。

（二）合同权利的转让

1. 合同权利转让的概念及限制

合同权利转让是指合同中的债权人通过协议将自己的权利全部或部分转让给第三人的行为。合同权利的转让并不是任意进行的，在一定情况下，其转让是受到一定限制的。根据《合同法》第79条规定有三个方面的限制，即具备下列三种情形之一的，合同权利不能转让：

（1）根据合同性质不得转让。如存在一定人身信任关系的合同；雇用人对受雇人的债权；委托人对受托人的债权等。

（2）按照当事人的约定不得转让。如果当事人有此约定，那么这一条款就是合同的组成部分，具有法律约束力，当事人必须遵守，不能转让权利。

（3）依照法律规定不得转让。如《担保法》第61条规定："最高额抵押的主合同债权不得转让。"

2. 合同权利转让的程序

《合同法》第80条规定："债权人转让权利的，应当通知债务人。未经通知，该转让对债务人不发生效力。债权人转让权利的通知不得撤销，但经受让人同意的除外。"

《合同法》第87条规定："法律、行政法规规定转让权利或者转移义务应当办理批准、登记等手续的，依照其规定。"

可见，合同权利转让的程序有：

（1）通知。即应通知债务人。未经通知的，该转让对债务人不发生效力。《合同法》采用了《民法通则》的做法，不需要"同意"。世界各国对此有两种做法：一是自由转让，不需要同意，也不需要通知，如德国；二是通知，如法国、日本。

（2）办理批准、登记等手续。这是针对以批准、登记为合同生效条件的合同而言。在转让权利时，即主体发生变更时，也必须办理相应手续，转让才能生效。

合同转让后，当事人发生了变化，受让人与债务人成为当事人，而债权人退出了合同关系，成为第三人。而第三人不能干涉当事人的合同关系，所以未经受让人（即新债权人）同意，转让通知不得撤销，即使是有此通知也无效，债务人仍应按转让通知向受让人履行义务。所以不得撤销是为了保护受让人的利益。

（三）合同义务的转移

1. 义务转移的概念

义务转移是指合同债务人将其合同义务全部或部分转移给第三人的行为。

2. 义务转移的程序

（1）经债权人同意。债权转让只是通知，不需同意，因债权转让不会增加债务人的义务。而债务转移涉及受让人的资信问题。第三人可能无资力或资力不足以履行合同义务，从而使债权人的权利实现不了。所以要转移义务必须经债权人同意。

（2）办理批准、登记等手续。

（四）合同的概括转移

合同的概括转移是指合同中权利和义务一并转移。概括转移分为约定的概括转移和法定的概括转移。

1. 约定的概括转移

《合同法》第88条规定："当事人一方经对方同意，可以将自己在合同中的权利和义务一并转让给第三人。"约定的概括转移需具备以下条件：

（1）需经对方同意

（2）不能违反法律的禁止性规定。如建筑法规定，承包单位不能将自己的全部权利与义务转让给第三方。

（3）约定的概括转移适用《合同法》对权利转让和义务转移的规定。

2. 法定的概括转移

这是指由法律直接规定的，不需要当事人协商的转移。《合同法》第90条规定"当事人订立合同后合并的，由合并后的法人或者其他组织行使合同权利，履行合同义务。当事人订立合同后分立的，除债权人和债务人另有约定的以外，由分立后的法人或者其他组织对合同的权利和义务享有连带债权，承担连带债务。"

三、合同的权利义务终止

（一）合同权利义务终止的概念、情形

1. 概念：合同的权利义务终止，也叫合同的终止，是指当事人双方终止合同关系，合同确立的当事人之间的权利义务关系消灭。

合同终止也消灭了合同的附随关系，如担保关系等。但是基于诚实信用原则而产生的当事人的法定义务，如通知、协助、保密等，尤其是保密义务并不因合同终止而消灭。

2. 情形：《合同法》第 91 条规定：有下列情形之一的，合同的权利义务终止：(1) 债务已经按照约定履行。债务履行，合同确定的权利义务关系结束，合同目的实现，合同自然也就消灭了；(2) 合同解除；(3) 债务相互抵消；(4) 债务人依法将标的物提存；(5) 债权人免除债务；(6) 债权债务同归于一人；(7) 法律规定或者当事人约定终止的其他情形。

（二）合同解除

1. 合同解除的概念、形式

（1）概念：合同解除是指合同有效成立后，因当事人双方的协议或一方的意思表示，使合同的权利义务终止的行为。

（2）合同的解除有两种形式，一是协议解除；二是法定解除。

协议解除是指当事人通过协商一致解除合同关系。这是合同自愿原则在合同终止时的一种体现。《合同法》第 93 条规定："当事人协商一致，可以解除合同。当事人可以约定一方解除合同的条件。解除合同的条件成就时，解除权人可以解除合同。"

法定解除是指合同成立后，在没有履行或没有完全履行之前，当事人一方行使法定解除权而使合同权利义务终止的行为。法定解除，是法律赋予当事人一种选择权，即当守约的一方当事人认为解除合同对他有利时，即可通过行使解除权而终止合同关系。

2. 合同解除权的行使期限

《合同法》第 95 条规定："法律规定或者当事人约定解除权行使期限，期限届满当事人不行使的，该权利消灭。法律没有规定或者当事人没有约定解除权行使期限，经对方催告后在合理期限内不行使的，该权利消灭。"

3. 合同解除的程序

合同解除的形式不一样，所需的程序也不一样。

（1）协商一致。

（2）通知。《合同法》第 96 条第 1 款规定：当事人一方依照本法第 93 条第 2 款、第 94 条的规定主张解除合同的，应当通知对方。合同自通知到达对方时解除。对方有异议的，可以请求人民法院或者仲裁机构确认解除合同的效力。

（3）不管是协商一致解除还是通知解除，如果"法律、行政法规规定解除合同应当办理批准、登记等手续的，依照其规定"。

4. 合同解除的法律后果

（1）合同解除后，尚未履行的，终止履行。

（2）已经履行的，根据履行情况和合同性质，当事人可以要求恢复原状、采取其他补救措施，并有权要求赔偿损失。

（三）债务的抵消

债务抵消是指在当事人相互负有债务的情况下，按照法律规定或当事人协议，在对等的前提下，都不再履行债务的行为。债务抵消分为法定抵消和协议抵消。

1. 法定抵消

法定抵消是指法律规定债务抵消的构成条件，当条件具备时，按照当事人一方的意思表示即可发生的抵消。《合同法》第99条规定："当事人互负到期债务，该债务的标的物种类、品质相同的，任何一方可以将自己的债务与对方的债务抵消，但依照法律规定或者按照合同性质不得抵消的除外。"

"当事人主张抵消的，应当通知对方。通知自到达对方时生效。抵消不得附条件或者期限。"

2. 协议抵消

《合同法》第100条规定："当事人互负债务，标的物种类、品质不相同的，经双方协商一致，也可以抵消。"协议抵消的唯一条件就是"双方协商一致"。但法律规定或合同约定不得抵消的，也不得抵消。

（四）提存

1. 提存的情形

（1）概念：提存是由于债权人的原因而使债务人无法向其交付合同标的物时，债务人将标的物交给提存机关，而使合同权利义务终止的制度。

（2）情形：适于提存的情形有：

①债权人无正当理由拒绝受领。即债权人不配合。如仓储合同期满，仓单持有人不提取仓储物，管理人应催告其在合理期限内提取，逾期不提取的，管理人可以提存。

②债权人下落不明。即找不到履行对象，其财产也无人代管。

③债权人死亡未确定继承人或者丧失行为能力未确定监护人。即债权人的遗产未确定新的所有人，或丧失行为能力的人的财产没有合法的管理人。债务人无法交付。

④法律规定的其他情形。

但提存也有一些限制，即标的物不适于提存或者提存费用过高的，债务人依法可以拍卖或者变卖标的物，提存所得的价款。如鲜活商品即不适于提存。《提存公证规则》规定：六个月的保管费用超过物品价值5%的，视为提存费用过高。

2. 提存的程序

《合同法》第102条规定："标的物提存后，除债权人下落不明的以外，债务人应当及时通知债权人或者债权人的继承人、监护人。"因为提存并不是直接向债权人履行债务，因此需要将提存事实通知债权人，使其知道债务人已经以提存的方式履行了债务，将来债权人要实现债权应当到提存机关领取提存物。

本条规定，知道债权人下落的，应当通知债权人；债权人死亡的，通知其继承人；债权人丧失行为能力的，通知其监护人；债权人下落不明的，免除债务人的通知义务。

3. 提存的法律后果

《合同法》第103条规定："标的物提存后，毁损、灭失的风险由债权人承担。提存期间，标的物的孳息归债权人所有。提存费用由债权人负担。"

（1）风险的承担。提存是债务人履行债务的一种形式，提存后，债务履行完毕，其风险不再由债务人承担。提存机关虽然对提存物有妥善保管的义务，但非因提存机关的过错造成的风险，也不应由其承担。提存是因债权人的原因引起的，提存后，视为债务已经履行，标的物已交付，所有权已经转移给债权人，所以，风险由债权人承担。

（2）孳息的归属。提存后，标的物的所有权已为债权人所有，所以其孳息也归债权人所有。

（3）提存费用的负担。即提存并不是国家无偿替你保管标的物，而是有偿的。其费用由提存物的所有人——债权人承担。

4. 提存物的领取

《合同法》第104条规定："债权人可以随时领取提存物，但债权人对债务人负有到期债务的，在债权人未履行债务或者提供担保之前，提存部门根据债务人的要求应当拒绝其领取提存物。债权人领取提存物的权利，自提存之日起5年内不行使而消灭，提存物扣除提存费用后归国家所有。"

（五）债务的免除

债务的免除，是指债权人放弃部分或全部债权，免除债务人部分或者全部债务的一种单方法律行为。

（六）混同

混同是指债权和债务同归于一人，自己既是债权人又是债务人。合同的权利义务当然终止。

第六节 违约责任

一、违约责任的概念、归责原则及责任形式

(一) 概念

违约责任指合同当事人不履行合同义务或者履行合同义务不符合约定时,所应承担的不利的民事法律后果。

合同关系属于财产关系,规定违约责任的主要目的在于补偿合同债权人所受的损失。因而违约责任是财产责任,而不是非财产责任。

(二) 违约责任的归责原则

在违约责任的归责原则问题上,《合同法》采取了严格责任原则,只有遇到不可抗力才可以免责。

《合同法》采用严格责任原则,首先,有利于促使合同当事人认真履行合同义务。现行合同履行率不高,一些债务人总是寻找借口,开脱"过错",采用严格责任原则后,不论何种原因,只要债务人没有全面履行合同,存在违约行为,就应承担违约责任。至于债务人与第三人之间的债权债务关系,则属于另一法律关系,不能成为免责的依据。其次,有利于保护受害人的合法权益。采用过错责任时,对于违约方的过错,守约方作为原告要承担举证责任,这不利于保护受害人的合法权益。采用严格责任后,守约方则无须举证证明违约方主观上有"过错"。

(三) 承担违约责任的方式

《合同法》第七章违约责任一节规定了五种违约责任方式:继续履行;采取补救措施;赔偿损失;支付违约金;定金罚则。保证、抵押、质押、留置实际上都是继续履行、赔偿损失的一些具体形式,而不是独立的违约责任形式。

二、预期违约

《合同法》第108条规定:"当事人一方明确表示或者以自己的行为表明不履行合同义务的,对方可以在履行期限届满之前要求其承担违约责任。"

(一) 预期违约的概念

预期违约,又称先期违约,是指在合同订立之后,履行期限届满之前,当事人一方明确表示或者以自己的行为表明不履行合同义务的行为。一般违约是在合同履行期届满后,债务人不履行债务,而预期违约是合同履行期并未届满,从时间上说,当事人并未实际构成违约,但可以断定他肯定会违约,不履行债务。因此,这时不必等到当事人实际构成违约,就可以追究其违约责任。

这就是预期违约制度。

预期违约制度起源于英美法系国家,是英美法系国家以判例发展起来的特有制度,该制度的设计体现了公平、效益、安全的价值目标,对维护守约方利益十分有利。在大陆法系国家中对相关问题的救济措施通常为不安抗辩制度,而我国则是以大陆法系理论构筑合同法律体系的国家中最先引进英美法系国家的预期违约制度。

(二)预期违约的形式

预期违约有两种形式:

1. 明示预期违约。即当事人明确肯定地向对方表示其将不履行合同义务。也叫明示毁约。

2. 默示预期违约。即当事人以自己的行为而不是言辞表明将不履行合同义务。也叫默示毁约。如甲将某一特定物出卖给乙,与乙订立买卖合同,后来甲与丙又订立买卖合同,将同一标的物转让给了丙,这就是以行为表明将不履行对乙的合同义务。

(三)预期违约的后果

当有预期违约行为发生的时候,法律赋予了相对方追究违约责任的权利。这是法律赋予合同当事人自我保护的重要制度。在英美法系中,预期违约相对人可以采取多种措施予以救济,而我国合同法中只赋予了违约责任要求权。

三、继续履行

(一)适于继续履行的情形

1. 金钱债务的继续履行。《合同法》第109条规定:"当事人一方未支付价款或者报酬的,对方可以要求其支付价款或者报酬。"

2. 非金钱债务的继续履行。《合同法》第110条规定:"当事人一方不履行非金钱债务或者履行非金钱债务不符合约定的,对方可以要求履行。"如提供货物、提供劳务、完成工作等。

(二)适用继续履行的限制

如前所述,新《合同法》的一个重要变化就是对继续履行进行了限制。《合同法》第110条规定:"但有下列情形之一的除外:(一)法律上或者事实上不能履行;(二)债务的标的不适于强制履行或者履行费用过高;(三)债权人在合理期限内未要求履行。"

1. 法律上或者事实上不能履行。法律上不能履行通常指标的被司法机关或行政机关查封、扣押。还有破产企业的债务等都不能履行。事实上不能履行是指标的物已经灭失、损毁等。还有如在土地使用权转让合同中,出让人又转让给第三人,第三人已经进行了投资、经营等。

2. 债务标的不适于强制履行或者履行费用过高。"不适于强制履行"是指基于债务的标的所具有的特性，采取强制履行方式将违背合同本身的性质，达不到订立合同的目的。如委托代理合同，就是基于人身信赖关系而产生的，是因信任对方的特殊技能、业务水平、忠诚度等而产生的，具有严格的人身性质。如果强制代理人代理谈判、代理进行诉讼，也不会有好的结果。还有合伙合同也不适于强制履行。

"履行费用过高"是从履行在经济上的合理性方面考虑的。如果费用过高，则经济上不合理。

3. 债权人在合理期限内未要求履行。这种情况表明债权人对该债务的履行漠不关心，履行就不必要。至于何为"合理期限"，法律没有明文规定，通常应理解为在诉讼时效期间内。

四、采取补救措施

这种责任形式适用于质量不符合约定时。《合同法》第111条规定：质量不符合约定时，应当按照当事人的约定承担违约责任。对违约责任没有约定或者约定不明确的，依照本法第61条的规定仍不能确定的，受损害方根据标的的性质以及损失的大小，可以合理选择要求对方承担修理、更换、重作、退货、减少价款或者报酬等违约责任。可见，质量不符合约定的违约责任有以下三种情况：

（一）如果合同中对此有约定的，按照约定承担违约责任。

（二）如果合同中对质量违约责任没有约定或者约定不明确的，要先按照《合同法》第61条的规定进行协议补缺和规则补缺，然后按照补缺的内容承担违约责任。

（三）如果不能进行补缺，那么就用采取补救措施的方式承担违约责任。补救措施的具体方式有：修理、更换、重作、退货、减少价款或者报酬等。

五、赔偿损失

（一）赔偿损失的概念及适用条件

赔偿损失是指在当事人违约给对方造成损失的时候，按照法律规定或者合同约定，给予对方赔偿的行为。

很显然，赔偿损失这种方式以给对方造成损失为前提，如果没有给对方造成损失，则无需赔偿，而且赔偿损失并非首选承担违约责任的方式①，违约责任的首选承担方式是继续履行或采取补救措施，只有在履行义务或者采取补救

---

① 虽然在英美法系国家是，但在我国合同法上却不是。

措施后，对方还有其他损失的，才承担赔偿损失的责任。①

（二）损失赔偿额的确定

1. 完全赔偿

（1）完全赔偿的定义。完全赔偿是指在一般情况下，违约方应赔偿受害人的全部损失。既包括眼前可见的损失，也包括合同履行后可以获得的利益损失，简称可得利益损失。②

（2）完全赔偿的限制。即按照完全赔偿原则，有时候全部损失额，尤其是可得利益损失相当大，超出一般人的预料。这时候就不按照完全赔偿原则，而是给予一定的限制。即不得超过违反合同一方订立合同时预见到或者应当预见到的因违反合同可能造成的损失。这里注意是违约方预见，是订立合同时预见，预见能力以同类型的社会一般人为标准。③

2. 双倍赔偿

双倍赔偿指在消费合同关系中，经营者有欺诈行为时对消费者的赔偿。《消费者权益保护法》第49条规定："经营者提供商品或者服务有欺诈行为的，应当按照消费者的要求增加赔偿其受到的损失，增加赔偿的金额为消费者购买商品的价款或者接受服务的费用一倍"。④

3. 约定赔偿

即《合同法》第114条第1款规定："当事人也可以约定因违约产生的损失赔偿额的计算方法。"如果有此约定，那么即可直接按照约定的方法确定赔偿数额。这样做的好处是，在违约发生后，实际损失（全部损失）的确定有时候非常复杂，计算赔偿数额需要花费大量的时间和精力，允许当事人事先约定赔偿，可以及时对受害人作出补偿，了结当事人之间发生的争议。

六、支付违约金

（一）违约金的概念及历史发展

违约金是指当事人在合同中约定的或者由法律规定的，一方违约时应向对方支付的一定数额的货币。

（二）违约金的性质

关于违约金的性质，历来存在许多争论，主要体现在两大方面：一是违约

---

① 《合同法》第112条。

② 新《合同法》没有用直接损失、间接损失，因为什么是间接损失，可得利益损失属于直接损失，还是间接损失，学者们争议很大。

③ 《合同法》第113条第1款。

④ 见《合同法》第113条第2款。

金是合同履行的担保形式,还是违约责任的承担方式?二是违约金除具有补偿性外,是否还可以具有惩罚性。关于第一个问题,大陆法系国家民法继受了罗马法关于违约金为债的担保形式的观点,认为违约金是法律直接强制债务人履行债务,以确保债的效力。我国学术界对违约金的性质认识不一,有的认为是债的担保形式之一,有的认为是违约责任的形式之一,也有的认为兼具两者。关于第二个问题,关于违约金的补偿性没有争议。

(三) 违约金的种类

违约金可以依据不同的标准进行不同的分类:

1. 补偿性违约金、惩罚性违约金和混合性违约金。违约金的大部分为补偿性,只有在约定的违约金过分高于造成的损失时,违约金才具有一部分惩罚性。

2. 法定违约金、约定违约金和混合违约金。所谓法定违约金是由法律直接规定违约金的固定数额、固定比率的违约金。所谓约定违约金是指法律没有规定违约金或者约定的违约金优于法定的违约金时所采用的违约金。混合违约金是指法律规定了违约金的具体幅度,允许当事人在此幅度内进行选择确定的违约金。该违约金具有法定性和约定性,所以称为混合违约金。

(四) 违约金的增减

《合同法》考虑到违约金的补偿性质,规定当事人可以在合同中对违约金进行约定。《合同法》第114条规定:"当事人可以约定一方违约时应当根据违约情况向对方支付一定数额的违约金,也可以约定因违约产生的损失赔偿额的计算方法。约定的违约金低于造成的损失的,当事人可以请求人民法院或者仲裁机构予以增加;约定的违约金过分高于造成的损失的,当事人可以请求人民法院或者仲裁机构予以适当减少。当事人就迟延履行约定违约金的,违约方支付违约金后,还应当履行债务。"

七、定金罚则

《合同法》第115条规定:"当事人可以依照《中华人民共和国担保法》约定一方向对方给付定金作为债权的担保。债务人履行债务后,定金应当抵作价款或者收回。给付定金的一方不履行约定的债务的,无权要求返还定金;收受定金的一方不履行约定的债务的,应当双倍返还定金。"

八、违约责任的免除

(一) 免责情形

《合同法》第117条规定:"因不可抗力不能履行合同的,根据不可抗力的影响,部分或者全部免除责任,但法律另有规定的除外。当事人迟延履行后发生不可抗力的,不能免除责任。本法所称不可抗力,是指不能预见、不能避免并不能克服的客观情况。"可见,免责情形只有一种,即"因不可抗力"。所谓不可抗力是指不能预见、不能避免并不能克服的客观情况。其构成条件有四点:

1. 不能预见;
2. 不能避免;
3. 不能克服;
4. 发生在履行期间。

(二) 免责的程序

《合同法》第118条规定:"当事人一方因不可抗力不能履行合同的,应当及时通知对方,以减轻可能给对方造成的损失,并应当在合理期限内提供证明。"

1. 及时通知即及时将自己遇到不可抗力,因而不能履行合同的情况通知对方当事人,以便对方采取措施,尽量减轻可能造成的损失。如果没有及时通知,致使对方可能减轻甚至避免的损失没有能够减轻和避免的话,则遇到不可抗力的一方应就扩大的损失承担赔偿责任。

2. 提供证明即是否真正遇到不可抗力,可以免责,不能只凭一方说说就完了,必须提供证据加以证明。如果没有证据证明,只能认定为没有遇到不可抗力。

九、守约方的义务

《合同法》第119条规定:当事人一方违约后,对方应当采取适当措施防止损失的扩大;没有采取适当措施致使损失扩大的,不得就扩大的损失要求赔偿。当事人因防止损失扩大而支出的合理费用,由违约方承担。

这是基于公平原则和诚实信用原则而规定的。

思 考 题

1. 合同的成立和合同的生效有何不同?
2. 代位权和撤销权的行使条件有何不同?
3. 合同履行的基本原则?
4. 合同履行中的抗辩权有哪些?
5. 合同的担保方式有哪些?
6. 简述违约责任的概念与特征。
7. 要约与要约邀请有何区别?
8. 简述不可抗力的含义。
9. 承担违约责任的方式有哪些?

第五章 担 保 法

第一节 担保法概述

一、担保的概念

从广义上讲，担保有一般担保和特殊担保之分。所谓一般担保，是指债务人以其不特定的全部财产作为履行债务和承担责任的担保方法；特殊担保则是指债务人以其自身或第三人的特定财产作为履行债务和承担责任的担保方法。

在经济活动中，出让商品与实现价值往往存在时间上的差距，使债权人的权利可能不能实现，从而引发信用危机。为克服信用危机，防止由此而产生的经济秩序混乱，法律规定了担保制度。

为保障债权人的利益，维护交易安全与秩序，当事人在经济活动中不但要依靠一般担保的方法，而且更多地要依靠特殊担保的方法来促使债权的顺利实现。我们通常所说的担保，一般是指特殊担保。

从担保的一般原理及《中华人民共和国担保法》的现实规定来看，担保可以定义为：担保是指当事人为确保债权的实现，依照法律规定或约定而采取的法律保障措施。

二、我国担保法的适用范围

1. 担保法的适用范围

我国《担保法》由第八届全国人大常委会第十四次会议于 1995 年 6 月 30 日通过，于同年 10 月 1 日开始施行。《担保法》第 2 条第 1 款规定："在借贷、买卖、货物运输、加工承揽等经济活动中，债权人需要以担保方式保障其债权实现的，可以依照本法规定设定担保。"该条以具体与抽象相结合的方式明确了担保法的适用范围。最高人民法院关于适用《中华人民共和国担保法》若干问题的解释第 1 条规定："当事人对由民事关系产生的债权，在不违反法律、法规强制性规定的情况下，以担保法规定的方式设定担保的，可以认定为有效。"由此可见，由民事关系产生的债权，在不违反法律、法规强制性规定的情况下，均可设定担保。

另外，《担保法》第95条规定："海商法等法律对担保有特别规定的，依照其规定。"可见，尽管担保法是债的担保的一般法，但《海商法》、《民用航空器法》等特别法对担保问题另有规定的，应当优先适用其规定。这是特别法优于一般法的原则的具体适用。

2. 担保法对担保的限制

担保法在担保上进行了限制，违反这些限制提供的担保可能无效或效力上受到限制。

（1）对担保法适用范围的限制。担保法主要规范对合同之债的担保。因政府、国家机关管理行为发生的权利义务，因人身关系产生的权利义务等，都不适用担保法。

（2）对担保主体的限制

一是国家机关和以公益为目的的事业单位、社会团体法人不得违反法律规定提供担保，否则担保无效，担保人应当根据自己的过错承担担保无效的民事责任。

二是董事、经理不得以公司资产为公司的股东或者其他个人债务提供担保，否则担保无效。除债权人知道或者应当知道的以外，债务人、担保人应当对债权人的损失承担连带赔偿责任。

（3）对担保财产的限制。不得以法律、法规禁止流通的财产或者不可转让的财产设定担保。

（4）对外担保必须符合国家外汇管理规定。以下对外担保行为无效：

一是未经国家有关主管部门批准或者登记，对外提供担保或者为境外机构向境内债务人提供担保。

二是为外商投资企业注册资本、外商投资企业中外方投资部分提供担保。

三是无权经营外汇担保业务的金融机构、无外汇收入的非金融性质的企业法人提供外汇担保。

三、担保法律关系

1. 担保法律关系。担保法律关系是指由担保法确认和调整的当事人之间在担保过程中所发生的权利义务关系。与其他法律关系一样，担保法律关系也包括主体、客体和内容三要素。

2. 担保法律关系主体。担保法律关系主体即担保法律关系当事人，包括担保权人和担保义务人。担保权人也称被担保人，是在担保法律关系中享有权利的人，通常是债权人本人。

担保义务人也称担保人，是在担保法律关系中负有义务的人，可以是债务人本人，也可以是债务人委托的第三人。

3. 担保法律关系客体。担保法律关系客体亦称担保标的，是当事人双方权利义务共同指向的对象。由于无论是人的担保还是物的担保，最终都要落实到财产上，所以从《担保法》的现行规定来看，担保客体包括动产、不动产和无形财产（含权利）。其中担保中的保证是以保证人的信用担保，在保证人承担赔偿责任时仍是以其财产承担的，因此说保证的客体表面上是保证人的信用，实则仍是保证人的财产。

担保法律关系内容就是担保法律关系主体享有的权利和承担的义务。如果担保人为第三人，在其承担义务后，有权向债务人追偿。

4. 反担保及其特征。反担保是指担保人为债务人履行了担保责任，为了保证向债务人追偿债务获得成功，要求债务人提供的担保。

反担保人是债务人；反担保的目的是担保人为减少风险，保证追偿权的实现；反担保也是一种担保，形式和内容适用担保法的规定；反担保的形式包括保证、抵押和质押，不包括定金和留置。

四、担保的法律属性

担保既然系为保障债权的实现而设定，因而其具有下列特征。

1. 担保具有从属性

从属性是指担保依附于债权关系而发生和存在。通常情况下，担保都是为既存的债权关系或者与担保同时成立的债权债务关系而设立。因此，原则上不允许为尚不存在的债权债务关系设定担保。

由担保的从属性所决定，债权债务关系不成立、无效或者被撤销时，担保法律关系即因失其依附而归于消灭；债权债务关系因清偿等原因消灭或缩小的，担保也随之消灭或缩小；在附条件或附期限的债权债务中，债的关系未发生效力时，担保也不发生效力；担保的范围除非另有约定，仅就其成立时已经确定的债权债务（包括其转化形态及孳息、实行债权时的必要费用等）为限。

值得注意的是，对于担保的从属性只能从制度整体把握，而不能做绝对的理解。我国《担保法》第5条第1款规定："担保合同是主合同的从合同，主合同无效，担保合同无效。担保合同另有约定的，按照约定。"另外，《担保法》第14条和第59条已经分别明确规定了最高额保证和最高额抵押，允许为将来存在的债权预先设定保证或抵押。前者是作为私法的担保法赋予当事人的意思自治，后者则是适应市场经济发展的客观要求而设置的担保从属性的例外。

2. 担保具有补充性

补充性指债权人所享有的担保权益对于债权实现仅具有补充意义。例如，保证人可以行使债务人对于债权人的一切抗辩，即使债务人放弃抗辩权也如此。在一般保证中，甚至只有首先执行主债务人的财产且其执行仍不足以清偿债务时，才能执行保证人的财产。因此，各国法律均规定，实现担保须以债务履行期限届至债务人不履行债务为前提条件。

3. 担保具有相对独立性

相对独立性是指担保相对独立于被担保的债权而发生和存在。不仅担保的设定当事人需另外达成协议或者依照法律的规定而发生；担保的范围也需当事人另行约定，并不要求和所担保的债务范围相同；由第三人提供担保的，需要债权人与第三人另行约定，而且担保还可以有自己的发生原因、成立要件和消灭原因。担保不成立、无效或者被撤销的，对于其所担保的债权债务关系也不发生影响。另外当事人还可以约定，债权债务关系不成立、无效或者被撤消、变更时担保并不必然随之发生相应效果。

五、担保的分类

1. 法定担保和约定担保

这是以担保成立的原因不同来划分的。法定担保，是指担保的成立及其方式由法律直接规定的担保形式，主要有留置担保、法定抵押权以及优先权等形式。法定担保是为保障特定种类债权的实现而设定的担保方式，故仅适用于法律明文规定的个别场合。法律担保成立的要件、效力及实现，都必须依法进行，当事人不得改变。我国《担保法》规定的留置担保即为法定担保。

约定担保，又称意定担保，是指担保的方式，内容及成立要件均由当事人自由商定的担保形式。除法定担保之外，其他的担保均为约定担保。事实上，担保都具有法定性，约定担保也有明确的法律规定。我国《担保法》规定的保证、抵押、质押和定金等担保方式均为约定担保。

2. 典型担保和特殊担保

这是依据担保方式是由一般法规定还是由特别法规定为标准划分的。典型担保是指其成立和内容在法律规范上较为规则、历史悠久的担保。保证、抵押、质押、留置和定金等担保方式即为典型担保。典型担保一般都由担保法或民法这类一般法集中规定。

典型担保以外的其他担保方式就是特殊担保，如优先权、票据保证、所有权保留等。特殊担保一般都是在担保法或民法典之外的单行法律中规定。所谓优先权就是一种法定的先取特权，即债权人对债务人的特定财产享有优先于其他一切民事上的请求权而受偿的权利。海商法规定的船舶优先权，航空法规定的民用航空器优先权，合同法规定的建设工程承包人对所施工的建设工程折价或者拍卖所得价款的优先受偿权等等，均属此类。所有权保留是指在买卖交易中，双方约定在卖方向买方转移标的物的占有时仍然保留标的物的所有权，以担保其价款获得全部清偿的担保方式。

3. 人的担保、物的担保和金钱担保

这是根据承担担保责任的基础不同来划分的。人的担保指第三人以其所有的不特定财产或信用为他人债务提供的担保。人的担保为信用担保，其典型方式为保证。人的担保作为一种古老的担保方式，优点在于设定简便，适用范围广泛，但同时存在一定的缺陷。在人的担保制度下，被担保人不得直接支配担保人的任何特定财产，其所享有的担保权与担保人的其他债权人所享有的债权地位一样。若担保人的全部财产不足以清偿其全部债务，则被担保人只能与其他普通债权人一起按比例获得债权的清偿。就是说在人的担保下，债权人所享有的权利仅为请求权，人的担保因未与特定的财产相联系，使得债权实现的保障可能出现风险。在现代交易活动中，随着银行担保的出现，人的担保的固有缺陷在很大程度上得以克服，又为人的担保提供了广阔的前景。

物的担保指债务人或第三人以其特定的财产或财产权利对债权设定的担保。抵押担保、质押担保、留置担保及优先权等担保方均属物的担保。广义的物的担保还包括所有权保留。在物的担保制度下，债务人不履行或者不能履行到期债务的，债权人即可处分担保财产以优先受偿。物的担保也是一种古老的担保方式，与人的担保相比，它更能保障债权人的利益。一方面，在物的担保制度下，被担保的债权人有权直接支配担保人提供的特定财产，当债务人不履行其债务时，债权人无需他人协助即可变卖担保财产以实现其债权。另一方面，债权人因物的担保而享有的权利，优先于其债权效力的物权性权利，从而克服了人的担保在性质上的缺陷，确保了债权得以充分实现。

金钱担保指在债务以外又交付一定的金钱设定的担保。作为一种独立的担保种类，金钱担保的主要方式是定金。

第二节 保　　证

一、保证概述

1. 保证的概念

保证是指第三人与债权人约定，当债务人不能履行债务时，由第三人按照约定履行债务或者承担责任的担保形式。这是基于《担保法》第 6 条的规定作的界定。该第三人即为保证人，债权人既是主合同中主债的债权人，又是保证合同的债权人。"按照约定履行债务或者承担责任"称为保证债务，也有人称为保证。

2. 保证的法律属性

（1）保证具有从属性。保证以主债务的存在或将来可能存在为前提，随主合同的消灭而消灭。其范围和强度不得超过主合同中的债务，不得与主合同债务分离而转移。保证的从属性是保证最重要的特性，不得抛弃。保证成立上的从属性要求保证以主债务的成立为前提，因此，必须先有主债务的发生而后才有保证债务。

（2）保证具有相对独立性。保证虽从属于主债务，依主债务的存在而存在，随主债务的消灭而消灭，但保证债务毕竟是主债务之外的另一债务，而非主债务的一部分，因此保证债务仍具有独立性。相对于保证债务的从属性而言，这种独立性又是相对的，因此称之为相对独立性。具体表现为：保证合同并不因主债务无效而当然无效；保证债务的范围和强度可以不同于主债务，可以有自己独立的变更或消灭原因；保证人可就其保证债务提供担保，如规定保证合同的违约金或者提供国外的特别担保等；关于保证合同特有的抗辩权，保证人可以单独行使，等等。

（3）保证具有补充性。保证人的保证责任相对于债务人的履行责任而言是第二位的，具有补充性。只有在债务履行期限届至而债务人不履行债务时，保证人才负保证责任。

保证有一般保证和连带责任保证之分。一般保证即当债务期满，债权人不履行债务时，债权人应先请求债务人履行债务。只有当债务人实在无力履行时，保证人才应履行债务。连带责任保证是当债务期满时，债权人既可要求债务人履行债务，也可以要求保证人在其保证范围内承担保证责任。有时保证合同没有明确保证方式，我国《担保法》第19条规定："当事人对保证方式没有约定或者约定不明确的，按照连带保证承担保证责任。"

二、保证合同

1. 保证合同的概念

保证合同，是指保证人与债权人订立的，在主债务人不履行其债务时，由保证人承担保证责任的协议。

保证合同是单务合同、无偿合同。在保证合同中，只有保证人承担债务，债权人不负给付义务，故保证合同为单务合同。在保证合同中，保证人对债权人承担保证责任，债权人对此不提供相应代价，所以保证合同为无偿合同。至于保证人与债务人间约定由债务人支付一定金额给保证人，那是另外一层合同关系，并未影响保证合同的无偿性。

保证合同为诺成性合同。保证合同因保证人和债权人协商一致而成立，无需另外交付标的物，故为诺成性合同。

保证合同为要式合同。《担保法》第 13 条规定："保证人与债权人应当以书面形式订立保证合同。"

2. 保证合同的当事人

保证合同的当事人为保证人与债权人，不包括主债务的债务人。债权人可以是一切享有债权之人，并无特别的限制。关于保证人的资格法律有明确规定。

（1）国家机关原则上不得为保证人。国家机关的财产和经费若用于清偿保证债务，不仅与其活动宗旨不符，也会影响其职能的正常发挥。此外，国家机关以机关法人名义从事民事活动，以财政所拨预算经费为限，而预算经费为其担负的国家职能活动所必需，一般无余下可言，故国家机关一般不具有代偿能力，不宜作为保证人。因此《担保法》第 8 条规定："国家机关不得为保证人，但经国务院批准为使用外国政府或国际经济组织贷款进行转贷的除外。"这种贷款在转贷时，一般要求国内借款单位提供还款担保，由国家机关来提供这种担保，应理解为一种政策性例外。

（2）学校、幼儿园、医院等以公益为目的的事业单位、社会团体也不能担任保证人。《担保法》第 9 条对此规定，如果允许这些机构为债权人提供担保，极有可能减损其用于公益目的的财产，无疑有违公益法人的宗旨。

（3）企业法人的分支机构、职能部门一般不宜作为保证人。《担保法》第 10 条规定："企业法人的分支机构、职能部门不得为保证人。企业法人的分支机构有法人书面授权的，可以在授权范围内提供保证。"这些组织不得为保证人的主要原因是不具有独立的民事行为能力。至于经法人书面授权，实际上可以理解为法人授予其提供担保的代理权。

（4）保证人必须具有代偿能力。《担保法》第 7 条规定："具有代为清偿能力的法人、其他组织或者公民，可以作为保证人。"但对于代偿能力与行为能力是否为担保合同的生效要件并未作明确规定。关于代偿能力的规定，应理解为一种提示性条款，用以提醒债权人对保证人的代偿能力应注意审查。对此《担保法解释》第 14 条规定："不具有完全代偿能力的法人、其他组织或者自然人，以保证人身份订立保证合同后，又以自己没有代偿能力要求免除保证责任的，人民法院不予支持。"至于保证人的行为能力问题，主要是针对自然人而言，应当具备完全民事行为能力。

3. 保证合同的内容和形式

按照一般理解，保证合同的内容是指保证人承担的保证债务、享有的抗辩权，以及债权人享有的请求保证人承担保证债务的权利。因这些权利义务主要通过保证合同的条款来确定，保证合同的内容其实就是保证合同的条款。根据《担保法》第 15 条的规定，保证合同具有以下条款：

（1）被保证的主债权种类、数额。保证合同从属于主合同，保证债务从属于主债务，不得超过主债务。

（2）债务人履行债务的期限。主债务的清偿期限关系到保证人的切身利益。主债务清偿期限的届满不仅意味着主债务人应履行其债务和主债务诉讼时效的开始，对于连带责任保证人来说，也意味着债权人可以随时要求其承担保证责任；对于一般保证人来说，则意味着其随后可能对主债务承担保证责任。我国《担保法》规定，保证人就连续发生的债权作保证，而未约定保证期限的，保证人可以随时书面通知债权人终止合同，但保证人对于通知到债权人之前发生的债权，承担保证责任。

（3）保证方式。根据《担保法》第16条的规定，保证方式有一般保证和连带责任保证两种。不同的保证方式对当事人的利益有较大影响，应给予明确规定，当事人对保证方式没有约定或者约定不明确的，保证人按照连带责任保证承担责任。

（4）保证担保的范围。保证担保的范围是保证人承担保证责任的范围。保证担保的范围由当事人在保证合同约定，无约定的按《担保法》第21条的规定处理，即包括主债权及利息、违约金、损害赔偿金和实现赔偿的费用。

（5）保证期间。保证期间是指保证人承担保证责任的起止时间。保证人在保证期间内承担保证责任，逾期则不承担保证责任。保证期间不是保证合同的必备条款，保证人可以自行约定。约定的保证期间，应当自主债务清偿期限届满后开始计算。

（6）双方认为需要约定的其他事项。双方认为需要约定的其他事项，主要是指损害赔偿的范围及计算方法是否设立反担保等。

上述条款并非都是保证合同的必备条款，不完全具备这些条款，并不影响保证合同的效力。保证人和债权人在保证合同订立后，可以根据具体情况协议增加有关内容作为补充。保证合同条款不完备，事后又没有补充的，则依担保法的有关规定处理。

4. 保证合同的成立与效力

保证合同的成立是保证合同产生效力的基础。保证合同的成立，是保证合同当事人间关于保证达成意思一致。有以下几种表现：

保证人与债权人订立保证合同。

保证人与债权人、债务人共同订立主合同。《担保法解释》第22条第2款规定："主合同中虽然没有保证条款，但是，保证人在主合同上以保证人的身份签字或者盖章的，保证合同成立。"

三、保证的分类

1. 一般保证和连带责任保证

依保证方式，保证可分为一般保证和连带责任保证。所谓一般保证，是指当事人在保证合同中约定，债务人不能履行债务时，由保证人承担保证责任的保证。所谓连带责任保证，是指债务人、债权人和保证人在保证合同中约定，保证人与债务人对债务承担连带责任的保证。这两种保证之间的最大区别在于保证人是否有先诉抗辩权。在一般保证情况下，保证人享有先诉抗辩权，即"一般保证的保证人在主合同纠纷未经审判或者仲裁，并就债务人财产依法强制执行仍不能履行债务前，对债权人可以不承担保证责任。"而在连带责任保证情况下，保证人不享有先诉抗辩权，即"连带责任保证的债务人在主合同规定的债务履行期届满没有履行债务的，债权人可以要求债务人履行债务，也可以要求保证人在保证范围内承担保证责任"。

2. 单独保证和共同保证

依保证人的数量，保证可分为单独保证和共同保证。单独保证是指只有一个保证人担保同一债权的保证。一般情况下说的保证就是指单独保证。共同保证是指数个保证人担保同一债权的保证。关于共同保证的效力，《担保法》第12条规定："同一债务有两个以上保证人的，保证人应当按照保证合同约定的保证份额承担保证责任。没有约定保证份额的，保证人承担连带责任，债权人可以要求任何一个保证人承担全部保证责任，保证人都有担保全部债权实现的义务。已经承担保证责任的保证人，有权向债务人或者要求承担连带责任的其他保证人清偿其应当承担的份额。"

3. 定期保证和无期保证

依保证是否有期限，保证可分为定期保证和无期保证。定期保证是指保证合同规定有保证人承担保证责任的期限，债权人仅在此期限内负其责任，债权人未在此期限内对债务人或保证人提起诉讼或者提请仲裁的，保证人即免负其责任。无期限保证是指保证合同未约定保证期限，债权人有权自主债务履行期届满之日起6个月内请求保证人承担保证责任的保证。

4. 有限保证和无限保证

依当事人是否约定保证担保的范围，保证可分为有限保证和无限保证。所谓有限保证，是指当事人自由约定担保范围的保证。当然，由保证的从属性决定，该约定的范围不得超出主债务的范围。所谓无限保证，是指当事人未特别约定保证担保的范围，而依法律规定确定该范围的保证。

5. 将来债务的保证和既存债务的保证

以被担保的债务是否为既存债务，保证可分为将来债务的保证和既存债务的保证。前者是指为将来存在的债务设定的保证,后者为已经存在的债务设定的保证。

四、保证担保的范围

保证担保的范围,亦即保证债务人的范围,或称保证责任的范围。《担保法》第21条第1款规定:"保证担保的范围包括主债权及利息、违约金、损害赔偿金和实现债权的费用。保证合同另有约定的按照约定。"当事人可以约定保证担保的范围,约定的担保范围不得超出主债务的数额,否则超出部分无效。

五、保证人的抗辩事由

保证合同是单务、无偿的合同,保证人对债权人不享有请求给付的权利,所享有的只是抗辩权,法律规定了抗辩事由。保证人的抗辩事由是指保证人可以拒绝债权人请求,不履行保证义务的约定或法定的事由。法定抗辩事由主要包括:

1. 保证人享有债务人享有的全部抗辩权,并不因债务人的放弃而丧失。
2. 主合同债务人或债权人采取欺诈、胁迫等手段,使保证人在违背真实意思的情况下提供保证的,债权人知道或者应当知道胁迫事实的;或主合同双方当事人双方串通,骗取保证人提供保证的。
3. 新贷与旧贷不是同一保证人,主合同双方当事人协议以新贷偿还旧债,除保证人知道或者应当知道的外,不承担保证责任。
4. 债权人知道或者应当知道债务人破产,既未申报债权,也未通知保证人,致使保证人不能预先行使追偿权的,保证人在该债权破产程序中可能受偿的范围内免除保证责任。

六、保证人的权利

保证本为保证人与债权人之间的关系,与原主债务人无直接关系,但保证人与主债务人之间存在着代位权、求偿权及保证责任除去请求权。

1. 保证人的求偿权

保证人的求偿权,又称保证人的追偿权,是指保证人承担保证责任后,可以向主债务人请求偿还的权利。保证人承担保证责任,对债权人与保证人之间的关系而言,属于履行自己的债务;但对于主债务人与保证人自己之间的关系而言,则属于清偿他人债务的行为。故保证人承担保证责任后,有权向债务人追偿。

保证人求偿权的产生必须具备以下条件:

(1) 保证人已经对债权人承担了保证责任。
(2) 保证人履行保证债务使主债务人因此免责。
(3) 保证人没有赠与的意思。保证人求偿权适用《民法通则》第135条规定的2年时效期间,并从保证人承担保证责任完毕之时起算。

2. 保证人的代位权

保证人的代位权,是指保证人向债权人承担保证责任后,可以取代债权人的地位,行使其债权的权利。其成立要件为:

(1) 保证人已经向债权人承担了保证责任;
(2) 保证人对债务人有求偿权。

3. 保证人的免除权

在一般保证的情况下,保证期间届满,债权人未对债务人提起诉讼或者申请仲裁的,保证人可以行使先诉抗辩权。在连带责任保证的情况下,保证期间届满,债权人未要求保证人承担保证责任的,保证人免除保证责任。

在同一债权既有保证又有物的担保的情况时,保证人在债权人放弃权利的范围内免除保证责任。这一规定在理论上被称为"物的担保优于人的担保"。

第三节 抵 押

一、抵押的概念

抵押又叫抵押权,是指债权人就债务人或第三人不移转占有而提供担保的不动产及其他财产,享有的使其债权得以优先受偿的权利。抵押权是抵押权人直接对物享有权利,可以对抗物的所有人及第三人。

抵押权的标的物是债务人或第三人提供担保的不动产及其他财产,主要是不动产,也可以是动产。依抵押财产的种类,抵押可分为不动产抵押、权利抵押及动产抵押。抵押权不移转标的物的占有,而由抵押人继续对抵押物进行使用、收益或发挥物的效用。

抵押权是就对抵押物享有优先受偿的权利。抵押权人在债务人不履行债务时,有权依法以抵押物折价或变卖而优先受偿;同一物有多个抵押的,次序在先的抵押权人比次序在后的抵押人优先受偿。

二、抵押权的设立

抵押权依抵押行为而设立。抵押行为是当事人以意思表示设定抵押权的双方法律行为,其具体表现形式为抵押合同。

1. 抵押合同的内容

《担保法》第 39 条第 1 款规定:"抵押合同应当包括以下内容:(1) 被担保的主债权种类、数额;(2) 债务人履行债务的期限;(3) 抵押物的名称、数量、质量状况、所在地、所有权权属或者使用权权属;(4) 抵押担保的范围;(5) 当事人认为需要约定的其他事项。"

《担保法》第 39 条第 2 款规定:"抵押合同不完全具备前款规定内容的,可以补正。"同时,《担保法》第 40 条规定:"订立抵押合同时,抵押权人和抵押人在合同中不得约定在债务履行期届满抵押权人未受清偿时,抵押物的所有权转移为债权人所有。"此即流质契约之禁止。

2. 抵押财产

抵押财产亦即抵押物,它是指债务人或第三人提供担保的财产。《担保法》第 34 规定:"下列财产可以抵押:抵押人所有的房屋和其他地上定着物;抵押人所有的机器、交通运输工具和其他财产;抵押人依法有权处分的国有土地使用权、房屋和其他地上定着物;抵押人依法有权处分的国有机器、交通运输工具和其他财产;抵押人依法承包并经发包方同意抵押的荒山、荒沟、荒丘、荒滩等荒地的土地使用权;依法可以抵押的其他财产。"

《担保法》第 37 条规定:"下列财产不得抵押:土地所有权;耕地、宅基地、自留地、自留山等集体所有的土地使用权;学校、幼儿园、医院等以公益为目的的事业单位、社会团体的教育设施、医疗卫生设施和其他社会公益设施;所有权、使用权不明或者有争议的财产;依法被查封、扣押、监管的财产;依法不得抵押的其他财产。"

3. 抵押登记

由于抵押权的设立,其法律效果不仅直接涉及抵押人和抵押权人,而且还及于抵押人的一般债权人和其他与抵押物有利害关系的人。因此,法律对抵押权的设立,要求具备严格的形式要件。

《担保法》第 41 条规定:"当事人以本法第 42 条规定的财产抵押的,应当办理抵押物登记,抵押合同自登记之日起生效。"第 42 条规定:"办理抵押物登记的部门如下:(1) 以无地上定着物的土地使用权抵押的,为核发土地使用权证书的土地管理部门;(2) 以城市房产或者乡、镇、村企业的厂房等建筑物抵押的,为县级以上地方人民政府规定的部门;(3) 以林木抵押的,为县级以上林木主管部门;(4) 以航空器、船舶、车辆抵押的,为运输工具的登记部门;(5) 以企业的设备和其他动产抵押的,为财产所在地的工商行政管理部门。"依此,《担保法》对这 5 类财产抵押合同采取的是抵押登记生效主义。

《担保法解释》第 59 条规定:"当事人办理抵押物登记时,因登记部门的原因,致使其无法办理抵押物登记,抵押人向债权人交付权利凭证的,可以认定债权人对该财产有优先受偿权。但是，未办理抵押物登记的，不得对抗第三人。"解释第60条还规定："以担保法第42条第二项规定的不动产抵押的，县级以上地方人民政府对登记部门未作规定，当事人在土地管理部门或者房产管理部门办理了抵押物登记手续，人民法院可以确认其登记的效力。"由此可见，《担保法》采取了抵押登记对抗要件主义的立场。

当事人以上述之外的其他财产抵押的，可以自愿办理抵押物登记，登记部门为抵押人所在地的公证部门。对此，《担保法》第43条第1款规定："当事人以其他财产抵押的，可以自愿办理抵押物登记，抵押合同自签订之日起生效。"该条第2款规定："当事人未办理抵押物登记的，不得对抗第三人。当事人办理抵押物登记的，登记部门为抵押人所在地的公证部门。"

当事人办理抵押物登记，应当向登记部门提交主合同的抵押合同以及抵押物所有权或使用权证书等文件或其复印件。

三、抵押权当事人的权利

1. 抵押人的权利

抵押人在其财产设定抵押后，仍享有对抵押物的使用、收益权。但是，抵押人在行使上述权利时，必然要受到已设定的抵押权的一定影响。

虽然抵押人在一般情况下仍然可以收取抵押物的孳息，但债务履行期届满，债务人不履行义务，致使抵押物被人民法院扣押的，自扣押之日起，抵押权人有权收取由抵押物分离的孳息以及抵押人就抵押物可以收取的孳息。抵押权人未将扣押抵押物的事实通知应当清偿法定孳息的义务人的，抵押权的效力不及于该孳息。

财产抵押后，该财产的价值大于所担保债权的余额部分，可以再次抵押，但不得超过其余额部分。同一抵押物有数个抵押权的，如果抵押合同以登记生效的，则按抵押物登记的先后顺序清偿；顺序相同的，按照债权比例清偿。如果抵押合同自签订之日起生效的，该抵押物已登记的，按登记的先后顺序清偿。未登记的，按照合同生效时间先后顺序清偿；顺序相同的，按照债权比例清偿。抵押物已登记的先于未登记的受偿。《担保法》第49条第1款规定："抵押期间，抵押人转让已办理登记的抵押物的，应当通知抵押权人并告知受让人转让物已经抵押的情况；抵押人未通知抵押权人或者未告知受让人的转让行为无效。"该条第2款规定："转让抵押物的价款明显低于其价值的，抵押权人可以要求抵押人提供相应的担保；抵押人不提供的，不得转让抵押物。"第3款规定："抵押人转让抵押物所得的价款，应当向抵押权人提前清偿所担保的债权或者向与抵押权人约定的第三人提存。超过债权数额的部分，归抵押人所有，不足部分由债务人清偿。"

此外，同一债权有两个以上抵押人的，债权人放弃债务人提供的抵押担保的，其他抵押人可以请求人民法院减轻或者免除其应当承担的担保责任。

2. 抵押权人的权利

（1）抵押物的保全。由于抵押权人并不直接占有抵押物，因此法律赋予抵押权人保全抵押物的权利。对此，《担保法》第51条第1款规定："抵押人的行为足以使抵押物价值减少的，抵押权人有权要求抵押人停止其行为。抵押物价值减少时，抵押权人有权要求抵押人恢复抵押物的价值，或者提供与减少的价值相当的担保。"抵押人对抵押物价值的减少无过错的，抵押权人有权在抵押人因损害而得到的赔偿范围内要求提供担保。抵押物价值未减少的部分，仍作为债权的担保。

（2）抵押权的处分。抵押权人可以让与其抵押权，或就抵押权为他人提供担保，但由于抵押权的从属性，《担保法》第49条规定："抵押权不得与债权分离而单独转让或者作为其他债权的担保。"

（3）优先受偿权。在债务人不履行债务时，抵押权人可以与抵押人协议以抵押物折价或以拍卖、变卖后的价款受偿。协议不成的，抵押权人可以向人民法院提起诉讼。抵押物折价或拍卖，其价款超过债权数额的部分归抵押人所有，不足部分由债务人清偿。

四、抵押权的实现

抵押权的实现是指债权已届清偿期，而债务人没有清偿债务时，抵押权人可以处分抵押物而实现抵押权。

1. 抵押权实现的要件

（1）抵押权有效存在。抵押权的实现，必须是抵押权有效存在。如果抵押权无效，如应登记设立的抵押权未经登记，或抵押权已经消灭，或抵押权人已经抛弃抵押权，则不能实现该抵押权。

（2）债务已届清偿期。抵押权只是担保债务履行的一种方法，在债务清偿期未到，债务人还不必履行债务时，抵押权人自然没有实现其抵押权的权利。如果债务已届清偿期，债务人已如期履行债务时，抵押权所担保的债权消灭，抵押权也随之消灭。只有在债务已届清偿期，债务人不履行债务时，抵押权人才可以实现其抵押权。

2. 抵押权实现的方法

我国《担保法》第53条第1款规定："债务履行期届满抵押权人未受清偿的，可以与抵押人协议以抵押物折价或者以拍卖、变卖该抵押物所得的价款受偿；协议不成的，抵押权人可以向人民法院提起诉讼。"该条第2款又规定:"抵押物折价拍卖、变卖后,其价款超过债权数额的部分归抵押人所有,不足部分由债务人清偿。"据此,抵押权的实现方法有拍卖、折价、变卖。

3. 抵押权的实现与诉讼时效

由于抵押权是担保债权实现的,因而抵押权所担保的债权因诉讼时效而丧失胜诉权时,担保该债权的抵押权归于消灭。

五、抵押权的终止

出现下列情况之一的,抵押权即终止其效力:

1. 主债权消灭。抵押权为担保主债权而存在,如果主债权因清偿、抵销、免除等原因消灭时,抵押权也随之消灭。

2. 抵押物灭失。抵押权因为抵押物灭失而消灭,但因抵押物灭失所得的赔偿金,应当作为抵押财产。

3. 抵押权实行。抵押权人对于抵押物已经实行其抵押权,无论其债权是否得到全部清偿,抵押权都归于消灭。

六、特殊抵押权

1. 共同抵押

共同抵押是为同一债权就数个物设定的抵押。在共同抵押中,数个物在担保同一债权目的上互相结合担保债权,所以共同抵押是一种特殊的抵押。

共同抵押所担保的债权已届清偿期而未受清偿时,债权人可以就提供担保的不动产拍卖而进行清偿。如果限定了各个抵押物的负担金额,应当按照当事人的约定,就各个抵押物的卖得价金分别就其负担金额进行清偿。

如果未限定各个抵押物的负担金额,抵押权人原则上可以任意就设定共同抵押的某个抵押物的卖得价金受偿。这种抵押实质上是一种连带抵押,每个不动产担保债权的全部。

2. 最高额抵押

最高额抵押是对于将来发生的债权,预先确定一最高的限度而设定的抵押权。一般抵押权是先有债权,然后再设定抵押权,而最高额抵押是为将来的债权而设定的抵押。不过将来发生的债权现在尚未确定,对这种债权的担保,是预先确定的一个最高限额作为抵押物担保的范围标准,这才是最高额抵押。

3. 财团抵押

财团抵押的标的不是某一个物,而是企业现有的财产整体,包括动产、不动产以及其他权利。《担保法》第34条第二项在规定物质抵押物的范围时,规定多项财产可以一并抵押,这可以认定为对财团抵押的规定。

第四节 质 押

一、质押的概念

质押是指债权人为了担保债权的实现,债务人或第三人将其动产或权利移交债权人占有,当债务人不履行债务时,债权人有就其占有的财产优先受偿的权利。

质押是为了担保债权的实行而设定的,它是从属主债权的担保物权。在债务人不履行债务时,质押人可以就质物优先受偿。

质权是一种动产物权,对不动产不能设定质权。质押有动产质押和权利质押两种。

质权须移转质物的占有,质权以占有标的物为成立要件。在设立质权时,出质人应当将质物的占有移交给债权人。

二、动产质押

1. 动产质押的概念

动产质押是指债务人或第三人将动产移交债权人占有,债权人不履行债务时,债权人可以将占有的动产折价、拍卖、变卖,优先受偿实现自己的权利。

2. 动产质押的设立

动产质权的设立,通常都是以合同进行的。债权人称为质权人,移交动产的人称为出质人,出质人一般是债务人自己,也可以是第三人。

《担保法》第 65 条第 1 款规定:"质押合同应当包括以下内容:(1)被担保的主债权的种类、数量;(2)债务人履行债务的期限;(3)质物的名称,数量,质量,状况;(4)质押担保的范围;(5)质物移交的时间;(6)当事人认为需要约定的其他事项。"质押合同不完备的,还可以补正。

质权合同为要式与要物合同。出质人和质权人应当以书面形式订立质押合同。质押合同自质物移交于质权人占有时生效。

3. 动产质押当事人的权利和义务

(1)质权人的权利

质权人主要享有三项权利。一是占有质物的权利。对质物的占有,既是质权的成立要件,也是质权的存续要件。质权人有权在债权受清偿前占有质物;在质权合同无除外约定的情况下,质权人有权收取质权的孳息。二是保全质权的权利,质物有损坏或价值明显减少的可能,足以危害质权人权利的,质权人可以要求出质人提供相应的担保。出质人不提供的,质权人可以拍卖或变卖所得的价款用于提前清偿所担保的债权,或向出质人约定的第三人提存。三是优先受偿权。债务履行期届满,质权人未受清偿的,可与出质人协议以质物折价,也可以依法拍卖、变卖质物,优先受偿。拍卖、变卖的价款超过债权数额的部分归出质人所有,不足部分由债务人清偿。

(2) 出质人的权利

出质人在质权人因保管不善致使质物毁损灭失时,有权要求质权人承担民事责任;债务履行期届满,债务人履行债务的,或者出质人提前清偿所担保的债权的,出质人有权要求质权人返还质物;出质人如果是债务人以外的第三人,该第三人代为清偿债权或因质权实行丧失所有权时,有权向债务人追偿。

三、权利质押

1. 权利质押的概念

权利质押是为了担保债权清偿,就债务人或第三人所享有的权利设定的质权。

2. 权利质押标的的特点

必须是可让与的财产权。必须是动产质权,不动产原则上不能设定质权。

3. 权利质权标的的种类

(1) 汇票、本票、支票、债券、存款单、提单。以这些权利出质的,出质人应当在合同规定的期限内将权利凭证交付质权人。质押合同自权利凭证交付之日起生效。

(2) 依法可以转让的股份、股票。以无记名股票出质的,出质人与质权人应当订立书面合同,并向证券登记机构办理出质登记,合同自登记之日起生效。以记名股票出质的,以股东在记名股票上背书并交付质权人之日起生效。

(3) 依法可以转让的商标专用权、专利权、著作权中的财产权。以该等知识产权出质的,出质人与质权人应当订立书面合同,并向管理部门办理出质登记。质押合同自登记之日起生效。

上述知识产权出质后,出质人不得转让或许可他人使用,但经出质人与质权人协商一致的可以转让或许可他人使用。出质人所得的转让费,许可费应当向质权人提前清偿所担保的债权,或向与质权人约定的第三人提存。

(4) 依法可以出质的其他权利。

第五节 留 置 权

一、留置权的概念

留置权是债权人按照合同约定占有债务人的动产,债务人不按照合同约定的期限履行债务的，债权人有权依法留置该财产，并就该财产变价、折价或拍卖的价款优先受偿的权利。

留置是仅以动产为标的物的担保物权。留置权的作用在于担保债权受偿，而不在于对物的使用，收益，因此留置权是一种担保物权。

留置权是债权人留置债务人动产的权利。是债权人对于自己的债权受清偿前，拒绝返还所占有的债务人的动产。

留置权是一种法定担保物权。留置权在符合一定的条件时，依法律的规定产生，而不是依当事人之间的协议产生。依《担保法》规定，因保管合同，运输合同，加工承揽合同发生的债权，债务人不按期履行债务的，债权人有留置权。

二、留置权的取得

留置权的取得是基于法律规定。只有在符合法律规定的条件下，债权人才能取得留置权。这些条件可以分为积极要件和消极要件。

1. 留置权取得的积极要件

（1）须债权人合法占有债务人的动产。依《担保法》第84条的规定，因保管合同、运输合同、加工承揽合同发生的债权，而债务人不履行债务的，债权人有留置权。

（2）须债权已届清偿期。债权人虽占有债务人的动产，但在债权尚未届清偿期时，因为尚未发生债务人不履行债务的问题，故不发生留置权。

（3）须债权的发生与该动产有牵连关系。债权人所占有的债务人的动产必须与其债权有牵连关系，才产生留置权。

2. 留置权取得的消极条件

（1）对动产的占有不是基于侵权行为取得的。留置权的取得，以对债务人的动产占有为前提，但其占有必须是合法占有。

（2）对动产的留置不违反公共利益或善良风俗。对动产的留置如果违反公共利益或善良风俗是违法的。

（3）对动产的取得不得与债权人的义务相抵触。债权人留置债务人的动产如果与其所承担的义务相抵触时，不得为之。

三、留置权的效力

1. 留置权人的权利

（1）留置标的物。在债务人不履行债务时，债权人就可以留置标的物，拒绝债务人交付标的物的请求。但留置物为可分物的，留置物的价值应当与债务的金额相当，多余部分应交付债务人。

（2）收取留置物的孳息。收取的孳息，应先冲抵收取孳息的费用。

（3）请求偿还费用。债权人因保管留置物所支出的必要费用，有权要求债务人支付。

（4）就留置物优先受偿。留置权所担保的范围包括主债权和利息、违约金、损害赔偿金、留置物保管费用和实现留置权的费用。

债权人和债务人应当在合同中约定，或留置后通知债务人，在债权人留置财产2个月的期限内履行债务。债务人逾期仍不履行债务的，债权人可以与债务人协议以留置物折价，也可以依法拍卖、变卖留置物。

留置物折价或拍卖、变卖后，其价款超过债权数额的部分归债务人所有，不足部分由债务人清偿。

2. 留置权人的义务

（1）保管留置物。债权人因其保管不善造成留置物灭失或损毁的，应当承担民事责任。

（2）返还留置物。在留置权所担保的债权消灭或者债权人另行提供担保的，债权人应当返还留置物给债务人。

第六节 定 金

一、定金的概念

定金，是指合同当事人为了确保合同的履行，依据法律规定或者当事人双方的约定，由一方当事人预先给付另一方当事人的金钱。

定金担保是通过一方当事人向对方当事人交付一定数量的金钱，合同履行与否与该金钱的得失挂钩，使当事人心理产生压力，从而积极而适当地履行债务，以发挥担保作用。它与人的担保和物的担保不同，属于金钱担保。

定金的成立，不仅须有双方当事人的合意，而且应有定金的交付，定金合同具有实践性。定金合同从订立时成立，以主合同的有效成立为前提，主合同无效时，定金合同无效，这表明定金具有从属性。从定金交付时生效，是实践性的合同。

定金与订金均属于金钱担保范畴，都是在买卖合同中当事人一方按约定给付对方的金钱，在合同适当履行后，或发生返还的法律后果，或冲抵货款。

但这两者有许多不同：

其一，定金的交付通常是在合同订立时或者履行前，具有担保的特点，而非履行债务；订金的交付一般在合同成立之后，主合同履行之前，具有预付款的性质，是主合同的一部分。

其二，定金担保的对象是主合同履行；订金是履行合同的象征，是为对方履行合同提供支助。

其三，定金的数额低于合同标的额，且不得超过法定的比例；订金的数额可以低于或等于甚至高于被担保的债权额。

其四，定金能证明合同的成立，预付款不能证明合同成立。

其五，定金具有惩罚性，交付定金方违约，定金不退还。收受定金方违约需双倍返还定金；订金为预付款，是货款的一部分，没有双倍返还的法律效果。

二、定金的种类

根据定金给付目的和效力不同，定金可分为订约定金、成约定金、解约定金、证约定金、违约定金。

1. 订约定金，又称立约定金。订约定金是指为保证正式缔约的定金，在合同订立前交付，目的在于保证双方将来正式签约。交付定金的当事人若拒绝签约，则丧失定金；接受定金的当事人若拒绝签约，则应双倍返还定金。

2. 成约定金。成约定金是指作为合同成立要件的定金，因定金的交付合同才成立。给付定金的一方未支付定金，但主合同已经履行或者已经履行主要部分，不影响主合同的成立或生效。

3. 解约定金，又称反悔定金。解约定金是指以定金作为保留合同解除权的代价。交付定金的当事人可以放弃定金解除合同，收受定金的可以双倍返还定金来解除合同。

4. 证约定金。证约定金是指为证明合同的成立而交付的定金。这种定金不是合同的成立要件，仅以证明合同成立为目的。

5. 违约定金。为担保债的履行而交付的定金。交付定金的当事人若不履行合同，接受定金的当事人可以没收定金。收受定金的当事人不履行合同，双倍返还定金。这种定金和违约金都具有间接强制合同履行的效力，兼有证约定金的作用。

三、定金的成立与生效

1. 定金的成立必须以书面形式约定。若以口头形式，且无相应的证据证明，则不能认定定金合同成立。

2. 需要现实交付定金。定金合同不仅需要当事人双方的意思表示一致，而且需要现实交付定金。定金合同从实际交付定金之日生效。关于定金的交付时间，证约定金通常于主合同成立同时交付，也可以在主合同成立后、履行前交付。

3. 定金的标的一般为金钱。少数情况下是其他替代物，之所以要求为替代物，是因为接受定金的当事人不履行债务时，必须双倍返还。而特定物为定金标的时无法双倍返还。定金的数额由当事人约定，但不得超过主合同标的额的 20%。

4. 定金合同是主合同的从合同。因而其成立上以主合同的存在为前提，主合同无效或被撤消时，定金合同无效；主合同因解除或其他原因消灭时，定金合同也消灭。

四、定金的执行

1. 当合同履行时，定金应抵作价款或收回，除非合同另有约定。

2. 定金按定金罚则执行。交付定金的当事人若不履行合同，接受定金的当事人可以没收定金。收受定金的当事人不履行合同，双倍返还定金。

3. 因不抗力、意外事件致使主合同不能履行，不适用定金罚则。因合同以外的第三人的过错，致使主合同不能履行的，适用定金罚则。

思 考 题

1. 什么是担保，有哪些种类？
2. 抵押和质押有什么区别？
3. 怎样合法地行使留置权？
4. 定金有哪些种类？
5. 定金和订金有什么区别？

第六章 知识产权法律制度

第一节 著作权法

一、知识产权的概念与特征

(一) 知识产权的概念

知识产权是指智力成果的创造人对所创造的智力成果和工商活动的行为人对所拥有的标记依法所享有的权利的总称。

(二) 知识产权的特征

知识产权是一种与物权、债权并列的独立的民事权利，其具有如下特征：

1. 知识产权的无形性。知识产权的客体是智力成果或具有财产价值的标记，是一种没有形体的财富。知识产权客体的非物质性，是知识产权的本质属性，这是知识产权与其他有形财产所有权最根本的区别。

2. 知识产权的法定性。知识产权的法定性是指知识产权的范围和产生由法律规定。知识产权的法定性是由无形性决定的，由于其没有形体，可以同时为多个主体所共同占有，很难为拥有者所完全控制。因此，知识产权必须通过法律加以确认。

3. 知识产权的专有性。专有性即排他性。知识产权的专有性主要体现在两个方面：一是知识产权为权利人所独占，权利人垄断这种专有权并受到严格保护，没有法律规定或未经权利人许可，任何人不得使用权利人的知识产品；二是对同一项知识产品，不允许有两个或两个以上的主体同时享有权利。

4. 知识产权的地域性。知识产权作为专有权在空间上的效力并不是无限的，而要受到地域的限制，其效力仅限于本国境内。按照一国法律获得承认和保护的知识产权，只能在该国发生法律效力。

5. 知识产权的时间性。知识产权作为一种民事权利，有时间上的限制。即知识产权只有在法律规定的期限内受到保护，一旦超过法律规定的有效期限，这一权利就自行消灭，而其客体就会成为整个社会的共同财富，为全人类所共同使用。

二、著作权法概述

（一）著作权的概念及其特征

著作权，亦称版权，是指作者及其他著作权人对其创作的文学、艺术和科学作品依法享有的权利。著作权包括人身权和财产权两个方面的内容。

著作权属于民事权利，是知识产权重要的组成部分。著作权除了具有知识产权所共有的特征，即具有专有性、地域性、时间性等特征外，与其他知识产权相比，还具有以下特征：

1. 著作权因作品的创作完成而自动产生。专利权、商标权的取得必须经过申请、审批、登记和公告，即必须以行政确认程序来确认权利的取得和归属。而著作权因作品的创作完成而自动产生，一般不必履行任何形式的登记或注册手续，也不论其是否已经发表。

2. 著作权突出对人身权的保护。著作权与作品的创作者密切相关，因此，在著作权中，保护作者对作品的人身权利是其重要的内容。著作权中作者的发表权、署名权、修改权、保护作品完整权等人身权利，永远归作者享有，不能转让，也不受著作权保护期限的限制。

（二）著作权法的概念及其基本原则

1. 著作权法的概念

著作权法是指调整因文学、艺术和科学作品的创作和使用而产生的人身关系和财产关系的法律规范的总称。

著作权法有广义和狭义之分。狭义的著作权法仅指全国人大常委会通过的《著作权法》。广义的著作权法除《著作权法》外，还包括国家有关法律、行政法规和规章中关于著作权的法律规范，如《著作权法实施条例》、《著作权行政处罚实施办法》、《计算机软件保护条例》等。我国参加缔结的有关著作权国际保护方面的条约、协定，经批准公布具有国内法效力的，也属于广义的著作权法的范畴。

2. 著作权法的基本原则

（1）以鼓励创作、维护作者权益为核心的原则。作者是作品赖以产生的源泉，没有作者便没有作品的创作。因此，对作者权益的保护是著作权法的一项基本原则。著作权法对作者权益的保护，除了体现在对人身权利、财产权利的保护上外，还体现在调整作者与作品的再创作者、使用者或传播者的关系上。著作权法将鼓励创作、维护作者权益置于首要和核心的地位，激励作者的创作热情，鼓励有益于社会精神文明、物质文明建设的作品创作，以满足人民日益增长的文化生活的需要。

（2）著作权人利益与国家利益、社会公众利益协调一致的原则。作品是作者个人财富，作者对作品依法享有权利。同时，作品又是一种社会财富，作品的创作和传播与国家利益、社会公众利益有着密切的关系。任何一个作品的创作都是在吸收了前人的文学、艺术和科学成果的基础上进行的，且往往来源于生活，反映社会，又影响未来。因此，著作权法不仅只是保护作者权益，还应具有协调、平衡作者或者其他著作权人与国家利益、社会公众利益关系的作用。

（3）符合著作权国际保护基本准则的原则。我国是一个独立主权国家，对作者权利的保护以及对著作权关系的调整应适用我国的著作权法。同时，我国又是国际社会中的一员，在国际交往中应遵循国际著作权保护的共同的基本准则。因此，我国著作权法在制定时就确立了符合著作权国际保护基本准则的原则，并将著作权国际保护的两大国际公约(《保护文学艺术作品伯尔尼公约》和《世界版权公约》)的原则和有关规定引入我国著作权法中，为在我国建立与国际著作权保护接轨的著作权法奠定了基础。

三、著作权的主体与归属

（一）著作权的主体

著作权的主体又称著作权人，是指依法对文学、艺术和科学作品享有著作权的人。根据《著作权法》的规定，著作权人包括作者以及其他依法享有著作权的公民、法人或者其他组织。

1. 作者

作者是指文学、艺术和科学作品的创作人。根据《著作权法》的规定，作者按照以下标准进行认定：

（1）创作作品的公民是作者。这是作者最基本的认定原则。创作是指直接产生文学、艺术和科学作品的智力活动。为他人创作进行组织工作，提供咨询意见、物质条件，或者进行其他辅助工作，均不视为创作。

（2）由法人或者其他组织主持，代表法人或者其他组织意志创作，并由法人或者其他组织承担责任的作品，法人或者其他组织视为作者。

（3）如无相反证明，在作品上署名的公民、法人或者其他组织为作者。相反证明的主张者可以是作品的真实作者，也可以是有利害关系或者无利害关系的第三人。相反证明的主张者应就其相反证明主张提供与作品署名事实相反的证据。

2. 作者以外其他依法享有著作权的公民、法人或者其他组织

作者以外其他依法享有著作权的公民、法人或者其他组织，简称其他著作权人。其他著作权人取得著作权主要有以下两种情况：

（1）因合同而取得著作权。包括三种情况：一是依委托合同取得著作权。

《著作权法》规定："受委托创作的作品，著作权的归属由委托人和受托人通过合同约定。合同未作明确约定或者没有订立合同的，著作权属于受托人。"如合同约定著作权由委托人享有。委托人即成为著作权的主体。二是依转让合同取得著作权。著作权人可以将其享有的著作权中的财产权利的全部或者部分转让给他人，著作财产权的受让人取得著作权后，即成为著作权主体。三是依许可使用合同取得著作权。著作权人许可作者以外的他人行使著作权中的财产权的，该接受许可的人在著作权许可使用合同的有效期内，依照约定取得著作权中的部分或者全部财产权，即成为著作权的主体。

（2）因继受而取得著作权。包括两种情况：一是依继承或者接受遗赠而取得著作权。《继承法》规定，公民所享有的著作权中的财产权利可作为遗产，在公民死亡后由其继承人继承。《著作权法》规定，著作权属于公民的，公民死亡后，其作品著作权中的财产权利在著作权法规定的保护期内，依照《继承法》的规定转移，由该公民的法定继承人或者遗嘱继承人或者受遗赠人享有。据此，因继承或者接受遗赠而取得著作权中财产权的人，即成为著作权的主体。二是依承受而取得著作权。《著作权法》规定，著作权属于法人或者其他组织的，法人或者其他组织变更、终止后，其作品著作权中的财产权利在著作权法规定的保护期内由承受其权利义务的法人或者其他组织享有。没有承受其权利义务的法人或者其他组织的，由国家享有。据此，因承受权利义务而取得著作权中财产权的法人或者其他组织或者国家，即成为著作权的主体。

（二）著作权的归属

1. 著作权归属的一般原则

《著作权法》规定，著作权属于作者，法律另有规定的除外。这是关于著作权归属的一般原则。

2. 演绎作品著作权的归属

演绎作品是指改编、翻译、注释、整理已有作品而产生的作品。演绎作品的著作权由改编、翻译、注释、整理人享有，但其行使著作权时不得侵犯原作品的著作权。演绎作品的作者仅对演绎部分享有著作权，对被演绎的作品不享有著作权，并且无权阻止他人对同一原作品进行演绎。

3. 合作作品著作权的归属

合作作品是指两人或两人以上合作创作的作品。合作作品的著作权由合作者共同享有。合作作品可以分割使用的，作者对各自创作的部分可以单独享有著作权，但行使著作权时不得侵犯合作作品整体的著作权。合作作品不可以分割使用的，其著作权由各合作作者共同享有，通过协商一致行使；合作作者对著作权的行使如果不能协商一致，任何一方无正当理由不得阻止他方行使除转让以外的其他权利，但是所得收益应当合理分配给所有合作作者。

4. 汇编作品著作权的归属

汇编作品是指汇编若干作品、作品的片段或者不构成作品的数据或者其他材料，对其内容的选择或者编排体现独创性的作品。汇编作品的著作权由汇编人享有，但行使著作权时，不得侵犯原作品的著作权。由法人或者非法人单位组织人员进行创作，提供资金或者资料等创作条件，并承担责任的百科全书、辞书、教材、大型摄影画册等编辑作品，其整体著作权归法人或者非法人单位所有。

5. 影视作品著作权的归属

影视作品是指电影、电视、录像作品和以类似摄制电影的方法创作的作品。影视作品的著作权由制片者享有，但编剧、导演、摄影、作词、作曲等作者享有署名权，并有权按照与制片者签订的合同获得报酬。影视作品中的剧本、音乐等可以单独使用的作品的作者有权单独行使其著作权。著作权人许可他人将其作品摄制成电影、电视、录像作品的，视为已同意对其作品进行必要的改动，但是这种改动不得歪曲篡改原作品。

6. 职务作品著作权的归属

职务作品是指公民为完成法人或者其他组织工作任务所创作的作品。职务作品的著作权由作者享有，但法人或者其他组织有权在其业务范围内优先使用。作品完成两年内，未经单位同意，作者不得许可第三人以与单位使用的相同方式使用该作品。作品完成两年内，如单位在其业务范围内不使用，作者可以要求单位同意由第三人以与单位使用的相同方式使用，单位没有正当理由不得拒绝。在作品完成两年内，经单位同意，作者许可第三人以与单位使用的相同方式使用作品所获报酬，由作者与单位按约定的比例分配。作品完成两年后，单位可以在其业务范围内继续使用。上述作品完成两年的期限，自作者向单位交付作品之日起计算。

根据《著作权法》的规定，有下列情形之一的职务作品，作者享有署名权，著作权的其他权利由法人或者其他组织享有，法人或者其他组织可以给予作者奖励：（1）主要是利用法人或者其他组织的物质技术条件创作，并由法人或者其他组织承担责任的工程设计图、产品设计图、地图、计算机软件等职务作品；（2）法律、行政法规规定或者合同约定著作权由法人或者其他组织享有的职务作品。

7. 委托作品著作权的归属

委托作品是指受他人委托而创作的作品。委托作品著作权的归属由委托人和受托人通过合同约定。合同未作明确约定或者没有订立合同的，著作权属于受托人。对于委托作品著作权属于受托人的的情形，委托人在约定的使用范围内享有使用作品的权利；双方没有约定使用作品范围的，委托人可以在委托创作的特定目的范围内免费使用该作品。

8. 美术作品著作权的归属

美术作品包括绘画、书法、雕塑、建筑等作品。美术作品原件所有权的转移，不视为作品著作权的转移，但美术作品原件的展览权由原件所有人享有。

9. 作者身份不明的作品著作权的归属

作者身份不明的作品，由作品原件的合法持有人行使除署名权以外的著作权。作者身份确定后，由作者或者其继承人行使著作权。

四、著作权的客体

著作权的客体，即著作权保护的对象，即为作品。

（一）作品的概念

著作权法所称作品，是指文学、艺术和科学领域内，具有独创性并能以某种有形形式复制的智力创作成果。由此可见，作品除必须是属于文学、艺术和科学领域外，还必须具备以下构成要件：

（1）作品必须是一种智力创作成果。作品是一种智力劳动的结果，是创作形成的成果。

（2）作品必须具有独创性。独创性亦称原创性，是指作品由作者独立构思和创作而成的，而不是抄袭、剽窃、篡改他人作品。著作权法上的独创性与专利法上的创造性不同：一是独创性不以新颖性和显著的实质性进步为前提；二是独创性不具有排他性，即如果多位作者同时完成一件相同或类似的作品，只要它们都是作者独自创作完成的，就都享有著作权。

（3）作品必须具有可复制性。作品具有可复制性，就是作品应当能被一定的物质载体所固定并能由一份复制多份。这种复制不改变作品的内容，通过手工或者机械、电子等方式对作品进行重复性的利用，从而使作者获得相应的财产利益和精神利益并实现其社会价值。

（二）著作权法保护的作品

根据《著作权法》的规定，作品包括以各种形式创作的文学、艺术和自然科学、社会科学、工程技术等作品。根据作品的表现形式不同，我国著作权法保护的作品主要有：

（1）文字作品。这是指小说、诗词、散文、论文等以文字形式表现的作品。

（2）口述作品。口述作品是指即兴的演说、授课、法庭辩论等以口头语言创作、未以任何物质载体固定的作品。

（3）音乐、戏剧、曲艺、舞蹈、杂技艺术作品。音乐作品是指交响乐、歌舞等能够演唱或者演奏的带词或者不带词的作品。戏剧作品是指话剧、歌剧、地方戏曲等供舞台演出的作品。曲艺作品是指相声、快书、大鼓、评书等以说唱为主要形式表演的作品。舞蹈作品是指通过连续的动作、姿势、表情表现的作品。杂技艺术作品是指杂技、魔术、马戏等通过形体动作表现的作品。

（4）美术、建筑作品。美术作品是指绘画、书法、雕塑等以线条、色彩或者其他方式构成的有审美意义的平面或立体的造型艺术作品。建筑作品是指以建筑物或者构筑物形式表现的有审美意义的作品。

（5）摄影作品。摄影作品是指借助器械，在感光材料上或者其他介质上记录客观物体形象的艺术作品。

（6）电影作品和以类似摄制电影的方法创作的作品。电影作品是指摄制在一定介质上，由一系列有伴音或者无伴音的画面组成，并且借助适当装置放映或者以其他方式传播的作品。

（7）工程设计图、产品设计图、地图、示意图等图形作品和模型作品。工程设计图、产品设计图是指为施工和生产绘制的图样及对图样的文字说明。地图、示意图，是指地图、线路图、解剖图等反映地理现象、说明事物原理或者结构的图形。模型作品是指为展示、试验或者观测等用途，根据物体的形状和结构，按照一定比例制成的立体作品。

（8）计算机软件，是指计算机程序及其有关的文档。

（9）法律、行政法规规定的其他作品。

（三）不受著作权法保护的对象

根据《著作权法》的规定，不受著作权法保护的对象分为两类：一是不受著作权法保护的作品；二是不适用于著作权法的对象。

（1）不受著作权法保护的作品。这主要是指依法禁止出版、传播的作品，如违背法律，宣传反科学、反人类，危害公共安全，破坏社会善良风俗的反动、淫秽言论等作品。

（2）不适用于著作权法的对象。这主要包括：（1）法律、法规，国家机关的决议、决定、命令和其他具有立法、行政、司法性质的文件，及其官方正式译文；（2）时事新闻；（3）历法、通用数表、通用表格和公式。

五、著作权的内容

著作权的内容是指著作权人享有的权利和承担的义务。根据《著作权法》的规定，著作权包括两个方面的内容，即著作人身权和著作财产权。

（一）著作人身权

著作人身权，又称精神权利，是指作者基于作品的创作而依法享有的以精神利益为内容的权利。

根据《著作权法》的规定，著作人身权包括以下内容：（1）发表权，即决定作品是否公之于众的权利;(2)署名权,即表明作者身份,在作品上署名的权利;(3)修改权,即修改或者授权他人修改作品的权利;(4)保护作品完整权,即保护作品不受歪曲、篡改的权利。

(二)著作财产权

著作财产权,是指著作权人通过各种方式利用其作品以及基于利用作品而依法享有的以获得财产利益为内容的权利。

根据《著作权法》的规定,著作财产权包括以下内容:(1)复制权,即以印刷、复印、拓印、录音、录像、翻录、翻拍等方式将作品制作一份或者多份的权利。(2)发行权,即以出售或者赠与方式向公众提供作品的原件或者复制件的权利。(3)出租权,即有偿许可他人临时使用电影作品和以类似摄制电影的方法创作的作品、计算机软件的权利,计算机软件不是出租的主要标的的除外。(4)展览权,即公开陈列美术作品、摄影作品的原件或者复制件的权利。(5)表演权,即公开表演作品。以及用各种手段公开播送作品的表演的权利。(6)放映权,即通过放映机、幻灯机等技术设备公开再现美术、摄影、电影和以类似摄制电影的方法创作的作品等的权利。(7)广播权,即以无线方式公开广播或者传播作品,以有线传播或者转播的方式向公众传播广播作品,以及通过扩音器或者其他传送符号、声音、图像的类似工具向公众传播广播作品的权利。(8)信息网络传播权,即以有线或者无线方式向公众提供作品,使公众可以在其个人选定的时间和地点获得作品的权利。(9)摄制权,即以摄制电影或者以类似摄制电影的方法将作品固定在载体上的权利。(10)改编权,即改编作品,创作出具有独创性的新作品的权利。(11)翻译权,即将作品从一种语言文字转换成另一种语言文字的权利。(12)汇编权,即将作品或者作品的片段通过选择或者编排,汇集成新作品的权利。(13)许可他人使用并获得报酬的权利,即著作权人可以许可他人行使上述规定的权利,并依照约定或者著作权法有关规定获得报酬。(14)转让权,即著作权人可以全部或者部分转让上述规定的权利,并依照约定或者著作权法有关规定获得报酬。(15)应当由著作权人享有的其他权利。

六、著作权的保护期限和限制

(一)著作权的保护期限

著作权保护期限是指著作权人依法取得的著作权的有效期限在保护期内,著作权人的著作权受法律保护,超过保护期,该作品即进入公有领域,作者或者其他著作权人不再享有专有使用权。

根据《著作权法》的规定,著作权的保护期限具体规定为:

(1)作者的署名权、修改权、保护作品完整权的保护期不受限制。

(2) 公民的作品,其发表权、著作权中的财产权的保护期为作者终生及其死亡后 50 年,截止到作者死亡后第 50 年的 12 月 31 日;如果是合作作品,截止到最后死亡的作者死亡后第 50 年的 12 月 31 日。

(3) 法人或者其他组织的作品、著作权(署名权除外)由法人或者其他组织享有的职务作品,其发表权、著作权中的财产权的保护期为 50 年,截止到作品首次发表后第 50 年的 12 月 31 日,但作品自创作完成后 50 年内未发表的,不再受著作权法的保护。

(4) 电影作品和以类似摄制电影的方法创作的作品、摄影作品,其发表权、著作权中的财产权的保护期为 50 年,截止到作品首次发表后第 50 年的 12 月 31 日,但作品自创作完成后 50 年内未发表的,不再受著作权法的保护。

(二) 著作权的限制

著作权的限制主要是针对著作权人所享有的财产权利的限制,即对著作权人依法享有的使用作品以及许可他人使用其作品并因此获得报酬的权利的限制。著作权人依法享有的人身权利不受任何限制。

根据《著作权法》的规定,著作权的限制主要体现在以下两个方面:

第一,合理使用。这是指在法律规定的情形下,按照法律规定的条件使用他人作品的,可以不经著作权人许可,不向其支付报酬,但应当指明作者姓名、作品名称,并且不得侵犯著作权人依照著作权法享有的其他权利。

在下列情形下使用作品,可以不经著作权人许可,不向其支付报酬,但应当指明作者姓名、作品名称。并且不得侵犯著作权人依照著作权法享有的其他权利:(1) 为个人学习、研究或者欣赏,使用他人已经发表的作品。(2) 为介绍、评论某一作品或者说明某一问题,在作品中适当引用他人已经发表的作品。(3) 为报道时事新闻,在报纸、期刊、广播电台、电视台等媒体中不可避免地再现或者引用已经发表的作品。(4) 报纸、期刊、广播电台、电视台等媒体刊登或者播放其他报纸、期刊、广播电台、电视台等媒体已经发表的关于政治、经济、宗教问题的时事性文章,但作者声明不许刊登、播放的除外。(5) 报纸、期刊、广播电台、电视台等媒体刊登或者播放在公众集会上发表的讲话,但作者声明不许刊登、播放的除外。(6) 为学校课堂教学或者科学研究,翻译或者少量复制已经发表的作品,供教学或者科研人员使用,但不得出版发行。(7) 国家机关为执行公务在合理范围内使用已经发表的作品。(8) 图书馆、档案馆、纪念馆、博物馆、美术馆等为陈列或者保存版本的需要,复制本馆收藏的作品。(9) 免费表演已经发表的作品,该表演未向公众收取费用,也未向表演者支付报酬。(10) 对设置或者陈列在室外公共场所的艺术作品进行临摹、绘画、摄影、录像。(11) 将中国公民、法人或者其他组织已经发表的以汉语言文字创作的作品翻译成少数民族语言文字作品在国内出版发行。(12) 将已经发表的作品改成盲文出版。

以上 12 种合理使用作品的情形，同样适用于对出版者、表演者、录音录像制作者、广播电台、电视台的权利的限制。

第二，法定许可使用。这是指在法律规定的范围内使用他人的作品，可以不经著作权人的许可，但须向其支付报酬。

法定许可使用的情形主要包括：(1) 为实施九年制义务教育和国家教育规划而编写出版教科书，除作者事先声明不许使用的外，可以不经著作权人许可，在教科书中汇编已经发表的作品片段或者短小的文字作品、音乐作品或者单幅的美术作品、摄影作品，但应当按照规定支付报酬，指明作者姓名、作品名称，并且不得侵犯著作权人依法享有的其他权利。该规定同样适用于对出版者、表演者、录音录像制作者、广播电台、电视台的权利的限制。(2) 作品在报刊上刊登后，除著作权人声明不得转载、摘编的外，其他报刊可以转载或者作为文摘、资料刊登，但应当按照规定向著作权人支付报酬。(3) 录音制作者使用他人已经合法录制为录音制品的音乐作品制作录音制品，可以不经著作权人许可，但应当按照规定支付报酬。著作权人声明不许使用的不得使用。(4) 广播电台、电视台播放他人已发表的作品，可以不经著作权人许可，但应当支付报酬。(5) 广播电台、电视台播放已经出版的录音制品，可以不经著作权人许可，但应当支付报酬。当事人另有约定的除外。

七、著作权的许可使用和转让

(一) 著作权的许可使用

著作权的许可使用是指著作权人许可作品使用人在一定期间、一定范围内以一定方式使用其作品的行为。

根据《著作权法》的规定，使用他人作品应当同著作权人订立许可使用合同，法律规定可以不经许可的除外。许可使用合同一般包括下列主要内容：(1) 许可使用的权利种类。(2) 许可使用的权利是专有使用权或者非专有使用权。除著作权法另有规定外，合同未明确约定授予专有使用权的，使用者仅取得非专有使用权。取得某项专有使用权的使用者，有权排除著作权人在内的一切他人以同样的方式使用作品，如果许可第三人行使同一权利，必须取得著作权人的许可，合同另有约定的除外。(3) 许可使用的地域范围、期间。(4) 付酬标准和办法。(5) 违约责任。(6) 双方认为需要约定的其他内容。

著作权许可使用合同中著作权人未明确许可的权利，未经著作权人同意，另一方当事人不得行使。

(二) 著作权的转让

著作权的转让是指著作权人将其作品著作权中的财产权全部或者部分转让

他人的行为。著作权的转让是著作权人行使著作权的一种方式。

根据《著作权法》的规定，转让著作权中财产权利，应当订立书面合同。权利转让合同一般包括下列主要内容：（1）作品的名称；（2）转让的权利种类、地域范围；（3）转让价金；（4）交付转让价金的日期和方式；（5）违约责任；（6）双方认为需要约定的其他内容。

著作权转让合同中著作权人未明确转让的权利，未经著作权人同意，另一方当事人不得行使。

八、邻接权

邻接权，也称与著作权有关的权利，是指作品的传播者所享有的权利。

邻接权与作品的著作权不同，两者的区别主要表现在以下三个方面：一是权利主体不同。著作权的主体为创作作品的作者和作者以外依法取得著作权的公民、法人或者其他组织；邻接权的主体则是作品的传播者。二是权利内容不同。著作权的内容包括著作人身权和著作财产权；邻接权体现的主要是作品传播者对其传播劳动及传播作品的过程中投入资金的回报所享有的权利。三是权利对象不同。著作权的对象是作品；邻接权的对象则为作品的传播行为。

根据《著作权法》的规定，邻接权主要包括：出版者对其出版的图书和报刊享有的权利；表演者对其表演享有的权利；录音录像制作者对其制作的录音录像制品享有的权利；广播电台、电视台对其制作的广播、电视节目享有的权利。

（一）图书、报刊的出版

1. 图书出版者的权利义务

图书出版者的权利义务主要包括：（1）图书出版者出版图书应当和著作权人订立出版合同，并支付报酬。（2）图书出版者对著作权人交付出版的作品，按照合同约定享有的专有出版权受法律保护，他人不得出版该作品。（3）图书出版者有权要求著作权人按照合同约定期限交付作品。图书出版者应当按照合同约定的出版质量、期限出版图书。图书出版者不按照合同约定期限出版，应当依照著作权法的规定承担民事责任。（4）图书出版者重印、再版作品的，应当通知著作权人，并支付报酬。图书脱销后，图书出版者拒绝重印、再版的，著作权人有权终止合同。（5）图书出版者对其出版的图书的版式设计享有专有使用权，有权许可或禁止他人使用其出版的图书的版式设计。该权利的保护期为10年，截止到使用该版式设计的图书首次出版后第10年的12月31日。（6）作者主动投给图书出版者的稿件，出版者应在6个月内决定是否采用。采用的，应签订合同；不采用的，应及时通知作者。既不通知作者，又不签订合同的，6个月后作者可以要求出版者返还原稿和给予经济补偿。该

6个月期限,从出版者收到稿件之日起计算。(7)图书出版者经作者许可,可以对作品修改、删节。(8)图书出版者应当按照合同的约定向著作权人支付报酬。出版改编、翻译、注释、整理、汇编已有作品而产生的作品,应当取得改编、翻译、注释、整理、汇编作品的著作权人和原作品的著作权人许可,并支付报酬。

2. 报刊出版者的权利义务

报刊出版者的权利义务主要包括:(1)著作权人向报社、期刊社投稿的,自稿件发出之日起15日内未收到报社通知决定刊登的,或者自稿件发出之日起30日内未收到期刊社通知决定刊登的,可以将同一作品向其他报社、期刊社投稿。双方另有约定的除外。(2)作品刊登后,除著作权人声明不得转载、摘编的外,其他报刊可以转载或者作为文摘、资料刊登,但应当按照规定向著作权人支付报酬。(3)报社、期刊社可以对作品作文字性修改、删节。对内容的修改,应当经作者许可。(4)报刊出版者有权许可或者禁止他人使用其出版的期刊的版式设计。该权利的保护期为10年,截止到使用该版式设计的期刊首次出版后第10年的12月31日。

(二)表演

1. 表演者的权利

表演者的权利主要包括:(1)表明表演者身份;(2)保护表演形象不受歪曲;(3)许可他人从现场直播和公开传送其现场表演,并获得报酬;(4)许可他人录音录像,并获得报酬;(5)许可他人复制、发行录有其表演的录音录像制品,并获得报酬;(6)许可他人通过信息网络向公众传播其表演,并获得报酬。

被许可人以上述第(3)项至第(6)项的方式使用作品,还应当取得著作权人许可,并支付报酬。此外,上述第(1)项、第(2)项权利的保护期不受限制;上述第(3)项至第(6)项权利的保护期为50年,截止到该表演发生后第50年的12月31日。

2. 表演者的义务

表演者的义务主要包括:(1)表演者使用他人作品演出,表演者(演员、演出单位)应当取得著作权人许可,并支付报酬。演出组织者组织演出,由该组织者取得著作权人许可,并支付报酬。(2)表演者使用改编、翻译、注释、整理已有作品而产生的作品进行演出,应当取得改编、翻译、注释、整理作品的著作权人和原作品的著作权人许可,并支付报酬。

(三)录音录像

1. 录音录像制作者的权利

录音录像制作者对其制作的录音录像制品,享有许可他人复制、发行、出租、通过信息网络向公众传播并获得报酬的权利。该权利的保护期为50年，截止到该制品首次制作完成后第50年的12月31日。

2. 录音录像制作者的义务

录音录像制作者的义务主要包括：（1）录音录像制作者使用他人作品制作录音录像制品，应当取得著作权人许可，并支付报酬。（2）录音录像制作者使用改编、翻译、注释、整理已有作品而产生的作品，应当取得改编、翻译、注释、整理作品的著作权人和原作品著作权人许可，并支付报酬。（3）录音制作者使用他人已经合法录制为录音制品的音乐作品制作录音制品，可以不经著作权人许可，但应当按照规定支付报酬。著作权人声明不许使用的不得使用。（4）录音录像制作者制作录音录像制品，应当同表演者订立合同，并支付报酬。（5）被许可人复制、发行、通过信息网络向公众传播录音录像制品，还应当取得著作权人、表演者许可，并支付报酬。

（四）广播电台、电视台播放

1. 广播电台、电视台的权利

广播电台、电视台享有的权利包括：（1）有权禁止未经其许可，将其播放的广播、电视转播；（2）有权禁止未经其许可，将其播放的广播、电视录制在音像载体上以及复制音像载体。

广播电台、电视台享有的权利的保护期为50年，截止到该广播、电视首次播放后第50年的12月31日。

2. 广播电台、电视台的义务

广播电台、电视台的义务主要包括：（1）广播电台、电视台播放他人未发表的作品，应当取得著作权人许可，并支付报酬。（2）广播电台、电视台播放他人已发表的作品，可以不经著作权人许可，但应当支付报酬。（3）广播电台、电视台播放已经出版的录音制品，可以不经著作权人许可，但应当支付报酬。当事人另有约定的除外。（4）电视台播放他人的电影作品和以类似摄制电影的方法创作的作品、录像制品，应当取得制片者或者录像制作者许可，并支付报酬；播放他人的录像制品，还应当取得著作权人许可，并支付报酬。

九、著作权的保护

（一）著作权的侵权行为

1. 应当承担民事责任的侵权行为

根据《著作权法》的规定，应当承担民事责任的侵权行为包括：（1）未经著作权人许可，发表其作品的；（2）未经合作作者许可，将与他人合作创作的作品当作自己单独创作的作品发表的；（3）没有参加创作，为谋取个人名利,在他人作品上署名的;(4)歪曲、篡改他人作品的;(5)剽窃他人作品的;(6)未经著作权人许可,以展览、摄制电影和以类似摄制电影的方法使用作品,或者以改编、翻译、注释等方式使用作品的,著作权法另有规定的除外;(7)使用他人作品,应当支付报酬而未支付的;(8)未经电影作品和以类似摄制电影的方法创作的作品、计算机软件、录音录像制品的著作权人或者与著作权有关的权利人许可,出租其作品或者录音录像制品的,著作权法另有规定的除外;(9)未经出版者许可,使用其出版的图书、期刊的版式设计的;(10)未经表演者许可,从现场直播或者公开传送其现场表演,或者录制其表演的;(11)其他侵犯著作权以及与著作权有关的权益的行为。

2. 应当承担民事责任和行政责任的侵权行为

根据《著作权法》的规定,应当承担民事责任和行政责任的侵权行为包括:(1)未经著作权人许可,复制、发行、表演、放映、广播、汇编、通过信息网络向公众传播其作品的,著作权法另有规定的除外;(2)出版他人享有专有出版权的图书的;(3)未经表演者许可,复制、发行录有其表演的录音录像制品,或者通过信息网络向公众传播其表演的,著作权法另有规定的除外;(4)未经录音录像制作者许可,复制、发行、通过信息网络向公众传播其制作的录音录像制品的,著作权法另有规定的除外;(5)未经许可,播放或者复制广播、电视的,著作权法另有规定的除外;(6)未经著作权人或者与著作权有关的权利人许可,故意避开或者破坏权利人为其作品、录音录像制品等采取的保护著作权或者与著作权有关的权利的技术措施的,法律、行政法规另有规定的除外;(7)未经著作权人或者与著作权有关的权利人许可,故意删除或者改变作品、录音录像制品等的权利管理电子信息的,法律、行政法规另有规定的除外;(8)制作、出售假冒他人署名的作品的。

(二)著作权侵权行为的法律责任

著作权侵权行为的法律责任包括:民事责任、行政责任和刑事责任。

1. 民事责任

民事责任主要包括:停止侵害、消除影响、赔礼道歉、赔偿损失等。其中,根据《著作权法》的规定,侵犯著作权或者与著作权有关的权利的,侵权人应当按照权利人的实际损失给予赔偿。实际损失难以计算的,可以按照侵权人的违法所得给予赔偿。赔偿数额还应当包括权利人为制止侵权行为所支付的合理开支。权利人的实际损失或者侵权人的违法所得不能确定的,由人民法院根据侵权行为的情节,判决给予50万元以下的赔偿。

2. 行政责任

行政责任主要包括:责令停止侵权行为,没收违法所得,没收、销毁侵权复制品,并可处以罚款;情节严重的,可以没收主要用于制作侵权复制品的材料、工具、设备等。

3. 刑事责任

刑事责任包括：侵犯著作权罪、销售侵权复制品罪。《刑法》第217条规定，以营利为目的，有下列侵犯著作权情形之一，违法数额较大或者有其他严重情节的，处3年以下有期徒刑或者拘役，并处或者单处罚金；违法所得数额巨大或者有其他特别严重情节的，处3年以上7年以下有期徒刑，并处罚金：（1）未经著作权人许可，复制发行其文字作品、音乐、电影、电视录像制品、计算机软件及其他作品的；（2）出版他人享有专有出版权的图书的；（3）未经录音录像制作者许可，复制发行其制作的录音录像的；（4）制作、出售假冒他人署名的美术作品的。《刑法》第218条规定，以营利为目的。销售明知是侵权复制品，违法所得数额巨大的，处3年以下有期徒刑或者拘役，并处或者单处罚金。

根据《关于办理侵犯知识产权刑事案件具体应用法律若干问题的解释》（2004年11月2日最高人民法院审判委员会第1331次会议、2004年11月11日最高人民检察院第十届检察委员会第28次会议通过）的规定，以营利为目的，实施《刑法》第217条所列侵犯著作权行为之一，违法所得数额在3万元以上的，属于"违法所得数额较大"；具有下列情形之一的，属于"有其他严重情节"，应当以侵犯著作权罪判处3年以下有期徒刑或者拘役，并处或者单处罚金：（1）非法经营数额在5万元以上的；（2）未经著作权人许可，复制发行其文字作品、音乐、电影、电视、录像作品、计算机软件及其他作品，复制品数量合计在1000张（份）以上的；（3）其他严重情节的情形。以营利为目的，实施《刑法》第217条所列侵犯著作权行为之一，违法所得数额在15万元以上的，属于"违法所得数额巨大"。具有下列情形之一的，属于"有其他特别严重情节"，应当以侵犯著作权罪判处3年以上7年以下有期徒刑，并处罚金：（1）非法经营数额在25万元以上的；（2）未经著作权人许可，复制发行其文字作品、音乐、电影、电视、录像作品、计算机软件及其他作品，复制品数量合计在5000张（份）以上的；（3）其他特别严重情节的情形。以营利为目的，实施《刑法》第218条规定的行为，违法所得数额在10万元以上的，属于"违法所得数额巨大"，应当以销售侵权复制品罪判处3年以下有期徒刑或者拘役，并处或者单处罚金。此外，以刊登收费广告等方式直接或者间接收取费用的情形，属于《刑法》第217条规定的"以营利为目的"；通过信息网络向公众传播他人文字作品、音乐、电影、电视、录像作品、计算机软件及其他作品的行为，视为《刑法》第217条规定的"复制发行"；没有得到著作权人授权或者伪造、涂改著作权人授权许可文件或者超出授权许可范围的情形，属于《刑法》第217条规定的"未经著作权人许可"。

(三) 执法措施

为了更为有效地制止著作权的侵权行为，更为有效地保护著作权人的合法权益，《著作权法》还规定了相应的执法措施。这些执法措施包括：

第一，著作权人或者与著作权有关的权利人有证据证明他人正在实施或者即将实施侵犯其权利的行为，如不及时制止将会使其合法权益受到难以弥补的损害的，可以在起诉前向人民法院申请采取责令停止有关行为和财产保全的措施。

第二，为制止侵权行为，在证据可能灭失或者以后难以取得的情况下，著作权人或者与著作权有关的权利人可以在起诉前向人民法院申请保全证据。人民法院接受申请后，必须在 48 小时内作出裁定；裁定采取保全措施的，应当立即开始执行。人民法院可以责令申请人提供担保，申请人不提供担保的，驳回申请。申请人在人民法院采取保全措施后 15 日内不起诉的，人民法院应当解除保全措施。

第三，人民法院审理案件，对于侵犯著作权或者与著作权有关的权利的，可以没收违法所得、侵权复制品以及进行违法活动的财物。

第四，复制品的出版者、制作者不能证明其出版、制作有合法授权的，复制品的发行者或者电影作品或者以类似摄制电影的方法创作的作品、计算机软件、录音录像制品的复制品的出租者不能证明其发行、出租的复制品有合法来源的，应当承担法律责任。

第五，著作权纠纷可以调解，也可以根据当事人达成的书面仲裁协议或者著作权合同中的仲裁条款，向仲裁机构申请仲裁。当事人没有书面仲裁协议，也没有在著作权合同中订立仲裁条款的，可以直接向人民法院起诉。

第二节 专 利 法

一、专利法概述

(一) 专利权的概念

专利权是指专利权人在法定期限内对其发明创造成果享有的专有权利。它是国家专利行政部门授予发明人或申请人生产经营其发明创造并禁止他人生产经营其发明创造的某种特权，是对发明创造的独占的排他权。

作为知识产权之一的专利权，具有知识产权所有的各项特征。

(二) 专利法的概念及其调整对象

1. 专利法的概念

专利法是指调整因发明创造的开发、实施及其保护等发生的各种社会关系的法律规范的总称。

专利法有广义和狭义之分。狭义的专利法仅指全国人大常委会通过的《专利法》。广义的专利法除《专利法》外，还包括国家有关法律、行政法规和规章中关于专利的法律规范，如《专利法实施细则》、《专利代理条例》、《专利管理机关查处冒充专利行为规定》、《专利行政执法办法》等。我国参加缔结的有关专利权国际保护方面的条约、协定，经批准公布具有国内法效力的，也属于广义的专利法的范畴。

2. 专利法的调整对象

专利法的调整对象是指因发明创造的开发、实施及其保护等发生的各种社会关系。具体包括以下四个方面：（1）因确认发明创造的归属而发生的社会关系。发明创造专利申请权的归属，直接关系到专利权的归属，因此，对专利申请权的确认是一个重要而复杂的法律问题。一般情况下，只有享有专利申请权的公民、法人或者其他组织，才能就其发明创造申请专利，从而获得专利权。（2）因授予发明创造专利权而发生的社会关系。一项发明创造能否获得专利权以及如何取得专利权，涉及许多方面的关系，如发明人或设计人与专利申请人之间的关系、专利申请人与专利行政部门之间的关系、专利申请人与公众之间的关系等，都属专利法调整范围。（3）因发明创造专利的实施、转让或者许可实施而发生的社会关系。一项发明创造被批准为专利并产生专利权后，专利权人总希望通过各种途径将其专利付诸实施或者进行转让，使之转化为生产力，并获得利润，由此而产生的社会关系，属于专利法调整的对象。（4）因发明创造专利权的保护而发生的社会关系。专利权人对其专利依法享有独占权，并有权禁止他人未经许可而以营利为目的实施其专利。一旦发生侵权行为，便在专利权人与侵权行为人之间、专利权人与专利行政部门或者人民法院之间发生各种社会关系，这些社会关系也是专利法的调整对象。

二、专利权的主体

专利权的主体是指具体参加特定的专利权法律关系并享有专利权的人。根据《专利法》的规定，发明人或者设计人、职务发明创造的单位、外国人和外国企业或者外国其他组织都可以成为专利权的主体。

（一）发明人或者设计人

《专利法》所称发明人或者设计人，是指对发明创造的实质性特点作出创造性贡献的人。在完成发明创造过程中，只负责组织工作的人、为物质技术条件的利用提供方便的人或者从事其他辅助工作的人，不是发明人或者设计人。

发明人或者设计人一般具有以下特征：

（1）发明人或者设计人为自然人。发明创造是人类脑力劳动的成果，是智慧的结晶，发明创造必须依靠人的大脑才得以完成，因此，发明人或者设计人只能是自然人。

（2）发明人或者设计人的认定不受其民事行为能力的限制。由于发明创造行为是一种事实行为，不是法律行为，因此，不论从事发明创造的人作为法律上的主体是否具备完全行为能力，只要其完成了发明创造，都可以被认定为发明人或者设计人。

（3）发明人或者设计人必须是对发明创造的实质性特点作出创造性贡献的人。发明人或者设计人必须参与了发明创造活动，存在现实的智力投入，且其智力投入对发明创造的创造性的实质特点的获得起了不可或缺的作用。在完成发明创造过程中，只负责组织工作的人、为物质技术条件的利用提供方便的人或者从事其他辅助工作的人，都不应认定为发明人或者设计人。

与发明人或者设计人相关的一个概念是专利申请人，专利申请人是指有资格就发明创造向专利行政部门申请专利的人或者是已经向专利行政部门提出专利申请的自然人或法人。专利申请人可以是发明人、设计人，也可以不是发明人、设计人。因为，专利申请人只要对符合专利法规定的发明创造具有合法所有权即可，故职务发明创造的单位，发明创造的受让人、发明人或者设计人的合法继承人，都可以成为专利申请人。

（二）职务发明创造的单位

职务发明创造是指发明人或者设计人执行本单位的任务，或者主要是利用本单位的物质技术条件所完成的发明创造。凡是不能被证明为职务发明创造的，为非职务发明创造。

根据《专利法》及其实施细则的规定，发明人或者设计人作出的发明创造，凡符合下列条件之一的，均属于职务发明创造：

（1）在本职工作中作出的发明创造。这里所称本职工作，是指发明人或者设计人的职务范围，即工作责任的范围，而不是指单位的业务范围，也不是指个人所学专业的业务范围。

（2）履行本单位交付的本职工作之外的任务所作出的发明创造。这里所称本单位交付的任务，是指本职工作之外的任务，主要是工作人员根据单位领导的要求承担的短期或临时的任务，属于领导一般性的同意或赞成不能作为本单位交付的任务。

（3）退职、退休或者调动工作后1年内作出的，与其在原单位承担的本职工作或者原单位分配的任务有关的发明创造。

（4）主要利用本单位的物质技术条件完成的发明创造。这里所称本单位的物质技术条件，是指本单位的资金、设备、零部件、原材料或者不对外公开的技术资料等。

对于职务发明创造，申请专利的权利属于该单位，申请被批准后，该单位为专利权人。对于非职务发明创造，申请专利的权利属于发明人或者设计人，申请被批准后，该发明人或者设计人为专利权人。利用本单位的物质技术条件所完成的发明创造，单位与发明人或者设计人订有合同，对申请专利的权利和专利权的归属作出约定的，从其约定。

（三）外国人、外国企业或者外国其他组织

外国人、外国企业或者外国其他组织在我国申请和取得专利权，依照有关规定，应按照以下情况办理：

（1）在中国有经常居所或者营业所的外国人、外国企业或者外国其他组织在中国申请专利的，根据巴黎公约的规定和国际惯例，享有与我国公民同等的待遇。

（2）在中国没有经常居所或者营业所的外国人、外国企业或者外国其他组织在中国申请专利的，依照其所属国同中国签订的协议或者共同参加的国际条约，或者依照互惠原则，根据专利法的规定处理。

（3）在中国没有经常居所或者营业所的外国人、外国企业或者外国其他组织在中国申请专利和办理其他专利事务的，应当委托国务院专利管理机关指定的专利代理机构办理。

三、专利权的客体

专利权的客体，也称专利法保护的对象，是指可以获得专利法保护的发明创造。我国《专利法》规定的发明创造是指发明、实用新型和外观设计。

（一）发明

1. 发明的概念及特征

发明是指对产品、方法或者其改进所提出的新的技术方案。发明具有如下两个特征：（1）发明是利用自然规律而进行的创造。自然规律是脱离人的思维而独立存在的客观事物，发明则是在利用自然规律的基础上进行的一种创造。（2）发明是具体的技术方案。发明应能够解决特定的技术难题，必须产生一定的技术效果，具有一定的实用性。

2. 发明的分类

发明一般分为产品发明和方法发明两类。产品发明是指人们通过研究开发出来的关于各种新产品、新材料、新物质等的技术方案，如电子计算机、超导材料等。方法发明是指人们为制造产品或者解决某个技术课题而研究开发出来的操作方法、制造方法以及工艺流程等技术方案，如汉字输入方法、无铅汽油的提炼方法等。

专利法将发明分为产品发明和方法发明两类，具有如下法律意义：（1）在专利申请过程中，不同的发明所提交的专利申请文件有所不同，其撰写内容也有所不同。(2) 在取得专利权后，因发明种类不同，专利权人行使权利的方式不同，专利权的效力范围也不同。对产品专利来说，产品发明专利权仅及于其产品本身；而对方法专利来说，方法发明专利权不仅及于其方法本身，而且及于用该方法直接获得的产品。(3) 在专利侵权诉讼中，因发明的种类不同而导致其举证责任不同。一般情况下，产品发明专利被侵权后，诉讼中的举证责任在原告一方；而新产品的制造方法发明专利权被授予后，诉讼中的举证责任在被告一方。如《专利法》第 57 条规定："专利侵权纠纷涉及新产品制造方法的发明专利的，制造同样产品的单位或者个人应当提供其产品制造方法不同于专利方法的证明。"

(二) 实用新型

1. 实用新型的概念及特征

实用新型是指对产品的形状、构造或者其结合所提出的适于实用的新的技术方案。实用新型具有如下特征：(1) 实用新型是一种新的技术方案。实用新型实质上是一种技术方案，也是发明的一部分。(2) 实用新型仅限于产品，不包括方法。(3) 实用新型要求产品必须是具有固定的形状、构造的产品。气态、液态、凝胶状或颗粒粉末状的物质或者材料，不属于实用新型的产品范围。

2. 实用新型与发明的区别

实用新型与发明虽然同属于专利法保护的发明创造，两者又都是一种新的技术方案，但两者也存在许多区别：(1) 两者保护的范围不同。发明专利保护的范围宽于实用新型专利。发明既可以是产品，也可以是方法；而实用新型仅限于产品，不包括方法。发明的产品没有任何特殊要求；而实用新型的产品要求具有固定的形状或构造。(2) 两者对创造性要求不同。发明专利要求的创造性高于实用新型专利。《专利法》规定，发明专利的创造性是指与现有技术相比，具有突出的实质性特点和显著的进步；实用新型专利的创造性是指与现有技术相比，具有实质性特点和进步。(3) 两者的审查程序不同。发明专利既要对发明专利申请进行形式审查，还要对发明专利的内容进行实质审查；而实用新型专利采用形式审查制度，即只审查形式内容而不审查实质内容。(4) 两者的保护期限不同。《专利法》规定，发明专利权的保护期限为 20 年；而实用新型专利的保护期限为 10 年。

(三) 外观设计

外观设计是指对产品的形状、图案或者其结合以及色彩与形状、图案的结合所作出的富有美感并适于工业应用的新设计。外观设计具有如下特征：

第一，外观设计必须与产品相结合。外观设计是产品的外观设计，外观设计必须以产品的外表为依托，构成产品与设计的组合。

第二，外观设计必须能在产业上应用，必须能够用于生产经营目的的制造或生产。如果设计不能用工业的方法复制出来，或者达不到批量生产的要求，就不是专利法意义上的外观设计。

第三，外观设计富有美感。外观设计包含的是美术思想，即解决产品的视觉效果问题，而不是技术思想。这一点与实用新型相区别。

四、授予专利权的条件

（一）授予专利权的发明和实用新型应当符合的条件

《专利法》规定，授予专利权的发明和实用新型，应当具备新颖性、创造性和实用性。

1. 新颖性

（1）新颖性的概念。新颖性是指在申请日以前没有同样的发明或者实用新型在国内外出版物上公开发表过、在国内公开使用过或者以其他方式为公众所知，也没有同样的发明或者实用新型由他人向国务院专利行政部门提出过申请并且记载在申请日以后公布的专利申请文件中。

（2）新颖性的判断标准。具体包括以下内容：

①已有（现有）技术的范围。已有技术（即现有技术）是指申请日（有优先权的，指优先权日）前在国内外出版物上公开发表、在国内公开使用或者以其他方式为公众所知的技术。

②公开。包括公开的方式、公开的地域标准、公开的时间标准，构成了新颖性判断标准的重要内容。

第一，公开的方式。专利法上公开的方式有三种：一是出版物公开或书面公开。即把发明创造的内容在出版物上予以描述。这里的出版物是指以书面形式描述并公开出版和发行的有形物，它可以是印刷品、胶片、磁带、电子出版物等。二是使用公开。使用公开是指由于使用将发明或实用新型的技术内容公开，公众可以从技术的应用中得知其技术内容。使用公开包括产品的制造、使用、销售、公开演示、展览等。三是其他方式的公开。包括口头公开、广播公开等。但如果是以其他方式公开，要求公开的内容完整、清楚，公众能够根据其公开的内容实现发明或实用新型。

第二，公开的地域标准。关于公开的地域标准，目前有三种标准：一是世界性标准，即凡是在世界任何一个地方公开过的技术，都不具备新颖性。二是本国标准，即凡是在本国公开过的技术，都不具备新颖性。三是混合标准，即关于出版物的公开采用世界性的标准，而其他方式的公开，采用本国标准。从我国《专利法》规定看，我国采用的是混合标准。

第三，公开的时间标准。关于公开的时间标准，目前有两种标准：一是以发明日为标准，即只要在发明创造完成时该发明创造是新的，就具有新颖性。二是以申请日为标准，即发明创造在申请日时是新的便具有新颖性。从我国《专利法》规定看，我国采取的是申请日的时间标准，即以国务院专利行政部门收到专利申请文件之日为申请日。

③抵触申请。所谓抵触申请是指由于在先申请的存在，使得在后申请的同一发明创造不具备新颖性。如果出现抵触申请，必须把后申请的发明创造的技术内容与先申请的发明创造的技术内容进行比较，只要后申请的内容在先申请的内容中已经有所披露，则后申请不能获得专利权。需要指出的是，如果先申请在被公布以前撤回、放弃或者被视为撤回或者被驳回，则不能构成抵触申请。

（3）丧失新颖性的例外。丧失新颖性的例外是指在某些特殊情况下，尽管申请专利的发明或者实用新型在申请日或者优先权日前公开，但在一定期限内提出专利申请的，则不丧失新颖性。

《专利法》规定，申请专利的发明创造在申请日以前6个月内，有下列情形之一的，不丧失新颖性：①在中国政府主办或者承认的国际展览会上首次展出的；②在规定的学术会议或者技术会议上首次发表的；③他人未经申请人同意泄露其内容的。

2. 创造性

创造性是指同申请日以前已有的技术相比，该发明有突出的实质性特点和显著的进步，该实用新型有实质性特点和进步。

创造性的衡量标准可以从该发明或者实用新型是否存在"实质性特点"和"进步"而得到判断。

所谓实质性特点是指发明创造具有一个或几个技术特征，与现有技术相比有本质的区别。因此，凡是发明创造所属技术领域的普通技术人员都不能直接从现有技术中得出构成该发明创造的全部必要技术特征的，都应认为具有实质性特点。在评定一项发明创造是否具有实质性特点时，不仅要考虑技术方案本身的内容，还要考虑它的目的和效果，并把它们作为一个整体来理解。

所谓进步是指与现有技术相比有所发展和前进。如克服了现有技术存在的缺点和不足，或者具有新的优点或效果，或者代表了某种新的技术趋势。

3. 实用性

实用性是指该发明或者实用新型能够制造或者使用，并且能够产生积极效果。实用性一般具备三个条件：（1）具有可实施性。即发明创造必须能够解决技术问题，并且能够在产业中应用，能够制造或者使用。（2）具有再现性。即所属技术领域的技术人员根据公开的技术内容，能够重复实施专利申请中为解决技术问题所采用的技术方案。（3）具有有益性。即发明创造能够在经济、技术和社会等领域产生积极和有益的效果。

（二）授予专利权的外观设计应当符合的条件

《专利法》规定，授予专利权的外观设计，应当同申请日以前在国内外出版物上公开发表过或者国内公开使用过的外观设计不相同和不相近似，并不得与他人在先取得的合法权利相冲突。

由于外观设计是产品的一种新设计，是产品外在的东西，其本身并不涉及技术上的创造，因此，对于外观设计授予专利权的条件更多地体现在与同类产品的比较上是否具有新颖性。根据我国法律规定，外观设计的新颖性在判断标准上与发明、实用新型的新颖性基本相同。

（三）不授予专利权的项目

《专利法》规定，对下列各项，不授予专利权：

（1）科学发现。科学发现是指人们通过自己的智力活动对客观世界已经存在的但未被揭示出来的规律、性质和现象等的认识。

（2）智力活动的规则和方法。智力活动的规则和方法是指人们进行推理、分析、判断、记忆等思维活动的规则和方法。如体育竞赛规则、游戏规则、计算方法、生产管理方法等。进行智力活动的设备、装置或者根据智力活动的规则和方法而设计制造的仪器、用具等，如果具备专利条件，可以被授予专利权。

（3）疾病的诊断和治疗方法。由于疾病的诊断和治疗方法不能用工业的方法制造和使用，因此不适用于专利法保护。对于用于诊断或者治疗疾病的仪器、设备或者器械等，如果具备专利条件，可以被授予专利权。

（4）动物和植物品种，不包括动物和植物品种的生产方法。动物和植物品种分为天然生长和人工培养两种。天然生长的动植物品种不是人类智力活动的发明创造，因此不能被授予专利权。

（5）用原子核变换方法获得的物质。原子核变换方法获得的物质，关系国防和国家重大利益，也涉及科研和公共生活的各个方面，不宜为人垄断，因此不授予专利权。

此外，我国《专利法》还规定，对违反国家法律、社会公德或者妨害公共利益的发明创造，不授予专利权。如专用于伪造货币的方法或者工具等。若发明创造本身的目的并不违法，但其实施可能破坏社会公德或者妨害公共利益，如万能钥匙等，这样的发明创造也不能被授予专利权。

五、专利权的取得、终止和无效

（一）专利权的取得

1. 专利的申请

（1）专利申请的原则。专利申请应当遵循下列原则：

①先申请原则。先申请原则是指在两个以上的申请人分别就同样的发明创造申请专利的情况下，对先提出申请的申请人授予专利权。先申请的判断标准是专利申请日。如果两个以上申请人在同一日分别就同样的发明创造申请专利的，应当在收到专利行政管理部门的通知后自行协商确定申请人。

②单一性原则。单一性原则是指一份专利申请文件只能就一项发明创造提出专利申请，即"一申请一发明"原则。专利申请应当符合专利法有关单一性的规定。就发明或者实用新型的专利申请而言，一件发明或者实用新型专利申请应当限于一项发明或者实用新型。属于一个总的发明构思的两项以上的发明或者实用新型，可以作为一件申请提出。但该两项以上的发明或者实用新型应当在技术上相互关联，包含一个或者多个相同或者相应的特定技术特征。其中，特定技术特征是指每一项发明或者实用新型作为整体，对现有技术作出贡献的技术特征。就外观设计的专利申请而言，一件外观设计专利申请应当限于一种产品所使用的一项外观设计。用于同一类别并且成套出售或者使用的产品的两项以上的外观设计，可以作为一件申请提出。同一类别是指产品属于分类表中同一小类。成套出售或者使用是指各产品的设计构思相同，并且习惯上同时出售、同时使用。

③优先权原则。优先权原则是指将专利申请人首次提出专利申请的日期，视为后来一定期限内专利申请人就相同主题在他国或本国提出专利申请的日期。专利申请人依法享有的这种权利称为优先权，享有优先权的首次申请日称为优先权日。

优先权包括外国优先权和本国优先权。外国优先权是指，申请人自发明或者实用新型在外国第一次提出专利申请之日起12个月内，或者自外观设计在外国第一次提出专利申请之日起6个月内，又在中国就相同主题提出专利申请的，依照该外国同中国签订的协议或者共同参加的国际条约，或者依照相互承认优先权的原则，可以享有优先权。本国优先权是指，申请人自发明或者实用新型在中国第一次提出专利申请之日起12个月内，又向国务院专利行政部门就相同主题提出专利申请的，可以享有优先权。申请人要求优先权的，应当在申请的时候提出书面声明，并且在3个月内提交第一次提出的专利申请文件的副本；未提出书面声明或者逾期未提交专利申请文件副本的，视为未要求优先权。

（2）专利申请的提出、修改和撤回。

①专利申请的提出。专利权不能自动取得，申请人必须履行专利法规定的专利申请手续，向国务院专利行政部门提交必要的申请文件。

根据《专利法》的规定，申请发明或者实用新型专利的，应当提交请求书、说明书及其摘要和权利要求书等文件。请求书应当写明发明或者实用新型的名称，发明人或者设计人的姓名，申请人姓名或者名称、地址，以及其他事项。说明书应当对发明或实用新型作出清楚、完整的说明，以所属技术领域的技术人员能够实现为准；必要的时候，应当有附图。摘要应当简要说明发明或者实用新型的技术要点。权利要求书应当以说明书为依据，说明要求专利保护的范围。申请外观设计专利的，应当提交请求书以及该外观设计的图片或者照片等文件，并且应当写明使用该外观设计的产品及其所属的类别。

国务院专利行政部门收到专利申请文件之日为申请日。如果申请文件是邮寄的，以寄出的邮戳日为申请日。

②专利申请的修改。专利申请的修改，可以由申请人自己主动提出修改，也可以根据国务院专利行政部门的要求进行修改。对于申请人自己主动提出修改的，由申请人自行修改，但修改时要遵守以下规定：对发明和实用新型专利申请文件的修改不得超出原说明书和权利要求书记载的范围；对外观设计专利申请文件的修改不得超出原图片或者照片表示的范围。对于根据国务院专利行政部门的要求进行修改的，申请人应当在指定的期限内修改申请，逾期不修改的，应视为撤回；经修改后仍不符合专利法规定的，国务院专利行政部门应当予以驳回。

③专利申请的撤回。申请人可以在被授予专利权之前随时撤回其专利申请。申请人撤回其专利申请的，应当向国务院专利行政部门提出书面的撤回申请，写明发明创造的名称、申请号和申请日。专利申请被撤回后，该申请视为自始即不存在。如果专利申请的撤回是在专利公开以前提出的，在撤回之后，申请人可以重新提出申请，其他人也可以就相同的发明创造提出专利申请。如果撤回是在专利公开以后提出的，则该发明创造已丧失新颖性，任何人就此发明创造提出申请都会被驳回。

2. 专利申请的审查批准

（1）发明专利申请的审查批准。发明专利申请的审查批准，一般要经过如下程序：

①初步审查。国务院专利行政部门收到发明专利申请后，应当进行初步审查。初步审查主要包括以下内容：专利申请是否具备专利法规定的申请文件和其他必要的文件，以及这些文件是否符合规定的格式；发明专利申请是否明显属于违反国家法律、社会公德或者妨害公共利益的发明创造；发明专利申请是否明显属于不授予专利权的项目；专利申请人是否符合申请人主体资格；专利申请是否明显不符合申请主题单一性原则；专利申请文件的修改是否符合要求；申请发明专利是否合适；专利申请文件尤其是说明书和权利要求书的撰写是否符合专利法规定的格式和内容，等等。

②申请公开。国务院专利行政部门对发明专利申请经初步审查认为符合专利法规定要求的，自申请日起满 18 个月，即行公布。国务院专利行政部门还可以根据申请人的请求早日公布其申请。

③实质审查。实质审查是国务院专利行政部门根据申请人的请求，对发明的新颖性、创造性、实用性等实质性条件进行的审查。

发明专利申请自申请日起 3 年内，国务院专利行政部门可以根据申请人随时提出的请求，对其申请进行实质审查；申请人无正当理由逾期不请求实质审查的，该申请即被视为撤回。国务院专利行政部门认为必要时，可以自行对发明专利申请进行实质审查。发明专利的申请人请求实质审查的时候，应当提交在申请日前与其发明有关的参考资料。发明专利已经在外国提出过申请的，国务院专利行政部门可以要求申请人在指定的期限内提交该国为审查其申请进行检索的资料或者审查结果的资料；无正当理由逾期不提交的，该申请即被视为撤回。

④授权决定。国务院专利行政部门对发明专利申请进行实质审查后，认为不符合专利法规定的，应当通知申请人，要求其在指定的期限内陈述意见，或者对其申请进行修改；无正当理由逾期不答复的，该申请即被视为撤回。发明专利申请经申请人陈述意见或者进行修改后，国务院专利行政部门仍然认为不符合专利法规定的，应当予以驳回。发明专利申请经实质审查没有发现驳回理由的，由国务院专利行政部门作出授予发明专利权的决定，发给发明专利证书，同时予以登记和公告。发明专利权自公告之日起生效。

(2) 实用新型和外观设计专利申请的审查批准。国务院专利行政部门受理实用新型和外观设计专利申请后，只进行初步审查，不进行申请公开和实质审查程序。

实用新型和外观设计专利申请经初步审查没有发现驳回理由的，由国务院专利行政部门作出授予实用新型专利权或者外观设计专利权的决定，发给相应的专利证书，同时予以登记和公告。实用新型专利权和外观设计专利权自公告之日起生效。

(3) 专利的复审。国务院专利行政部门设立专利复审委员会。专利申请人对国务院专利行政部门驳回申请的决定不服的，可以自收到通知之日起 3 个月内，向专利复审委员会请求复审。专利复审委员会复审后，作出复审决定，并通知专利申请人。专利申请人对专利复审委员会的复审决定不服的，可以自收到通知之日起 3 个月内向人民法院起诉。

(二) 专利权的终止

专利权的终止，是指专利权因期限届满或者其他原因在期限届满前失去法律效力。专利权终止后，被授予专利权的发明创造成为人类的共同财富，任何单位和个人都可以无偿使用。

根据《专利法》的规定，有下列情形之一的，专利权终止：（1）专利权的期限届满；（2）没有按照规定缴纳年费的；（3）专利权人以书面声明放弃其专利的；（4）专利权人死亡，无继承人或受遗赠人的。

专利权在期限届满前终止的，由国务院专利行政部门登记和公告。

(三) 专利权的无效

1. 专利权无效的概念和理由

专利权无效是指已经取得的专利权因不符合专利法的规定，根据有关单位或个人的请求，经专利复审委员会审核后被宣告无效。

宣告专利权无效的理由，具体包括：授予专利权的发明创造不符合专利法规定的授予专利权的实质性条件；授予专利权的发明创造不符合专利法规定的关于专利申请文件的撰写要求或专利申请文件修改范围的规定；授予专利权的发明创造不属于专利法规定的发明、实用新型和外观设计；授予专利权的发明创造不符合先申请原则和单一性原则；授予专利权的发明创造属于专利法规定的不授予专利权的项目，或者属于依照专利法关于申请在先取得专利权的规定而不能取得专利权的项目，等等。

2. 专利权宣告无效的程序

请求宣告专利权无效的单位或个人，应当向专利复审委员会提出请求书，并说明理由。专利复审委员会收到请求宣告专利权无效的请求书后，应当及时审查和作出决定，并通知请求人和专利权人。

宣告专利权无效的决定，由国务院专利行政部门登记和公告。对专利复审委员会宣告专利权无效或者维持专利权的决定不服的，可以自收到通知之日起3个月内向人民法院起诉。人民法院应当通知无效宣告请求程序的对方当事人作为第三人参加诉讼。

3. 专利权宣告无效的法律效力

根据《专利法》的规定，专利权宣告无效的法律效力具体体现为：（1）宣告无效的专利权视为自始即不存在。（2）宣告专利权无效的决定，对在宣告专利权无效前人民法院作出并已执行的专利侵权的判决、裁定，已经履行或者强制执行的专利侵权纠纷处理决定，以及已经履行的专利实施许可合同和专利权转让合同，不具有追溯力。但是因专利权人的恶意给他人造成的损失，应当给予赔偿。（3）如果依照上述规定，专利权人或者专利权转让人不向被许可实施专利人或者专利权受让人返还专利使用费或者专利权转让费，明显违反公平原则，专利权人或者专利权转让人应当向被许可实施专利人或者专利权受让人返还全部或者部分专利使用费或者专利权转让费。

六、专利实施的强制许可

专利实施的强制许可,是指国务院专利行政部门依照法定条件和程序颁布的实施专利的一种强制性许可方式。申请人获得这种许可后,不必经专利权人的同意,就可以实施专利。

根据《专利法》的规定,可以给予专利实施强制许可的情况有以下几种:

(1) 具备实施条件的单位以合理的条件请求发明或者实用新型专利权人许可实施其专利,而未能在合理长的时间内获得这种许可时,国务院专利行政部门根据该单位的申请,可以给予实施该发明专利或者实用新型专利的强制许可。

(2) 在国家出现紧急状态或者非常情况时,或者为了公共利益的目的,国务院专利行政部门可以给予实施发明专利或者实用新型专利的强制许可。

(3) 一项取得专利权的发明或者实用新型此前已经取得专利权的发明或者实用新型具有显著经济意义的重大技术进步,其实施又有赖于前一发明或者实用新型的实施的,国务院专利行政部门根据后一专利权人的申请,可以给予实施前一发明或者实用新型的强制许可。在依照上述规定给予实施强制许可的情况下,国务院专利行政部门根据前一专利权人的申请,也可以给予实施后一发明或者实用新型的强制许可。

自专利权被授予之日起满 3 年后,任何单位均可以依照专利法的有关规定,请求国务院专利行政部门给予强制许可。国务院专利行政部门作出的给予实施强制许可的决定,应当及时通知专利权人,并予以登记和公告。给予强制许可的决定,应当根据强制许可的理由规定实施的范围和时间。强制许可的理由消除并不再发生时,国务院专利行政部门应当根据专利权人的请求,经审查后作出终止实施强制许可的决定。

取得实施强制许可的单位或者个人不享有独占的实施权,并且无权允许他人实施。取得实施强制许可的单位或者个人应当付给专利权人合理的使用费,其数额由双方协商;双方不能达成协议的,由国务院专利行政部门裁决。

专利权人对国务院专利行政部门关于实施强制许可的决定不服的,专利权人和取得实施强制许可的单位或者个人对国务院专利行政部门关于实施强制许可的使用费的裁决不服的,可以自收到通知之日起 3 个月内向人民法院起诉。

七、专利权的保护

(一) 专利权的期限

专利权的期限,又称专利保护期。根据《专利法》的规定,发明专利权的期限为 20 年,实用新型专利权和外观设计专利权的期限为 10 年,均自申请日起计算。

(二) 专利权的保护范围

专利权的保护范围，是指专利权效力所及的发明创造的技术特征和技术幅度。因此，专利权的范围即是专利权的保护范围。

根据《专利法》的规定，发明或者实用新型专利权的保护范围以其权利要求的内容为准，说明书及附图可以用于解释权利要求。外观设计专利权的保护范围以表示在图片或者照片中的该外观设计专利产品为准。

最高人民法院《关于审理专利纠纷案件适用法律问题的若干规定》规定，专利权的保护范围应当以权利要求书中明确记载的必要技术特征所确定的范围为准，也包括与该必要技术特征相等同的特征所确定的范围。等同特征是指与所记载的技术特征以基本相同的手段，实现基本相同的功能，达到基本相同的效果，并且本领域的普通技术人员无须经过创造性劳动就能够联想到的特征。

(三) 侵害专利权的行为

根据《专利法》的规定，侵害专利权的行为主要包括以下几种：

第一，未经专利权人许可，实施其专利的行为。包括：（1）未经专利权人许可，为生产经营目的制造、使用、许诺销售、销售、进口其专利产品，或者使用其专利方法以及使用、许诺销售、销售、进口依照该专利方法直接获得的产品；（2）未经专利权人许可，为生产经营目的制造、销售、进口其外观设计专利产品，等等。

第二，假冒他人专利的行为。包括：（1）未经许可，在其制造或者销售的产品、产品的包装上标注他人的专利号；（2）未经许可，在广告或者其他宣传材料中使用他人的专利号，使人将所涉及的技术误认为是他人的专利技术；（3）未经许可，在合同中使用他人的专利号，使人将合同涉及的技术误认为是他人的专利技术；（4）伪造或者变造他人的专利证书、专利文件或者专利申请文件，等等。

第三，以非专利产品冒充专利产品、以非专利方法冒充专利方法的行为。包括：（1）制造或者销售标有专利标志的非专利产品；（2）专利权被宣告无效后，继续在制造或者销售的产品上标注专利标记；（3）在广告或者其他宣传材料中将非专利技术称为专利技术；（4）在合同中将非专利技术称为专利技术；（5）伪造或者变造专利证书、专利文件或者专利申请文件，等等。

第四，侵夺发明人或者设计人的非职务发明创造专利申请权以及其他权益的行为。

根据《专利法》的规定，有下列情形之一的，不视为侵犯专利权：

（1）专利权人制造、进口或者经专利权人许可而制造、进口的专利产品或者依照专利方法直接获得的产品售出后，使用、许诺销售或者销售该产品的；

（2）在专利申请日前已经制造相同产品、使用相同方法或者已经做好制造、使用的必要准备，并且仅在原有范围内继续制造、使用的；

（3）临时通过中国领陆、领水、领空的外国运输工具，依照其所属国同中国签订的协议或者共同参加的国际条约，或者依照互惠原则，为运输工具自身需要而在其装置和设备中使用有关专利的；

（4）专为科学研究和实验而使用有关专利的。

（四）侵害专利权行为的法律责任

侵害专利权行为的法律责任包括：民事责任、行政责任和刑事责任。

1. 民事责任

民事责任主要包括：停止侵害、赔偿损失、消除影响、恢复名誉等。其中，根据《专利法》的规定，侵犯专利权的赔偿数额，按照权利人因被侵权所受到的损失或者侵权人因侵权所获得的利益确定；被侵权人的损失或者侵权人获得的利益难以确定的，参照该专利许可使用费的倍数合理确定。

2. 行政责任

行政责任主要包括：（1）对未经专利权人许可实施其专利的行为，管理专利工作的部门认定侵权行为成立的，可以责令侵权人立即停止侵权行为。（2）对假冒他人专利的行为，除依法承担民事责任外，由管理专利工作的部门责令改正并予以公告，没收违法所得，可以并处违法所得 3 倍以下的罚款，没有违法所得的，可以处 5 万元以下的罚款。（3）对以非专利产品冒充专利产品、以非专利方法冒充专利方法的行为，由管理专利工作的部门责令改正并予以公告，可以处 5 万元以下的罚款。（4）对侵夺发明人或者设计人的非职务发明创造专利申请权以及其他权益的行为，由所在单位或者上级主管机关给予行政处分，等等。

3. 刑事责任

刑事责任只限于假冒他人专利且情节严重的情形。《刑法》第 216 条规定，假冒他人专利，情节严重的，处 3 年以下有期徒刑或者拘役，并处或者单处罚金。根据 2004 年 11 月 2 日最高人民法院审判委员会第 1331 次会议、2004 年 11 月 11 日最高人民检察院第十届检察委员会第 28 次会议通过的《关于办理侵犯知识产权刑事案件具体应用法律若干问题的解释》的规定，假冒他人专利，具有下列情形之一的，属于《刑法》第 216 条规定的"情节严重"，应当以假冒专利罪判处 3 年以下有期徒刑或者拘役，并处或者单处罚金：（1）非法经营数额在 20 万元以上或者违法所得数额在 10 万元以上的；（2）给专利权人造成直接经济损失 50 万元以上的；（3）假冒两项以上他人专利，非法经营数额在 10 万元以上或者违法所得数额在 5 万元以上的；（4）其他情节严重的情形。此外，实施下列行为之一的，属于《刑法》第216条规定的"假冒他人专利"的行为：（1）未经许可，在其制造或者销售的产品、产品的包装上标注他人专利号的；（2）未经许可，在广告或者其他宣传材料中使用他人的专利号，使人将所涉及的技术误认为是他人专利技术的；（3）未经许可，在合同中使用他人的专利号，使人将合同涉及的技术误认为是他人专利技术的；（4）伪造或者变造他人的专利证书、专利文件或者专利申请文件的。

（五）诉前救济措施及诉讼时效

1. 诉前救济措施

根据《专利法》的规定，专利权人或者利害关系人有证据证明他人正在实施或者即将实施侵犯其专利权的行为，如不及时制止将会使其合法权益受到难以弥补的损害的，可以在起诉前向人民法院申请采取责令停止有关行为和财产保全的措施。

2. 专利侵权诉讼时效

根据《专利法》的规定，侵犯专利权的诉讼时效为2年，自专利权人或者利害关系人得知或者应当得知侵权行为之日起计算。发明专利申请公布后至专利权授予前使用该发明未支付适当使用费的，专利权人要求支付使用费的诉讼时效为2年，自专利权人得知或者应当得知他人使用其发明之日起计算。但是，专利权人于专利权授予之日前即已得知或者应当得知的，自专利权授予之日起计算。

第三节 商 标 法

一、商标法概述

（一）商标的概念及其特征

商标是指由文字、图形、字母、数字、三维标志和颜色组合，以及上述要素的组合，使用于一定的商品或者服务项目，用以区别商标使用者与同类商品的生产经营者或者同类服务业经营者的显著标记。

商标具有如下特征：

（1）商标主要是由文字、图形或文字与图形结合而组成的标记。商标的构成具有多样性，凡能够将一企业的商品或者服务与另一企业的商品或者服务加以区别的任何标志或者标志的组合，均能构成一项商标。

（2）商标是使用于商品或者服务上的显著标记。商标依附于商品或者服务而存在，其使用具有商业意义和商业价值。

(3) 商标是代表特定商品生产者、经销者或者服务提供者的专用符号。商标具有识别性和表彰性功能。商标的识别性功能，使消费者能够根据各自的需要认牌购货、认牌消费；商标的表彰性功能，代表着特定经营者的商业信誉、市场竞争能力和地位。

(4) 商标是附于商品表面或包装或标于与所提供的服务相关的物品上的具有显著特征的简洁符号。商标是经过人的设计人为地、有意识地置于商品外表或包装上的显著标记；同时商标又是一种具有显著特征的简洁符号，便于识别，能够借以指代某一特定的经营者所经营的商品或者服务。

(二) 商标的分类

根据不同的划分标准，可以将商标分成不同的种类：

(1) 根据商标的结构，可将商标分为文字商标、图形商标、数字商标、三维商标以及组合商标。文字商标是以文字为主组成的商标，如"白玉"牙膏等。图形商标是指用图形构成的商标，如上海老城隍庙工艺品商店就是以城隍庙的图形作为商标。数字商标是以阿拉伯数字组成的商标，如"555"等。三维商标即立体商标，如某酒瓶的包装等。组合商标是以文字、图形、数字等组合起来的商标，它可以是上述要素的组合，也可以是其中两个或几个要素的组合。

(2) 根据商标的用途，可将商标分为商品商标和服务商标。商品商标是用于生产销售的商品上的标记。服务商标是用于服务行业，以便与其他服务行业相区别的标记。

(3) 根据商标的作用和功能，可将商标分为证明商标、集体商标、防御商标和联合商标。证明商标是指由对某种商品或者服务具有监督能力的组织所控制，而由该组织以外的单位或者个人使用于其商品或者服务，用以证明该商品或者服务的原产地、原料、制造方法、质量或者其他特定品质的标志。集体商标是指以团体、协会或者其他组织名义注册，供该组织成员在商事活动中使用，以表明使用者在该组织中的成员资格的标志。防御商标是将同一商标注册于不同的商品或服务上，构成一个防御体系，以防止他人在不同商品或服务上使用该商标可能给消费者造成的混淆。联合商标是指将与已注册商标相近似的商标在相同或类似商品或服务上加以注册。

(4) 根据商标在相关市场上的知名度，可将商标分为驰名商标、著名商标和知名商标。驰名商标是指由商标局认定的在市场上享有较高声誉并为相关公众所熟知的商标。著名商标是指由省级工商行政管理部门认可的，在该行政区划范围内具有较高声誉和市场知名度的商标。知名商标是指由市一级工商行政管理部门认可的，在该行政区划范围内具有较高声誉和市场知名度的商标。

(三) 商标法的概念及其基本原则

1. 商标法的概念

商标法是指调整商标的组成、注册、使用、管理和商标专用权的保护等的法律规范的总称。

商标法有广义和狭义之分。狭义的商标法仅指全国人大常委会通过的《商标法》。广义的商标法除《商标法》外，还包括国家有关法律、行政法规和规章中关于商标的法律规范，如《商标法实施条例》、《驰名商标认定和管理暂行规定》、《商标代理管理办法》、《商标印制管理办法》等。我国参加缔结的有关商标权国际保护方面的条约、协定，经批准公布具有国内法效力的，也属于广义的商标法的范畴。

2. 商标法的基本原则

商标法遵循以下基本原则：（1）保护商标专用权与维护消费者利益相结合的原则。保护商标专用权是商标法的核心和基础，同时商标法也体现了对消费者利益的保护，所以保护商标专用权与维护消费者利益是一个相互促进、相互制约的关系。这个原则要求商标所有人必须保证商品质量，维护商标信誉，保证消费者利益。（2）注册取得商标专用权原则。《商标法》规定，经商标局核准注册的商标为注册商标，商标注册人享有商标专用权，受法律保护。可见在我国要取得商标专用权，必须首先通过商标注册。未经注册的商标，不得取得商标专用权。（3）自愿注册原则。《商标法》规定，自然人、法人或者其他组织对其生产、制造、加工、拣选、经销的商品，或者对其提供的服务项目，需要取得商标专用权的，应当向商标局申请商标注册。因此，是否取得商标专用权由商标使用人自己决定，自愿注册。

二、商标权

(一) 商标权的概念

商标权是指商标所有人对其商标拥有的独占的、排他的权利。由于我国在商标权的取得方面实行的是注册原则，因此，商标权实际上是因商标所有人申请，经政府主管部门确认的专有权利，即因商标注册而产生的权利。从权利的性质上看，商标权与所有权一样，属于绝对权的范围，即权利主体对其注册商标享有完全的使用权和排他的权利。从权利的特征上看，商标权与一般知识产权一样，具有无形性、法定性、专有性、地域性和时间性。

(二) 商标权的主体

商标权的主体是指通过法定程序，在自己生产、制造、加工、拣选、经销的商品或者提供的服务上享有商标专用权的人。根据《商标法》的规定，商标权的主体范围包括：自然人、法人或者其他组织。

两个以上自然人、法人或者其他组织可以共同向商标局申请注册同一商标，共同享有和行使该商标专用权。

(三) 商标权的客体

商标权的客体是指经商标局核准注册的商标，即注册商标。

申请注册的商标应当具备以下条件：(1) 商标应当具备显著性。《商标法》规定，申请注册的商标，应当有显著特征，便于识别，并不得与他人在先取得的合法权利相冲突。商标具备的这种显著性，可以通过两种方式产生，一是商标本身具有显著性；二是通过长期的使用获得商标的显著性。(2) 商标应当符合可视性要求。《商标法》规定，任何能够将自然人、法人或者其他组织的商品与他人的商品区别开的可视性标志，包括文字、图形、字母、数字、三维标志和颜色组合，以及上述要素的组合，均可以作为商标申请注册。由此可见，气味标志、音响标志不能成为注册商标。

根据《商标法》的规定，下列标志不得作为商标使用：(1) 同中华人民共和国的国家名称、国旗、国徽、军旗、勋章相同或者近似的，以及同中央国家机关所在地特定地点的名称或者标志性建筑物的名称、图形相同的；(2) 同外国的国家名称、国旗、国徽、军旗相同或者近似的，但该国政府同意的除外；(3) 同政府间国际组织的名称、旗帜、徽记相同或者近似的，但经该组织同意或者不易误导公众的除外；(4) 与表明实施控制、予以保证的官方标志、检验印记相同或者近似的，但经授权的除外；(5) 同"红十字"、"红新月"的名称、标志相同或者近似的；(6) 带有民族歧视性的；(7) 夸大宣传并带有欺骗性的；(8) 有害于社会主义道德风尚或者有其他不良影响的；(9) 县级以上行政区划的地名或者公众知晓的外国地名。但是，地名具有其他含义或者作为集体商标、证明商标组成部分的除外。已经注册的使用地名的商标继续有效。

下列标志不得作为商标注册：(1) 仅有本商品的通用名称、图形、型号的；(2) 仅仅直接表示商品的质量、主要原料、功能、用途、重量、数量及其他特点的；(3) 缺乏显著特征的。上述所列标志经过使用取得显著特征，并便于识别的，可以作为商标注册。

此外，根据《商标法》的规定，以三维标志申请注册商标的，仅由商品自身的性质产生的形状、为获得技术效果而需有的商品形状或者使商品具有实质性价值的形状，不得注册就相同或者类似商品申请注册的商标是复制、摹仿或者翻译他人未在中国注册的驰名商标，容易导致混淆的，不予注册并禁止使用。就不相同或者不相类似商品申请注册的商标是复制、摹仿或者翻译他人已经在中国注册的驰名商标，误导公众，致使该驰名商标注册人的利益可能受到损害的，不予注册并禁止使用。未经授权，代理人或者代表人以自己的名义将被代理人或者被代表人的商标进行注册，被代理人或者被代表人提出异议的，不予注册并禁止使用。商标中有商品的地理名称，而该商品并非来源于该标志所标志的地区，误导公众的，不予注册并禁止使用。

三、商标注册的申请和审查核准

（一）商标注册的申请

1. 商标注册申请的原则

（1）申请在先原则。两个或者两个以上申请人，先后在同一或类似商品或者服务上，以相同或类似的商标申请注册的，商标权授予申请在先的人。申请先后的确定以申请日为准。两个或者两个以上的申请人，在同一或类似商品或者服务上，以相同或类似的商标在同一天申请注册的，商标权授予使用在先的人。对于使用在先的认定，由申请人自己在接到商标局通知后 30 日内提交第一次使用该商标的日期的证明，同日使用或均未使用的，由各申请人进行协商，协商不成的，由商标局裁定。（2）优先权原则。优先权原则是商标权取得程序中一项重要原则。根据《商标法》的规定，商标注册申请程序中优先权表现在两个方面：一是商标注册申请人自其商标在外国第一次提出商标注册申请之日起 6 个月内，又在中国就相同商品以同一商标提出商标注册申请的，依照该外国同中国签订的协议或者共同参加的国际条约，或者按照相互承认优先权原则，可以享有优先权。申请人依照上述情形要求优先权的，应当在提出商标注册申请的时候提出书面声明，并且在 3 个月内提交第一次提出的商标注册申请文件的副本；未提出书面声明或者逾期未提交商标注册申请文件副本的，视为未要求优先权。二是商标在中国政府主办的或者承认的国际展览会展出的商品上首次使用的，自该商品展出之日起 6 个月内，该商标的注册申请人可以享有优先权。申请人依照上述情形要求优先权的，应当在提出商标注册申请的时候提出书面声明，并且在 3 个月内提交展出其商品的展览会名称、在展出商品上使用该商标的证据、展出日期等证明文件；未提出书面声明或者逾期未提交证明文件的，视为未要求优先权。

2. 商标注册申请的方法

（1）按规定的商品分类表填报使用商标的商品类别和商品名称。商品分类表是划分商品或服务类别和进行商标注册管理的重要依据。我国 1988 年 11 月 1 日开始采用《尼斯协定》的商品分类表申请商标注册，1994 年加入尼斯同盟。该协定将商品和服务分为 45 类，其中 34 类商品、11 类服务项目，覆盖了 1 万多个商品和服务项目。（2）商标注册申请人在不同类别的商品上申请注册同一商标的，应当按商品分类表提出注册申请。（3）注册商标需要在同一类的其他商品上使用的，应当另行提出注册申请。（4）注册商标需要改变其标志的，应当重新提出注册申请。(5) 注册商标需要变更注册人的名义、地址或者其他注册事项的，应当提出变更申请。

(二) 商标注册的审查核准

商标注册的审查核准，是商标主管机关就申请注册的商标是否符合商标法的规定所进行的一系列活动。主要包括形式审查、实质审查、公告核准阶段。对于有争议的商标，还可能发生复审或者裁定。

1. 形式审查

商标局收到商标注册申请文件后，应当首先进行形式审查。形式审查的内容主要包括：申请手续是否齐备；申请人是否具备申请资格；申请文件是否齐全，填写是否正确；是否按规定缴纳了申请注册费等。经过形式审查，凡符合规定的，商标局予以受理，编定申请号，发给受理通知书。对于申请手续不齐备或者未按规定填写申请文件的，予以退回，申请日期不予保留。对于申请手续和申请文件基本符合规定，但需要补正的，通知予以补正，在规定期限内补正的，保留申请日期；未在规定期限内补正的，予以退回，申请日期不予保留。

2. 实质审查

商标局对受理的申请，依照《商标法》的规定进行实质审查。实质审查的内容主要包括：申请注册的商标是否具有显著特征，便于识别；申请注册的商标是否与已注册在相同或类似商品或服务上的商标相同或近似；申请注册的商标是否违背商标法的禁止规定，等等。

3. 公告核准

申请注册的商标，凡符合《商标法》规定的，由商标局初步审定，予以公告。对于两个或者两个以上的商标注册申请人。在同一种商品或者类似商品上，以相同或者近似的商标申请注册的，初步审定并公告申请在先的商标；同一天申请的，初步审定并公告使用在先的商标，驳回其他人的申请，不予公告。申请注册的商标，凡不符合《商标法》规定的，由商标局驳回申请，不予公告。对初步审定的商标，自公告之日起 3 个月内，任何人均可以提出异议，公告期满无异议的，予以核准注册，发给商标注册证，并予以公告。此外，商标局认为商标注册申请内容可以修正的，发给审查意见书，限其在收到通知之日起 15 日内予以修正，未作修正的，超过期限修正或者修正后仍不符合商标法规定的，驳回申请，发给申请人驳回通知书。

4. 复审或者裁定

对驳回申请、不予公告的商标，商标局应当书面通知商标注册申请人。商标注册申请人不服的，可以自收到通知之日起 15 日内向商标评审委员会申请复审，由商标评审委员会做出决定，并书面通知申请人。当事人对商标评审委员会的决定不服的，可以自收到通知之日起 30 日内向人民法院起诉。

对初步审定、予以公告的商标提出异议的，商标局应当听取异议人和被异议人陈述事实和理由，经调查核实后，做出裁定。当事人不服的，可以自收到通知之日起 15 日内向商标评审委员会申请复审。由商标评审委员会做出裁定，并书面通知异议人和被异议人。当事人对商标评审委员会的裁定不服的，可以自收到通知之日起 30 日内向人民法院起诉。人民法院应当通知商标复审程序的对方当事人作为第三人参加诉讼。当事人在法定期限内对商标局做出的裁定不申请复审或者对商标评审委员会做出的裁定不向人民法院起诉的，裁定生效。经裁定异议不能成立的，予以核准注册，发给商标注册证，并予以公告；经裁定异议成立的，不予核准注册。经裁定异议不能成立而核准注册的，商标注册申请人取得商标专用权的时间自初审公告 3 个月期满之日起计算。

四、注册商标的续展、转让、使用许可和争议裁定

（一）注册商标的续展

注册商标的续展是指注册商标所有人在商标注册有效期届满前后的一定时间内，依法办理一定手续延长其注册商标有效期的制度。

根据《商标法》的规定，注册商标的有效期为 10 年，自核准注册之日起计算。注册商标有效期满，需要继续使用的，应当在期满前 6 个月内申请续展注册；在此期间未能提出申请的，可以给予 6 个月的宽展期。宽展期满仍未提出申请的，注销其注册商标。续展注册可以无限制地重复进行，每次续展注册的有效期为 10 年，自该商标上一次有效期满次日起计算。

申请商标续展注册的，每一个申请应当向商标局交送商标续展注册申请书，商标局应当对续展注册申请进行审查。续展注册符合《商标法》规定的，经核准后，发给相应证明，并予以公告。不符合《商标法》规定的，不予核准，予以驳回。

（二）注册商标的转让

注册商标的转让是指注册商标所有人依法将因注册商标产生的商标权转让给他人的行为。注册商标转让后，原注册商标所有人不再享有该注册商标的专用权，受让人成为该注册商标的所有人，享有商标专用权。

根据《商标法》的规定，转让注册商标的，转让人和受让人应当签订转让协议，并共同向商标局提出申请。受让人应当保证使用该注册商标的商品质量。转让注册商标经商标局核准后，发给受让人相应证明，并予以公告。受让人自公告之日起享有商标专用权。

（三）注册商标的使用许可

注册商标的使用许可是指注册商标所有人通过签订商标使用许可合同，许可他人使用其注册商标，同时收取一定的许可使用费。

注册商标的使用许可应当符合下列条件：（1）许可人是被许可的注册商标的所有人或有充分处置权人；（2）被许可人有生产使用许可的商品的资格；（3）使用许可的商标在法律保护的期限内，且使用许可期限不得超过该注册商标的有效期限；（4）使用许可的商品在该注册商标核定使用的商品范围内；（5）使用许可的商标与注册商标一致。

根据《商标法》的规定，商标注册人可以通过签订商标使用许可合同，许可他人使用其注册商标。许可人应当监督被许可人使用其注册商标的商品质量。被许可人应当保证使用该注册商标的商品质量。经许可使用他人注册商标的，必须在使用该注册商标的商品上标明被许可人的名称和商品产地。商标使用许可合同应当报商标局备案。

这里所称商标使用许可，包括以下三类：（1）独占使用许可，是指商标注册人在约定的期间、地域和以约定的方式，将该注册商标仅许可一个被许可人使用，商标注册人依约定不得使用该注册商标。（2）排他使用许可，是指商标注册人在约定的期间、地域和以约定的方式，将该注册商标仅许可一个被许可人使用，商标注册人依约定可以使用该注册商标但不得另行许可他人使用该注册商标。（3）普通使用许可，是指商标注册人在约定的期间、地域和以约定的方式，许可他人使用其注册商标，并可自行使用该注册商标和许可他人使用其注册商标。

（四）注册商标争议的裁定

注册商标争议的裁定是指商标评审委员会对已经注册的商标发生的争议进行裁定的活动。

根据《商标法》的规定，除以下两种情形外，对已经注册的商标有争议的，可以自该商标经核准注册之日起5年内，向商标评审委员会申请裁定：

（1）已经注册的商标，违反《商标法》不得作为商标使用的标志的规定、不得作为商标注册的标志的规定、不得以三维标志申请注册商标情形的规定的，或者是以欺骗手段或者其他不正当手段取得注册的，由商标局撤销该注册商标；其他单位或者个人可以请求商标评审委员会裁定撤销该注册商标。

（2）已经注册的商标，违反《商标法》有关不予注册并禁止使用的规定的，或者违反《商标法》有关申请商标注册不得损害他人现有的在先权利、不得以不正当手段抢先注册他人已经使用并有一定影响的商标的规定的，自商标注册之日起5年内，商标所有人或者利害关系人可以请求商标评审委员会裁定撤销该注册商标。对恶意注册的，驰名商标所有人不受5年的时间限制。

商标评审委员会收到裁定申请后，应当通知有关当事人，并限期提出答辩。商标评审委员会做出维持或者撤销注册商标的裁定后，应当书面通知有关当事人。当事人对商标评审委员会的裁定不服的，可以自收到通知之日起30日内向人民法院起诉。人民法院应当通知商标裁定程序的对方当事人作为第三人参加诉讼。

五、商标使用的管理

商标使用的管理是指商标局对注册商标、未注册商标的使用进行监督管理，并对违反商标法规定的侵权行为予以制裁的活动。

(一) 对注册商标使用的管理

经商标局核准注册的商标为注册商标，商标注册人依法享有商标专用权，受法律保护。根据《商标法》的规定，商标行政管理部门对注册商标的使用依法实行管理。具体管理工作包括以下内容：

第一，对使用注册商标的管理。使用注册商标，有下列行为之一的，由商标局责令限期改正或者撤销其注册商标：(1) 自行改变注册商标的；(2) 自行改变注册商标的注册人名义、地址或者其他注册事项的；(3) 自行转让注册商标的；(4) 连续3年停止使用的。

对商标局撤销注册商标的决定，当事人不服的，可以自收到通知之日起15日内向商标评审委员会申请复审，由商标评审委员会做出决定，并书面通知申请人。当事人对商标评审委员会的决定不服的，可以自收到通知之日起30日内向人民法院起诉。

第二，监督使用注册商标的商品质量。使用注册商标，其商品粗制滥造，以次充好，欺骗消费者的，由各级工商行政管理部门分别不同情况，责令限期改正，并可以予以通报或者处以罚款，或者由商标局撤销其注册商标。

第三，对被撤销或者注销的商标的管理。注册商标被撤销的或者期满不再续展的，自撤销或者注销之日起1年内，商标局对与该商标相同或者近似的商标注册申请，不予核准。

第四，对必须使用注册商标的商品的管理。对按照国家规定必须使用注册商标的商品，未申请注册而在市场销售的，由地方工商行政管理部门责令限期申请注册，可以并处罚款。

(二) 对未注册商标使用的管理

未注册的商标不享有商标专用权，但由于我国对商标注册采取自愿原则，除国家规定必须使用注册商标的商品外，允许商品生产者、经营者或者服务提供者合法使用未注册商标。未注册商标的使用同样涉及商标专用权的保护、商品或者服务质量的保证和消费者利益的保障。因而商标管理工作也包括对未注册商标使用的管理。

根据《商标法》的规定，使用未注册商标，有下列行为之一的，由地方工商行政管理部门予以制止，限期改正，并可以予以通报或者处以罚款：(1)冒充注册商标的；(2)违反商标法中不得作为商标使用的标志的规定的；(3)粗制滥造，以次充好，欺骗消费者的。

六、注册商标专用权的保护

(一) 注册商标专用权的保护范围

根据《商标法》的规定，注册商标的专用权，以核准注册的商标和核定使用的商品为限。根据这一规定，注册商标专用权的保护范围主要限定在三个方面：

第一，核准注册的商标。商标因注册而取得专用权，从而得到法律保护，未注册的商标一般情况下是不受法律保护的。虽然《商标法》也规定，申请商标注册不得损害他人现有的在先权利，也不得以不正当手段抢先注册他人已经使用并有一定影响的商标。但这一规定并不意味着注册商标与未注册商标在法律地位上的一致。因为，未注册商标的使用人不享有该商标的专用权，无权依照《商标法》的规定禁止他人使用，而只有有限的不受他人不正当干扰的使用权。

第二，核定使用的商品或者服务。在核定使用的商品或者服务上使用注册商标是法律保护的基本条件，他人未经许可不得在相同或类似商品或服务上使用相同或近似的商标。

第三，注册商标在有效期限内。注册商标的有效期限为10年，可无限续展。注册商标超过有效期限没有续展的，即不再受到法律的保护。

(二) 侵犯注册商标专用权的行为及其法律责任

1. 侵犯注册商标专用权的行为

根据《商标法》的规定，有下列行为之一的，均属侵犯注册商标专用权：(1)未经商标注册人的许可，在同一种商品或者类似商品上使用与其注册商标相同或者近似的商标的；(2)销售侵犯注册商标专用权的商品的；(3)伪造、擅自制造他人注册商标标志或者销售伪造、擅自制造的注册商标标志的；(4)未经商标注册人同意，更换其注册商标并将该更换商标的商品又投入市场的；(5)给他人的注册商标专用权造成其他损害的。

根据2002年10月12日最高人民法院审判委员会第1246次会议通过的《最高人民法院关于审理商标民事纠纷案件适用法律若干问题的解释》的规定，下列行为属于给他人注册商标专用权造成其他损害的行为：(1)将与他人注册商标相同或者相近似的文字作为企业的字号在相同或者类似商品上突出使用，容易使相关公众产生误认的；(2)复制、摹仿、翻译他人注册的驰名商标或其主要部分在不相同或者不相类似商品上作为商标使用，误导公众，致使该驰名商标注册人的利益可能受到损害的；(3) 将与他人注册商标相同或者相近似的文字注册为域名，并且通过该域名进行相关商品交易的电子商务，容易使相关公众产生误认的。

2. 侵犯注册商标专用权的法律责任

侵犯注册商标专用权的法律责任包括：民事责任、行政责任和刑事责任。

(1) 民事责任。民事责任主要包括：停止侵犯、消除影响、赔偿损失等。其中，根据《商标法》的规定，侵犯商标专用权的赔偿数额，为侵权人在侵权期间因侵权所获得的利益，或者被侵权人在被侵权期间因被侵权所受到的损失，包括被侵权人为制止侵权行为所支付的合理的开支，如权利人或者委托代理人对侵权行为进行调查、取证的费用等。上述所称侵权人因侵权所得利益，或者被侵权人因被侵权所受损失难以确定的，由人民法院根据侵权行为的情节判决给予50万元以下的赔偿。销售不知道是侵犯注册商标专用权的商品，能证明该商品是自己合法取得的并说明提供者的，不承担赔偿责任。

(2) 行政责任。行政责任主要包括：①责令立即停止侵权行为；②没收、销毁侵权商品和专门用于制造侵权商品、伪造注册商标标志的工具；③罚款。根据规定，工商行政管理部门可以根据情节处以非法经营额20%以下或者非法获利2倍以下的罚款；对侵犯注册商标专用权的单位的直接责任人员，可根据情节处以1万元以下的罚款。

(3) 刑事责任。刑事责任主要包括以下内容：

①《刑法》第213条规定，未经注册商标所有人许可，在同一种商品上使用与其注册商标相同的商标，情节严重的，处3年以下有期徒刑或者拘役，并处或者单处罚金；情节特别严重的，处3年以上7年以下有期徒刑，并处罚金。根据2004年11月2日最高人民法院审判委员会第1331次会议、2004年11月11日最高人民检察院第十届检察委员会第28次会议通过的《关于办理侵犯知识产权刑事案件具体应用法律若干问题的解释》的规定，未经注册商标所有人许可，在同一种商品上使用与其注册商标相同的商标，具有下列情形之一的，属于《刑法》第213条规定的"情节严重"，应当以假冒注册商标罪判处3年以下有期徒刑或者拘役，并处或者单处罚金：第一，非法经营数额在5万元以上或者违法所得数额在3万元以上的；第二，假冒两种以上注册商标，非法经营数额在3万元以上或者违法所得数额在2万元以上的；第三，其他情节严重的情形。具有下列情形之一的，属于《刑法》第213条规定的"情节特别严重"，应当以假冒注册商标罪判处3年以上7年以下有期徒刑，并处罚金：第一，非法经营数额在25万元以上或者违法所得数额在15万元以上的；第二，假冒两种以上注册商标，非法经营数额在15万元以上或者违法所得数额在10万元以上的；第三，其他情节特别严重的情形。此外，《刑法》

第 213 条规定的"相同的商标",是指与被假冒的注册商标完全相同,或者与被假冒的注册商标在视觉上基本无差别、足以对公众产生误导的商标。《刑法》第 213 条规定的"使用",是指将注册商标或者假冒的注册商标用于商品、商品包装或者容器以及产品说明书、商品交易文书,或者将注册商标或者假冒的注册商标用于广告宣传、展览以及其他商业活动等行为。

②《刑法》第 214 条规定,销售明知是假冒注册商标的商品,销售金额数额较大的,处 3 年以下有期徒刑或者拘役,并处或者单处罚金;销售金额数额巨大的,处 3 年以上 7 年以下有期徒刑,并处罚金。根据《关于办理侵犯知识产权刑事案件具体应用法律若干问题的解释》的规定,销售明知是假冒注册商标的商品,销售金额在 5 万元以上的,属于《刑法》第 214 条规定的"数额较大",应当以销售假冒注册商标的商品罪判处 3 年以下有期徒刑或者拘役,并处或者单处罚金。销售金额在 25 万元以上的,属于《刑法》第 214 条规定的"数额巨大",应当以销售假冒注册商标的商品罪判处 3 年以上 7 年以下有期徒刑,并处罚金。此外。《刑法》第 214 条规定的"销售金额",是指销售假冒注册商标的商品后所得和应得的全部违法收入。具有下列情形之一的,应当认定为属于《刑法》第 214 条规定的"明知":第一,知道自己销售的商品上的注册商标被涂改、调换或者覆盖的;第二,因销售假冒注册商标的商品受到过行政处罚或者承担过民事责任、又销售同一种假冒注册商标的商品的;第三,伪造、涂改商标注册人授权文件或者知道该文件被伪造、涂改的;第四,其他知道或者应当知道是假冒注册商标的商品的情形。

③《刑法》第 215 条规定,伪造、擅自制造他人注册商标标志或者销售伪造、擅自制造的注册商标标志,情节严重的,处 3 年以下有期徒刑、拘役或者管制,并处或者单处罚金;情节特别严重的,处 3 年以上 7 年以下有期徒刑,并处罚金。根据《关于办理侵犯知识产权刑事案件具体应用法律若干问题的解释》的规定,伪造、擅自制造他人注册商标标志或者销售伪造、擅自制造的注册商标标志。具有下列情形之一的,属于《刑法》第 215 条规定的"情节严重",应当以非法制造、销售非法制造的注册商标标志罪判处 3 年以下有期徒刑、拘役或者管制,并处或者单处罚金:第一,伪造、擅自制造或者销售伪造、擅自制造的注册商标标志数量在 2 万件以上,或者非法经营数额在 5 万元以上,或者违法所得数额在 3 万元以上的;第二,伪造、擅自制造或者销售伪造、擅自制造两种以上注册商标标志数量在 1 万件以上,或者非法经营数额在 3 万元以上,或者违法所得数额在 2 万元以上的;第三,其他情节严重的情形。具有下列情形之一的,属于《刑法》第 215 条规定的"情节特别严重"。应当以非法制造、销售非法制造的注册商标标志罪判处 3 年以上 7 年以下有期徒刑,并处罚金:第一,伪造、擅自制造或者销售伪造、擅自制造的注

册商标标志量在10万件以上，或者非法经营数额在25万元以上，或者违法所得数额在15万元以上的；第二，伪造、擅自制造或者销售伪造、擅自制造两种以上注册商标标志数量在5万件以上，或者非法经营数额在15万元以上，或者违法所得数额在10万元以上的；第三，其他情节特别严重的情形。

（三）侵犯注册商标专用权案件的处理

根据《商标法》的规定，对侵犯注册商标专用权的案件，首先由当事人协商解决，当事人不愿协商或者协商不成的，可以有两种处理方式：一是由商标注册人或者利害关系人请求工商行政管理部门处理。二是由商标注册人或者利害关系人向人民法院起诉。

第一，工商行政管理部门对侵犯注册商标专用权案件的处理。根据《商标法》的规定，商标注册人或者利害关系人对有侵犯注册商标专用权的行为，可以请求工商行政管理部门进行处理。

县级以上工商行政管理部门对涉嫌侵犯他人注册商标专用权的行为进行查处时，可以行使下列职权：（1）询问有关当事人，调查与侵犯他人注册商标专用权有关的情况；（2）查阅、复制当事人与侵权活动有关的合同、发票、账簿以及其他有关资料；（3）对当事人涉嫌从事侵犯他人注册商标专用权活动的场所实施现场检查；（4）检查与侵权活动有关的物品，对有证据证明是侵犯他人注册商标专用权的物品，可以查封或者扣押。

工商行政管理部门在处理侵犯注册商标专用权案件时，认定侵权行为成立的，责令立即停止侵权行为，没收、销毁侵权商品和专门用于制造侵权商品、伪造注册商标标志的工具，并可以处以罚款。当事人对处理决定不服的，可以自收到处理通知之日起15日内向人民法院起诉。侵权人期满不起诉又不履行的，工商行政管理部门可以申请人民法院强制执行。

第二，人民法院对侵犯注册商标专用权案件的处理。根据《商标法》的规定，商标注册人或者利害关系人对有侵犯注册商标专用权的行为，可以向人民法院起诉。

侵犯注册商标专用权的诉讼时效为2年，自商标注册人或者利害权利人知道或者应当知道侵权行为之日起计算。商标注册人或者利害关系人超过2年起诉的，如果侵权行为在起诉时仍在持续，在该注册商标专用权有效期限内，人民法院应当判决被告停止侵权行为，侵权损害赔偿数额应当自权利人向人民法院起诉之日起向前推算2年计算。

商标注册人或者利害关系人有证据证明他人正在实施或者即将实施侵犯其注册商标专用权的行为，如不及时制止，将会使其合法权益受到难以弥补的损害的，可以在起诉前向人民法院申请采取责令停止有关行为和财产保全的措施。

为制止侵权行为,在证据可能灭失或者以后难以取得的情况下,商标注册人或者利害关系人可以在起诉前向人民法院申请保全证据。人民法院接受申请后,必须在48小时内做出裁定,裁定采取保全措施的,应当立即开始执行。人民法院可以责令申请人提供担保,申请人不提供担保的,驳回申请。申请人在人民法院采取保全措施后15日内不起诉的,人民法院应当解除保全措施。

(四) 驰名商标的法律保护

驰名商标是指由商标局认定的在市场上享有较高声誉并为相关公众所熟知的注册商标。驰名商标能给国家和企业带来巨大的经济效益,驰名商标的多少,在一定程度上表现了一个国家的经济实力和水平。保护驰名商标有利于维护社会经济秩序,保护驰名商标权人的合法权益,保护消费者的利益。

驰名商标由国家工商行政管理总局商标局认定,任何组织和个人不得认定或者采取其他变相方式认定驰名商标。认定驰名商标,应当考虑下列因素:(1) 相关公众对该商标的知晓程度;(2) 该商标使用的持续时间;(3) 该商标的任何宣传工作的持续时间、程度和地理范围;(4) 该商标作为驰名商标受保护的记录;(5) 该商标驰名的其他因素。国家工商行政管理总局商标局认定驰名商标后,应当将认定结果通知有关部门及申请人,并予以公告。

为了保护驰名商标所有人的合法权益,我国对驰名商标制定了有别于一般商标的特殊保护规定,具体表现在:

第一,将与他人驰名商标相同或者近似的商标在非类似商品上申请注册,且可能损害驰名商标注册人的权益的,由国家工商行政管理总局商标局驳回其注册申请;申请人不服的,可以向国家工商行政管理总局商标评审委员会申请复审;已经注册的,自注册之日起5年内,驰名商标注册人可以请求国家工商行政管理总局商标评审委员会予以撤销,但恶意注册的不受时间限制。

第二,将与他人驰名商标相同或者近似的商标使用在非类似的商品上,且会暗示该商品与驰名商标注册人存在某种联系,从而可能使驰名商标注册人的权益受到损害的,驰名商标注册人可以自知道或者应当知道之日起2年内,请求工商行政管理机关予以制止。

第三,自驰名商标认定之日起,他人将与该驰名商标相同或者近似的文字作为企业名称一部分使用,且可能引起公众误认的,工商行政管理机关不予核准登记;已经登记的,驰名商标注册人可以自知道或者应当知道之日起2年内,请求工商行政管理机关予以撤销。

第四,未经国家工商行政管理总局商标局认定,伪称商标为驰名商标,欺骗公众的,由行为地工商行政管理机关视其情节予以警告,处以违法所得额3倍以下的罚款,但最高不超过3万元,没有违法所得的,处以1万元以下的罚款。

第四节 反不正当竞争法

一、不正当竞争概论及主体

(一) 不正当竞争概论

1. 不正当竞争概论

什么是不正当竞争（Unfair competition）？不正当竞争实质上就是"不公平竞争"，这种称谓为国际上所通用，也为国际上一些权威性法律文件和法律著作所采用。我国对不正当竞争有多种定义，准确的定义认为，不正当竞争指任何人违反自愿、公平和诚实信用原则，损害其他经营者和消费者合法权益的行为。

2. 不正当竞争行为的特征

(1) 不正当竞争行为是一种违反竞争原则的行为。通常表现就是违法者采取欺诈方式进行竞争，并从中谋取非法利益。

(2) 不正当竞争行为是一种损害其他经营者和消费者合法权益的行为。就是以损害其他经营者和消费者的合法权益来满足自己的利益。

(3) 不正当竞争行为是社会危害极大的竞争行为。不正当竞争行为是以损人利己为前提的，当该行为损害某一经营者利益的时候，就可能折断经营链条，从而带来连锁反应。

(二) 不正当竞争的主体

1. 法人主体

我国《反不正当竞争法》第2条第3款规定，"本法所称的经营者，是指从事商品经营或者营利性服务的法人、其他经济组织和个人。"据此，反不正当竞争法调整的主体首先是办理了法人执照的经营者。

2. 营业主体

按照《反不正当竞争法》的本意，不正当竞争的主体除法人企业外，还包括在工商行政管理机关办理了营业执照的各类合法主体，即各类不能独立承担民事责任的营业单位，承担无限连带责任的合伙企业，以及承担无限连带责任的个体经营户。

3. 无照经营的违法主体

违法主体可以分为两种类型，一类是无照经营的单位，另一类是无照经营的个人。《反不正当竞争法》第2条第3款界定：本法所称的经营者，是指从事商品经营或者营利性服务的法人、其他经济组织和个人。因此，只要实施了不正当竞争行为，符合《反不正当竞争法》规定的行为要件，不管是否办理了营业执照,都不影响其成为不正当竞争的主体。

4. 相关主体

按照《反不正当竞争法》的立法宗旨,只要实实在在地参与和促成了不正当竞争,是不正当竞争主体实施不正当竞争行为的具体执行者,反不正当竞争法就可以调整。反不正当竞争法上的经营者,实质上应当包括参与或者影响市场竞争的任何人。

二、不正当竞争行为构成要件

我国反不正当竞争法规定的不正当竞争行为有 11 类 19 种,主要有假冒仿冒行为、商业贿赂行为、虚假宣传行为、侵犯商业秘密行为、不正当有奖销售行为、商业诋毁行为、公用企业或依法据有独占地位的经营者限制竞争行为、串通招投标行为等。

(一) 假冒仿冒行为

1. 假冒仿冒行为的概念

假冒仿冒行为是指经营者擅自使用特定的竞争对手的商业标志,或者使用与其商业标志相近似的标志,造成市场混淆,足以造成购买者误认和误购的行为。

2. 假冒仿冒行为的特征

(1) 假冒仿冒行为的目的是借助他人的企业声誉和商业信誉,搭便车销售自己的商品或者服务。

(2) 假冒仿冒行为涉及三方当事人。一是假冒仿冒人;二是被假冒仿冒人,他们是拥有商业标志合法权益的当事人;三是误认人,即消费者。

(3) 假冒仿冒的对象是他人的商业标志。包括商标、商号、企业名称,特有的商品名称、包装、装潢等。具有极强的商用价值(commercial value)。

(4) 假冒仿冒的手段是模仿和冒充。

(5) 假冒仿冒的后果是产生市场混淆,已经导致或可能导致消费者误认。

(6) 假冒仿冒的本质是假冒仿冒人违反诚实信用原则,侵犯被仿冒人的知识产权。

3. 假冒仿冒行为的表现形式

假冒仿冒行为的表现形式有 4 种:假冒他人注册商标的行为;仿冒知名商品特有的名称、包装、装潢行为;擅自使用他人的企业名称或者姓名,引人误认为是他人商品的行为;在商品上伪造或者冒用认证标志、名优标志等质量标志,伪造产地,对商品质量作引人误解的虚假表示的行为。

(二) 商业贿赂行为

1. 商业贿赂的概念

商业贿赂是指经营者为销售或购买商品而采用财物或者其他手段贿赂对方单位或者个人,以销售或者购买商品,从而损害其他经营者的合法权益,扰乱社会经济秩序的行为。

2. 商业贿赂的特征

(1) 商业贿赂的主体是从事市场交易的经营者,即可以是卖方,也可以是买方。包括从事市场交易的组织、个人和相关人员。

(2) 商业贿赂的对象是交易相对人或对交易的成交与否产生至关重要作用的人,既包括单位,也包括个人。

(3) 商业贿赂的目的是争取交易机会或者交易条件,以排挤同行竞争对手,获取不正当竞争利益。

(4) 商业贿赂的手段是采用财物或者其他手段进行收买,包括现实中流行的性贿赂。

3. 回扣

回扣是指在市场交易中,经营者销售商品或者提供服务时在账外暗中以现金、实物或者其他方式给予对方单位或者个人一定比例的商品价款。回扣是商业贿赂的典型形式。

(三) 引人误解的虚假宣传行为

引人误解的虚假宣传行为就是一种销售中的误导行为,是指经营者对影响消费者购买行为的各种因素作引人误解的宣传。其特征包括以下几点:(1) 是经营者对自身或广告经营者对代理商的宣传;(2) 是在市场经营过程中发生的,以广告或其他形式表现出来;(3) 宣传的内容已经造成或可能造成人们的误解;(4) 目的是争取交易机会,损害竞争者的利益。

误导宣传行为。误导宣传即能引起人误解的宣传。它包括真实的引人误导的宣传和虚假的引人误导的宣传。既可以是虚假宣传,也可以是虚假表示。

虚假宣传行为。虚假宣传行为是指经营者利用广告或者其他方法,对商品的质量、制作成分、性能、用途、生产者、有效期限、产地等作引人误解的虚假宣传行为。

(四) 侵犯商业秘密行为

商业秘密是指不为公众所知悉,能为权利人带来经济利益,具有实用性并经权利人采取保密措施的技术信息和经营信息。

商业秘密的构成要件包括:(1) 不为公众所知悉,主要是指未进入公知领域,不能从公开的渠道直接获取的信息。(2) 具有确定的可应用性,通过现在和将来的使用,能够给权利人带来现实的或潜在的经济利益,但并不要求权利人已经使用。(3) 权利人对该信息采取了保密措施。

侵犯商业秘密行为的表现形式:(1) 非法获得商业秘密。(2) 披露、使用或者允许他人使用非法获取的权利人的商业秘密。(3) 违反约定或者违反权利人有关保守商业秘密的要求，披露、使用或者允许他人使用其所掌握的商业秘密。(4) 第三人明知或者应知前述三种违法行为，仍获取、使用或者披露他人的商业秘密，视为侵犯商业秘密。

（五）不正当有奖销售行为

有奖销售是指经营者以附带性地提供金钱、物品或者其他利益的引诱方式，促销其商品或服务的行为。

有奖销售的特征：(1) 有奖销售的主体是经营者，当然，这里的经营者不仅仅是办理了工商营业执照的经营者，还应当包括实际从事经营的个人、法人、经营性单位。(2) 有奖销售的目的是促销。(3) 有奖销售的手段：以附带性地提供金钱、物品或者其他利益的引诱方式。

禁止性的有奖销售：《反不正当竞争法》第13条规定："经营者不得从事下列有奖销售：(1) 采用谎称有奖或者故意让内定人员中奖的欺骗方式进行有奖销售；(2) 利用有奖销售的手段推销质次价高的商品；(3) 抽奖式的有奖销售，最高奖的金额超过5000元。"

（六）商业诋毁行为

商业诋毁是指经营者捏造、散布虚假事实，损害竞争对手的商业信誉、商品声誉。

商业诋毁行为的构成要件：(1) 故意捏造事实是商业诋毁行为的主观要件，捏造人与散布人可能是同一人，也可能不是同一人。(2) 客观上捏造、散布虚假事实。通过无中生有的捏造全部或者部分事实，达到诋毁竞争对手的目的，表现为对真实情况的歪曲。(3) 后果上已经或者可能造成竞争对手的商业信誉损害。(4) 商业诋毁行为人与被诋毁人有竞争关系。

（七）公用企业或依法据有独占地位的经营者限制竞争行为

公用企业限制竞争是指公用企业的经营者，利用业已形成的行业垄断地位，实施限制其他经营者参与公平竞争的行为。

限制竞争的特征：(1) 限制竞争的主体只能是公用企业或者依法具有独占地位的经营者。包括供水、供电、供气、邮政、电信、交通运输等行业。(2) 限制竞争侵害的客体是其他处于公平竞争地位经营者的公平竞争机会和消费者的自主选择权。(3) 限制竞争行为人具有主观故意，实施限制竞争的目的就是为了剥夺处于公平竞争地位的其他经营者的公平竞争权，使之失去交易机会，客观上损害消费者利益。(4) 限制竞争行为人已经实施了限制竞争行为，或者已经实施了强制交易行为。也就是说行为处于实施状态或已经完成。

（八）滥用行政权力限制竞争行为

滥用行政权力限制竞争是指政府及其所属部门限定他人购买其指定的经营者的商品，或者滥用行政权力限制商品的正常流通，从而限制市场的正常竞争。

滥用行政权力限制竞争的特征：（1）滥用行政权力限制竞争的主体是政府及其所属部门，包括各级政府及其职能部门。（2）滥用行政权力限制竞争侵犯的客体是正常的市场交易关系。市场竞争应当是公平的，市场主体都有获得公平竞争的机会。政府及其所属部门滥用行政权力，使一些市场主体失去了交易机会，破坏了市场的正常交易，阻碍了市场的正常发展。（3）滥用行政权力限制竞争具有主观故意。滥用行政权力是利益驱动的结果，保护的是和其有直接或间接利益关系和主体，限制的是被保护者的竞争对手。（4）滥用行政权力限制竞争的客观方面，使竞争者失去公平竞争的机会，经济利益受到损失，市场秩序受到破坏。

（九）倾销行为

国际上认为倾销是指一国产品以低于正常价值的价格进入另一国市场内，因此对某一缔约国领土内已建立的相关工业造成实质性损害或产生实质性威胁，或对某一国内工业的新建产生实质性阻碍；国内认为，以排挤竞争对手为目的，产品低于成本价格销售就构成倾销行为。

倾销行为的特征：（1）产品出口价值低于正常价值，这是构成倾销的前提；（2）倾销产品给进口国工业造成实质性损害，包括产生实质性威胁；（3）损害是因倾销造成的，也就是说两者之间有因果关系。

（十）搭售或附加不合理条件的行为

经营者销售商品违背购买者的意愿搭售商品或者附加其他不合理的条件。

搭售行为的危害：（1）违反公平销售的原则。经营者在销售商品时，通过搭售的办法销售商品，显然违反了公平销售的原则。（2）损害了竞争对手的利益。消费者的购买需求是一定的，买了搭售商品就失去了购买自己想购买商品的机会了，其他的竞争者就减少了交易机会。

对搭售行为的处罚：对搭售行为《反不正当竞争法》没有规定罚责，这也是《反不正当竞争法》的一大不足，而在我国没有罚责就不能进行处罚。因此，只能依据各地的地方法规进行处罚。

（十一）串通招投标行为

招投标的性质：招投标行为是签订合同的要约和承诺行为。招标发出通告是要约邀请行为，投标人参与投标是要约行为，中标是招标者承诺的方式和证明。

串通招投标的类型：（1）投标者之间相互串通的串通投标行为。《反不正当竞争法》第15条规定："投标者不得串通投标，抬高标价或者压低标价。"从以上规定可以看出，串通投标行为是指投标者之间相互串通，以抬高标价或者压低标价的行为。(2) 招标人与投标人之间相互串通的串通招标行为。《反不正当竞争法》第15条规定："投标者和招标者之间不得相互勾结，以排挤竞争对手的公平竞争。"

串通招投标的法律后果：(1) 中标无效。在投标人相互串通的案件，给予招标人造成损害的，相互串通的投标人必须给予招标人以赔偿。(2) 一事各罚。即在一个串通招投标违法案件中，对参与串通的各个违法当事人分别给予处罚。必须根据各个违法主体在串通活动中作用的大小分别给予1万~20万元的行政处罚。

三、不正当竞争的法律责任

(一) 对不正当竞争者的民事制裁

1. 承担责任的要件

(1) 请求人是受侵害的经营者；

(2) 侵权行为已经实际发生；

(3) 侵权行为与损失有因果关系。

2. 追究责任的方式

承担损害赔偿是侵权责任的直接方式，让实施不正当竞争行为的人将不正当竞争获得的利润用于赔偿。

《反不正当竞争法》第20条规定："经营者违反本法的规定，给予被侵害的经营者造成损害的，应当承担损害赔偿责任，被侵害的经营者的损失难以计算的，赔偿额为侵权人在侵权期间因侵权所获得的利润；并应当承担被侵害的经营者因调查该经营者侵害其合法权益的不正当竞争行为所支出的合理费用。"

(二) 对不正当竞争者的行政制裁

1. 承担责任的要件

(1) 属于《反不正当竞争法》调整的主体；

(2) 实际实施了不正当竞争行为；

(3) 法律规定了明确的处罚规定。政府及其所属部门限制竞争行为、商业诋毁行为，《反不正当竞争法》没有规定具体的罚则，不能给予行政处罚。

2. 处罚规定

《反不正当竞争法》规定，对假冒注册商标的行为；擅自使用知名商品特有的名称、包装、装潢，或者作近似使用的，已经或足以造成消费者误认的，以及受公用企业或政府及其所属部门指定，推销质次价高的商品的经营者，可以没收违法所得,根据情节处以违法所得1倍以上3倍以下的罚款;对于违法进行有奖销售的,可以根据情节处以1万元以上10万元以下的罚款;对于商业贿赂行为、作引人误解的虚假宣传的行为、侵犯商业秘密行为、串通招投标行为,可以处以1万元以上20万元以下的处罚;对公用企业限制竞争行为,可以处以5万元以上20万元以下的处罚。

(三) 对不正当竞争者的刑事制裁

1. 承担责任的要件

首先,要是从事不正当竞争的直接责任人,是不正当竞争行为的组织者、策划者、实施人员。其次,不正当竞争行为造成了极大的社会危害,影响了市场的正常发展,极大地损害了其他经营者或消费者的合法权益。最后,法律明确规定了应当或可以给予刑事处罚。

2. 具体责任的规定

(1) 生产、销售伪劣商品罪。《反不正当竞争法》第21条第2款中有"销售伪劣商品,构成犯罪的,依法追究刑事责任"的规定,《刑法》第三章第一节规定了"生产、销售伪劣商品罪",第140条规定"生产者、销售者在产品中掺杂、掺假,以假充真、以次充好或者以不合格产品冒充合格产品,销售金额5万元以上不满20万元的,处2年以下有期徒刑或者拘役,并处或者单处销售金额50%以上2倍以下罚金;销售金额20万元以上不满50万元的,处2年以上7年以下有期徒刑,并处销售金额50%以上2倍以下罚金;销售金额50万元以上不满200万元的,处7年以上有期徒刑,并处销售金额50%以上2倍以下罚金;销售金额200万元以上的,处15年有期徒刑或者无期徒刑,并处销售金额50%以上2倍以下罚金或者没收财产。"

(2) 公司、企业人员行贿、受贿罪。《反不正当竞争法》第22条第2款中有"经营者采用财物或者其他手段进行贿赂以销售或者购买商品的,构成犯罪的,依法追究刑事责任"的规定,《刑法》第163条规定"公司、企业的工作人员,利用职务上的便利,索取他人财物或者非法收受他人财物,为他人谋取利益,数额较大的,处5年以下有期徒刑或者拘役;数额巨大的,处5年以上有期徒刑,可以并处没收财产"。《刑法》第164条规定:"为谋取不正当利益,给予公司、企业的工作人员以财物,数额较大的,处3年以下有期徒刑或者拘役;数额巨大的,处3年以上10年以下有期徒刑,并处罚金。"

(3) 关于商标、专利犯罪的规定。《刑法》第213条规定:"未经注册商标所有人许可,在同一种商品上使用与其注册商标相同的商标,情节严重的,处3年以下有期徒刑或者拘役,并处或者单处罚金;情节特别严重的,处3年以上7年以下有期徒刑,并处罚金。"第214条规定:"销售明知是假冒注册商标的商品,销售金额数额较大的,处3年以下有期徒刑或者拘役,并处或者单处罚金；销售金额数额巨大的，处3年以上7年以下有期徒刑，并处罚金。"第215条规定："伪造，擅自制造他人注册商标标志或者伪造、擅自制造的注册商标标志，情节严重的，处3年以下有期徒刑、拘役或者管制，并处或者单处罚金；情节特别严重的，处3年以上7年以下有期徒刑，并处罚金。"第216条规定，"假冒他人专利，情节严重的，处3年以下有期徒刑或者拘役，并处或者单处罚金。"

（4）侵犯著作权罪。以营利为目的，有下列侵犯著作权情形之一，违法所得数额较大或者有其他严重情节的，处3年以下有期徒刑或者拘役，并处或者单处罚金；违法所得数额巨大或者有其他特别严重情节的，处3年以上7年以下有期徒刑，并处罚金：未经著作权人许可，复制发行其文字作品，音乐电影、电视、录像作品、计算机软件及其他作品的；出版他人享有专有出版权的图书的；未经录音录像制作者许可，复制发行其制作的录音录像的；制作、出售、假冒他人署名的美术作品的。《刑法》第218条规定，"以营利为目的的，销售明知是本法第217条规定的侵权复制品，违法所得数额巨大的，处以3年以下有期徒刑或者拘役，并处或者单处罚金。"

（5）侵犯商业秘密罪。《刑法》第219条规定："有下列侵犯商业秘密行为之一，给商业秘密的权利人造成重大损失的处3年以下有期徒刑或者拘役，并处或者单处罚金；造成特别严重后果的，处3年以上7年以下有期徒刑，并处罚金：（一）以盗窃、利诱、胁迫或者其他不正当手段获取权利人的商业秘密的；（二）披露、使用或者允许他人使用以前项手段获取的权利人的商业秘密；（三）违反约定或者违反权利人有关保守商业秘密的要求，披露、使用或者允许他人使用其所掌握的商业秘密。明知或者应知前款所列行为，获取、使用或者披露他人的商业秘密，以侵犯商业秘密论。"

（6）扰乱市场秩序罪。《刑法》第221条规定，"捏造并散布虚伪事实，损害他人的商业信誉、商品声誉，他人造成重大损失或者有其他严重情节的，处2年以下有期徒刑或者拘役，并处或者单处罚金。"《刑法》第222条规定："广告主、广告经营者、广告发布者违反国家规定，利用广告对商品或者服务作虚假宣传，情节严重的，处2年以下有期徒刑或者拘役，并处或者单处罚金。"

《刑法》第223条规定："投标人相互串通报价，损害招标人或者其他投标人利益，情节严重的，处3年以下有期徒刑或者拘役，并处或者单处罚金。投标人与招标人串通投标，损害国家、集体、公民的合法利益的，依照前款的规定处罚。"

3. 追究刑事责任的方法

2001年7月9日国务院第310号令《行政执法机关移送涉嫌犯罪案件的

规定》正式公布，对行政执法机关办理行政案件涉嫌犯罪的，要依法移送，并对移送的程序、方法作出了具体规定。

（1）涉嫌犯罪案件移送的法定性。第310号令第3条规定，"行政执法机关在依法查处违法行为过程中，发现违法事实涉及的金额、违法事实的情节、违法事实造成的后果等，根据刑法关于破坏社会主义市场经济秩序罪、妨害社会管理秩序罪等罪的规定和最高人民法院、最高人民检察院关于破坏社会主义市场经济秩序罪、妨害社会管理秩序罪等罪的司法解释以及最高人民检察院、公安部关于经济犯罪案件的追诉标准等规定，涉嫌构成犯罪，依法需要追究刑事的，必须依照本规定向公安机关移送。"这一条明确规定了移送案件的类型是行政执法中发现的，依法需要追究刑事责任的案件，当然包括反不正当竞争执法中发现的案件；移送的受理机关是公安机关。

（2）涉嫌犯罪案件移送的程序性。对反不正当竞争及其行政执法中发现需要移送的案件，必须按照一定程序办理。首先，"行政执法机关应当向公安机关移送的涉嫌犯罪案件，应当立即指定2名或者2名以上行政执法人员组成专案组专门负责，核实情况后提出移送涉嫌犯罪案件的书面报告，报经本机关正职负责人或者主持工作的负责人审批。"其次，"行政执法机关正职负责人或者主持工作的负责人应当自接到报告之日起3日内作出批准移送或者不批准移送的决定。决定批准的，应当在24小时内向同级公安机关移送；决定不批准的，应当将不予批准的理由记录在案。"

（3）受理移送案件机关的约束性。公安机关对行政执法机关移送的涉嫌犯罪案件，应当在涉嫌犯罪案件移送书的回执上签字。其中，不属于本机关管辖的，应当在24小时内转送有管辖权的机关，并书面告知移送案件的行政执法机关。公安机关应当自接受行政执法机关移送的涉嫌犯罪案件之日起3日内，依照刑法、刑事诉讼法以及最高人民法院、最高人民检察院关于立案标准和公安部关于公安机关办理刑事案件程序的规定，对所移送的案件进行审查。认为有犯罪事实，需要追究刑事责任，依法决定立案的，应当书面通知移送案件的行政执法机关；认为没有犯罪事实，或者犯罪事实显著轻微，不需要追究刑事责任，依法不予立案的，应当说明理由，并书面通知移送案件的行政执法机关，相应退回案卷材料。

思考题

1. 简述著作权中财产权的保护期限。
2. 简述著作权的合理使用。
3. 简述不受著作权法保护的作品。

4. 简述专利权人的权利和义务。

5. 简述注册商标和未注册商标的联系和区别。

6. 简述公用企业限制竞争行为与政府及其所属部门限制竞争行为法律规定上的不同点。

7. 简述商业秘密及其构成要件。

第七章 企业破产法

第一节 破产法概述

一、破产与破产法的概念与特征

(一) 破产的概念与特征

破产是指对丧失清偿能力的债务人,在法院的审理与监督之下,强制清算其全部财产,公平清偿全体债权人的法律制度。破产一般是指破产清算程序,但在谈及破产法律制度时,通常是从广义上理解,不仅包括破产清算制度,而且包括以挽救债务人、避免破产为目的的和解、重整等法律制度。

破产清算是破产法的基本制度,它与相关的民事执行制度相比,具有以下特征:

第一,民事执行程序中的债务人通常具有清偿能力,但拒不履行义务,所以需要强制执行。而破产程序中的债务人已无清偿能力,不能对债权人履行全部义务,故须以破产方式公平解决债务清偿问题。在民事执行中,强调债务人自动履行和债权人主动行使权利,而在破产程序中,因个别债权人的单独执行或债务人对个别债权人的自动履行违背对全体债权人公平清偿的原则,因此为法律所禁止。

第二,民事执行是为申请执行的个别债权人的利益进行的,破产清算则是为全体债权人的利益进行,前者的目的只为债的个别清偿,而后者则更强调清偿在债权人间的公平,解决多数债权人之间因债务人财产不足清偿而发生的矛盾。

第三,破产是对债务人财产法律关系的全面清算与执行,破产宣告后,将终结企业法人债务人的商事经营,并使其丧失民事主体资格。而民事执行的范围则仅限于与所执行债务相关的财产,且不涉及民事主体资格问题。此外,民事执行的对象范围广泛,既包括对财产的执行,也包括对行为的执行,而破产程序中执行的对象仅为财产。

另一方面,破产制度与民事诉讼与执行制度又有着密切的关系。我国新破产法第 4 条规定:"破产案件审理程序,本法没有规定的,适用民事诉讼法的有关规定。"

(二) 破产法的概念与特征

破产法是规定在债务人丧失清偿能力时,法院强制对其全部财产进行清算分配,公平清偿给债权人,或通过债务人与债权人会议达成的和解协议清偿债务,或进行企业重整,避免债务人破产的法律规范的总称。破产法有广义和狭义之分。狭义的破产法特指破产法典,如我国于 2006 年 8 月 27 日通过的《企业破产法》;广义的破产法则还包括其他有关破产的法律、法规、行政规章、司法解释,及散见于其他立法中的调整破产关系的法律规范,如《商业银行法》、《保险法》、《公司法》、《合伙企业法》等立法中有关破产的规定。现代意义上的破产法均由破产清算制度与挽救债务人的和解、重整制度两方面的法律构成。有的国家的立法将这些法律规定在同一部法典之中,如我国,有的国家则对之分别立法,如日本。

破产法是集实体与程序内容合一的综合性法律,其调整范围一般限于债务人丧失清偿能力的特殊情况,解决的主要是如何公平清偿债务,即执行问题,对当事人间的实体权利、义务争议(如债之存在、数额多少等)则应在破产程序之外通过民事诉讼、仲裁等方式解决。因为破产法不具备解决民事权利义务争议时保障当事人诉讼权利的各项制度。

破产法的基本制度主要源于民事债权和民事执行制度,并根据破产程序的特点、原则加以变更,对当事人的权利、义务予以必要的扩张或限制,同时兼顾对社会利益的维护。由于破产法涉及面甚广,不仅民法、民事诉讼法与之相关,企业法、公司法、劳动法、社会保障法乃至刑法、行政法等都与之有密切联系,破产法的实施要依靠这些相关法律及配套制度的保障。实践已经证明,单靠一部破产法是难以广泛实施并发挥其应有社会调整功能的。

(三) 我国破产立法概况

1986 年 12 月 2 日,第六届全国人大常委会第十八次会议通过了《中华人民共和国企业破产法(试行)》(下称旧破产法)。该法适用于全民所有制企业,自《全民所有制工业企业法》实施满 3 个月之日即 1988 年 11 月 1 日起试行。此后,最高人民法院于 1991 年 11 月 7 日发布了《关于贯彻执行〈中华人民共和国企业破产法(试行)〉若干问题的意见》(下称《破产意见》)。1991 年 4 月 9 日,第七届全国人大第四次会议通过了《中华人民共和国民事诉讼法》。其第二编第十九章中规定了"企业法人破产还债程序",适用于非全民所有制的企业法人。至此,所有法人型企业均被纳入破产法的调整体系。2002 年 7 月 18 日,最高人民法院发布《关于审理企业破产案件若干问题的规定》

(下称《破产规定》)。

为促进国有企业的破产试行工作,国务院于 1994 年 10 月 25 日发布了《关于在若干城市试行国有企业破产有关问题的通知》,对试点城市中破产企业职工的安置、破产财产(包括土地使用权)的处置、银行贷款损失的处理等破产法实施中的难点问题作出规定,破产企业的所有财产包括担保物均可优先清偿职工债权与职工安置费用,形成政策性破产制度。鉴于一些地方出现滥用政策性破产的现象,1997 年 3 月 2 日,国务院发布《关于在若干城市试行国有企业兼并破产和职工再就业有关问题的补充通知》,强调政策性破产只适用于国务院确定的范围。国务院有关部委还就政策性破产制定了一些行政规章。

1994 年 3 月,第八届全国人大财经委员会根据第八届全国人大常委会立法规划开始组织新破产法的起草工作。第九届、第十届全国人大常委会均将企业破产法列入立法规划。2004 年 6 月 21 日,在第十届全国人大常委会第 10 次会议上,新破产法草案首次提请审议。2006 年 8 月 27 日,第十届全国人大常委会第 23 次会议通过了《中华人民共和国企业破产法》(下称新破产法),自 2007 年 6 月 1 日起施行,旧破产法同时废止。

二、破产法的立法宗旨与调整作用

(一)破产法的立法宗旨

新破产法第 1 条规定,"为规范企业破产程序,公平清理债权债务,保护债权人和债务人的合法权益,维护社会主义市场经济秩序,制定本法。"

新破产法在立法宗旨上进行了革新。第一,明确破产法的特定社会调整目标,区分其直接社会调整作用与间接社会影响的关系;第二,区分破产法与劳动法、社会保障法等相关立法间不同的调整范围,将不属于破产法调整的破产企业职工的救济安置等社会问题交由其他立法调整,从理论和实践上为破产法的实施扫除社会障碍;第三,排除政府的不当行政干预,避免因行政利益的影响而再度歪曲破产法的实施,同时强调政府必须履行提供社会保障、安置失业职工等职责,保障破产法的顺利实施。

(二)破产法的社会调整作用

破产法的社会调整作用即直接调整作用,是通过其特有的调整手段保障债务关系在债务人丧失清偿能力时的最终公平实现,从而维护全体债权人和债务人的合法权益,维护社会利益与正常经济秩序。

对债务关系的保护,就是对商品信用交易即商品交换关系的保护。而商品交换一旦终止,市场经济就将崩溃。所以信用关系及其法律表现形式——债,也就成为维系市场经济正常运转的决定性因素。保证债务关系正常实现，维护债权人、债务人的正当权益，是任何一个真正的市场经济国家在法律制度上必须解决的基本问题。

在债务人有清偿能力而不履行债务或对债务有争议时，通过民事债权制度和民事诉讼与执行制度便可以保障债的确认与履行。但在债务人丧失清偿能力时，由于其已无足够的财产还清所有债务，多数人的债权在其不足清偿的有限财产上发生竞合，使原来仅存在于债权人与债务人之间的清偿矛盾，进一步扩展到了多数债权人之间。这时如仍允许债务人对个别债权人主动还债，或允许债权人以强制执行方式实现债权，那么先获偿还或先得执行的债权人可能获得全额清偿，而其他债权人则可能分文不获，造成同等权利的债权却得不到同等清偿的不公平现象。

这是因为原有的法律制度设计只能解决债权人与债务人之间的个别清偿问题，而无法解决多数债权人之间的清偿矛盾。所以，当债务人丧失清偿能力时，就必须有一种与原有的民事债权制度和民事诉讼与执行制度不同的特别法律制度来调整，这就是破产法。就债务清偿而言，破产法就是要将当事人的个别清偿转化为集体清偿，将破产人的所有财产集合起来，将所有的债权人也集合起来，按照债权不同的性质、比例给予公平的清偿。

破产法在调整债务关系的同时，对市场经济必然会产生广泛的间接社会影响。它可以进一步完善市场经济优胜劣汰的竞争机制，利用破产压力促进企业提高经济效益；通过破产与重整等制度，优化社会资源的配置等。但不能将这些社会影响理解为制定破产法的社会动因，否则，必将产生危及破产法存在价值的错误认识，使破产法在制度设计与实施中承担一些其不应有的社会职能，妨碍其本质调整作用的发挥。因为对破产法间接影响所涉及问题自有其他法律制度调整，破产不过是对问题解决可能产生客观影响的辅助性制度，并非不可缺少的。惟独在债务人丧失清偿能力时对债的调整上，破产法的作用是任何其他法律或行政措施所无法取代的。而后，在破产法发展过程中又逐步产生通过免责制度维护债务人的正当权益，通过和解、重整制度预防破产发生，进而维护社会利益等其他社会调整作用。

为协调解决破产产生的社会问题，新破产法第6条规定："人民法院审理破产案件，应当依法保障企业职工的合法权益，依法追究破产企业经营管理人员的法律责任"。其第125条规定："企业董事、监事或者高级管理人员违反忠实义务、勤勉义务，致使所在企业破产的，依法承担民事责任。有前款规定情形的人员，自破产程序终结之日起3年内不得担任任何企业的董事、监事、高级管理人员。"

三、破产法的适用范围

（一）破产法的主体适用范围

新破产法第2条规定，其主体适用范围是所有的企业法人，与旧破产法体系下的整体适用范围相同。同时，该法第135条规定："其他法律规定企业法人以外的组织的清算，属于破产清算的，参照适用本法规定的程序"，适当扩大破产法的适用范围，以适应市场经济之调整需要。

此外，新破产法还规定有若干主体适用法律的特殊情况。该法第135条第2款规定："金融机构实施破产的，国务院可以依据本法和其他有关法律的规定制定实施办法。"这是因为金融机构的破产存在一些特殊问题，需要制定具体实施办法解决。该法第133条规定："在本法施行前国务院规定的期限和范围内的国有企业实施破产的特殊事宜，按照国务院有关规定办理。"这是指国有企业政策性破产的处理。根据国务院有关文件规定，政策性破产将在4年内继续实施，于2008年年末彻底退出历史舞台。

（二）新破产法的适用地域范围

新破产法的适用地域范围是指破产宣告的域外效力问题，即一国的破产宣告对位于其他国家的破产人财产是否有效。破产宣告的域外效力发生在跨国破产的情况下。跨国破产又称国际破产、越界破产，是指同时涉及本国与外国因素的破产程序。通常，影响跨国破产形成的因素，主要指债权人、债务人，尤其是破产财产位于两个或两个以上的国家。

关于破产宣告的域外效力，在立法上主要有两种理论。一种是属地主义，主张破产宣告的效力仅及于宣告国国内，只有破产人在该国内的财产属于破产财产。另一种为普及主义，认为破产制度设立的目的，在于一次性公平解决破产人全部债务清偿问题，所以破产宣告的效力应及于破产人在国内外的全部财产。两种立法主义各有利弊，当今世界各国的破产法很少有绝对采取某一种主义的，大多采取一些变通措施解决实际问题。有的国家对外国破产宣告视同外国判决，按照相应的法律程序个案处理，在一定条件下承认其全部或部分效力。也有的国家采取缔结条约的方法，承认缔约方破产宣告在本国具有相应的法律效力。

我国旧破产法对破产宣告的域外效力未作规定。为促进对外开放与国际经贸发展，新破产法采取了有限制的普及主义原则。新破产法第5条规定："依照本法开始的破产程序，对债务人在中华人民共和国领域外的财产发生效力。对外国法院作出的发生法律效力的破产案件的判决、裁定，涉及债务人在中华人民共和国领域内的财产，申请或者请求人民法院承认和执行的，人民法院依照中华人民共和国缔结或者参加的国际条约，或者按照互惠原则进行审查，认为不违反中华人民共和国法律的基本原则，不损害国家主权、安全和社会公共利益，不损害中华人民共和国领域内债权人的合法权益的，裁定承认和执行。"

(三) 新破产法的适用时间

新破产法第 136 条规定："本法自 2007 年 6 月 1 日起施行，《中华人民共和国企业破产法（试行）》同时废止。"新破产法从出台到实施，需要有一个准备期，以进行破产法的实施准备工作，包括制定相应的配套法律、法规、司法解释和行政规章，培训法官、律师等管理人队伍以及相关人员等。

第二节 破产申请与受理

一、破产原因

(一) 破产原因概述

破产原因，也称破产界限，指认定债务人丧失清偿能力，当事人得以提出破产申请，法院据以启动破产程序的法律事实。破产原因也是和解与重整程序开始的原因，但重整程序开始的原因更为宽松，企业法人有明显丧失清偿能力可能的，就可以依法申请重整。

所谓不能清偿，是指债务人对请求偿还的到期债务，因丧失清偿能力而无法偿还的客观财产状况。多数采用概括主义的国家以不能清偿作为对自然人、法人普遍适用的一般破产原因，而以资不抵债作为对资合法人、清算中法人、遗产等仅以有限财产为清偿保证、无人对其债务负无限责任的特定主体主动申请破产的特殊破产原因，以防止其在资不抵债的情况下仍不适当地扩张债务，损害债权人利益。同时规定，停止支付可推定为不能清偿，以解决债权人申请破产时的举证责任问题。

此外，对债务人丧失清偿能力的认定，不以其他对其债务负有清偿义务者（如连带责任人、担保人）也不能代为清偿为条件。只要债务人本人不能清偿到期债务即为丧失清偿能力，其他人对其负债的连带责任、担保责任，不能视为债务人的清偿能力或其延伸。

(二) 新破产法之破产原因规定分析

根据新破产法第 2 条的规定，破产原因是企业法人不能清偿到期债务，并且资产不足以清偿全部债务或者明显缺乏清偿能力。这一规定涉及不能清偿与资不抵债两个概念，存在如何正确理解与适用的问题。

不能清偿与资不抵债的概念是不同的。不能清偿在法律上的着眼点是债务关系能否正常维持。资不抵债的着眼点是资债比例关系及因此产生的清偿风险，其考察债务人的偿还能力仅以实有财产为限，不考虑信用、能力等其他偿还因素，计算债务数额时，不考虑是否到期，均纳入总额之内。债务人在资不抵债时，如到期债务数额不大，并不一定不能清偿，此外还存在以信用、能力方式还债的可能。另一方面，在债务人资产尚超过负债时，也可能因资产结构不合理无法变现，对到期债务缺乏现实支付能力而无法清偿。所以，两者对破产界限的认定是有区别的。

在新破产法起草过程中，曾经规定以不能清偿作为普遍适用的破产原因，以资不抵债作为清算中法人的破产原因，以停止支付作为推定破产原因，解决债权人申请破产时的举证责任问题。但在新破产法草案提交审议时，有人认为，仅以债务人不能清偿到期债务作为破产原因，可能会使破产企业大量增加，希望对破产原因加以限制，受过去国有企业适用政策性破产时要求进行审计并达到资不抵债标准的影响，主张增加资不抵债作为必须同时具备的破产原因。后经反复协调工作，将破产原因改为现在立法规定的模式。

根据新破产法规定，破产原因分为两种情况。第一，债务人不能清偿到期债务，并且资产不足以清偿全部债务，主要适用于债务人提出破产申请且其资不抵债易于判断的案件；第二，债务人不能清偿到期债务，并且明显缺乏清偿能力，主要适用于债权人提出破产申请和债务人提出破产申请但其资不抵债不易判断的案件。

二、申请和受理

（一）申请的提出

新破产法将当事人提起破产清算、和解与重整这三个程序的申请统一规定于一个章节之中，虽然在有的法律条款中使用"破产申请"的概念。根据法律规定，债务人发生破产原因，可以向人民法院提出重整、和解或者破产清算申请。债务人不能清偿到期债务，债权人可以向人民法院提出对债务人进行重整或者破产清算的申请。

企业法人已解散但未清算或者未清算完毕，资产不足以清偿债务的，依法负有清算责任的人应当向人民法院申请破产清算。如《公司法》第188条第1款规定，"清算组在清理公司财产、编制资产负债表和财产清单后，发现公司财产不足清偿债务的，应当依法向人民法院申请宣告破产。"

此外，根据新破产法第134条规定："商业银行、证券公司、保险公司等金融机构有本法第2条规定情形的，国务院金融监督管理机构可以向人民法院提出对该金融机构进行重整或者破产清算的申请。国务院金融监督管理机构依法对出现重大经营风险的金融机构采取接管、托管等措施的，可以向人民法院申请中止以该金融机构为被告或者被执行人的民事诉讼程序或者执行程序。"

当事人的申请应向对破产案件有管辖权的人民法院提出。新破产法规定，破产案件的地域管辖由债务人住所地人民法院管辖。但对级别管辖，立法未作规定，留待最高人民法院通过司法解释解决。根据最高人民法院对旧破产法的司法解释规定，破产案件的级别管辖依破产企业的工商登记情况确定。基层人民法院一般管辖县、县级市或者区的工商行政管理机关核准登记企业的破产案件；中级人民法院一般管辖地区、地级市（含本级）以上的工商行政管理机关核准登记企业的破产案件；纳入国家计划调整的国有企业破产案件即政策性破产，由中级人民法院管辖。上级人民法院审理下级人民法院管辖的企业破产案件，或者将本院管辖的企业破产案件移交下级人民法院审理，以及下级人民法院需要将自己管辖的企业破产案件交由上级人民法院审理的，依照《民事诉讼法》第39条的规定办理；省、自治区、直辖市范围内因特殊情况需对个别企业破产案件的地域管辖作调整的，须经共同上级人民法院批准。

当事人向人民法院提出破产申请，应当提交破产申请书和有关证据。破产申请书应当载明下列事项：(1) 申请人、被申请人的基本情况；(2) 申请目的；(3) 申请的事实和理由；(4) 人民法院认为应当载明的其他事项。债务人提出申请的，还应当向人民法院提交财产状况说明、债务清册、债权清册、有关财务会计报告、职工安置预案以及职工工资的支付和社会保险费用的缴纳情况。由于企业（尤其是私营企业、外商投资企业等非国有企业）破产后并不负有安置职工的义务，也无此能力，真正负有此项义务的是地方政府，所以破产申请书要求提交的"职工安置预案"，实际上应由地方政府制定。如申请企业因政府不履行职责而无法提交职工安置预案，或在预案中将职工安置交由政府解决，不影响破产申请的受理（政策性破产的国有企业除外）。人民法院受理破产申请前，申请人可以请求撤回申请。

(二) 破产申请的受理

债权人提出破产申请的，人民法院应当自收到申请之日起5日内通知债务人。通知中应告知债务人不得转移资产、逃避债务，不得进行有碍于公平清偿的行为。债务人对申请有异议的，应当自收到人民法院的通知之日起7日内向人民法院提出。人民法院应当自异议期满之日起10日内裁定是否受理。除上述情形外，人民法院应当自收到破产申请之日起15日内裁定是否受理。有特殊情况需要延长受理案件期限的，经上一级人民法院批准，可以延长15日。

人民法院裁定受理破产申请的，应当将裁定自作出之日起5日内送达申请人。债权人提出申请的，人民法院应当自裁定作出之日起5日内送达债务人。债务人应当自裁定送达之日起15日内，向人民法院提交财产状况说明、债务清册、债权清册、有关财务会计报告以及职工工资的支付和社会保险费用的缴纳情况。债务人违反法律规定，拒不向人民法院提交或者提交不真实的上述文件与情况说明的，人民法院可以对直接责任人员依法处以罚款。

人民法院裁定不受理破产申请的，应当将裁定自作出之日起5日内送达申请人并说明理由。申请人对裁定不服的，可以自裁定送达之日起10日内向上一级人民法院提起上诉。

人民法院受理破产申请后至破产宣告前，经审查发现债务人未发生破产原因的，可以裁定驳回申请。申请人对裁定不服的，可以自裁定送达之日起10日内向上一级人民法院提起上诉。

人民法院裁定受理破产申请的，应当同时指定管理人，并在裁定受理破产申请之日起25日内通知已知债权人，并予以公告。通知和公告应当载明下列事项：（1）申请人、被申请人的名称或者姓名；（2）人民法院受理破产申请的时间；（3）申报债权的期限、地点和注意事项；（4）管理人的名称或者姓名及其处理事务的地址；（5）债务人的债务人或者财产持有人应当向管理人清偿债务或者交付财产的要求；（6）第一次债权人会议召开的时间和地点；（7）人民法院认为应当通知和公告的其他事项。

为保证破产程序顺利进行，自人民法院受理破产申请的裁定送达债务人之日起至破产程序终结之日，债务人的有关人员承担下列义务：（1）妥善保管其占有和管理的财产、印章和账簿、文书等资料；（2）根据人民法院、管理人的要求进行工作，并如实回答询问；（3）列席债权人会议并如实回答债权人的询问；（4）未经人民法院许可，不得离开住所地；（5）不得新任其他企业的董事、监事、高级管理人员。所谓债务人的有关人员指企业的法定代表人；经人民法院决定，可以包括企业的财务管理人员和其他经营管理人员。债务人的有关人员违反法律规定，擅自离开住所地的，人民法院可以予以训诫、拘留，可以依法并处罚款。

为保证对全体债权人的公平清偿，新破产法第16条规定："人民法院受理破产申请后，债务人对个别债权人的债务清偿无效。"但是，债务人以其自有财产向债权人提供物权担保的，其在担保物价值内向债权人所作的债务清偿，不受上述规定限制。因物权担保债权人享有对担保物的优先受偿权，对其债务清偿可使债务人收回担保财产，用于对所有债权人的清偿，不违反公平清偿原则。

人民法院受理破产申请后，债务人的债务人或者财产持有人应当向管理人清偿债务或者交付财产。债务人的债务人或者财产持有人故意违反法律规定向债务人清偿债务或者交付财产，使债权人受到损失的，不免除其清偿债务或者交付财产的义务。所谓故意违反法律规定，是指上述当事人明知或应知人民法院已经受理破产申请，仍向债务人清偿债务或者交付财产。不免除清偿债务或者交付财产的义务，是以债权人因此受到损失的范围为限。如果债务人的债务人或者财产持有人虽向债务人清偿债务或者交付财产，但债务人将接收到的清偿款项或者财产全部上交管理人，债权人并未受到损失，则不必再承担民事责任。

人民法院受理破产申请后，管理人对破产申请受理前成立而债务人和对方当事人均未履行完毕的合同有权决定解除或者继续履行，并通知对方当事人。管理人决定解除或者继续履行合同，应当以保障债权人权益最大化为原则。管理人自破产申请受理之日起两个月内未通知对方当事人，或者自收到对方当事人催告之日起30日内未答复的，视为解除合同。管理人决定继续履行合同的，对方当事人应当履行，但有权要求管理人提供担保。管理人不提供担保的，视为解除合同。

人民法院受理破产申请后，有关债务人财产的保全措施应当解除，执行程序应当中止。其中的保全措施，既包括民事诉讼保全措施，也包括在行政处罚程序中的保全措施，如海关、工商管理部门等采取的财产扣押、查封等措施，还应包括刑事诉讼中公安部门、司法部门采取的相关措施。所谓执行程序应当中止，是指对无物权担保债权的执行，物权担保债权人对担保物的执行原则上不中止，除非当事人申请的是重整程序。因为在破产清算和和解程序中，物权担保债权人对担保物享有优先受偿权，其就担保物的执行，不会损害其他债权人的权益，不违反公平清偿原则。

根据新破产法的规定，人民法院受理破产申请后，已经开始而尚未终结的有关债务人的民事诉讼或者仲裁应当中止；在管理人接管债务人的财产后，该诉讼或者仲裁继续进行。这与旧破产法体系中的规定相比有重大改变。最高人民法院在其旧司法解释《破产规定》第19条规定："人民法院受理企业破产案件后，以债务人为原告的其他民事纠纷案件尚在一审程序的，受诉人民法院应当将案件移送受理破产案件的人民法院；案件已进行到二审程序的，受诉人民法院应当继续审理。"第20条规定："人民法院受理企业破产案件后，对债务人财产的其他民事执行程序应当中止。以债务人为被告的其他债务纠纷案件，根据下列不同情况分别处理：（1）已经审结但未执行完毕的，应当中止执行，由债权人凭生效的法律文书向受理破产案件的人民法院申报债权。（2）尚未审结且无其他被告和无独立请求权的第三人的，应当中止诉讼，由债权人向受理破产案件的人民法院申报债权。在企业被宣告破产后，终结诉讼。（3）尚未审结并有其他被告或者无独立请求权的第三人的，应当中止诉讼，由债权人向受理破产案件的人民法院申报债权。待破产程序终结后，恢复审理。（4）债务人系从债务人的债务纠纷案件继续审理。"这些案件转至受理破产案件的人民法院后，由其在债权确认程序中以裁定解决当事人的实体争议。由于上述规定严重损害了当事人的诉讼权利，故新破产法对此作出根本性的改变，纠正其错误。

破产申请受理后，有关债务人的民事诉讼只能向受理破产申请的人民法院提起。但是其他法律有特殊规定的应当除外，如劳动争议仍应先行进行劳动仲裁，当事人约定仲裁解决纠纷的，也应当以仲裁方式解决。

三、债权申报与确认

（一）债权申报

根据破产法的一般规定，破产案件受理后，债权人只有在依法申报债权并得到确认后，才能行使破产参与、受偿等权利。债权人行使各项权利，应依照破产法规定的程序进行。

新破产法规定，人民法院受理破产申请后，应当确定债权人申报债权的期限。债权申报期限自人民法院发布受理破产申请公告之日起计算，最短不得少于30日，最长不得超过3个月。在法律规定的期间内，人民法院可以根据案件具体情况确定申报债权的期限。旧破产法规定的债权申报期限是固定期限，并对以通知送达的已知债权人和以公告送达的其他债权人规定不同的申报债权期限，存在不妥之处。

债权人应当在人民法院确定的债权申报期限内向管理人申报债权。但债务人所欠职工的工资和医疗、伤残补助、抚恤费用，所欠的应当划入职工个人账户的基本养老保险、基本医疗保险费用，以及法律、行政法规规定应当支付给职工的补偿金，不必申报，由管理人调查后列出清单并予以公示。职工对清单记载有异议的，可以要求管理人更正；管理人不予更正的，职工可以向人民法院提起诉讼。据此，职工债权是免申报的债权，这有助于更好的维护职工权益，避免出现遗漏职工债权的现象。

债权人申报债权时，应当书面说明债权的数额和有无财产担保，并提交有关证据。申报的债权是连带债权的，应当说明。连带债权人可以由其中一人代表全体连带债权人申报债权，也可以共同申报债权。

债务人的保证人或者其他连带债务人已经代替债务人清偿债务的，以其对债务人的求偿权申报债权；尚未代替债务人清偿债务的，以其对债务人的将来求偿权申报债权。允许保证人等预先申报债权，是为避免在债权人不参加破产清偿而直接向保证人或连带债务人要求清偿的情况下，保证人或连带债务人履行保证或连带责任后却因无法及时申报债权，破产人的财产分配程序已终结，而无法行使其代位求偿权。所以，立法允许保证人等预先行使求偿权，但债权人已向管理人申报全部债权的除外，否则会出现对一项债务的重复清偿。连带债务人数人的破产案件均被受理的，其债权人有权就全部债权分别在各破产案件中申报债权。

未到期的债权，在破产申请受理时视为到期。附利息的债权自破产申请受理时起停止计息。而旧破产法规定，附利息的债权自破产宣告时起停止计息。附条件、附期限的债权和诉讼、仲裁未决的债权，债权人也可以申报其债权。

管理人或者债务人依照破产法规定解除合同的，对方当事人以因合同解除所产生的损害赔偿请求权申报债权。可申报的债权以实际损失为限，违约金不作为破产债权。

债务人是委托合同的委托人，其破产案件被人民法院受理，受托人不知该事实，继续处理委托事务的，受托人以由此产生的请求权申报债权。

债务人是票据的出票人，其破产案件被人民法院受理，该票据的付款人继续付款或者承兑的，付款人以由此产生的请求权申报债权。这一规定是为了维护票据作为无因证券（指持有票据者行使权利时无须说明取得原因，支付义务人对此也无审查的权利，即使原因关系无效对票据支付关系一般也无影响）的地位，保障付款人或承兑人的合法权益，保证票据的流通信用。

新破产法第56条规定："在人民法院确定的债权申报期限内，债权人未申报债权的，可以在破产财产最后分配前补充申报；但是，此前已进行的分配，不再对其补充分配。为审查和确认补充申报债权的费用，由补充申报人承担。债权人未依照本法规定申报债权的，不得依照本法规定的程序行使权利。"这一规定对旧法作了重大改变。旧破产法第9条规定，债权人"逾期未申报债权的，视为自动放弃债权"，这是对债权人权益的错误损害。新破产法的修改体现了保护债权人权益的原则。

(二) 债权确认

债权人申报之债权需经确认后才能在破产程序中行使权利。债权审查的判断原则是，凡法律允许通过一般司法程序提出异议的债权，即未经发生法律效力的裁判所确认的债权，均应在审查确认之列；凡经发生法律效力的裁判所确认的债权，原则上不在审查确认之列。

根据新破产法规定，管理人收到债权申报材料后，应当登记造册，对申报的债权进行审查，并编制债权表。管理人必须将申报的债权全部编入债权表，不允许以其认为债权不成立等为由拒绝编入债权表。管理人进行实质审查后对各项债权的认定结果，如是否真实存在、是否超过诉讼时效等，应附在提交第一次债权人会议的债权表后，供核查使用。债权表和债权申报材料由管理人保存，供利害关系人查阅。

管理人依法编制的债权表，应当提交第一次债权人会议核查。债权的核查程序如下：首先，由管理人发放、宣读被核查债权的申报登记情况以及有关证据材料，并由该债权人进行说明。随后由管理人、债务人、其他债权人陈述意见，由该债权人解释，有疑问者可继续进行询问。经核查后，管理人、债务人、其他债权人对债权无异议的，列入债权表。债权表由人民法院裁定确认，其确认具有与生效判决同等的法律效力。

经核查后仍存在异议的债权，由人民法院裁定该异议是否成立。该项裁定无实体法律效力，不影响债权人提起债权确认诉讼的权利。人民法院裁定异议不成立时，债权列入债权表，异议人可以该债权人为被告提起债权确认诉讼。人民法院裁定异议成立时，债权不列入债权表，该债权人可以异议人为被告提起债权确认诉讼。根据新破产法规定，管理人、债务人、债权人对债权表记载的债权有异议的，可以向受理破产申请的人民法院提起诉讼。

新破产法的债权确认规定，纠正了旧破产法"确认债权属于债权人会议的职权"的错误规定，体现出对当事人权益的公正保护。因为确认债权是对当事人实体民事权利的裁判，依有关法律规定，只有人民法院才有权依法定程序作出。债权人会议作为一个自治性议事机构，无权对当事人间的实体民事权利义务作出强制性裁判，而且债权人会议的表决机制要求所有债权均得到确认后才具备表决基础，这也使债权确认无法通过表决解决。

第三节 债务人财产与管理人

一、债务人财产

（一）债务人财产的范围

根据新破产法第30条规定，债务人财产包括破产申请受理时属于债务人的全部财产，以及破产申请受理后至破产程序终结前债务人取得的财产。债务人财产在破产宣告后称破产财产。

新破产法与旧破产法对债务人财产范围规定的不同之处，其一是将确定债务人财产范围的时间从破产宣告时改为破产申请受理时；其二是，旧破产法规定，已作为担保物的财产不属于破产财产，而新破产法未将作为担保物的财产排除出债务人财产即破产财产之外。

（二）破产撤销权与无效行为制度

新破产法规定了破产撤销权与无效行为制度。撤销权是指管理人对债务人在破产案件受理前的法定期间内进行的欺诈逃债或损害公平清偿的行为，有申请法院撤销的权利。我国破产法上的无效行为则是针对《民法通则》、《合同法》中规定的无效民事行为在破产程序中的表现特点作出的强调性规定，并无实质性创新内容。而破产撤销权则明确建立了新的法律制度。破产法以维护债务公平清偿为首要目标，撤销权则是维护公平清偿的关键环节，故各国均将撤销权视为破产法上最重要的制度之一。

民法与合同法中规定有撤销权，并不仅因破产程序的启动而被排除适用。破产撤销权也是依民事撤销权的原理产生的，但两者有一定区别。破产撤销权针对债务人丧失清偿能力的特殊情况设置，适用范围同民事撤销权有所不同。破产法规定的一些可撤销行为，在债务人有清偿能力时可能是具有法律效力的，属于债务人对其民事权利的处分，如对原无担保的债务提供物权担保，对未到期的债权提前清偿等。但在债务人丧失清偿能力时，因违背公平清偿原则，这些行为便属于欺诈行为或偏袒清偿行为，应予撤销。民法撤销权的行使主体为当事人和利害关系人，而破产撤销权只能由管理人行使。此外，在行为的主观构成要件等方面也存在一定区别。

撤销权的设立是为防止债权人的利益受到侵害，故从理论上讲，其构成应有债权人利益因该行为受损的事实，即可撤销行为发生在债务人存在破产原因的情况下。立法如采用这一实质判断原则较为公平，但因存在债权人举证困难问题，在实践中甚难实行。我国破产法采用程序判断原则，撤销权在法定期间内即形成，并在规定时效期间内行使。立法不再对被撤销行为实施时是否损害债权人利益作实质判断，债务人与第三人主观上为恶意或善意也不影响撤销权的行使，以解决举证责任等问题，更好地维护债权人利益。

旧破产法第35条对此问题作有规定，但其对违法行为定性混乱，如将隐匿、私分财产等无效行为混同于可撤销行为。对无效行为无论何时、何人发现，均可追回被非法处分的财产，而撤销权的行使则有时效限制。旧法将不同法律性质的行为混杂在一起，规定行为无效却又均按可撤销行为处理，使无效行为在撤销权行使时效（破产程序终结后1年）期满后反成为有效行为，极不合理。旧法对破产欺诈行为的打击力度也不够，立法不周全，如对以明显低价出售财产的行为可以撤销，但对债务人反向操作以明显的高价买入财产的行为未作规定；对可撤销行为的构成期间规定为破产案件受理前半年，明显过短，不利于保护债权人，撤销权消灭时效也过短。行使撤销权的主体——清算组在破产宣告后才成立，这导致撤销权行使期间过晚，财产损失难以挽回。在债务人以和解整顿方式结案、未被宣告破产的情况下，由于未设清算组，根本无法行使撤销权。此外，其法律责任规定也不完善。虽旧破产法第41条对违法行为规定有法律责任，但未规定民事责任，债权人的经济损失无法获得补偿。旧法沿袭计划经济行政管理模式，对违法行为规定了行政处分。但行政处分以处分人与被处分人存在隶属关系为前提，目前对企业人员已难以适用或实际起不到制裁作用。虽旧法规定破产欺诈行为构成犯罪的，要依法追究刑事责任，但因原《刑法》分则中对破产欺诈等犯罪未作规定，所以也无法追究刑事责任。

新破产法对撤销权制度予以全面完善。首先，区分规定无效行为与可撤销行为。其第31条规定："人民法院受理破产申请前1年内，涉及债务人财产的下列行为，管理人有权请求人民法院予以撤销：（1）无偿转让财产的；（2）以明显不合理的价格进行交易的；（3）对没有财产担保的债务提供财产担保的；（4）对未到期的债务提前清偿的；（5）放弃债权的。"第32条规定："人民法院受理破产申请前6个月内，债务人有本法第2条第1款规定的情形，仍对个别债权人进行清偿的，管理人有权请求人民法院予以撤销。但是，个别清偿使债务人财产受益的除外。"这两条是对可撤销行为的规定。

新破产法第33条规定："涉及债务人财产的下列行为无效：（1）为逃避债务而隐匿、转移财产的；（2）虚构债务或者承认不真实的债务的。"这是对无效行为的规定。同时，其第34条规定："因本法第31条、第32条或者第33条规定的行为而取得的债务人的财产，管理人有权追回。"

其次，新破产法将撤销权的构成期间根据不同行为的危害程度区分规定，并适当延长，同时完善对可撤销行为的规定。如将主要可撤销行为的可追溯时间提前到人民法院受理破产申请前1年，并将失效时间向后延伸到破产程序终结两年内；将旧法规定的"非正常压价出售财产"，修改为"以明显不合理的价格进行交易"，堵住了立法存在的漏洞；而且法院在受理破产案件后即指定管理人，撤销权可以尽早行使，有利于维护债权人权益。

再次，新破产法完善了法律责任制度。（1）立法取消已无实际意义的行政处分制度，建立了民事责任制度。新破产法第128条规定："债务人有本法第31条、第32条、第33条规定的行为，损害债权人利益的，债务人的法定代表人和其他直接责任人员依法承担赔偿责任。"（2）新破产法起草工作组建议全国人大常委会制定刑法修正案，对破产犯罪问题及时作出规定。2006年6月29日，第十届全国人大常委会第22次会议通过了《中华人民共和国刑法修正案（六）》，自公布之日起施行。该修正案的第6条规定："在刑法第162条之一后增加一条，作为第162条之二：'公司、企业通过隐匿财产、承担虚构的债务或者以其他方式转移财产或处分财产，实施虚假破产，严重损害债权人或者其他人利益的，对直接负责的主管人员和其他直接责任人员，处5年以下有期徒刑或者拘役，并处或者单处2万元以上20万元以下罚金'。"刑法修正案的规定对于打击破产欺诈犯罪，制止实践中屡屡出现的种种虚假破产逃债行为，将起到重要的威慑作用。此外，新破产法还规定，对其他违反该法规定，构成犯罪的行为，均要依法追究刑事责任。

（三）债务人财产的收回

新破产法第35条规定："人民法院受理破产申请后，债务人的出资人尚未完全履行出资义务的，管理人应当要求该出资人缴纳所认缴的出资，而不受出资期限的限制。"

为维护债权人及债务人的合法权益，新破产法第 36 条规定："债务人的董事、监事和高级管理人员利用职权从企业获取的非正常收入和侵占的企业财产，管理人应当追回。"

在人民法院受理破产申请后，管理人可以通过清偿债务或者提供为债权人接受的担保，取回质物、留置物。管理人所作的债务清偿或者替代担保，在质物或者留置物的价值低于被担保的债权额时，以该质物或留置物当时的市场价值为限。否则，就可能出现不公平清偿的情况。

（四）取回权

破产法上的取回权分为一般取回权与特别取回权。新破产法第 38 条规定："人民法院受理破产申请后，债务人占有的不属于债务人的财产，该财产的权利人可以通过管理人取回。但是，本法另有规定的除外。"这是对一般取回权的规定。

一般取回权在破产案件受理后形成，其行使不受破产程序限制，在无争议时无须通过诉讼程序，但因财产在管理人占有之下，权利人须通过其取回财产。权利人在取回定作物、保管物等财产时，存在相应对待给付义务的，应向管理人交付加工、保管等费用。

一般取回权的行使通常只限于取回原物。如在破产案件受理前，原物已被债务人卖出或灭失，权利人的取回权消灭，只能以物价即直接损失额作为破产债权要求清偿，但可构成代位权利的除外。

新破产法第 39 条规定："人民法院受理破产申请时，出卖人已将买卖标的物向作为买受人的债务人发运，债务人尚未收到且未付清全部价款的，出卖人可以取回在运途中的标的物。但是，管理人可以支付全部价款，请求出卖人交付标的物。"这是对特别取回权中出卖人取回权的规定。

买方在破产申请受理时尚未付清货款，同时也没有收到货物，未取得所有权。如不允许卖方将尚属于自己的货物取回，其未得到支付的货款便只能作为破产债权受偿，有失公平。为此，特设立出卖人取回权。

出卖人向管理人表示行使取回权，即发生取回法律效力，并不要求出卖人必须在买方收到货物前实际控制并取回货物。其后，管理人即使收到货物，也仅处于保管人的地位。否则，由于运输等方面的原因使出卖人无法控制、收回在途中的货物，便不承认其取回权，不仅不合理，还将使取回权的规定失去存在意义。因为在管理人未收到货物情况下，货物理论上仍控制在出卖人手中，这时只要运用《合同法》上的中止运输权或抗辩权不交付即可，只有在货物被他人占有的情况下才存在"取回"问题。

（五）抵消权

破产法上的抵消权，是指债权人在破产申请受理前对债务人即破产人负有债务的，无论是否已到清偿期限、标的是否相同，均可在破产财产最终分配确定前向管理人主张相互抵消的权利。新破产法第40条规定："债权人在破产申请受理前对债务人负有债务的，可以向管理人主张抵消。"此即破产抵消权。破产抵消权是破产债权只能依破产程序受偿的例外，抵消权实施的结果使该债权在抵消范围内得以由破产财产中得到全额、优先清偿。

为防止破产抵消权被当事人所滥用，损害他人利益，各国破产法对抵消权的行使均规定有禁止条款。我国旧破产法对此未作规定。新破产法第40条规定："有下列情形之一的，不得抵消：(1) 债务人的债务人在破产申请受理后取得他人对债务人的债权的；(2) 债权人已知债务人有不能清偿到期债务或者破产申请的事实，对债务人负担债务的；但是，债权人因为法律规定或者有破产申请一年前所发生的原因而负担债务的除外；(3) 债务人的债务人已知债务人有不能清偿到期债务或者破产申请的事实，对债务人取得债权的；但是，债务人的债务人因为法律规定或者有破产申请1年前所发生的原因而取得债权的除外。"

二、破产费用与共益债务

(一) 破产费用

在破产案件中，为维护全体债权人的共同利益，会产生各种各样的费用支出；为在必要时继续破产企业的营业、继续履行合同、进行破产财产的管理等，也可能会使破产财产负担一定的债务。旧破产法将这些费用与债务统一规定，称为破产费用，从破产财产中优先拨付。新破产法则区分其性质，分别规定为破产费用与共益债务，更为科学合理。

破产费用，是在破产程序中为全体债权人共同利益而支付的各项费用的总称。新破产法第41条规定："人民法院受理破产申请后发生的下列费用，为破产费用：(1) 破产案件的诉讼费用；(2) 管理、变价和分配债务人财产的费用；(3) 管理人执行职务的费用、报酬和聘用工作人员的费用。"

(二) 共益债务

共益债务，是在破产程序中为全体债权人利益而由债务人财产负担的债务的总称。新破产法第42条规定："人民法院受理破产申请后发生的下列债务，为共益债务：(1) 因管理人或者债务人请求对方当事人履行双方均未履行完毕的合同所产生的债务；(2) 债务人财产受无因管理所产生的债务；(3) 因债务人不当得利所产生的债务；(4) 为债务人继续营业而应支付的劳动报酬和社会保险费用以及由此产生的其他债务；(5) 管理人或者相关人员执行职务致人损害所产生的债务；(6) 债务人财产致人损害所产生的债务。"

(三) 破产费用与共益债务的清偿

破产费用与共益债务均是以债务人财产为清偿对象的,并享有优先于其他债权的受偿权。新破产法第43条规定:"破产费用和共益债务由债务人财产随时清偿。债务人财产不足以清偿所有破产费用和共益债务的,先行清偿破产费用。债务人财产不足以清偿所有破产费用或者共益债务的,按照比例清偿。债务人财产不足以清偿破产费用的,管理人应当提请人民法院终结破产程序。人民法院应当自收到请求之日起15日内裁定终结破产程序,并予以公告。"债务人财产虽然不足以支付所有破产费用和共益债务,但是破产案件的债权人、管理人、债务人的出资人或者其他利害关系人愿意垫付相关费用的,经人民法院同意,破产程序可以继续进行。这样可以避免因债务人财产不足,反而使债务人或其董事、监事、经理等高级管理人员的转移财产、逃避债务等违法行为逃脱法律制裁。

在债权人或债务人等提出破产清算申请时,即发现破产人财产不足以支付破产费用、无财产可供分配的,人民法院在确认其属实之后,应当受理破产案件,并作出破产宣告,同时作出终结破产程序的裁定,不应拒绝受理破产案件。这样可使当事人的债务关系得以合法终结,使债务人企业依法退出市场。

三、管理人制度

(一) 管理人的资格与指定

新破产法用管理人制度取代了旧法中的清算组制度。管理人是破产程序中最为重要的机构。通常,管理人是指破产宣告后成立的,全面接管破产企业并负责破产财产的保管、清理、估价、处理和分配等破产清算事务的专门机构。管理人概念有广义与狭义之分。狭义的管理人仅负责破产清算程序中的工作,所以又称破产管理人,如前述概念。而广义的管理人则还在和解、重整程序中承担管理、监督工作。

旧破产法规定,在破产宣告后才选任清算组,使用的是狭义管理人概念。而新破产法将破产清算、和解与重整三程序的受理阶段合并规定,管理人的工作自案件受理开始横贯三个程序,使用是广义的管理人概念,所以称为管理人,而不是破产管理人。

旧破产法规定的以政府官员为主体的清算组模式,行政色彩浓厚,其目的是为在破产企业一些问题(如职工处置)的处理上得到政府部门的行政协助。但这种立法模式在司法实践中产生诸多弊端。管理人本就具有独立法律地位,才能确保公正履行职责。但在清算组成员中,一些政府部门是国有企业的主管部门或产权人的代表,由其出任清算组,实际上是由债务人的股东担任破产清算工作,这是不符合规则的。由于存在利害关系,难免出现地方保护主义,无法保证破产清算工作的公正。而且主要由政府官员临时组成的清算组组织松散，其成员一般不具备破产管理、清算的专业知识，工作效率不高。这种体制也使对清算组违法失职行为的追究非常困难。所以，将清算组体制改为管理人制度，是新破产法走向规范化、国际化的重要一步。

各国对管理人的选任方式不同。有仅由法院选任的，有仅由债权人会议选任的，也有以债权人会议选任为主，以法院等机构选任为辅，或是相反。我国旧破产法规定，清算组成员由法院从企业上级主管部门、政府财政部门等有关部门和专业人员中指定。新破产法第22条规定："管理人由人民法院指定。债权人会议认为管理人不能依法、公正执行职务或者有其他不能胜任职务情形的，可以申请人民法院予以更换。指定管理人和确定管理人报酬的办法，由最高人民法院规定。"管理人没有正当理由不得辞去职务。管理人辞去职务应当经人民法院许可。管理人经人民法院许可，可以聘用必要的工作人员。

管理人依法执行职务，向人民法院报告工作，并接受债权人会议和债权人委员会的监督。管理人应当列席债权人会议，向债权人会议报告职务执行情况，并回答询问。

对管理人的资格条件，各国立法规定不一。我国新破产法第24条规定："管理人可以由有关部门、机构的人员组成的清算组或者依法设立的律师事务所、会计师事务所、破产清算事务所等社会中介机构担任。人民法院根据债务人的实际情况，可以在征询有关社会中介机构的意见后，指定该机构具备相关专业知识并取得执业资格的人员担任管理人。有下列情形之一的，不得担任管理人：（1）因故意犯罪受过刑事处罚；（2）曾被吊销相关专业执业证书；（3）与本案有利害关系；（4）人民法院认为不宜担任管理人的其他情形。个人担任管理人的，应当参加执业责任保险。"在新破产法进行二审时，增加了上述由法院指定清算组担任管理人的内容。这是考虑到在国有企业政策性破产继续实施期间，采取这一方式有利于解决一些政策性破产的特殊社会问题。

（二）管理人的职责与报酬

管理人应当勤勉尽责，忠实执行职务。根据新破产法规定，管理人履行下列职责：（1）接管债务人的财产、印章和账簿、文书等资料；（2）调查债务人财产状况，制作财产状况报告；（3）决定债务人的内部管理事务；（4）决定债务人的日常开支和其他必要开支；（5）在第一次债权人会议召开之前，决定继续或者停止债务人的营业；（6）管理和处分债务人的财产；（7）代表债务人参加诉讼、仲裁或者其他法律程序；（8）提议召开债权人会议；（9）人民法院认为管理人应当履行的其他职责。企业破产法对管理人的职责另有规定的，适用其规定。同时新破产法第二十六条规定："在第一次债权人会议召开之前，管理人决定继续或者停止债务人的营业或者有本法第六十九条规定行为之一的,应当经人民法院许可。"债务人违反法律规定,拒不向管理人移交财产、印章和账簿、文书等资料的,或者伪造、销毁有关财产证据材料而使财产状况不明的,人民法院可以对直接责任人员依法处以罚款。

管理人履行职责,应当获得合理的报酬。管理人的报酬由人民法院确定。债权人会议对管理人的报酬有异议的,有权向人民法院提出。

管理人未依照法律规定勤勉尽责,忠实执行职务的,人民法院可以依法处以罚款;给债权人、债务人或者第三人造成损失的,依法承担赔偿责任。

第四节 债权人会议

一、债权人会议的组成

(一) 债权人会议的概念

我国破产程序中的债权人会议,是由所有依法申报债权的债权人组成,以保障债权人共同利益为目的,为实现债权人的破产程序参与权,讨论决定有关破产事宜,表达债权人意志,协调债权人行为的破产议事机构。

在破产程序中,债权人会议不是一个独立的民事权利主体,而只是具有自治性质的机构。债权人会议仅在破产程序中与法院、管理人、债务人或破产人等有关当事人进行交涉,负责处理涉及全体债权人共同利益的问题,协调债权人的法律行为,采用多数表决的决定方式在其职权范围内议决有关破产事宜。债权人会议不能与破产程序之外的主体发生法律关系。债权人会议依召集会议的方式进行活动,虽属于法定必设机关,但不是常设的机构,而是临时性机构。债权人会议仅为决议机关,虽享有法定职权,但本身无执行职能,其所作出的相关决议一般由管理人负责执行。

(二) 债权人会议的成员与权利

依法申报债权的债权人为债权人会议的成员,有权参加债权人会议,享有表决权。需注意的是,凡是申报债权者均有权参加第一次债权人会议,有权参加对其债权的核查、确认活动,并可依法提出异议。对于第一次会议以后的债权人会议,便只有债权得到确认者才有权参加并行使表决权。债权被否认而又未提起债权确认诉讼者,不得再参加债权人会议。债权尚未确定的债权人,除人民法院能够为其行使表决权而临时确定债权额者外,不得行使表决权。

根据新破产法第59条第3款规定:"对债务人的特定财产享有担保权的债权人,未放弃优先受偿权利的,对于本法第61条第一款第七项、第十项规定的事项不享有表决权。"这是与旧破产法不同之处。旧破产法完全不承认对债务人特定财产享有担保权的债权人的表决权,这是不妥的,所以新法作了修正。

债权人可以委托代理人出席债权人会议，行使表决权。代理人出席债权人会议，应当向人民法院或者债权人会议主席提交债权人的授权委托书。

为维护企业职工的权益，立法规定，债权人会议应当有债务人的职工和工会的代表参加，对有关事项发表意见。但通常认为，债务人的职工和工会的代表在债权人会议上没有表决权。因为新旧破产法均规定，债权人会议通过决议的标准之一是出席会议的有表决权的债权人的过半数通过。如职工债权人代表在债权人会议上按照其所代表的职工人数表决，因其代表人数众多，可能构成对债权人会议决议的实质否决权，影响破产程序顺利进行，损害其他债权人的利益。此外，从利益相关的角度分析，除职工债权不能从破产财产中全额优先受偿，或债权人会议决议影响其清偿利益（如表决通过重整计划）的情况下，职工债权人应有表决权外，在其他情况下，因职工债权人处于最优先的清偿地位，破产程序的进行与分配不影响其实际利益，故不应享有表决权，以保证当事人的权利与义务对等。

为保证债权人会议的顺利进行，我国立法规定，债权人会议设主席一人，由人民法院在有表决权的债权人中指定，通常是在破产程序中无优先权的债权人。债权人会议主席依法行使职权，负责债权人会议的召集、主持等工作。

在债权人会议上除有权出席会议的债权人之外，还有其他列席人员。债权人会议的列席人员是指不属于会议正式成员，无表决权，为协助债权人会议顺利召开，因履行法定义务或职务义务而参加会议的人员。债务人的法定代表人有义务列席债权人会议。经人民法院决定，债务人企业的财务管理人员和其他经营管理人员也有义务列席债权人会议。管理人作为负有财产管理职责的人也应当列席债权人会议。有义务列席债权人会议的债务人的有关人员，经人民法院传唤，无正当理由拒不列席债权人会议的，人民法院可以拘传，并依法处以罚款。债务人的有关人员违反法律规定，拒不陈述、回答，或者作虚假陈述、回答的，人民法院可以依法处以罚款。

二、债权人会议的召集与职权

（一）债权人会议的召集

债权人会议是依召集方式活动的议决机关。第一次债权人会议由人民法院召集，自债权申报期限届满之日起15日内召开。以后的债权人会议，在人民法院认为必要时，或者管理人、债权人委员会、占债权总额1/4以上的债权人向债权人会议主席提议时召开。召开债权人会议，管理人应当提前15日通知已知的债权人。

在债权人会议的召集上，新旧破产法的区别主要有两点：第一，旧破产法规定,债权人会议主席有召集债权人会议的权力,但新破产法取消了债权人会议主席的召集权,而由债权人委员会取代其享有召集权。第二,债权人可以向债权人会议主席提议召开债权人会议的持有债权标准,新破产法将原旧破产法规定的"占无财产担保债权总额的1/4以上",修改为"占债权总额1/4以上"。

(二) 债权人会议的职权

新破产法对债权人会议的职权作有重大调整,其第61条规定:"债权人会议行使下列职权:(1) 核查债权;(2) 申请人民法院更换管理人,审查管理人的费用和报酬;(3) 监督管理人;(4) 选任和更换债权人委员会成员;(5) 决定继续或者停止债务人的营业;(6) 通过重整计划;(7) 通过和解协议;(8) 通过债务人财产的管理方案;(9) 通过破产财产的变价方案;(10) 通过破产财产的分配方案;(11) 人民法院认为应当由债权人会议行使的其他职权。债权人会议应当对所议事项的决议作成会议记录。"与旧法相比,新破产法增加了债权人会议的职权,而在旧破产法之中,仅列举规定了债权人会议的3项职权。新破产法还纠正了旧法中存在的错误,删除了债权人会议不应具有的确认债权职权,建立了新的债权核查与确认程序。

新破产法第64条第一款规定:"债权人会议的决议,由出席会议的有表决权的债权人过半数通过,并且其所代表的债权额占无财产担保债权总额的1/2以上。但是,本法另有规定的除外。"债权人会议的决议,对于全体债权人均有约束力。同时,立法为反对债权人会议决议者提供了救济渠道。债权人认为债权人会议的决议违反法律规定,损害其利益的,可以自债权人会议作出决议之日起15日内,请求人民法院裁定撤销该决议,责令债权人会议依法重新作出决议。

新破产法还对可能出现的债权人会议僵局设置了解决办法。该法第65条规定:"本法第61条第一款第八项、第九项所列事项,经债权人会议表决未通过的,由人民法院裁定。本法第61条第一款第十项所列事项,经债权人会议二次表决仍未通过的,由人民法院裁定。对前两款规定的裁定,人民法院可以在债权人会议上宣布或者另行通知债权人。"第66条规定:"债权人对人民法院依照本法第65条第一款作出的裁定不服的,债权额占无财产担保债权总额1/2以上的债权人对人民法院依照本法第65条第二款作出的裁定不服的,可以自裁定宣布之日或者收到通知之日起15日内向该人民法院申请复议。复议期间不停止裁定的执行。"

三、债权人委员会

(一) 债权人委员会的概念与组成

新破产法规定,在债权人会议中可以设置债权人委员会,建立了各国破产法中均存在的破产监督人制度。债权人委员会是遵循债权人的共同意志，代表债权人会议监督管理人行为以及破产程序的合法、公正进行，处理破产程序中的有关事项的常设监督机构。在破产程序中设立债权人委员会具有重要的意义，有助于保护全体债权人的，保障债权人会议职能的有效执行，并在债权人会议闭会期间对破产程序进行日常必要的监督。

债权人委员会为破产程序中的选任机关，由债权人会议根据案件具体情况决定是否设置。债权人委员会中的债权人代表由债权人会议选任、罢免。此外，债权人委员会中还应当有一名债务人企业的职工代表或者工会代表。为便于决定事项、开展工作，债权人委员会的成员人数原则上应为奇数，最多不得超过9人。债权人委员会成员应当经人民法院书面认可。

(二) 债权人委员会的职权

债权人委员会行使下列职权：(1) 监督债务人财产的管理和处分；(2) 监督破产财产分配；(3) 提议召开债权人会议；(4) 债权人会议委托的其他职权。

债权人委员会执行职务时，有权要求管理人、债务人的有关人员对其职权范围内的事务作出说明或者提供有关文件。管理人、债务人的有关人员违反法律规定拒绝接受监督的，债权人委员会有权就监督事项请求人民法院作出决定，强制施行。人民法院接到债权人委员会的请求应当在5日内作出决定。

为保障债权人委员会能够及时了解破产程序进行的有关信息，行使监督权力，新破产法还规定，管理人实施下列行为，应当及时报告债权人委员会：(1) 涉及土地、房屋等不动产权益的转让；(2) 探矿权、采矿权、知识产权等财产权的转让；(3) 全部库存或者营业的转让；(4) 借款；(5) 设定财产担保；(6) 债权和有价证券的转让；(7) 履行债务人和对方当事人均未履行完毕的合同；(8) 放弃权利；(9) 担保物的收回；(10) 对债权人利益有重大影响的其他财产处分行为。未设立债权人委员会的，管理人实施上述行为应当及时报告人民法院。

债权人委员会的成员应当依法正确履行职责，公平维护债权人的正当权益，如有违法渎职行为，应当承担相应的法律责任。

第五节 重整程序

一、重整制度概说

(一) 重整制度的概念与意义

新破产法创建了重整制度。重整是指对可能或已经发生破产原因但又有挽救希望的法人企业，通过对各方利害关系人的利益协调，借助法律强制进行营业重组与债务清理，以避免破产、获得更生的法律制度。我国重整制度的适用范围为企业法人，由于其程序复杂、费用高昂、耗时很长，故实践中主要适用于大型企业，中小型企业则往往采用更为简化的和解程序。

旧破产法中规定有和解与整顿制度，但其本质是行政整顿，已不适应市场经济防范企业破产之需要，故新破产法以各国公认预防破产最为有力的重整制度取而代之。重整制度是破产法价值取向发展中的一次突破，在现代立法由个体本位逐步向社会本位的转变过程中，重整制度体现国家公权力透过司法程序对私人经济活动的主动介入，更强调保护社会的整体利益。

(二) 重整制度的特征

重整制度具有以下特点：

第一，重整申请时间提前、启动主体多元化。提出破产与和解申请，以债务人已发生破产原因为前提，而重整申请则在债务人有发生破产原因的可能时即可提出。不仅债务人、债权人可提出重整申请，债务人的股东也可在一定条件下提出。根据新破产法第134条的规定，国务院金融监督管理机构也可以向人民法院提出对金融机构进行重整的申请。

第二，参与重整活动的主体多元化、重整措施多样化。债权人包括有物权担保的债权人、债务人及债务人的股东等各方利害关系人均参与重整程序的进行。重整企业可运用多种重整措施，达到恢复经营能力、清偿债务、避免破产的目的，除延期或减免偿还债务外，还可采取向重组者无偿转让全部或部分股权，核减或增加注册资本，向特定对象定向发行新股或债券，将债权转为股份，转让营业或资产等方法。重整的目的在于维持公司之事业，而不限于公司本身，故必要时还可采取解散原有公司，设立第二公司，或公司分立、与其他公司合并等方法。

第三，担保物权受限。在重整程序中，物权担保债权人的优先受偿权受到限制，这是其与破产法上其他程序的重大不同之处。限制担保物权的目的，是为保证债务人不因担保财产的执行而影响生产经营，无法进行重整。

第四，重整程序具有强制性。只要债权人会议各表决组及股东组以法定多数通过重整计划，经法院批准，对所有当事人均具有法律效力。而且，在未获全部表决组通过的情况下（但至少有一组通过），如重整计划草案符合法定条件，债务人或者管理人可以申请人民法院予以批准。法院可在保证反对者的既得利益不受损害等法定条件下强制批准重整计划，以避免因部分利害关系人的反对而无法进行重整。

第五，债务人可负责制定、执行重整计划。除非债务人存在破产欺诈、无经营能力等情况，根据新破产法规定，在重整期间，经债务人申请、法院批准，债务人可以在管理人的监督下制定重整计划草案，在重整计划批准后自行管理财产和营业事务。这可以消除债务人对重整的抵制因素，保障其合理的既得利益，促使其在发生债务危机时尽早申请重整，以减少债权人的损失。而且，相对于由律师、注册会计师等出任的管理人，债务人更为熟悉企业的经营与业务，由其负责重整计划的执行，成功的可能性较大。

二、重整申请和重整期间

（一）重整申请

新破产法规定，债务人或者债权人可以依法直接向人民法院申请对债务人进行重整。债权人申请对债务人进行破产清算的，在人民法院受理破产申请后、宣告债务人破产前，债务人或者出资额占债务人注册资本 1/10 以上的出资人，可以向人民法院申请重整。国务院金融监督管理机构可以向人民法院提出对金融机构进行重整的申请。人民法院经审查认为重整申请符合法律规定的，应当裁定债务人重整，并予以公告。人民法院在审查重整申请时，要严格把握受理标准，不能让重整制度变成债务人阻止债权人实现权利的手段，偏离其立法宗旨，不能使重整程序变成政府以不正当行政干预破坏国有企业市场化破产的避风港。

（二）重整期间

自人民法院裁定债务人重整之日起至重整程序终止，为重整期间。需要特别注意的是，所谓重整期间，仅指重整申请受理至重整计划草案得到债权人会议分组表决通过及人民法院审查批准，或重整计划草案未能得到债权人会议分组表决通过或人民法院不予批准的期间，不包括重整计划得到批准后的执行期间。

在重整期间，债务人的财产管理和营业事务执行，可以由债务人或管理人负责。新破产法规定，经债务人申请，人民法院批准，债务人可以在管理人的监督下自行管理财产和营业事务。这时，管理人应当向债务人移交财产和营业事务，管理人的职权由债务人行使。管理人起监督之作用。管理人负责管理财产和营业事务的，可以聘任债务人的经营管理人员负责营业事务。

为保障重整的顺利进行，在重整期间，对债务人的特定财产享有的担保权暂停行使。但是，对企业重整进行无保留必要的担保财产，经债务人或管理人同意，担保权人可以行使担保权。此外，担保物有损坏或者价值明显减少的可能，足以危害担保权人权利的，担保权人可以向人民法院请求恢复行使担保权。

在重整期间，债务人或者管理人为继续营业而借款的，可以为该借款设定担保。债务人在重整期间为重整进行而发生的费用，原则上属于共益债务。

债务人合法占有的他人财产，该财产的权利人在重整期间要求取回的，应当符合事先约定的条件。

在重整期间，债务人的出资人不得请求投资收益分配。在重整期间，债务人的董事、监事、高级管理人员不得向第三人转让其持有的债务人的股权，但经人民法院同意的除外。

在重整期间，有下列情形之一的，经管理人或者利害关系人请求，人民法院应当裁定终止重整程序，并宣告债务人破产：

(1) 债务人的经营状况和财产状况继续恶化，缺乏挽救的可能性；

(2) 债务人有欺诈、恶意减少债务人财产或者其他显著不利于债权人的行为；

(3) 由于债务人的行为致使管理人无法执行职务。

三、重整计划的制定与批准

(一) 重整计划的制定

当事人的重整申请被受理之后，应当在法定期限内提交重整计划草案。债务人自行管理财产和营业事务的，由债务人制作重整计划草案。管理人负责管理财产和营业事务的，由管理人制作重整计划草案。债务人或者管理人应当自人民法院裁定债务人重整之日起 6 个月内，同时向人民法院和债权人会议提交重整计划草案。期限届满，经债务人或者管理人请求，有正当理由的，人民法院应当裁定延期 3 个月。债务人或者管理人未按期提出重整计划草案的，人民法院应当裁定终止重整程序，并宣告债务人破产。

根据新破产法第 81 条规定，"重整计划草案应当包括下列内容：(1) 债务人的经营方案；(2) 债权分类；(3) 债权调整方案；(4) 债权受偿方案；(5) 重整计划的执行期限；(6) 重整计划执行的监督期限；(7) 有利于债务人重整的其他方案。"

(二) 重整计划草案的表决与批准

重整计划草案在债权人会议上进行分组表决。表决组的划分要充分体现出当事人的差别利益。根据新破产法规定，债权人参加讨论重整计划草案的债权人会议，依照下列债权分类，分组对重整计划草案进行表决：

(1) 对债务人的特定财产享有担保权的债权；

(2) 债务人所欠职工的工资和医疗、伤残补助、抚恤费用，所欠的应当划入职工个人账户的基本养老保险、基本医疗保险费用，以及法律、行政法规规定应当支付给职工的补偿金；

(3) 债务人所欠税款；

(4) 普通债权。

人民法院在必要时可以决定在普通债权组中设小额债权组对重整计划草案

进行表决。除法律列举的组别划分外，人民法院还可以根据案件具体情况，决定设置其他组别，如公司债债权人组、次级债债权人组等。但是，表决组别的设置不得损害表决结果的公平性。

新破产法第83条规定："重整计划不得规定减免债务人欠缴的本法第82条第一款第二项规定以外的社会保险费用；该项费用的债权人不参加重整计划草案的表决。"

人民法院应当自收到重整计划草案之日起30日内召开债权人会议，对重整计划草案进行表决。出席会议的同一表决组的债权人过半数同意重整计划草案，并且其所代表的债权额占该组债权总额的2/3以上的，即为该组通过重整计划草案。债务人或者管理人应当向债权人会议就重整计划草案作出说明，并回答询问。

债务人的出资人代表可以列席讨论重整计划草案的债权人会议。重整计划草案涉及出资人权益调整事项的，应当设出资人组，对该事项进行表决。

各表决组均通过重整计划草案时，重整计划即为通过。自重整计划通过之日起10日内，债务人或者管理人应当向人民法院提出批准重整计划的申请。人民法院经审查认为符合法律规定的，应当自收到申请之日起30日内裁定批准，终止重整程序，并予以公告。

为保障重整程序能够顺利进行，新破产法还专门设置了人民法院强制批准重整计划草案的程序。该法第87条规定："部分表决组未通过重整计划草案的，债务人或者管理人可以同未通过重整计划草案的表决组协商。该表决组可以在协商后再表决一次。双方协商的结果不得损害其他表决组的利益。

未通过重整计划草案的表决组拒绝再次表决或者再次表决仍未通过重整计划草案，但重整计划草案符合下列条件的，债务人或者管理人可以申请人民法院批准重整计划草案：

（1）按照重整计划草案，本法第82条第一款第一项所列债权就该特定财产将获得全额清偿，其因延期清偿所受的损失将得到公平补偿，并且其担保权未受到实质性损害，或者该表决组已经通过重整计划草案；

（2）按照重整计划草案，本法第82条第一款第二项、第三项所列债权将获得全额清偿，或者相应表决组已经通过重整计划草案；

（3）按照重整计划草案，普通债权所获得的清偿比例，不低于其在重整计划草案被提请批准时依照破产清算程序所能获得的清偿比例，或者该表决组已经通过重整计划草案；

（4）重整计划草案对出资人权益的调整公平、公正，或者出资人组已经通过重整计划草案；

（5）重整计划草案公平对待同一表决组的成员，并且所规定的债权清偿顺序不违反本法第113条的规定；

（6）债务人的经营方案具有可行性。

人民法院经审查认为重整计划草案符合前款规定的，应当自收到申请之日起30日内裁定批准，终止重整程序，并予以公告。

重整计划草案未获得通过且未依照法律规定获得人民法院的强制批准，或者已通过的重整计划未获得批准的，人民法院应当裁定终止重整程序，并宣告债务人破产。

四、重整计划的执行、监督与终止

（一）重整计划的执行

根据新破产法规定，重整计划由债务人负责执行。依据法律规定的文意，即使原重整计划草案是由管理人负责制定的，在批准之后也要由债务人负责执行。为此，债权人在审查重整计划草案时，必须考虑重整计划草案中对债务人董事、监事、经理等高级管理人员中有违法行为者及不称职者的更换，以免重整计划在由债务人执行的过程中发生问题。

人民法院裁定批准重整计划后，已接管财产和营业事务的管理人应当向债务人移交财产和营业事务。

（二）重整计划的监督

在重整计划中应当规定其执行监督期限。自人民法院裁定批准重整计划之日起，在重整计划规定的监督期内，由管理人监督重整计划的执行。在监督期内，债务人应当向管理人报告重整计划执行情况和债务人财务状况。

监督期届满时，管理人应当向人民法院提交监督报告。自监督报告提交之日起，管理人的监督职责终止。经管理人申请，人民法院可以裁定延长重整计划执行的监督期限。管理人向人民法院提交的监督报告，重整计划的利害关系人有权查阅。

（三）重整计划的效力

经人民法院裁定批准的重整计划，对债务人和全体债权人均有约束力，包括对债务人的特定财产享有的担保权的债权人。债权人对债务人的保证人和其他连带债务人所享有的权利，不受重整计划的影响，可以依据原合同约定行使权利。

债权人未依法申报债权的，在重整计划执行期间不得行使权利；在重整计划执行完毕后，可以按照重整计划规定的同类债权的清偿条件行使权利。据此，在重整程序中，债权人未依法申报债权的，在债务人向人民法院和债权人会议提交重整计划草案之前未依法补充申报的，不得再补充申报债权，以免打乱重整计划中债权调整、清偿等方案，影响重整程序进行。

债务人不能执行或者不执行重整计划的，人民法院经管理人或者利害关系人请求，应当裁定终止重整计划的执行，并宣告债务人破产。

人民法院裁定终止重整计划执行的，债权人在重整计划中作出的债权调整的承诺失去效力，但为重整计划的执行提供的担保继续有效。债权人因执行重整计划所受的清偿仍然有效，债权未受清偿的部分作为破产债权。在重整计划执行中已经接受清偿的债权人，只有在其他同顺位债权人同自己所受的清偿达到同一比例时，才能继续接受破产分配。

按照重整计划减免的债务，自重整计划执行完毕时起，债务人不再承担清偿责任。

第六节 和解制度

一、和解的特征及其程序

（一）和解的概念与特征

和解是预防债务人破产的法律制度之一。在发生破产原因时，债务人可以提出和解申请及和解协议草案，由债权人会议表决，如能获得通过，再经法院裁定认可后生效执行，可以避免被宣告破产。

我国旧破产法设置了和解与整顿制度，但存在许多不足之处，除内容过于简单、不利执行外，主要是政府行政干预过多，对债权人权益保障不足，未建立起对和解与整顿程序有效的保障、监督机制，缺乏保证和解协议履行、监督企业整顿活动的具体制度。此外，因和解、整顿只能在债务人被债权人申请破产，且案件已为法院受理后进行，故存在挽救企业的时机较晚等问题。

新破产法在设置重整程序后，仍在立法中保留了和解制度，以为当事人提供更多的避免破产的方式与机会。

（二）和解程序

和解申请只能由债务人一方提出，这是与破产清算申请和重整申请还可由债权人等提出不同的。在新破产法下，债务人可以依法直接向人民法院申请和解，也可以在人民法院受理破产申请后、宣告破产前，向人民法院申请和解。申请和解的原因是债务人发生破产的原因。债务人申请和解，应当提出和解协议草案。

人民法院经审查认为和解申请符合法律规定的，应当受理其申请，裁定和解，予以公告，并召集债权人会议讨论和解协议草案。和解程序对就债务人特定财产享有担保权的权利人无约束力，该权利人自人民法院裁定和解之日起可以对担保物行使权利。

债权人会议通过和解协议的决议，由出席会议的有表决权的债权人过半数同意，并且其所代表的债权额占无财产担保债权总额的2/3以上。对债务人的特定财产享有担保权的债权人，对此事项无表决权。

债权人会议通过和解协议的，由人民法院裁定认可，终止和解程序，并予以公告。管理人应当向债务人移交财产和营业事务，并向人民法院提交执行职务的报告。和解协议草案经债权人会议表决未获得通过，或者已经债权人会议通过的和解协议未获得人民法院认可的，人民法院应当裁定终止和解程序，并宣告债务人破产。

二、和解协议的效力

（一）和解协议对债务人与和解债权人的效力

经人民法院裁定认可的和解协议，对债务人和全体和解债权人均有约束力。和解债权人是指人民法院受理破产申请时对债务人享有无财产担保债权的人。债务人应当按照和解协议规定的条件清偿债务。按照和解协议减免的债务，自和解协议执行完毕时起，债务人不再承担清偿责任。

和解债权人未依照法律规定申报债权的，在和解协议执行期间不得行使权利；在和解协议执行完毕后，可以按照和解协议规定的清偿条件行使权利。所以，在和解程序中，债权人未依法申报债权的，在债权人会议表决和解协议最后草案之前未补报债权的，不得再补充申报债权，以免打乱和解协议中的债权调整、清偿方案，影响和解程序进行。

（二）和解协议对债务人的保证人和其他连带债务人的效力

和解债权人对债务人的保证人和其他连带债务人所享有的权利，不受和解协议的影响。也就是说，和解协议对债务人的保证人或连带债务人无效，和解债权人对债务人所作的债务减免清偿或延期偿还的让步，效力不及于债务人的保证人或连带债务人，他们仍应按原来债的约定或法定责任承担保证或连带责任。在破产和解问题上，不适用主债务减少从债务随之减少的原则。

因债务人的欺诈或者其他违法行为而成立的和解协议，人民法院应当裁定无效，并宣告债务人破产。有上述情形的，和解债权人因执行和解协议所受的清偿，在其他债权人所受清偿同等比例的范围内，不予返还。

（三）和解协议的终止

债务人不能执行或者不执行和解协议的，人民法院经和解债权人请求，应当裁定终止和解协议的执行，并宣告债务人破产。和解协议只具有程序法上的意义，没有强制执行的效力。债务人不履行和解协议时，债权人只能向法院申请终止和解协议，宣告其破产，而不能提起对和解协议的强制执行程序。

人民法院裁定终止和解协议执行的，和解债权人在和解协议中作出的债权调整的承诺失去效力，但债务人方面为和解协议的执行提供的担保继续有效。和解债权人因执行和解协议所受的清偿仍然有效，和解债权未受清偿的部分作为破产债权。上述债权人只有在其他债权人同自己所受的清偿达到同一比例时，才能继续接受破产分配。

为尊重当事人的自主决定权，新破产法还规定，人民法院受理破产申请后，债务人与全体债权人就债权债务的处理自行达成协议的，可以请求人民法院裁定认可，并终结破产程序。

第七节　破产清算程序

一、破产财产的变价和分配

（一）破产宣告

破产宣告是指法院依据当事人的申请或法定职权裁定宣布债务人破产以清偿债务的活动。人民法院依法宣告债务人破产，应当自裁定作出之日起5日内送达债务人和管理人，自裁定作出之日起10日内通知已知债权人，并予以公告。

债务人被宣告破产后，在破产程序中的有关称谓也发生相应变化，债务人称为破产人，债务人财产称为破产财产，人民法院受理破产申请时对债务人享有的债权称为破产债权。

新破产法第108条规定："破产宣告前，有下列情形之一的，人民法院应当裁定终结破产程序，并予以公告：（1）第三人为债务人提供足额担保或者为债务人清偿全部到期债务的；（2）债务人已清偿全部到期债务的。"因为在此种情况下，债务人已不存在破产原因，自然应终结破产程序。

（二）破产财产的变价

破产财产的分配以货币分配为基本方式，所以在破产宣告后，管理人应当及时拟订破产财产变价方案，提交债权人会议讨论。管理人应当按照债权人会议通过的或者人民法院依法裁定的破产财产变价方案，适时变价出售破产财产。

变价出售破产财产应当通过拍卖方式进行，但债权人会议另有决议的除外。因为在实践中，虽然拍卖方式有助于保证公平，但有时不一定能够使破产财产以最高价格售出，而且其成本较高，耗时较长，所以只要是债权人会议作出相应决议，就可以不采取拍卖方式处分财产。破产财产的变价出售必须以债权人利益最大化为原则，决不允许以低价向购买者处分破产财产的方式换取其对职工的安置，以损害债权人利益的方式解决政府的财政与工作困难。

破产企业可以全部或者部分变价出售。企业变价出售时，可以将其中的无形资产和其他财产单独变价出售。按照国家规定不能拍卖或者限制转让的财产，应当按照国家规定的方式处理。

(三) 别除权

新破产法第109条规定："对破产人的特定财产享有担保权的权利人，对该特定财产享有优先受偿的权利。"此项权利即是破产法理论上的别除权。别除权是基于担保物权及特别优先权产生的，其优先受偿权的行使不受破产清算与和解程序的限制，但在重整程序中受到限制。

旧破产法规定，别除权之债权不属于破产债权，其担保物也不属于破产财产。而新破产法规定，别除权之债权属于破产债权，其担保物属于破产财产，此项修改在理论上更为合理。据此，别除权人享有破产申请权，也应当申报债权，未依法申报债权者不得依照破产法规定的程序行使权利。

别除权人行使优先受偿权利未能完全受偿的，其未受偿的债权作为普通债权；别除权人放弃优先受偿权利的，其债权作为普通债权。但如破产人仅作为担保人为他人债务提供物权担保，担保债权人的债权虽然在破产程序中可以构成别除权，但因破产人不是主债务人，在担保物价款不足以清偿担保债额时，余债不得作为破产债权向破产人要求清偿，只能向原主债务人求偿。此时，别除权人如放弃优先受偿权利，其债权也不能转为对破产人的破产债权，因两人之间只有担保关系，无基础债务关系。

别除权与职工债权之间的清偿顺序依新破产法第132条的特别规定确定。别除权人为及时获得清偿，可以在处置担保物时将对担保物享有优先于别除权受偿的职工债权全额提存，在不影响该债权清偿的前提下，对特定财产行使优先受偿权。享有优先受偿权的权利人为两人以上时，对职工债权的责任按照各权利人行使优先受偿权的财产比例分担。

(四) 破产财产的分配

破产分配是指将破产财产按照法律规定的债权清偿顺序和案件实际情况决定的受偿比例进行清偿的程序。破产财产的分配应当遵守法定的分配顺序和分配方法。对破产财产可以进行一次性分配，也可以进行多次分配，需视破产财产的多少、变价难易等情况而定。依照破产分配进行的时间不同，可分为中间分配、最后分配和追加分配。

新破产法第113条规定："破产财产在优先清偿破产费用和共益债务后，依照下列顺序清偿：

(1) 破产人所欠职工的工资和医疗、伤残补助、抚恤费用，所欠的应当划入职工个人账户的基本养老保险、基本医疗保险费用，以及法律、行政法规规定应当支付给职工的补偿金；

(2) 破产人欠缴的除前项规定以外的社会保险费用和破产人所欠税款；

(3) 普通破产债权。

破产财产不足以清偿同一顺序的清偿要求的，按照比例分配。

破产企业的董事、监事和高级管理人员的工资按照该企业职工的平均工资计算。

破产分配时，对债务人的董事、监事和高级管理人员在破产申请受理前拖欠的工资，应当按照拖欠职工工资平均期间，以同期职工平均工资为标准予以调整。这是为避免发生企业董事、监事和高级管理人员在企业濒临破产期间对自己的工资按期照发，却拖欠职工的工资，或者在企业破产后，破产财产被董事、监事和高级管理人员不合理的高额工资所侵占，损害债权人利益。

此外，其他立法对破产分配顺序有特别规定的，依其规定执行。如《商业银行法》第71条规定："商业银行不能支付到期债务，经国务院银行业监督管理机构同意，由人民法院依法宣告其破产。商业银行被宣告破产的，由人民法院组织国务院银行业监督管理机构等有关部门和有关人员成立清算组，进行清算。商业银行破产清算时，在支付清算费用、所欠职工工资和劳动保险费用后，应当优先支付个人储蓄存款的本金和利息。"新破产法第134条第二款还规定："金融机构实施破产的，国务院可以依据本法和其他有关法律的规定制定实施办法。"

破产财产的分配应当以货币分配方式进行。但是，债权人会议另有决议的除外。在实践中，有些破产财产处分较为困难，或在变价过程中会造成较大损失，有些破产企业的债权一时难以追回，在破产分配时，经债权人会议决议，可以进行实物分配、债权分配。

新破产法第132条对职工债权的清偿问题作有特别规定。根据该条规定："本法施行后，破产人在本法公布之日前所欠职工的工资和医疗、伤残补助、抚恤费用，所欠的应当划入职工个人账户的基本养老保险、基本医疗保险费用，以及法律、行政法规规定应当支付给职工的补偿金，依照本法第113条的规定清偿后不足以清偿的部分，以本法第109条规定的特定财产优先于对该特定财产享有担保权的权利人受偿。"

职工债权的清偿问题，是破产立法中的一个重要争议问题。在立法过程中，有的人主张担保物权优先受偿，有的人主张职工债权优先受偿。新破产法以该法公布的时间为界，以"老事老办法，新事新办法"的折衷方式解决了实践中的难题，虽然在过渡期间内还可能出现职工债权优先于担保物权受偿的现象，但随着遗留问题的解决，我国的破产制度将较彻底地告别非市场化因素的干扰，对市场经济秩序起到长远的保障作用。

对破产企业拖欠的职工债权仅靠在破产法中提前其清偿顺序，是不能从根本上解决问题的。关键是必须制止欠薪等问题的发生,这要靠劳动法的完善,要靠政府在平时主动正确履行其职责。此外,必须尽快建立破产企业职工工资保障基金,以保障职工的权益。

管理人应当及时拟订破产财产分配方案,提交债权人会议讨论。破产财产分配方案应当载明下列事项:

(1) 参加破产财产分配的债权人名称或者姓名、住所;
(2) 参加破产财产分配的债权额;
(3) 可供分配的破产财产数额;
(4) 破产财产分配的顺序、比例及数额;
(5) 实施破产财产分配的方法。

债权人会议表决通过破产财产分配方案后,由管理人将该方案提请人民法院裁定认可,经人民法院裁定认可后,由管理人执行。

管理人按照破产财产分配方案实施多次分配的,应当公告本次分配的财产额和债权额。管理人实施最后分配的,应当在公告中指明,并载明法律规定的事项。

对债权人留有明确姓名或名称、地址、银行账户,无需债权人受领行为即可交付的,管理人应当直接将破产财产分配额交付债权人。无法直接交付的,债权人未受领的破产财产分配额,管理人应当提存。债权人自最后分配公告之日起满两个月仍不领取的,视为放弃受领分配的权利,管理人或者人民法院应当将提存的分配额分配给其他债权人。

对附生效条件或者解除条件的债权,管理人应当将其分配额提存。在最后分配公告日,生效条件未成就或者解除条件成就的,提存的分配额应当分配给其他债权人;在最后分配公告日,生效条件成就或者解除条件未成就的,提存的分配额应当交付给债权人。

破产财产分配时,对于诉讼或者仲裁未决的债权,管理人应当将其分配额提存。自破产程序终结之日起满两年仍不能受领分配的,人民法院应当将提存的分配额分配给其他债权人。

二、破产程序的终结

(一) 破产终结程序

新破产法规定的破产程序终结方式有三种。其一,因和解、重整程序顺利完成而终结;其二,因债务人的破产财产不足以支付破产费用而终结;其三,因破产财产分配完毕而终结。在破产清算程序中仅涉及后两种情况。

破产人无财产可供分配的,管理人应当请求人民法院裁定终结破产程序。在破产人有财产可供分配的情况下,管理人在最后分配完结后,应当及时向人民法院提交破产财产分配报告,并提请人民法院裁定终结破产程序。人民法院应当自收到管理人终结破产程序的请求之日起 15 日内作出是否终结破产程序的裁定。裁定终结的,应当予以公告。

管理人应当自破产程序终结之日起 10 日内,持人民法院终结破产程序的裁定,向破产人的原登记机关办理注销登记。

(二) 遗留事务的处理

通常情况下,管理人应于办理破产人注销登记完毕的次日终止执行职务。但是,破产案件存在诉讼或者仲裁未决等情况的除外。管理人可以在破产程序终结后,继续办理破产案件的遗留事务。

在破产程序因债务人财产不足以支付破产费用而终结,或者因破产人无财产可供分配或破产财产分配完毕而终结时,自终结之日起两年内,有下列情形之一的,债权人可以请求人民法院按照破产财产分配方案进行追加分配:

(1) 发现在破产案件中有可撤销行为、无效行为或者债务人的董事、监事和高级管理人员利用职权从企业获取非正常收入和侵占企业财产的情况,应当追回财产的;

(2) 发现破产人有应当供分配的其他财产的。

有上述情形,但财产数量不足以支付分配费用的,不再进行追加分配,由人民法院将其上交国库。

新破产法的上述规定,首先将旧法规定可追回财产的时间由破产程序终结之日起一年延长到两年,更有利于打击违法行为,保护债权人的权益。其次,对旧司法解释《破产意见》中第 73 条进行了修正。该条规定:"破产程序终结后发现的破产企业的财产请求权,由破产企业的上级主管部门行使。追回的财产,由人民法院依照企业破产法第 37 条的规定清偿。如财产较少,人民法院认为无再行分配的必要,可归破产企业的上级主管部门。"由于在实践中,有时导致在破产程序终结后才发现仍存在有破产财产的原因,就是因为破产企业的上级主管部门对破产企业隐匿财产、逃避债务等违法行为的纵容与包庇,甚至直接操纵。所以,让破产企业的上级主管部门行使追回财产的权利,并交由法院去分配,往往不具有可操作性。再者,追回的"财产较少,人民法院认为无再行分配的必要",就可以归破产企业的上级主管部门所有,不仅标准不明,而且也不合理。故新破产法作出上述修改。

破产人的保证人和其他连带债务人,在破产程序终结后,对债权人依照破产清算程序未受清偿的债权,依法继续承担清偿责任。但这并不是说,债权人要追究保证人和其他连带债务人的清偿责任必须等到破产程序终结后,在破产程序中,债权人就可以依法追究他们的责任。

思 考 题

1. 如何理解《破产法》规定的破产界限?
2. 我国《破产法》破产财产清偿顺序是怎样规定的?
3. 什么叫别除权?
4. 破产申请的条件是怎么规定的?
5. 和解协议的效力表现在哪些方面?

第八章 证 券 法

第一节 证券法概述

一、证券法律制度概述

一般认为,证券有广义和狭义之分。广义的证券是指记载并且代表一定权利的所有凭证,主要包括三类:一是财物证券,如提货单、购物券等;二是货币证券,如支票、本票、汇票等;三是资本证券,如股票、债券等。狭义的证券仅指资本证券。《中华人民共和国证券法》规定的证券为股票、公司债券以及国务院依法认定的其他证券。

二、证券市场的概念

证券市场是指证券发行与交易的场所。证券市场分为发行市场和流通市场。发行市场又称一级市场,是发行新证券的市场,证券发行人通过证券发行市场将已获准公开发行的证券第一次销售给投资者,以获取资金。证券流通市场又称二级市场,是对已发行的证券进行买卖、转让交易的场所。通过一级市场取得的证券可以到二级市场进行买卖,投资者可以在二级市场对证券进行不间断的交易。

三、证券法的概念

证券法有广义和狭义之分。广义的证券法是指一切与证券有关的法律规范的总称。狭义的证券法专指《中华人民共和国证券法》(以下简称《证券法》),它是规范证券发行、交易及监管过程中产生的各种法律关系的基本法,是证券市场各类行为主体必须遵守的行为规范,由国家权力机关制定,以国家强制力保障实施。

1998年12月29日,第九届全国人民代表大会常务委员会第六次会议通过了《证券法》,自1999年7月1日起施行。2004年8月28日,第十届全国人民代表大会常务委员会第十一次会议通过了《关于修改〈中华人民共和国证券法〉的决定》，对《证券法》个别条款作了修改。2005年10月27日，第十届全国人民代表大会常务委员会第十八次会议审议通过了重新修订的《证券法》，自2006年1月1日起施行。制定并修订完善《证券法》，其根本宗旨是规范证券发行和交易行为，保护投资者的合法权益，维护社会经济秩序和社会公众利益，促进社会主义市场经济的健康发展。

四、证券管理原则

根据《证券法》的规定，在证券发行、交易及监管中应当坚持以下原则：

（一）公开、公平、公正原则

公开原则，是指有关证券发行、交易的信息要公开，让投资者在充分了解真实情况的基础上自行作出投资决策。贯彻公开原则的基本要求是，公开的信息必须真实、准确、完整，不得有虚假记载、误导性陈述或者重大遗漏。信息公开要及时，要有使用价值。除了信息公开外，办事程序、办事规则也要公开。公开的形式包括向社会公告，将有关信息刊登在报纸或刊物上，将有关资料置备于有关场所，供公众随时查阅等。

公平原则，是指证券市场的所有参与者在法律上都具有平等地位，在市场中机会平等。贯彻公平原则的基本要求是，投资者能够公平地参与竞争，公平地面对机会和风险。

公正原则，是指证券的发行、交易活动执行统一的规则，适用统一的规范。贯彻公正原则的基本要求是，证券市场参与者的合法权益同样受法律保护，违法行为同样受法律制裁。

（二）自愿、有偿、诚实信用原则

自愿原则，是指当事人有权按照自己的意愿参与证券发行与证券交易活动，任何机构、组织或个人都不得非法干预，任何一方都不得把自己的意志强加给对方。

有偿原则，是指在证券发行和交易活动中，一方当事人不得无偿占有他方当事人的财产和劳动。

诚实信用原则，是指有关各方当事人应当自觉遵守社会公德，参与民事活动要诚实守信，客观公正，信守承诺，不弄虚作假，不欺人骗人。

（三）守法原则

《证券法》规定，证券发行、交易活动，必须遵守纪律、行政法规；禁止欺诈、内幕交易和操纵证券交易市场的行为。

根据《证券法》的规定，在中国境内，股票、公司债券和国务院依法认定的其他证券的发行和交易，适用《证券法》的规定；《证券法》未规定的，适用《公司法》和其他法律、行政法规的规定。

政府债券、证券投资基金份额的上市交易，适用《证券法》；其他法律、行政法规另有规定的，适用其规定。

（四）证券业与其他金融业分业经营、分业管理原则

《证券法》规定，证券业和银行业、信托业、保险业实行分业经营，分业管理，证券公司与银行、信托、保险业务机构分别设立。

证券业、银行业、信托业和保险业同属金融行业，但又都有各自的业务领域，证券业是以发行和交易证券为主要业务的行业；银行业是以经营存、贷款，办理转账结算为主要业务的行业；信托业是一种受人之托，代人理财的行业；保险业是集聚资金，补偿损失，分担风险的行业。

国家分别制定了《证券法》、《中国人民银行法》、《商业银行法》、《银行业监督管理法》、《信托法》、《保险法》，并分别设立了证监会、银监会和保监会，依法加强对证券业、银行业、信托业、保险业的监管。因此，分业经营、分业管理是目前我国金融业经营和监管的基本格局。

（五）政府集中统一监管与行业自律相结合原则

我国对证券行业的监管分为两个层次，一是政府监管，二是行业自律。政府监管主要体现在《证券法》授权国务院证券监督管理机构，即中国证券监督管理委员会，对全国证券市场实行集中统一的监督管理。行业自律主要体现在《证券法》规定在实行国家集中统一监管的前提下，依法设立证券业协会，实行自律性管理。

（六）国家审计监督原则

证券交易所、证券公司、证券登记结算机构、证券监督管理机构在证券发行、交易及监管活动中扮演重要角色，它们的财务收支有无违法违规情况，对投资者的权益保护和证券市场的安全及健康发展影响很大。因此，《证券法》规定，国家审计机关依法对证券交易所、证券公司、证券登记结算机构、证券监督管理机构进行审计监督。

第二节 证券发行

一、证券发行的一般规定

（一）公开发行证券的有关规定

《证券法》规定，公开发行证券，必须符合法律、行政法规规定的条件，并依法报经国务院证券监督管理机构或者国务院授权的部门核准；未经依法核准，任何单位和个人不得公开发行证券。

有下列情形之一的，为公开发行：

(1) 向不特定对象发行证券。这是指向社会公众发行证券，无论发行对象人数多少，只要是不特定的社会公众，都属于公开发行。

(2) 向特定对象发行证券累计超过200人的。"特定对象"主要包括发行人的内部人员如股东、公司员工及其亲朋好友等，以及与发行人有联系的公司、机构和人员等；还有一类是机构投资者，比如基金管理公司、保险公司等。

(3) 法律、行政法规规定的其他发行行为。

(二) 公开发行证券实行保荐制度的有关规定

《证券法》规定，发行人申请公开发行股票，可转换为股票的公司债券承销方式的，或者公开发行法律、行政法规规定实行保荐制度的其他证券的，具有保荐资格的机构担任保荐人。(证券公司)

2003年12月，中国证监会发布第18号令，颁布《证券发行上市保荐制度暂行办法》，于2004年2月1日起正式施行。《办法》设立了对保荐机构和保荐代表人的注册登记制度，明确了保荐责任和保荐期限，建立了监管部门对保荐机构和保荐代表人施行责任追究的监管机制。

二、股票的发行

(一) 设立股份有限公司公开发行股票的条件及报送文件

1. 设立股份有限公司公开发行股票的条件

《证券法》规定，设立股份有限公司公开发行股票，应当符合《公司法》规定的条件和经国务院批准的国务院证券监督管理机构规定的其他条件。

根据这一规定，设立股份有限公司公开发行股票应当具备以下条件：

(1) 符合《公司法》规定的条件。设立股份有限公司，应当具备的条件包括：发起人符合法定人数；发起人认购和募集的股本达到法定资本最低限额；股份发行、筹办事项符合法律规定；发起人制订公司章程，采用募集方式设立的经创立大会通过；有公司名称，建立符合股份有限公司要求的组织机构；有公司住所。

(2) 符合经国务院批准的国务院证券监督管理机构规定的其他条件。

2. 设立股份有限公司公开发行股票应报送的文件

设立股份有限公司公开发行股票，除符合上述条件外，还应当向国务院证券监督管理机构报送募股申请和以下文件：

(1) 公司章程；

(2) 发起人协议；

(3) 发起人姓名或者名称，发起人认购的股份数、出资种类及验资证明；

(4) 招股说明书；

（5）代收股款银行的名称及地址；

（6）承销机构名称及有关的协议。

依法应当聘请保荐人的，还应当报送保荐人出具的发行保荐书。法律、行政法规规定设立公司必须报经批准的，还应当提交相应的批准文件，比如《保险法》规定设立保险公司，必须报经国务院保险监督管理机构批准。如果设立保险公司申请公开发行股票，就应当向国务院证券监督管理机构提交国务院保险监督管理机构的批准文件。

（二）公司公开发行新股的条件及报送文件

1. 公司公开发行新股的条件

《证券法》规定，公司公开发行新股，应当符合下列条件：（1）具备健全且运行良好的组织机构。（2）具有持续盈利能力，财务状况良好。（3）近3年财务会计文件无虚假记载，并无其他重大违法行为。（4）经国务院批准的国务院证券监督管理机构规定的其他条件。

上市公司非公开发行新股，应当符合经国务院批准的国务院证券监督管理机构规定的条件，并报国务院证券监督管理机构核准。

2. 公司公开发行新股应报送的文件

公司公开发行新股，应当向国务院证券监督管理机构报送募股申请和下列文件：（1）公司营业执照；（2）公司章程；（3）股东大会决议；（4）招股说明书；（5）财务会计报告；（6）代收股款银行的名称及地址；（7）承销机构名称及有关的协议。依法应当聘请保荐人的，还应当报送保荐人出具的发行保荐书。

为了规范公开发行股票所募集资金的使用，《证券法》规定，公司对公开发行股票所募集资金，必须按照招股说明书所列资金用途使用。改变招股说明书所列资金用途，必须经股东大会作出决议。擅自改变用途而未作纠正的，或者未经股东大会认可的，不得公开发行新股。

[例8-1] A股份有限公司2005年实际亏损10300万元，但其通过虚构产品销售收入、虚减销售成本等手段，编制虚假利润15700万元，使其该年度账面利润达到5400万元；同时，在其股票发行上市申报材料中，对某关键生产设备废品率不断上升、不能维持正常生产的重大事实未进行任何披露。A股份有限公司通过上述手段骗取了公开发行新股的资格。

请问，A股份有限公司的行为属于何种行为？为什么？

[解析] A股份有限公司的行为属于骗取发行核准的行为。根据《证券法》的规定，公开发行新股的公司，应当具有持续盈利能力，财务状况良好；近3年财务会计文件无虚假记载，并无其他重大违法行为。A股份有限公司2005年实际亏损，为达到发行股票目的，采取了虚构收入、虚减成本等不法

手段，同时，隐瞒了关键生产设备废品率不断上升、不能维持正常生产的重大事实。因此，A 股份有限公司的行为属于骗取发行核准的行为。

三、公司债券的发行

（一）公开发行公司债券的条件

公开发行公司债券，应当符合下列条件：

（1）股份有限公司的净资产不低于人民币 3000 万元，有限责任公司的净资产不低于人民币 6000 万元。

（2）累计债券余额不超过公司净资产额的 40%。累计债券余额是指已发行尚未到期的债券金额。

（3）最近 3 年平均可分配利润足以支付公司债券 1 年的利息。

（4）筹集的资金投向符合国家产业政策。

（5）债券的利率不超过国务院限定的利率水平。

（6）国务院规定的其他条件。

公开发行公司债券筹集的资金，必须用于核准的用途，不得用于弥补亏损和非生产性支出。上市公司发行可转换为股票的公司债券，除应当符合上述规定外，还应当符合《证券法》关于公开发行股票的条件，并报国务院证券监督管理机构核准。

（二）公开发行公司债券报送的文件

申请公开发行公司债券，应当向国务院授权的部门或者国务院证券监督管理机构报送下列文件：（1）公司营业执照；（2）公司章程；（3）公司债券募集办法；（4）资产评估报告和验资报告；（5）国务院授权的部门或者国务院证券监督管理机构规定的其他文件。依照规定聘请保荐人的，还应当报送保荐人出具的发行保荐书。

（三）不得再次公开发行公司债券的情形

有下列情形之一的，不得再次公开发行公司债券：（1）前一次公开发行的公司债券尚未募足。（2）对已公开发行的公司债券或者其他债务有违约或者延迟支付本息的事实，仍处于继续状态。（3）违反《证券法》规定，改变公开发行债券所募集资金的用途。比如，违反规定，将所募集资金用于弥补亏损和非生产性支出。

四、证券的发行程序

（一）证券发行的核准

第一，发行人发行证券，应当依照法定程序向国务院证券监督管理机构或者国务院授权的部门报送证券发行申请文件。

发行人申请首次公开发行股票的，在提交申请文件后，应当按照国务院证券监督管理机构的规定预先披露有关申请文件。

第二，国务院证券监督管理机构设立发行审核委员会，依法审核股票发行申请。

第三，国务院证券监督管理机构依照法定条件负责核准股票发行申请。核准程序应当公开，依法接受监督。

国务院证券监督管理机构或者国务院授权的部门应当自受理证券发行申请文件之日起3个月内，依照法定条件和程序作出予以核准或者不予核准的决定，不予核准的应当说明理由。

证券发行申请经核准后，发行人应当依照法律、行政法规的规定，在证券公开发行前，公告公开发行募集文件，并将该文件置备于指定场所供公众查阅。发行证券的信息依法公开前，任何知情人不得公开或者泄露该信息。发行人不得在公告公开发行募集文件前发行证券。

（二）证券的承销

1. 证券承销的概念

证券承销是指证券经营机构依照协议包销或者代销发行人向社会公开发行的证券的行为。发行人向不特定对象公开发行的证券，法律、行政法规规定应当由证券公司承销的，发行人应当同证券公司签订承销协议。公开发行证券的发行人有权依法自主选择承销的证券公司。

2. 证券承销的方式

证券承销采取代销和包销两种方式。

证券代销是指证券公司代发行人发售证券，在承销期结束时，将未售出的证券全部退还给发行人的承销方式。

证券包销分两种情况：

一是证券公司将发行人的证券按照协议全部购入，然后再向投资者销售，当卖出价高于购入价时，其差价归证券公司所有；当卖出价低于购入价时，其损失由证券公司承担。

二是证券公司在承销期结束时，将售后剩余证券全部自行购入。在这种承销方式下，证券公司要与发行人签订合同，在承销期内，是一种代销行为；在承销期满后，是一种包销行为。

3. 证券承销的协议

证券公司承销证券，应当同发行人签订代销或者包销协议，载明下列事项：（1）当事人的名称、住所及法定代表人姓名；（2）代销、包销证券的种类、数量、金额及发行价格；（3）代销、包销的期限及起止日期；（4）代销、包销的付款方式及日期；（5）代销、包销的费用和结算办法；（6）违约责任；

(7) 国务院证券监督管理机构规定的其他事项。

4. 承销团承销证券

向不特定对象发行的证券票面总值超过人民币 5000 万元的，应当由承销团承销。

承销团应当由主承销和参与承销的证券公司组成。主承销即牵头组织承销团的证券公司。主承销可以由证券发行人按照公平竞争的原则，通过竞标的方式产生，也可以由证券公司之间协商确定。主承销一般要承担组建承销团、代表承销团与证券发行者签订承销合同和有关文件等事项。作为主承销的证券公司与参与承销的证券公司之间应签订承销团协议。《证券法》并未排除发行证券面值总额在 5000 万元以下的，也可以由承销团承销。

5. 证券承销的期限

证券的代销、包销期限最长不得超过 90 日。证券公司在代销、包销期内，对所代销、包销的证券应当保证先行出售给认购人，证券公司不得为本公司预留所代销的证券和预先购入并留存所包销的证券。

股票发行采用代销方式，代销期限届满，向投资者出售的股票数量未达到拟公开发行股票数量 70%的，为发行失败。发行人应当按照发行价并加算银行同期存款利息返还股票认购人。

公开发行股票，代销、包销期限届满，发行人应当在规定的期限内将股票发行情况报国务院证券监督管理机构备案。

五、证券投资基金的发行

(一) 证券投资基金的概念和种类

1. 证券投资基金的概念

证券投资基金是指一种利益共享、风险共担的集合证券投资方式，即通过发行基金单位，集中基金投资者的资金，由基金托管人托管，由基金管理人管理和运用资金，从事股票、债券等金融工具投资的方式。

基金投资者，是指基金出资人、基金资产所有者和基金投资收益受益人。

基金托管人，是指投资人权益的代表，是基金资产的名义持有人或管理机构。基金托管人通常由具备一定条件的商业银行、信托公司等专业性金融机构担任。为了保证基金资产的安全，按照资产管理和资产保管分开的原则运作基金，基金设有专门的基金托管人保管基金资产。基金托管人应为基金开设独立的基金资产账户，负责款项收付、资金划拨、证券清算、分红派息等，所有这些，基金托管人都是按照基金管理人的指令行事，而基金管理人的指令也必须通过基金托管人来执行。

基金管理人，是指具有专业的投资知识与经验，根据法律、法规及基金章程或基金契约的规定，经营管理基金资产，谋求基金资产的不断增值，以使基金持有人收益最大化的机构。基金管理人在不同的基金市场上名称有所不同，如美国叫"投资顾问公司"或"资产管理公司"等，日本叫"证券投资信托委托公司"、"投资信托公司"等，我国则将其称作"基金管理公司"。

证券投资基金主要有如下特点：（1）单位面值一般较低。在我国，每份基金单位面值为人民币1元。（2）实行专家管理。投资者的资金集中起来组成基金，一般都是由投资基金管理公司去管理使用资产，这种公司一般都聘请具有相当业务素质和专业经验的专家来管理。（3）实行组合投资。《证券投资基金法》规定，基金管理人运用基金财产进行证券投资，应当采用资产组合的方式。（4）以间接投资的形式，取得直接投资的效果。证券投资基金是一种间接的证券投资方式，投资者是通过购买基金而间接地投资于证券市场。投资者通过购买基金而间接持有公司的股票，进而能享受公司的利润分配，但投资者本身并不去参与公司的管理。

2. 证券投资基金的种类

证券投资基金，依照其运作方式，主要分为开放式基金和封闭式基金。开放式基金是指基金份额总额不固定，基金份额可以在基金合同约定的时间和场所申购或者赎回的一种基金。封闭式基金是指经核准的基金份额总额在基金合同期限内固定不变，基金份额可以在依法设立的证券交易场所交易，但基金份额持有人不得申请赎回的一种基金。

（二）设立基金管理公司的条件

基金管理人，由依法设立并经国务院证券监督管理机构核准的基金管理公司担任。

根据《证券投资基金法》的规定，设立基金管理公司，应当具备下列条件，并经国务院证券监督管理机构批准：

（1）有符合《证券投资基金法》和《公司法》规定的章程；

（2）注册资本不低于1亿元人民币，且必须为实缴货币资本；

（3）主要股东具有从事证券经营、证券投资咨询、信托资产管理或者其他金融资产管理的较好的经营业绩和良好的社会信誉，最近3年没有违法记录，注册资本不低于3亿元人民币；

（4）取得基金从业资格的人员达到法定人数；

（5）有符合要求的营业场所、安全防范设施和与基金管理业务有关的其他设施；

（6）有完善的内部稽核监控制度和风险控制制度；

（7）法律、行政法规规定的和经国务院批准的国务院证券监督管理机构规定的其他条件。

（三）基金的募集

基金管理人应当依照《证券投资基金法》的规定，发售基金份额，募集基金。基金管理人应当向国务院证券监督管理机构提交下列文件，并经国务院证券监督管理机构核准：（1）申请报告；（2）基金合同草案；（3）基金托管协议草案；（4）招募说明书草案；（5）基金管理人和基金托管人的资格证明文件；（6）经会计师事务所审计的基金管理人和基金托管人最近3年或者成立以来的财务会计报告；（7）律师事务所出具的法律意见书；（8）国务院证券监督管理机构规定提交的其他文件。

基金合同应当包括下列内容：（1）募集基金的目的和基金名称；（2）基金管理人、基金托管人的名称和住所；（3）基金运作方式；（4）封闭式基金的基金份额总额和基金合同期限，或者开放式基金的最低募集份额总额；（5）确定基金份额发售日期、价格和费用的原则；（6）基金份额持有人、基金管理人和基金托管人的权利、义务；（7）基金份额持有人大会召集、议事及表决的程序和规则；（8）基金份额发售、交易、申购、赎回的程序、时间、地点、费用计算方式，以及给付赎回款项的时间和方式；（9）基金收益分配原则、执行方式；（10）作为基金管理人、基金托管人报酬的管理费、托管费的提取、支付方式与比例；（11）与基金财产管理、运用有关的其他费用的提取、支付方式；（12）基金财产的投资方向和投资限制；（13）基金资产净值的计算方法和公告方式；（14）基金募集未达到法定要求的处理方式；（15）基金合同解除和终止的事由、程序以及基金财产清算方式；（16）争议解决方式；（17）当事人约定的其他事项。

国务院证券监督管理机构应当自受理基金募集申请之日起6个月内依照法律、行政法规及国务院证券监督管理机构的规定和审慎监管原则进行审查，作出核准或者不予核准的决定，并通知申请人；不予核准的：应当说明理由。基金募集申请经核准后，方可发售基金份额。

基金募集不得超过国务院证券监督管理机构核准的基金募集期限。基金募集期限自基金份额发售之日起计算。基金募集期限届满，封闭式基金募集的基金份额总额达到核准规模的80%以上，开放式基金募集的基金份额总额超过核准的最低募集份额总额，并且基金份额持有人人数符合国务院证券监督管理机构规定的，基金管理人应当自募集期限届满之日起10日内聘请法定验资机构验资，自收到验资报告之日起10日内，向国务院证券监督管理机构提交验资报告，办理基金备案手续，并予以公告。

[例8-2] 2006年7月，A股份有限公司获准向社会公开发行公司债券，票面总值8000万元。该股份有限公司委托B证券公司及其他两家证券公司组成承销团发行债券，并签订了承销协议，约定由B证券公司担任主承销商，

承销方式为包销，包销期为60天。此外，承销协议还就债券发行价格、包销起止日期、包销付款方式、包销费用和结算办法等作了约定。

协议签订后，3家证券公司按期将资金划至A股份有限公司指定的账户。就在此时，国务院证券监督管理机构接到群众举报，称A股份有限公司为获准公开发行债券，在其申报文件中虚报了前3年的盈利情况，经查证情况属实。据此，国务院证券监督管理机构决定撤销对A股份有限公司发行债券的核准决定。

要求：根据上述资料，回答下列问题：

（1）国务院证券监督管理机构决定撤销对A股份有限公司发行债券的核准决定是否符合法律规定？简要说明理由。

（2）本案中公司债券承销协议约定的内容是否符合规定？

（3）根据《证券法》的规定，本案应如何处理？

[解析]　（1）国务院证券监督管理机构决定撤销对A股份有限公司发行债券的核准决定符合法律规定。根据《证券法》的规定，国务院证券监督管理机构对已作出的核准证券发行的决定，发现不符合法定条件或者法定程序，尚未发行证券或者已经发行尚未上市的，应当撤销发行核准决定。

（2）本案中公司债券承销协议约定的内容符合规定。

（3）本案中，由于A股份有限公司存在虚报盈利的行为，违反了《证券法》的有关规定，因此，国务院证券监督管理机构可以依法采取以下措施：一是如果A股份有限公司债券尚未发行的，应当撤销核准决定，责令其停止发行；二是如果A股份有限公司的债券已经发行但尚未上市的，应当撤销发行核准决定，并要求A股份有限公司按照发行价并加算银行同期存款利息返还债券持有人。

[例8-3]　2006年，A股份有限公司欲公开发行股票，在申请发行过程中，A公司得知本公司的股票发行申请已通过国务院证券监督管理机构的核准。A公司随即在公告公开发行募集文件之前，将拟发行股票总额的15%自行卖给当地投资者，其余部分委托B证券公司代销，并确定代销期限为4个月。请问A公司的上述做法有哪些违反规定？

[解析]　违规之处主要有：

（1）A公司不应在公告公开发行募集文件之前发行股票；

（2）A公司不应私自将拟发行股票总额的15%卖给投资者，而应通过证券公司承销；

（3）代销证券的期限最长不应超过90天。

第三节 证券交易和上市公司的收购

一、证券交易的一般规定

证券交易是指证券所有人转移证券的所有权于买受人，买受人支付相应价款的法律行为。根据《证券法》的规定，证券交易当事人依法买卖的证券，必须是依法发行并交付的证券。非依法发行的证券，不得买卖。在证券交易中应当遵守以下基本规则：

（一）证券交易的标的物必须合法

这主要包括两层含义：第一，交易的证券必须是依法发行的证券。所谓依法发行是指依照《证券法》、《公司法》等有关法律、行政法规发行证券。证券交易的前提条件是该证券已经发行，而只有依法发行的证券，才能作为证券交易的标的物。第二，交易的证券必须是已交付的证券。已交付的证券是指已经实际由发行人转移至购买人的证券。证券发行以后，并不一定立即交付给购买证券的人。比如，《公司法》规定，公司登记成立前不得向股东交付股票。即使是依法发行的证券，也必须交付后才能转让。未交付的证券，不得进行买卖。

（二）禁止证券在限制转让的期限内进行买卖

《证券法》规定，依法发行的股票、公司债券和其他债券，法律对其转让期限有限制性规定的，在限定的期限内不得买卖。

（三）证券交易活动的场所必须合法

依法公开发行的股票、公司债券及其他证券，应当在依法设立的证券交易所上市交易或者在经国务院批准的其他证券交易所转让。目前，我国大陆依法设立的证券交易场所有两个，即上海证券交易所和深圳证券交易所。

（四）证券交易的方式必须合法

《证券法》规定，证券在证券交易所上市交易，应当采用公开的集中交易方式或者国务院证券监督管理机构批准的其他方式。

集中交易方式，是指在集中交易市场以竞价交易的方式进行交易。集中交易方式分为集中竞价交易和大宗交易。

集中竞价，又称为集合竞价，是指在证券交易所市场内，所有参与证券买卖的各方当事人公开报价，按照价格优先、时间优先的原则撮合成交的证券交易方式。

所谓价格优先，即在买入申报时，买价高的申报优先于买价低的申报；在卖出申报时，卖价低的申报优先于卖价高的申报。所谓时间优先，即在同价位的买卖申报情况下，依照申报时间的先后顺序确定。大宗交易，是指单笔交易规模远大于市场平均单笔交易规模的交易。经中国证监会批准的上海、深圳证券交易所交易规则规定，证券单笔买卖申报达到一定数额的，交易所可以采用大宗交易方式进行交易。

（五）交易证券的凭证形式既可以是纸面形式也可以是经认可的其他形式

证券交易当事人买卖的证券，可以采用纸面形式，也可以采用国务院证券监督管理机构规定的其他形式。在电脑技术出现以前，传统的资本证券都是采用纸面形式，即在纸制品上记载应当记载的事项，并以此纸制品作为证明或者设定权利的凭证。随着电脑技术在证券业的应用，20世纪80年代以后，证券的无纸化迅速发展起来。证券无纸化，是指将有关事项输入电脑，以电脑储存的有关信息作为股权或债权的法律凭证。

（六）证券交易种类既可以是现货交易又可以是由国务院规定的其他形式

《证券法》规定，证券交易以现货和国务院规定的其他方式进行交易。现货交易，又称为现款交易、即期交易等，是指证券交易的双方当事人根据商定的付款方式，立即或者在较短时间内进行交割，从而实现股票等证券所有权的转让。

（七）证券从业人员、管理人员和其他有关人员在任期或法定期限内不得持有和买卖股票

《证券法》规定，证券交易所、证券公司和证券登记结算机构的从业人员、证券监督管理机构的工作人员以及法律、行政法规禁止参与股票交易的其他人员，在任期或者法定限期内，不得直接或者以化名、借他人名义持有、买卖股票，也不得收受他人赠送的股票。任何人在成为上述人员时，其原已持有的股票，必须依法转让。

（八）证券交易所、证券公司、证券登记结算机构必须依法为客户开立的账户保密

证券交易所、证券公司、证券登记结算机构知悉投资者有关重要信息数据，为了保护投资者合法权益，防止泄密给投资者造成损失，除法律规定的情形以外，例如在公安机关、检察机关、国务院证券监督管理机构为调查涉嫌违法行为而需要了解客户的账户信息时，应当依法予以提供等情形之外，证券交易所、证券公司、证券登记结算机构不得向任何个人或者机构，泄露投资者开立账户以及所开立账户的号码、账户上的资金状况和证券状况等账户信息，否则将承担相应的法律责任。

（九）证券交易的收费必须合理

在我国，客户进入证券交易所进行交易，要委托证券公司代为交易，交易成功后，还要进行交割、过户等。这都需要交纳一定的费用。收费的合理性，

主要体现在两个方面：一是证券交易的收费项目、收费标准和收费办法由国务院有关主管部门统一规定，并保持合理水平；二是证券交易的收费项目、收费标准和收费办法必须向社会公开，使证券交易各个环节的当事人对自己的交易成本作出比较准确的判断，同时也有利于加强对收费的监督管理。

二、证券上市

（一）申请证券上市交易的一般规定

《证券法》规定，申请证券上市交易，应当向证券交易所提出申请，由证券交易所审核同意，并由双方签订上市协议。根据这一规定，申请证券上市交易，应当向上海或者深圳证券交易所提出申请，证券交易所依照法律的规定进行审核。

（二）股票上市

1. 股票上市交易的条件

《证券法》规定，股份有限公司申请股票上市交易，应当符合下列条件：

（1）股票经国务院证券监督管理机构核准已公开发行；

（2）公司股本总额不少于人民币3000万元；

（3）公开发行的股份达到公司股份总数的25%以上；公司股本总额超过人民币4亿元的，公开发行股份的比例为10%以上；

（4）公司最近3年无重大违法行为，财务会计报告无虚假记载。

证券交易所可以规定高于上述规定的上市条件，并报国务院证券监督管理机构批准。国家鼓励符合产业政策并符合上市条件的公司股票上市交易。

2. 股票暂停上市交易

上市公司有下列情形之一的，由证券交易所决定暂停其股票上市交易：

（1）公司股本总额、股权分布等发生变化，不再具备上市条件；

（2）公司不按规定公开其财务状况，或者对财务会计报告作虚假记载，可能误导投资者；

（3）公司有重大违法行为；

（4）公司最近3年连续亏损；

（5）证券交易所上市规则规定的其他情形。

3. 股票终止上市交易

上市公司有下列情形之一的，由证券交易所决定终止其股票上市交易：

（1）公司股本总额、股权分布等发生变化，不再具备上市条件，在证券交易所规定的期限内仍不能达到上市条件；

（2）公司不按规定公开其财务状况，或者对财务会计报告作虚假记载，且拒绝纠正；

(3) 公司最近3年连续亏损，在其后一个年度内未能恢复盈利；
(4) 公司解散或者被宣告破产；
(5) 证券交易所上市规则规定的其他情形。

（三）公司债券上市

1. 公司债券上市交易的条件

公司申请公司债券上市交易，应当符合下列条件：

(1) 公司债券的期限为1年以上；
(2) 公司债券实际发行额不少于人民币5000万元；
(3) 公司申请债券上市时仍符合法定的公司债券发行条件。

2. 公司债券暂停上市交易

公司债券上市交易后，公司有下列情形之一的，由证券交易所决定暂停其公司债券上市交易：

(1) 公司有重大违法行为；
(2) 公司情况发生重大变化不符合公司债券上市条件；
(3) 公司债券所募集资金不按照核准的用途使用；
(4) 未按照公司债券募集办法履行义务；
(5) 公司最近2年连续亏损。

3. 公司债券终止上市交易

公司有上述第（1）项、第（4）项所列情形之一经查实后果严重的，或者有上述第（2）项、第（3）项、第（5）项所列情形之一，在限期内未能消除的，由证券交易所决定终止其公司债券上市交易。公司解散或者被宣告破产的，由证券交易所终止其公司债券上市交易。

（四）证券投资基金上市

《证券投资基金法》规定，封闭式基金的基金份额，经基金管理人申请，国务院证券监督管理机构核准，可以在证券交易所上市交易。国务院证券监督管理机构可以授权证券交易所依照法定条件和程序核准基金份额上市交易。

1. 基金上市交易的条件

申请上市的基金，必须符合下列条件：（1）基金的募集符合《证券投资基金法》的规定；（2）基金合同期限为5年以上；（3）基金募集金额不低于2亿元人民币；（4）基金持有人不少于1000人；（5）基金份额上市交易规则规定的其他条件。

2. 基金上市交易的程序

向证券交易所提出投资基金上市申请。证券交易所接到基金上市申请后，应进行审查，认为符合上市条件的，将审查意见以及拟订的上市时间连同相关文件一并报国务院证券监督管理机构批准。

获准上市的基金，须于上市首日前3个工作日内至少在国务院证券监督管理机构指定的报刊上刊登；基金管理人还应将《上市公告书》备置于基金管理人所在地、基金托管人所在地、证券交易所、有关证券经营机构及其网点，供公众查阅，同时报送国务院证券监督管理机构备案。

3. 基金的暂停上市或终止上市

基金上市期间，出现下列情形之一的，将暂时停止上市：(1) 发生重大变更而不符合上市条件；(2) 违反国家法律、法规，国务院证券监督管理机构决定暂停上市；(3) 严重违反投资基金上市规则；(4) 国务院证券监督管理机构和证券交易所认为须暂停上市的其他情形。

4. 基金的终止上市

基金上市期间，有下列情形之一的，将终止上市：

(1) 不再具备《证券投资基金法》规定的上市交易条件；

(2) 基金合同期限届满；

(3) 基金份额持有人大会决定提前终止上市交易；

(4) 基金合同约定的或者基金份额上市交易规则规定的终止上市交易的其他情形。

三、持续信息公开

(一) 持续信息公开的概念

持续信息公开也称信息披露，是对证券市场进行监管的有效手段，也是贯彻公开原则的具体体现。从信息公开环节上看，一般包括三方面的要求：一是证券发行要进行信息披露；二是证券上市交易要进行信息披露；三是与证券发行、上市交易有关的信息要进行披露。从信息公开时点上看，主要包括证券发行时初次信息公开和证券交易中的信息公开。证券发行时初次信息公开是指证券首次公开发行时对发行人、拟发行的证券以及与发行证券有关的信息进行披露；证券交易中的信息公开是指证券上市交易过程中发行人、上市公司对证券上市交易及与证券交易有关的信息要进行持续的披露。

《证券法》规定，发行人、上市公司依法公开的信息，必须真实、准确、完整，不得有虚假记载、误导性陈述或者重大遗漏。经国务院证券监督管理机构核准依法公开发行股票，或者经国务院授权的部门核准依法公开发行公司债券，应当公告招股说明书、公司债券募集办法。依法发行新股或者公司债券的，还应当公告财务会计报告。

持续信息公开主要包括上市公司定期报告即中期报告和年度报告，上市公司临时报告，即重大事件公告。

(二) 定期报告

1. 中期报告

上市公司和公司债券上市交易的公司，应当在每一会计年度的上半年结束之日起2个月内，向国务院证券监督管理机构和证券交易所报送记载以下内容的中期报告，并予以公告：(1) 公司财务会计报告和经营情况；(2) 涉及公司的重大诉讼事项；(3) 已发行的股票、公司债券变动情况；(4) 提交股东大会审议的重要事项；(5) 国务院证券监督管理机构规定的其他事项。

2. 年度报告

上市公司和公司债券上市交易的公司，应当在每一会计年度结束之日起4个月内，向国务院证券监督管理机构和证券交易所报送记载以下内容的年度报告，并予以公告：(1) 公司概况；(2) 公司财务会计报告和经营情况；(3) 董事、监事、高级管理人员简介及其持股情况；(4) 已发行的股票、公司债券情况，包括持有公司股份最多的前10名股东的名单和持股数额；(5) 公司的实际控制人；(6) 国务院证券监督管理机构规定的其他事项。

(三) 临时报告

发生可能对上市公司股票交易价格产生较大影响而投资者尚未得知的重大事件时，上市公司应当立即将有关该重大事件的情况向国务院证券监督管理机构和证券交易所报送临时报告，并予以公告，说明事件的起因、目前的状态和可能产生的法律后果。

这里所称的重大事件主要包括：(1) 公司的经营方针和经营范围的重大变化；(2) 公司的重大投资行为和重大的购置财产的决定；(3) 公司订立重要合同，可能对公司的资产、负债、权益和经营成果产生重要影响；(4) 公司发生重大债务和未能清偿到期重大债务的违约情况；(5) 公司发生重大亏损或者重大损失；(6) 公司生产经营的外部条件发生的重大变化；(7) 公司的董事、1/3以上监事或者经理发生变动；(8) 持有公司5%以上股份的股东或者实际控制人，其持有股份或者控制公司的情况发生较大变化；(9) 公司减资、合并、分立、解散及申请破产的决定；(10) 涉及公司的重大诉讼，股东大会、董事会决议被依法撤销或者宣告无效；(11) 公司涉嫌犯罪被司法机关立案调查，公司董事、监事、高级管理人员涉嫌犯罪被司法机关采取强制措施；(12) 国务院证券监督管理机构规定的其他事项。

(四) 信息的发布与监督

上市公司董事、高级管理人员应当对公司定期报告签署书面确认意见。上市公司监事会应当对董事会编制的公司定期报告进行审核并提出书面审核意见。上市公司董事、监事、高级管理人员应当保证上市公司所披露的信息真实、准确、完整。

依法必须披露的信息,应当在国务院证券监督管理机构指定的媒体发布,同时将其置备于公司住所、证券交易所,供社会公众查阅。

国务院证券监督管理机构对上市公司年度报告、中期报告、临时报告以及公告的情况进行监督,对上市公司分派或者配售新股的情况进行监督,对上市公司控股股东及其他信息披露义务人的行为进行监督。证券监督管理机构、证券交易所、保荐人、承销的证券公司及有关人员,对公司依照法律、行政法规规定必须作出的公告,在公告前不得泄露其内容。

证券交易所决定暂停或者终止证券上市交易的,应当及时公告,并报国务院证券监督管理机构备案。

[例8-4] 某上市公司董事长授意有关员工采用签订虚假销售合同、转移费用支出和违规进行资产评估等手段,虚增当年营业利润和资本公积等指标误导投资者,造成投资者重大损失。案发后,该上市公司的董事长以自己并未直接参与财务造假过程为由拒绝承担连带赔偿责任。请问该董事长是否应当承担连带赔偿责任。

[解析] 根据《证券法》的规定,上市公司的年度报告中存在虚假记载、误导性陈述或者重大遗漏,致使投资者在证券交易中遭受损失的,上市公司的董事应当承担连带赔偿责任,但是能够证明自己没有过错的除外;根据前述资料,该上市公司的董事长显然有过错,并涉嫌犯罪,因此应当承担连带赔偿责任。

四、禁止的交易行为

(一) 内幕交易行为

内幕交易是指证券交易内幕信息的知情人和非法获取内幕信息的人员利用内幕信息进行证券交易的行为。这种行为的主体是内幕知情人员,行为特征是利用自己掌握的内幕信息买卖证券,或者是建议他人买卖证券。

[例8-5] 戴某在担任甲上市公司董事期间,利用甲公司与乙上市公司进行资产重组、乙公司主营业务将要发生重大变化这一信息,于某年10月16日至18日期间,在某证券公司营业部投入资金300万元,以平均5元的价格买入乙公司股票60万股,信息公开后以每股6元的价格全部卖出,共计获利60万元。同年11月,甲公司与乙公司相继公告进行了资产重组的信息。请问戴某的行为是否合法?

[解析] 不合法。戴某的行为属于利用内部信息进行证券交易、非法获利的行为。根据《证券法》的规定,证券交易内幕信息的知情人,在内幕信息公开前,不得买入和卖出该公司的证券。

（二）操纵市场行为

操纵市场是指单位或个人以获取不正当利益或者转嫁风险、减少损失为目的，利用其资金、信息等优势或者滥用职权影响证券交易价格或者交易量，制造证券市场假象，诱导或者致使投资者在不了解事实真相的情况下作出错误的投资判断的行为。

[例8-6] 某证券公司利用资金优势，在3个交易日内对某一上市公司的股票进行连续买卖，使该股票从每股20元迅速上升至每股26元，然后在此价位大量卖出获利。请分析该证券公司的行为是否违法？

[解析] 该证券公司的行为违法。根据《证券法》的规定，该证券公司的行为属于操纵市场的违法行为。

（三）制造虚假信息行为

制造虚假信息包括编造、传播虚假信息和作虚假陈述或信息误导两种情况。编造、传播虚假信息即凭空捏造信息或歪曲、篡改已有的信息，并加以宣传。这种凭空捏造和被歪曲篡改了的信息，可能会影响证券交易价格和交易量。

（四）欺诈客户行为

欺诈客户，是指证券公司及其从业人员在证券交易中违背客户的真实意愿，严重侵害客户利益的违法行为。

[例8-7] 某证券公司挪用客户账户上的资金用于股票买卖，但在获利后及时、足额地归还到客户账户中，请问该证券公司的行为是否合法？属于何种行为？

[解析] 不合法，根据《证券法》的规定，该证券公司的行为属于欺诈客户的行为。

（五）其他禁止交易行为

禁止法人非法利用他人账户从事证券交易；禁止法人出借自己或者他人的证券账户；禁止资金违规流入股市；禁止任何人挪用公款买卖证券等。

五、上市公司收购概述

（一）上市公司收购的概念

上市公司收购是指投资者公开收购已经依法上市交易的股份有限公司的股份，获得或者进一步巩固对该股份有限公司的控制权的行为。

上市公司收购具有以下几个特征：

（1）上市公司的收购是指对某一上市公司的收购，对非上市公司的收购不在此列，即如果投资者收购上市公司以外的其他企业，不属于上市公司的收购。

（2）上市公司的收购是指对上市公司股份的收购，不是指对上市公司资产的收购。

(3) 上市公司收购的主体是投资者,包括自然人和法人。投资者通过协议、其他安排与其他人共同收购上市公司,与投资者有协议或其他安排的其他人也是上市公司收购的收购主体。

(4) 上市公司收购是一种投资者与投资者之间进行股份转让的行为。由于上市公司的股份通常由上市公司的股东所持有,因此,上市公司的收购实质上是投资者与上市公司股东之间进行股份转让的行为。

(5) 上市公司收购的目的是获得或者进一步巩固对上市公司的控制权。

有下列情形之一的,不得收购上市公司:

(1) 收购人负有数额较大债务,到期未清偿,且处于持续状态;

(2) 收购人最近3年有重大违法行为或者涉嫌有重大违法行为;

(3) 收购人最近3年有严重的证券市场失信行为;

(4) 收购人为自然人的,存在《公司法》第147条规定情形,即依法不得担任公司董事、监事、高级管理人员的五种情形;

(5) 法律、行政法规规定以及中国证监会认定的不得收购上市公司的其他情形。

(二) 上市公司收购的方式

根据《证券法》和《上市公司收购管理办法》的规定,上市公司收购主要包括以下3种方式:(1) 要约收购,是指投资者向目标公司的所有股东发出要约,表明愿意以要约中的条件购买目标公司的股票,以期达到对目标公司控制权的获得或巩固;(2) 协议收购,是指投资者在证券交易所外与目标公司的股东,主要是持股比例较高的大股东就股票的价格、数量等方面进行私下协商,购买目标公司的股票,以期达到对目标公司控制权的获得或巩固;(3) 其他合法方式。

(三) 要约收购

1. 收购要约的发出

通过证券交易所的证券交易,投资者持有或者通过协议、其他安排与他人共同持有一个上市公司已发行的股份达到30%时,继续进行收购的,应当依法向该上市公司所有股东发出收购上市公司全部或者部分股份的要约。收购上市公司部分股份的要约应当约定,被收购公司股东承诺出售的股份数额超过预定收购的股份数额的,收购人按比例进行收购。

在上述情况下发出收购要约,收购人必须事先向国务院证券监督管理机构报送上市公司收购报告书,并载明下列事项:(1) 收购人的名称、住所;(2) 收购人关于收购的决定;(3) 被收购的上市公司名称;(4) 收购目的;(5) 收购股份的详细名称和预定收购的股份数额;(6) 收购期限、收购价格;(7)

收购所需的资金额及资金保证；（8）报送上市公司收购报告书时所持有被收购公司股份数占该上市公司已发行的股份总数的比例。收购人应当将包含上述内容的上市公司收购报告书同时提交证券交易所。

2. 收购要约的公告

收购人在报送上市公司收购报告书之日起 15 日后，公告其收购要约。在上述期限内，国务院证券监督管理机构发现上市公司收购报告书不符合法律、行政法规规定的，应当及时告知收购人，收购人不得公告其收购要约。

3. 收购要约的期限

收购要约约定的收购期限不得少于 30 天，并不得超过 60 天。

4. 收购要约的撤销

在收购要约确定的承诺期限内，收购人不得撤销其收购要约。因为投资者持有或者通过协议、其他安排与他人共同持有该上市公司 30% 以上的股份，其发出收购要约已经将收购的有关信息作了披露，这些经披露的信息对该上市公司的股票交易将产生重要影响。如果收购人撤销收购要约，会对该上市公司的股票交易产生新的影响，有可能损害中小股东的利益，因此，在收购要约确定的承诺期限内，收购人不得撤销收购要约。

5. 收购要约的变更

收购要约变更，是指收购要约生效后，收购要约发出人改变要约内容的意思表示。收购人需要变更收购要约的，必须事先向国务院证券监督管理机构及证券交易所提出报告，经批准后，予以公告。变更收购要约，需经要约发出人和受要约人双方当事人同意，在不损害投资者利益和扰乱证券市场正常运行的情况下，国务院证券监督管理机构和证券交易所可以允许变更收购要约。收购要约变更自收购要约变更公告后开始生效。

6. 收购要约的适用

收购要约提出的各项收购条件，适用于被收购公司的所有股东。这主要包括两层含义：

第一，被收购的上市公司的股东具有平等参与要约收购的权利，要约人应当向被收购上市公司的所有股东发出收购要约，不能仅向特定的股东发出收购要约。

第二，要约收购条件具有统一性，应当适用于被收购的上市公司的全体股东，不能出现要约方面的差别待遇。

采取要约收购方式的,收购人在收购期限内,不得卖出被收购公司的股票，也不得采取要约规定以外的形式和超出要约的条件买入被收购公司的股票。

（四）协议收购

采取协议收购方式的，收购人可以依照法律、行政法规的规定同被收购公司的股东以协议方式进行股份转让。以协议方式收购上市公司时，达成协议后，收购人必须在3日内将该收购协议向国务院证券监督管理机构及证券交易所作出书面报告，并予以公告。在公告前不得履行收购协议。

采取协议收购方式的，协议双方可以临时委托证券登记结算机构保管协议转让的股票，并将资金存放于指定的银行。

采取协议收购方式的，收购人收购或者通过协议、其他安排与他人共同收购一个上市公司已发行的股份达到30%时，继续进行收购的，应当向该上市公司所有股东发出收购上市公司全部或者部分股份的要约。但是，经国务院证券监督管理机构免除发出要约的除外。

六、上市公司收购的权益披露

根据《证券法》和《上市公司收购管理办法》的规定，投资者收购上市公司，要依法披露其在上市公司中拥有的权益，包括登记在其名下的股份和虽未登记在其名下但该投资者可以实际支配表决权的股份。投资者及其一致行动人在一个上市公司中拥有的权益应当合并计算。

（一）一致行动和一致行动人的概念

所谓一致行动，是指投资者通过协议或者其他安排，与其他投资者共同扩大其所能够支配的一个上市公司股份表决权数量的行为或者事实。

所谓一致行动人，是指在上市公司的收购及相关股份权益变动活动中有一致行动情形的投资者，这些投资者之间互为一致行动人。

如果没有相反的证据，投资者有下列情形之一的，为一致行动人：（1）投资者之间有股权控制关系；（2）投资者受同一主体控制；（3）投资者的董事、监事或者高级管理人员中的主要成员，同时在另一个投资者担任董事、监事或者高级管理人员；（4）投资者参股另一投资者，可以对参股公司的重大决策产生重大影响；（5）银行以外的其他法人、其他组织和自然人为投资者取得相关股份提供融资安排；（6）投资者之间存在合伙、合作、联营等其他经济利益关系；（7）持有投资者30%以上股份的自然人，与投资者持有同一上市公司股份；（8）在投资者任职的董事、监事及高级管理人员，与投资者持有同一上市公司股份；（9）持有投资者30%以上股份的自然人和在投资者任职的董事、监事及高级管理人员，其父母、配偶、子女及其配偶、配偶的父母、兄弟姐妹及其配偶、配偶的兄弟姐妹及其配偶等亲属，与投资者持有同一上市公司股份；（10）在上市公司任职的董事、监事、高级管理人员及其前项所述亲属同时持有本公司股份的，或者与其自己或其前项所述亲属直接或间接控制的企业同时持有本公司股份；（11）上市公司董事、监事、高级管理人员和员工与其所控制或者委托的法人或者其他组织持有本公司股份；（12）投资者之间具有其他关联关系。

一致行动人应当合并计算其所持有的股份。投资者计算其所持有的股份登记在其名下的股份，也包括登记在其一致行动人名下的股份。

(二) 进行权益披露的情形应当包括的内容

第一，通过证券交易所的证券交易，投资者及其一致行动人拥有权益的股份达到一个上市公司已发行股份的5%时，应当在该事实发生之日起3日内编制权益变动报告书，向中国证监会和证券交易所提交书面报告，抄报该上市公司所在地的中国证监会派出机构，通知该上市公司，并予公告；在上述期限内，不得再行买卖该上市公司的股票。

前述投资者及其一致行动人拥有权益的股份达到一个上市公司已发行股份的5%后，通过证券交易所的证券交易，其拥有权益的股份占该上市公司已发行股份的比例每增加或者减少5%，应当依照前述规定进行报告和公告。在报告期限内和作出报告、公告后2日内，不得再行买卖该上市公司的股票。

第二，通过协议转让方式，投资者及其一致行动人在一个上市公司中拥有权益的股份拟达到或者超过一个上市公司已发行股份的5%时，应当在该事实发生之日起3日内编制权益变动报告书，向中国证监会和证券交易所提交书面报告，抄报中国证监会派出机构，通知该上市公司，并予公告。

投资者及其一致行动人拥有权益的股份达到一个上市公司已发行股份的5%后，其拥有权益的股份占该上市公司已发行股份的比例每增加或者减少达到或者超过5%的，应当依照第一种情形的相应规定履行报告、公告义务。

第三，投资者及其一致行动人通过行政划转或者变更、执行法院裁定、继承、赠予等方式拥有权益的股份变动达到一个上市公司已发行股份的5%时，同样应当按照第一种情形的相应规定履行报告、公告义务。

(三) 权益变动报告书的编制

第一，投资者及其一致行动人不是上市公司的第一大股东或者实际控制人，其拥有权益的股份达到或者超过该公司已发行股份的5%，但未达到20%的，应当编制包括下列内容的简式权益变动报告书：

(1) 投资者及其一致行动人的姓名、住所；投资者及其一致行动人为法人的，其名称、注册地及法定代表人。

(2) 持股目的，是否有意在未来12个月内继续增加其在上市公司中拥有的权益。

(3) 上市公司的名称、股票的种类、数量、比例。

(4) 在上市公司中拥有权益的股份达到或者超过上市公司已发行股份的5%或者拥有权益的股份增减变化达到5%的时间及方式。

(5) 权益变动事实发生之日前6个月内通过证券交易所的证券交易买卖

该公司股票的简要情况。

（6）中国证监会、证券交易所要求披露的其他内容。

前述投资者及其一致行动人为上市公司第一大股东或者实际控制人，其拥有权益的股份达到或者超过一个上市公司已发行股份的5%，但未达到20%的，还应当披露投资者及其一致行动人的控股股东、实际控制人及其股权控制关系结构图。

第二，投资者及其一致行动人拥有权益的股份达到或者超过一个上市公司已发行股份的20%但未超过30%的，应当编制详式权益变动报告书，除须披露简式权益变动报告书规定的信息外，还应当披露以下内容：

（1）投资者及其一致行动人的控股股东、实际控制人及其股权控制关系结构图；

（2）取得相关股份的价格、所需资金额、资金来源，或者其他支付安排；

（3）投资者、一致行动人及其控股股东、实际控制人所从事的业务与上市公司的业务是否存在同业竞争或者潜在的同业竞争，是否存在持续关联交易；存在同业竞争或者持续关联交易的，是否已做出相应的安排，确保投资者、一致行动人及其关联方与上市公司之间避免同业竞争以及保持上市公司的独立性；

（4）未来12个月内对上市公司资产、业务、人员、组织结构、公司章程等进行调整的后续计划；

（5）前24个月内投资者及其一致行动人与上市公司之间的重大交易；

（6）不存在收购人不得收购上市公司的各种情形；

（7）能够按照规定向中国证监会提供相关文件。

前述投资者及其一致行动人为上市公司第一大股东或者实际控制人的，还应当聘请财务顾问对上述权益变动报告书所披露的内容出具核查意见，但国有股行政划转或者变更、股份转让在同一实际控制人控制的不同主体之间进行、因继承取得股份的除外。投资者及其一致行动人承诺至少3年放弃行使相关股份表决权的，可免于聘请财务顾问和提供前述第（7）项规定的相关文件。

七、上市公司收购后事项的处理

收购期限届满，被收购公司股权分布不符合上市条件的，该上市公司的股票应当由证券交易所依法终止上市交易；其余仍持有被收购公司股票的股东，有权向收购人以收购要约的同等条件出售其股票，收购人应当收购。收购行为完成后，被收购公司不再具备股份有限公司条件的，应当依法变更企业形式。

在上市公司收购中，收购人持有的被收购的上市公司的股票，在收购行为完成后的12个月内不得转让。

收购行为完成后，收购人与被收购公司合并，并将该公司解散的，被解散公司的原有股票由收购人依法更换。

收购行为完成后，收购人应当在 15 日内将收购情况报告国务院证券监督管理机构和证券交易所，并予公告。

经有关主管部门批准。

[例 8-8]　下列各项中，依法不得收购戊上市公司股份的是（　　）。

A. 财务状况与公司信誉良好的甲上市公司经理

B. 在过去一年中因存在虚假信息披露被中国证监会给予行政处罚的乙上市公司

C. 丙上市公司已经拥有戊上市公司 20% 的股份，打算继续收购

D. 自然人丁，丁曾经担任某股份有限公司董事长，因不可抗力原因，该股份有限公司已在 3 年前破产关闭

[解析]　答案为 B，即乙上市公司不得收购戊上市公司，因为乙上市公司在最近 3 年内存在严重的市场失信行为并受到中国证监会行政处罚。

[例 8-9]　甲股份有限公司打算收购乙上市公司，如果甲公司实施对乙公司的收购行为，下列各项中，与甲公司为一致行为人的是（　　）。

A. 甲公司的母公司

B. 由甲公司总经理兼任董事长的丙公司

C. 持有甲公司 35% 的股份，且同时持有乙公司 5% 股份的丁某

D. 甲公司财务总监的表姐夫，且其表姐夫持有乙公司 5% 的股份

[解析]　答案是 D。根据《上市公司收购管理办法》的规定，在投资者中任职的董事长、监事及高级管理人员，其亲属与投资者持有同一个上市公司股份的，可能为投资者的一致行动的，但这些亲属包括其父母、配偶、子女及其配偶、配偶的父母、兄弟姐妹及其配偶，配偶的兄弟姐妹及其配偶等。

第四节　证券交易所、证券中介机构和违法责任

一、证券交易所

（一）证券交易所的概念

证券交易所是指为证券集中交易提供场所和设施，组织和监督证券交易，实行自律管理的法人。

（二）证券交易所的职责

根据《证券法》的规定，证券交易所的职责主要包括：

(1) 为组织公平的集中交易提供保障;
(2) 办理股票、公司债券的暂停上市、恢复上市或者终止上市的事务;
(3) 采取技术性停牌、临时停市措施;
(4) 对在证券交易所进行的证券交易和上市公司披露信息进行监控和监督;
(5) 筹集并管理好证券风险基金;
(6) 依照法律、行政法规制定上市规则、交易规则、会员管理规则和其他有关规则,并报国务院证券监督管理机构批准。

二、证券公司

(一) 证券公司的概念

证券公司是指依照《公司法》和《证券法》的规定设立的经营证券业务的有限责任公司或者股份有限公司。

(二) 证券公司的设立

设立证券公司,必须经国务院证券监督管理机构审查批准,个人不得经营证券业务。未经批准,任何单位和个人不得经营证券业务。

设立证券公司,应当具备下列条件:

(1) 有符合法律、行政法规规定的公司章程。

(2) 主要股东具有持续盈利能力,信誉良好,最近3年无重大违法违规记录,净资产不低于人民币2亿元。

(3) 有符合《证券法》规定的注册资本。具体是:证券公司经营证券经纪、证券投资咨询、与证券交易和证券活动有关的财务顾问业务的,注册资本最低限额为人民币5000万元;经营证券承销与保荐、证券自营、证券资产管理、其他证券业务之一的,注册资本最低限额为人民币1亿元;经营证券承销与保荐、证券自营、证券资产管理、其他证券业务中两项以上的,注册资本最低限额为人民币5亿元。证券公司的注册资本应当是实缴资本。

(4) 董事、监事、高级管理人员具备任职资格,从业人员具有证券从业资格。

(5) 有完善的风险管理与内部控制制度。

(6) 有合格的经营场所和业务设施。

(7) 法律、行政法规规定的和经国务院批准的国务院证券监督管理机构规定的其他条件。

[例8-10] 2005年12月4日,A股份有限公司授权马某以南某、王某和万某的名义在B证券公司营业部开立了3个个人账户,但并未向这些账户中投入保证金。同年12月5日至11日,B证券公司连续向这3个账户累计投

入资金12000万元，用于买入A股份有限公司的股票548万股。请问，B证券公司的行为是否符合法律规定？为什么？

[解析] B证券公司的行为不合法。《证券法》规定，证券公司的自营业务必须以自己的名义进行，不得假借他人名义或者以个人名义进行。该案例中，B证券公司投入资金买入A股份有限公司的股票，但却使用了A股份有限公司以个人名义在B证券公司营业部开立的账户，违反了《证券法》的规定。

三、证券登记结算机构

（一）证券登记结算机构的概念

证券登记结算机构是指为证券交易提供集中登记、存管与结算服务，不以营利为目的的法人单位。

（二）证券登记结算机构的职能

根据《证券法》的规定，证券登记结算机构履行下列职能：

（1）证券账户、结算账户的设立；
（2）证券的存管和过户；
（3）证券持有人名册登记；
（4）证券交易所上市证券交易的清算和交收；
（5）受发行人的委托派发证券权益；
（6）办理与上述业务有关的查询；
（7）国务院证券监督管理机构批准的其他业务。

四、证券服务机构

证券服务机构是指为证券交易提供证券投资咨询和资信评估的机构，包括专业的证券服务机构和其他证券服务机构。专业的证券服务机构包括证券投资咨询机构、资信评估机构，其他证券服务机构主要是指经批准可以兼营证券投资咨询服务的律师事务所、会计师事务所和资产评估机构等。

五、违反证券法的法律责任

（一）证券违法主体

《证券法》规定应当承担法律责任的证券违法主体主要有：证券发行人；证券公司；信息披露义务人；内幕知情人员；法人；禁止参与股票交易的人员；有证券从业资格的会计师事务所、资产评估机构、律师事务所；证券交易所、证券公司、证券登记结算机构、证券交易服务机构的从业人员；证券监督管理机构的工作人员；证券业协会的工作人员；国家工作人员以及其他人员。

(二) 证券违法行为

《证券法》规定应当承担法律责任的证券违法行为主要有：

(1) 未经法定机关核准，擅自公开或者变相公开发行证券的；

(2) 发行人不符合发行条件，以欺骗手段骗取发行核准的；

(3) 证券公司承销或者代理买卖未经核准擅自公开发行证券的；

(4) 证券公司在承销证券中进行虚假的或者误导投资者的广告或者其他宣传推介活动，或者以不正当竞争手段招揽承销业务，或者其他违反证券承销业务规定的行为的；

(5) 保荐人出具有虚假记载、误导性陈述或者有重大遗漏的保荐书，或者不履行其他法定职责的；

(6) 发行人、上市公司或者其他信息披露义务人未按照规定披露信息，或者所披露的信息有虚假记载、误导性陈述或者重大遗漏的，未按期公告其上市文件或报送有关报告的；

(7) 发行人、上市公司或者其他信息披露义务人未按照规定报送有关报告，或者报送的报告有虚假记载、误导性陈述或者重大遗漏的；

(8) 发行人、上市公司擅自改变公开发行证券所募集资金用途的；

(9) 上市公司的董事、监事、高级管理人员、持有上市公司股份5%以上的股东，违反《证券法》的规定买卖本公司股票的；

(10) 非法开设证券交易场所的；

(11) 未经批准擅自设立证券公司或者非法经营证券业务的；

(12) 聘任不具有任职资格、证券从业资格的人员的；

(13) 法律、行政法规规定禁止参与股票交易的人员，直接或者以化名、借他人名义持有、买卖股票的；

(14) 证券交易所、证券公司、证券登记结算机构、证券服务机构的从业人员或者证券业协会的工作人员，故意提供虚假资料、隐匿、伪造、篡改或者销毁交易记录，诱骗投资者买卖证券的；

(15) 在法律禁止买卖股票的期限内买卖股票的；

(16) 从事内幕交易的；

(17) 操纵证券市场的；

(18) 在法律规定限制转让的期限内买卖证券的；

(19) 证券公司违法为客户买卖证券提供融资融券服务的；

(20) 扰乱证券市场的；

(21) 在证券交易活动中作虚假陈述或者信息误导的；

(22) 法人违反规定。以他人名义设立账户或者利用他人账户买卖证券的；

（23）证券公司假借他人名义或者以个人名义从事证券自营业务的；

（24）证券公司违背客户的委托买卖证券、办理交易事项，或者违背客户真实意思，办理交易以外的其他事项的；

（25）证券公司、证券登记结算机构挪用客户资金或者证券，或者未经客户委托，擅自为客户买卖证券的；

（26）证券公司办理经纪业务，接受客户的全权委托买卖证券的，或者对客户买卖的证券收益或者赔偿证券买卖的损失作出承诺的；

（27）利用上市公司收购牟取不正当权益的；

（28）证券公司及其从业人员私下接受客户委托买卖证券的；

（29）证券公司未经批准经营非上市挂牌证券的交易的；

（30）证券公司成立后无正当理由超过3个月未开始营业的，或者开业后自行停业连续3个月以上的；

（31）证券公司擅自设立、收购、撤销分支机构，或者合并、分立、停业、解散、破产，或者在境外设立、收购、参股证券经营机构的；

（32）证券公司超越业务许可范围经营证券业务的；

（33）证券公司不依法将证券经纪业务、证券承销业务、证券自营业务、证券资产管理业务分开办理，混合操作的；

（34）提交虚假证明文件或者采取其他欺诈手段隐瞒重要事实骗取证券业务许可的，或者证券公司在证券交易中严重违法，不再具有经营资格的；

（35）证券公司或者其股东、实际控制人拒绝向证券监督管理机构报送或者提供经营管理信息或资料，或者报送、提供的经营管理信息和资料有虚假记载、误导性陈述或重大遗漏的；

（36）证券公司为其股东或者股东的关联人提供融资或者担保的；

（37）证券服务机构未勤勉尽责，所制作、出具的文件有虚假记载、误导性陈述或重大遗漏的；

（3）8违法发行、承销公司债券的；

（39）未按规定保管有关文件和资料的；

（40）擅自设立证券登记结算机构或证券服务机构的；

（41）证券监督管理机构违法核准证券发行、设立证券公司等申请的，或者不按规定进行现场检查、调查取证、查询、冻结或者查封等措施的，或者违反规定对有关机构和人员实施行政处罚的；

（42）证券监督管理机构的工作人员和发行审核委员会的组成人员不履行职责，滥用职权、玩忽职守，利用职务之便牟取不正当利益，或者泄露所知悉的有关单位和个人的商业秘密的；

（43）证券交易所对不符合法律规定条件的证券上市申请予以审核同意

的；

（44）拒绝、阻碍证券监督管理机构及工作人员依法监督检查、调查职权的。

（三）证券违法追究形式

《证券法》规定承担法律责任的形式主要有：责令改正；责令依法处理；责令关闭；退还资金；依法赔偿；取缔；取消从业资格；停止其自营业务；吊销公司营业执照；取消许可证；取消原核定的证券经营资格；警告；罚款；没收违法所得；行政处分；刑事处分。

违反《证券法》的规定，应承担民事赔偿责任和缴纳罚款、罚金，其财产不足以同时支付时，先承担民事赔偿责任。对证券发行、交易违法行为没收的违法所得和罚款，全部上缴国库。

当事人如果对证券监督管理机构或国务院授权的部门的处罚不服的，可以依法申请复议，或者依法直接向人民法院提起诉讼。

（四）证券违法犯罪

违反《证券法》涉及犯罪的行为，我国《刑法》主要规定有伪造、变造股票、公司、企业债券罪，擅自发行股票、公司、企业债券罪，内幕交易、泄露内幕信息罪，编造并传播证券交易虚假信息罪，诱骗投资者买卖证券罪，操纵证券交易价格罪，中介组织人员提供虚假证明文件罪，中介组织人员出具证明文件重大失实罪等。

思 考 题

1. 公开发行新股应具备什么条件？
2. 公开发行公司债券应具备什么条件？
3. 证券承销的方式有哪些？对证券承销有哪些基本要求？
4. 证券交易的一般规定是什么？
5. 股票上市、公司债券上市的条件是什么？
6. 持续信息公开的方式有哪些？
7. 禁止交易行为有哪些？
8. 上市公司收购的方式有哪些？
9. 什么是一致收购人？对上市公司收购的权益信息披露的规定有哪些？
10. 证券法对证券交易所和证券中介机构的设立、职责和监管要求有哪些规定？

第九章　外汇管理法律制度

第一节　外汇和外汇管理概述

一、外汇的概念

外汇是指可以用作国际清偿的支付手段和资产。根据我国《外汇管理条例》的规定，我国的外汇包括外国货币、外汇支付凭证、外币有价证券、特别提款权、欧洲货币单位以及其他外汇资产。

外国货币包括外国的纸币和铸币。

外币支付凭证包括票据、银行存款凭证和邮政储蓄凭证等。

外币有价证券包括政府债券、公司债券和股票等。

特别提款权是国际货币基金组织创设的用于会员国之间结算国际收支逆差的储备资产和记账单位，也称"纸黄金"。它是基金组织成员分配给会员国的一种使用资金的权利，其定值是和"一篮子"货币挂钩，市值不是固定的。特别提款权不能直接用于贸易或非贸易的支付，使用时必须先换成其他货币。

欧洲货币单位是由欧洲货币体系成员国的货币构成的综合货币单位。欧洲货币单位的币值以每个成员国的货币在欧洲共同体内部贸易和国民生产总值所占的比重，分别确定其在欧洲货币单位中的权数，并用加权平均法计算组成的"欧洲货币合作基金"为储备，向各成员国发行，从1999年1月1日起，欧洲货币单位以1:1的兑换汇率全部自动转换为欧元（EUR）。

其他外汇资产是指上述以外的可用作国际清偿的支付手段和资产，如黄金、旅行支票等。

根据各国货币在国际清偿中的不同特点，外汇又分为自由外汇与记账外汇。自由外汇是指不需批准就可以在国际货币市场上自由兑换、自由转让的外币和支付凭证。记账外汇是指不经发行国批准就不能自由换成其他国家货币或对第三者支付的外汇。

二、外汇管理概述

（一）外汇管理的概念

外汇管理又称外汇管制，是指一个国家为保持本国的国际收支平衡，对外汇的买卖、借贷、转让、收支、国际清偿、外汇汇率和外汇市场实行一定的限制措施的管理制度。外汇管制的目的在于保持本国的国际收支平衡，限制资本外流，防止外汇投机，促进本国的经济发展。

1996年1月29日，国务院制定发布了《外汇管理条例》，明确规定国家对经常性国际支付和转移不予限制，在中华人民共和国境内，禁止外币流通，并不得以外币计价结算。《条例》共分七章五十五条，对我国的外汇管理作了全面的规定。《外汇管理条例》的发布，标志着我国的外汇管理又进入了一个新的时期。

（二）国际收支统计申报制度

我国《外汇管理条例》第6条规定："国家实行国际收支统计申报制度。凡有国际收支活动的单位和个人，必须进行国际收支申报。"

国际收支是指一个国家或一个地区在某一特定时期内发生的全部对外收入和支出的总和。收支相等称为国际收支平衡，否则为不平衡。收入总额大于支出总额称为国际收支顺差，或国际收支盈余；支出总额大于收入总额称为国际收支逆差。这里讲的全部对外收入和支出不仅仅是指货币的收入和支出，而且还包含了全部对外经济交易的总和。全部对外经济交易包括货物、服务与货物、服务的交易（如易货贸易）；金融资产与金融资产的交易；无偿转让（即单方面转移）与货物、服务的交易；货物、服务与金融资产的交易；无偿转让（即单方面转移）与金融资产的交易。

国际收支统计申报是指各对外经济交易行为主体按照规定向有关机关据实报告经济交易内容的活动。国际收支统计能反映出一国在一定时期内对外经济交往的全貌以及在某一时点上全部对外资产和负债的总量，对一国外汇政策的制定、本币与外币政策的协调以及整个宏观经济决策具有重要作用。

三、我国《外汇管理条例》的适用范围

根据我国《外汇管理条例》的规定，境内机构、个人、驻华机构、来华人员的外汇收支或者经营活动，都属《外汇管理条例》的调整范围。但保税区、边境贸易和边民互市的外汇管理由国家外汇管理局根据《外汇管理条例》的原则另行制定。

境内机构是指在中华人民共和国境内的企业事业单位、国家机关、社会团体、部队等，包括外商投资企业。个人是指中国公民和在中华人民共和国境内

居住满1年的外国人。驻华机构是指外国驻华外交机构、领事机构、国际组织驻华代表机构、外国驻华商务机构和国外民间组织驻华业务机构等。来华人员是指驻华机构的常驻人员、短期入境的外国人、应聘在中国境内机构工作的外国人员和外国留学生等。

第二节 经常项目外汇管理和资本项目外汇管理

一、对境内机构的外汇管理

(一) 境内机构的经常项目外汇收入管理

1. 经常项目

根据国际货币基金组织《国际收支手册》的要求，结合我国实际情况，我国的外汇收支分为经常项目外汇和资本项目外汇。经常项目是指国际收支中经常发生的交易项目。经常项目外汇收支包括贸易收支、劳务收支和单方面转移等。

贸易收支是一国出口商品所得收入和进口商品的外汇支出的总称。劳务收支是指对外提供劳务或接收劳务而引起的货币收支。

单方面转移是指一国对外单方面的、无对等的、无偿的支付。分为私人单方面转移和政府单方面转移两类。私人单方面转移是指侨民汇款、年金、个人或团体赠与；政府单方面转移是指政府之间的相互援助及政府赠与收支。

2. 银行结汇制

我国对经常项目下的外汇收入实行银行结汇制。境内机构的经常项目外汇收入必须汇回国内，并按照国家关于结汇、售汇及付汇管理的规定卖给外汇指定银行，或者经批准在外汇指定银行开立外汇账户。有些符合国家规定的经常项目外汇收入，经过批准后，可存放在国外。

为方便境内机构使用外汇，促进贸易便利化，国家外汇管理局规定，境内机构经常项目保留外汇的限额，按上年度经常项目外汇收入的80%与经常项目外汇支出的50%之和确定。对于上年度没有经常项目外汇收支，其开立经常项目外汇账户的初始限额，为不超过等值50万美元。境内机构开立的捐赠、援助、国际邮政汇兑及国际承包工程等暂收待付项下的经常项目外汇账户，限额可按外汇收入的100%核定。对于有实际经营需要的进出口及生产型企业，经各分局核准，可按其外汇收入的100%核定经常项目外汇账户限额。

企业开立、变更和关闭经常项目外汇账户，由银行按外汇管理要求和商业惯例办理，并向外汇管理局备案。

(二) 境内机构的经常项目用汇管理

境内机构的经常项目用汇,可按国家关于结汇、售汇及付汇管理的规定,持有效凭证和商业单据向外汇指定银行购汇支付。

境内机构偿还境内中资金融机构外汇贷款利息,持外汇(转)贷款登记借贷合同及债权人的付息通知单,从其外汇账户中支付或者到外汇指定银行兑付。

(三) 境内机构外汇收支的核销管理

境内机构的出口收汇和进口付汇,应当按照国家关于出口收汇核销管理和进口付汇核销管理的规定办理核销手续。国家外汇管理局先后制定有《出口收汇核销管理办法》及实施细则,《进口付汇核销管理暂行办法》和《进口付汇核销操作规程》等规定,规定凡是出口货物的,在每笔货物出口申报时要进行登记,收汇后再逐笔按号核销;在进口货物,以外汇向境外支付货款等费用时,也要逐笔按号核销。

二、个人的外汇管理

根据国家新的个人外汇管理办法规定,国家对个人的外汇管理按照交易主体的不同,分为对境内个人的外汇管理和对境外个人的外汇管理。境内个人是指持有中华人民共和国居民身份证、军人身份证件、武装警察身份证件的中国公民。境外个人是指持护照、港澳居民来往内地通行证、台湾居民来往大陆通行证的外国公民(包括无国籍人)以及港澳台同胞。按照交易性质的不同,分为经常项目和资本项目个人外汇业务管理兼经常项目项下的个人外汇业务按照可兑换原则管理。从2007年起,国家对个人结汇和境内个人购汇实行年度总额管理,年度总额分别为每人每年等值5万美元。个人年度总额内的结汇和购汇,凭本人有效身份证件在银行办理;超过年度总额的,经常项目项下按《个人外汇管理办法实施细则》第10条、第11条、第12条的有关规定办理。资本项目项下的个人外汇业务按照可兑换进程管理,资本项目项下按个人外汇管理办法实施细则"资本项目个人外汇管理"有关规定办理,个人所购外汇,可以汇出境外、存入本人外汇储蓄账户,或按照有关规定携带出境。个人年度总额内购汇、结汇,可以委托其直系亲属代为办理;超过年度总额的购汇、结汇以及境外个人购汇,可以按本细则规定,凭相关证明材料委托他人办理。

(一) 经常项目个人外汇管理

个人经常项目项下外汇收支管理分为经营性外汇收支管理和非经营性外汇收支管理。

第一,从事货物进出口的个人对外贸易经营者,在商务部门办理对外贸易经营权登记备案后,其贸易外汇资金的收支按照机构的外汇收支进行管理。个人进行工商登记或者办理其他执业手续后，可以凭有关单证办理委托具有对外贸易经营权的企业代理进出口项下及旅游购物、边境小额贸易等项下外汇资金收付、划转及结汇。

第二，境内个人经常项目下非经营性结汇超过年度总额的，凭本人有效身份证件及证明材料在银行办理。

个人跨境收支，应当按照国际收支统计申报的有关规定办理国际收支统计申报手续。对个人结汇和境内个人购汇实行年度总额管理。年度总额内的，凭本人有效身份证件在银行办理；超过年度总额的，经常项目项下凭本人有效身份证件和有交易额的相关证明等材料在银行办理，资本项目项下按照第三节有关规定办理。

(二) 资本项目个人外汇管理

境内个人对外直接投资符合有关规定的，所需外汇经所在地外汇局核准后可以购汇或以自有外汇汇出，并办理相应的境外投资外汇登记手续。境内个人以及因经济利益关系在中国境内习惯性居住的境外个人，在境外设立或控制特殊目的公司并返程投资的，所涉外汇收支按《国家外汇管理局关于境内居民通过境外特殊目的公司融资及返程投资外汇管理有关问题的通知》等有关规定办理。

个人向外汇储蓄账户存入外币现钞，当日累计等值5 000美元以下（含）的，可以在银行直接办理；超过上述金额的，凭本人有效身份证件、经海关签章的《中华人民共和国海关进境旅客行李物品申报单》或本人原存款银行外币现钞提取单据在银行办理。银行应在相关单据上标注存款银行名称、存款金额及存款日期。

三、资本项目外汇收支管理

(一) 资本项目

资本项目是指国际收支中因资本输出和输入而产生的资产与负债的增减项目，包括直接投资、各类贷款、证券投资等。直接投资包括中国企业向境外的直接投资和境外企业在中国的直接投资；各类贷款包括国际组织贷款、外国政府贷款、银行借款等；证券投资包括债券、票据等。

(二) 资本项目外汇收入管理

境内机构的资本项目外汇收入，除国务院另有规定外，应当调回国内。不得擅自存放在境外。因特殊原因需要将其资本项目外汇收入暂时存放国外的，也须报国家外汇管理部门批准。

境内机构的资本项目外汇收入，应当按照国家有关规定在外汇指定银行开立外汇账户；卖给外汇指定银行的，须经外汇管理机关批准。根据国家《结汇、售汇及付汇管理规定》，境内机构资本项目下的外汇应当在经营外汇业务的银行开立外汇账户。

境内机构下列范围内的外汇，未经外汇管理局批准，不得结汇：（1）境外法人或自然人作为投资汇入的外汇；（2）境外借款及发行外币债券、股票取得的外汇；（3）经国家外汇管理局批准的其他资本项目项下外汇收入。除出口押汇外的国内外汇贷款和中资企业借入的国际商业贷款不得结汇。

（三）境内机构向境外投资的外汇管理

境内机构向境外投资的审批：境内机构向境外投资，在向审批主管部门申请前，须由外汇管理机关审查其外汇资金来源。境内机构向境外投资，须向国家发展与改革委员会、商务部和各省、自治区、直辖市、计划单列市人民政府报批。其中在境外设立金融机构的项目，报经中国人民银行审批。在此之前应将外汇资金的来源报经国家外汇管理局审批。

资金汇出：境内机构向境外的投资项目经有关部门批准后，就可到所在地外汇管理局办理投资资金的汇出手续。

四、外债管理

（一）外债

外债是指境内机构对非居民承担的以外币表示的债务。这里所称"境内机构"，是指在中国境内依法设立的常设机构，包括但不限于政府机关、金融境内机构、企业、事业单位和社会团体。所称"非居民"，是指中国境外的机构、自然人及其在中国境内依法设立的非常设机构。

国家对各类外债和国有外债实行全口径管理。根据我国新颁布的《外债管理暂行办法》的规定，国家发展计划委员会、财政部和国家外汇管理局是外债管理部门。

（二）举借外债和对外担保管理

1. 国际金融组织贷款和外国政府贷款由国家统一对外举借。国家发展与改革委员会同财政部等有关部门制定世界银行、亚洲开发银行、联合国农业发展基金会和外国政府贷款备选项目规划，财政部根据规划组织对外谈判、磋商、签订借款协议和对国内债务人直接或通过有关金融机构转贷。其中，世界银行、亚洲开发银行、联合国农业发展基金会和重点国外政府贷款备选项目规划须经国务院批准。

2. 对境内机构的外债管理。国家对国有商业银行举借中长期国际商业贷款实行余额管理，余额由国家发展与改革委员会同有关部门审核后报国务院审批。

(三) 外债资金使用

外债资金应当主要用于经济发展和存量外债的结构调整。国际金融组织贷款和外国政府贷款等中长期国外优惠贷款重点用于基础性和公益性建设项目，并向中西部地区倾斜。

(四) 外债偿还和风险管理

主权外债由国家统一对外偿还。主权外债资金由财政部直接或通过金融机构转贷给国内债务人的，国内债务人应当对财政部或转贷金融机构承担偿还责任。非主权外债由债务人自担风险、自行偿还。

(五) 外债监管

外债管理部门应根据国家法律、法规以及有关规定，对外债和对外担保实施监管。外债管理部门履行监管职责时，有权要求债务人和相关单位提供有关资料，检查有关账目和资产。境内机构举借外债或对外担保时，未履行规定的审批手续或未按规定进行登记的，其对外签订的借款合同或担保合同不具有法律约束力。

禁止违反利益共享、风险共担原则，以保证外商直接投资固定回报等方式变相举借外债。未经外债管理部门批准，境外中资企业不得将其自身承担的债务风险和偿债责任转移到境内。

境内机构违反有关规定举借外债或对外担保的，由其主管部门对直接负责的主管人员和其他直接责任人员依法给予相应的行政处分。构成犯罪的，依法追究刑事责任。外债管理部门的工作人员徇私舞弊、滥用职权或玩忽职守，由其所在部门依法给予行政处分。构成犯罪的，依法追究刑事责任。

五、对依法终止的外商投资企业的外汇管理

外商投资企业经营期满或因其他原因无法继续经营而依法终止，依法终止的外商投资企业应当依法进行清理并照章纳税。清理纳税后的剩余财产属于外方投资者所有的人民币，可以向外汇指定银行购汇汇出或携带出境；属于中方投资者所有的外汇，应全部卖给外汇指定银行。

第三节　金融机构外汇业务管理、人民币汇率和外汇市场管理

一、金融机构经营外汇业务管理

对金融机构经营外汇业务的管理，《外汇管理条例》主要作了四个方面的规定。

(一) 金融机构经营外汇业务必须持有经营外汇业务许可证

金融机构分为银行金融机构和非银行金融机构，两者的业务范围不一样，在外汇业务上范围也不尽相同。但金融机构要经营外汇业务必须报经国家外汇管理机构批准，并领取经营外汇业务许可证。

根据《银行外汇业务管理规定》和《非银行金融机构外汇业务管理规定》的规定，申请经营外汇业务的银行应符合四个条件：

(1) 具有法定外汇现汇实收资本金或营运资金。

(2) 具有与其申报的外汇业务相应数量和相当素质的外汇业务人员。其中机构和部门外汇业务主管人员应当有3年以上经营金融、外汇业务的资历，并在以往经营活动中有良好的经营业绩。

(3) 具有适合开展外汇业务的场所和设备。

(4) 国家外汇管理机关要求的其他条件。

(二) 经营外汇业务的金融机构应按规定为客户开立账户，办理有关外汇业务

外汇账户的开立、使用和管理，按照国家外汇管理机关发布的外汇账户管理规定执行。

(三) 金融机构经营外汇业务，应按规定交存外汇存款准备金，遵守外汇资产负债比例管理的规定，并建立呆账准备金

存款准备金是为应付存户提取存款和调控货币供应量所设置的准备金。有任意和法定两种，任意的存款准备金为金融机构自存准备，法定的存款准备金是国家规定的金融机构必须按照所收存款一定比率转存到中央银行的存款。我们通常所说的存款准备金一般是指法定存款准备金。存款准备金制度既是金融企业的一种后备制度，也是国家实施宏观调控的重要手段。存款准备金率随客观经济环境和宏观调控的需要而不断调整。

(四) 外汇指定银行办理结汇业务所需的人民币资金，应当使用自有资金

自有资金包括银行的资本金，银行吸收的客户存款，银行通过同业拆借拆入的资金和其他自有资金外汇指定银行的结算周转外汇，实行比例幅度管理，具体幅度由中国人民银行依实际情况核定。

二、金融机构经营外汇业务的监督管理

第一，金融机构经营外汇业务，应接受外汇管理机关的检查、监督。

国家外汇管理机关对银行和非银行金融机构每3年至少进行一次全面检查，对银行的分支行每两年至少进行一次全面检查。国家外汇管理机关还可根据需要随时对银行和非银行金融机构外汇业务进行重点检查。

第二，经营外汇业务的金融机构应当向外汇管理机关报送外汇资产负债

表、损益表以及其他财务会计报表和资料。

三、人民币汇率管理

汇率是一国货币与另一国货币相互折算的比率,即以一国货币表示另一国货币的价格。汇率的高低由外汇市场供求关系和其他有关经济政治因素所决定,同时又对一国的国际收支和经济发展起着重要的反作用。各国的汇率制度主要有固定汇率制和浮动汇率制。固定汇率制是货币当局把本国货币对其他货币的汇率加以基本固定,波动幅度限制在一定的范围之内。浮动汇率是指两国的货币之间的汇率由外汇市场的供求状况自发决定。浮动汇率制又分为自由浮动汇率和管理浮动汇率两种。

四、外汇市场管理

(一)外汇市场交易的原则

外汇市场交易应当遵循公开、公平、公正和诚实信用的原则。外汇交易市场是指进行外汇买卖的场所。所谓公开原则,即外汇指定银行和其他经营外汇的金融机构在进行外汇交易时,应当公开进行。公开的内容应包括买卖外汇的金额和价格等,公开的形式可以是发布公告,或是将有关资料公布供查。所谓公平原则即交易各方的权利义务应对等。所谓公正即客观真实、公平对待。诚实信用即是要从真实的事实出发,善意地表达自己的意思,并认真地去履行义务,不得弄虚作假,恶意欺诈。

(二)外汇市场交易的币种和形式

在我国,外汇市场交易的币种和形式由国务院外汇管理部门规定和调整。目前允许交易的币种有人民币对美元、日元、欧元等。交易的形式包括即期交易和远期交易。对银行间的外汇市场只允许进行即期交易,即只能进行现汇买卖,实际上是银行间调节资金余缺的外汇交易。对银行与客户之间则允许进行远期外汇交易,即允许买卖双方签约约定一个汇率,于未来一定日期买入或卖出一定数额的外汇。

第四节 违反外汇管理的法律责任

一、逃汇行为及其法律责任

(一)逃汇及其行为种类

逃汇是指境内机构或者个人,将外汇擅自存放境外、擅自汇出或带出境逃避我国的外汇管制的行为。

下列行为都属于逃汇行为：（1）违反国家规定，擅自将外汇存放在境外的；（2）不按照国家规定将外汇卖给外汇指定银行的；（3）违反国家规定，将外汇汇出或者携带出境的；（4）未经外汇管理机关批准，擅自将外币存款凭证、外币有价证券携带或者邮寄出境的；（5）其他逃汇行为。

（二）对逃汇行方的处罚

对逃汇行为的处罚视其行为方式和程度的不同而采取不同的处罚措施，具体有如下几种：（1）责令限期调回；（2）强制收兑；（3）罚款，罚款数额为逃汇金额的30%以上5倍以下，罚款可与上述处罚措施并处；（4）刑事责任。

二、套汇行为及其法律责任

（一）套汇及其行为种类

套汇是指我国境内机构和个人采取一定方式私自向他人用人民币或者物资换取外汇或外汇收益的行为。

下列行为属于套汇行为：（1）违反国家规定，以人民币支付或者以实物偿付应当以外汇支付的进口货款或者其他类似支出的；（2）以人民币为他人支付在境内的费用，由对方付给外汇的；（3）未经外汇管理机关批准，境外投资者以人民币或者境内所购物资在境内进行投资的；（4）以虚假或者无效的凭证、合同、单据等向外汇指定银行骗购外汇的；（5）非法套汇的其他行为。

（二）对套汇的处罚

对套汇行为的处罚视其行为方式和程度的不同而采取不同的处罚措施，具体有如下几种：（1）警告；（2）强制收兑；（3）罚款，罚款数额为非法套汇金额的30%以上3倍以下，罚款可与上述处罚措施并处；（4）刑事责任。

三、扰乱金融行为及法律责任

（一）扰乱金融及行为种类

扰乱金融是指违反国家规定，经营金融业务或者从事货币交易的行为。

下列行为属于扰乱金融：（1）未经外汇管理机关批准，擅自经营外汇业务的；（2）外汇指定银行未按照国家规定办理结汇、售汇业务的；（3）经营外汇业务的金融机构违反人民币汇率管理、外汇存贷利率管理或外汇交易市场管理的；（4）以外币在境内计价结算的；（5）擅自以外汇作质押的；（6）私自改变外汇用途的；（7）非法使用外汇的其他行为；（8）私自买卖外汇、变相买卖外汇或者倒卖外汇的。

（二）对扰乱金融行为的处罚

（1）未经外汇管理机关批准，擅自经营外汇业务的，由外汇管理机关没收违法所得，并予以取缔；构成犯罪的，依法追究刑事责任。

（2）外汇指定银行未按照国家规定办理结汇、售汇业务的，责令改正，通报批评，没收违法所得，并处罚款；情形严重的，停止其办理结汇、售汇业务。由外汇管理机关责令改正，通报批评，没收违法所得，并处 10 万元以上 50 万元以下的罚款；情形严重的，停止其办理结汇、售汇业务。

（3）经营外汇业务的金融机构违反人民币汇率管理、外汇存贷款利率管理或者外汇交易市场管理的，由外汇管理机关责令改正，通报批评，有违法所得的，没收违法所得，并处罚款；情节严重的，由外汇管理机关责令整顿或者吊销经营外汇业务许可证。

（4）境内机构犯有前述扰乱金融行为第 4 项至第 7 项行为之一的，由外汇管理机关责令改正，强制收兑，没收违法所得，并处违法外汇金额等值以下的罚款；构成犯罪的，依法追究刑事责任。

（5）私自买卖外汇，变相买卖外汇或倒买倒卖外汇的，由外汇管理机关给予警告，强制收兑，没收违法所得，并处违法外汇金额 30% 以上 3 倍以下的罚款；构成犯罪的，依法追究刑事责任。

四、违反外债管理行为及法律责任

（一）违反外债管理的行为
（1）擅自办理对外贷款的；
（2）违反国家有关规定，擅自在境外发行外币债券的；
（3）违反国家有关规定，擅自提供对外担保的；
（4）有违反外债管理的其他行为的。
（二）对违反外债管理行为的处罚
（1）警告；
（2）通报批评；
（3）罚款，罚款数额在 10 万元以上 50 万元以下，罚款可与上述处罚措施并处；
（4）刑事责任。

五、违反外汇账户管理的行为及法律责任

（一）违反外汇账户管理的行为
违反外汇账户管理的行为包括擅自在境内、境外开立外汇账户，出借、串用、转让外汇账户；改变外汇账户使用范围。
（二）对违反账户管理行为的处罚
（1）责令改正；

(2) 撤销外汇账户;

(3) 通报批评;

(4) 罚款,罚款数额为 5 万元以上 30 万元以下,罚款可与上述处罚措施并处。

六、违反外汇核销管理的行为及法律责任

(一) 违反外汇核销管理的行为

(1) 伪造、涂改、出借、转让或者重复使用出口核销单证的;

(2) 未按规定办理核销手续的。

(二) 对违反外汇核销管理行为的处罚

(1) 警告;

(2) 通报批评;

(3) 没收违法所得;

(4) 罚款,罚款数额为 5 万元以上 30 万元以下,罚款可与上述处罚措施并处。

(5) 刑事责任。

七、违反外汇经营管理的行为及法律责任

(一) 违反外汇经营管理的行为

(1) 不按规定交存外汇存款准备金的;

(2) 违反外汇资产负债比例管理规定的;

(3) 不接受外汇管理机关的检查、监督的;

(4) 不按规定向外汇管理机关报送外汇资产负债表、损益表以及其他财务会计报表和资料的。

(二) 对违反外汇经营管理行为的处罚

(1) 责令改正。

(2) 通报批评。

(3) 罚款,罚款数额为 5 万元以上 30 万元以下,罚款可与上述处罚措施并处。

境内机构违反外汇管理规定的,除要依上述措施接受处罚外,对直接负责的主管人员和其他直接责任人员应当给予纪律处分;构成犯罪的,依法追究刑事责任。

思 考 题

1. 简述外汇的概念。

2. 简述外汇管理的概念。
3. 申请经营外汇业务的银行应符合哪些条件？
4. 扰乱金融的行为有哪几种？

第十章 支付结算法律制度

第一节 支付结算概述

一、支付结算的概念和特征

支付结算的概念源于"银行结算"一词。1988年12月19日中国人民银行颁布的《银行结算办法》（该办法于1989年4月1日起施行）将票据以及票据之外的结算方式（如汇兑、委托收款等）统称为"银行结算"。1995年5月10日全国人大常委会审议通过了《中华人民共和国票据法》（以下简称《票据法》，该法于1996年1月1日起施行）之后，中国人民银行即着手制定《票据法》的配套实施办法。在修订《银行结算办法》的过程中，中国人民银行根据新形势下结算制度的特点，不再使用"银行结算"一词，而采用了"支付结算"的概念。由于结算关系的实质性权利义务关系实际是当事人之间的权利义务关系，而银行往往是结算活动和资金清算的中介机构，因此，采用"支付结算"的概念更能体现结算制度的实质。

支付结算是指单位、个人在社会经济活动中使用票据、银行卡和汇兑、托收承付、委托收款、电子支付等结算方式进行货币给付及其资金清算的行为。支付结算作为一种法律行为，具有以下法律特征：

（一）支付结算必须通过中国人民银行批准的金融机构进行

支付结算包括票据、银行卡和汇兑、托收承付、委托收款、电子支付等结算行为，而该等结算行为必须通过中国人民银行批准的金融机构或其他机构才能进行。《支付结算办法》第6条规定："银行是支付结算和资金清算的中介机构。未经中国人民银行批准的非银行金融机构和其他单位不得作为中介机构经营支付结算业务。但法律、行政法规另有规定的除外。"这表明，支付结算与一般的货币给付及资金清算行为不同。

（二）支付结算是一种要式行为

所谓要式行为是指法律规定必须依照一定形式进行的行为。如果该行为不符合法定的形式要件，即为无效。根据《支付结算办法》第9条的规定，"票据和结算凭证是办理支付结算的工具。单位、个人和银行办理支付结算，必须使用按中国人民银行统一规定印制的票据凭证和统一规定的结算凭证","未使用按中国人民银行统一印制的票据，票据无效；未使用中国人民银行统一规定格式的结算凭证，银行不予受理"。为了保证支付结算的准确、及时和安全，以使其业务正常进行，中国人民银行除了对票据和结算凭证的格式有统一的要求外，还就正确填写票据和结算凭证作出了基本规定，例如，单位和银行的名称应当记载全称或者规范化的简称；票据中结算凭证上的签章，为签名、盖章或签名加盖章；单位、银行在票据上的签章和单位在结算凭证上的签章，为该单位、银行的盖章加其法定代表人或其授权的代理人的签名或盖章；个人在票据和结算凭证上的签章，应为该个人本名的签名或盖章；票据和结算凭证的金额、出票或签发日期、收款人名称不得更改，更改的票据无效，更改的结算凭证，银行不予受理；票据和结算凭证金额须以中文大写和阿拉伯数字同时记载，两者必须一致，两者不一致的票据无效，两者不一致的结算凭证，银行不予受理；少数民族地区和外国驻华使领馆根据实际需要，金额大写可以使用少数民族文字或外国文字记载。

（三）支付结算的发生取决于委托人的意志

银行在支付结算中是充当中介机构的角色，因此，银行只要以善意且符合规定的正常操作程序审查，对伪造、变造的票据和结算凭证上的签章以及需要交验的个人有效身份证件，未发现异常而支付金额的，对出票人或付款人不再承担受委托付款的责任，对持票人或收款人不再承担付款的责任。与此同时，当事人对在银行的存款有自己的支配权；银行对单位、个人在银行开立存款账户的存款，除国家法律、行政法规另有规定外，不得为任何单位或者个人查询；除国家法律另有规定外，银行不代任何单位或个人冻结、扣款，不得停止单位、个人存款的正常支付。

（四）支付结算实行统一管理和分级管理相结合的管理体制

支付结算是一项政策性强，与当事人利益息息相关的活动，因此，必须对其实行统一的管理。根据《支付结算办法》第20条的规定，中国人民银行总行负责制定统一的支付结算制度，组织、协调、管理、监督全国的支付结算工作，调解、处理银行之间的支付结算纠纷；中国人民银行各分行根据统一的支付结算制度制定实施细则，报总行备案，根据需要可以制定单项支付结算办法，报中国人民银行总行批准后执行；中国人民银行分、支行负责组织、协商、管理、监督本辖区的支付结算工作，协调、处理本辖区银行之间的支付结算纠纷；政策性银行、商业银行总行可以根据统一的支付结算制度，结合本行情况，制定具体管理实施办法，报经中国人民银行总行批准后执行，并负责组织、管理、协调本行内的支付结算工作，调解、处理本行内分支机构之间的支付结算纠纷。

(五) 支付结算必须依法进行

《支付结算办法》第 5 条规定:"银行、城市信用合作社、农村信用合作社(以下简称银行)以及单位和个人(含个体工商户),办理支付结算必须遵守国家的法律、行政法规和本办法的各项规定,不得损害社会公共利益。"因此,支付结算的当事人必须严格依法进行支付结算活动。

二、支付结算的基本原则

支付结算的基本原则是单位、个人和银行在进行支付结算活动时所必须遵循的行为准则。根据社会经济发展的需要,在总结我国改革开放以来结算工作经验的基础上,行业主管部门针对支付结算行为,确立了"恪守信用,履约付款;谁的钱进谁的账,由谁支配;银行不垫款"的三项基本原则。中国人民银行发布的《支付结算办法》第 16 条亦肯定了该三项原则。

(一) 恪守信用,履约付款原则

这一原则是《民法通则》中"诚实信用"原则在支付结算中的具体表现。根据该原则,结算当事人必须依照共同约定的民事法律关系内容享受权利和承担义务,严格遵守信用,依约履行付款义务,特别是应按照约定的付款金额和付款日期进行支付。这一原则对履行付款义务的当事人具有约束力,是维护合同秩序,保障当事人经济利益的重要保证。

(二) 谁的钱进谁的账,由谁支配原则

这一原则主要在于维护存款人对存款资金的所有权或经营权,保证其对资金的自主支配权。银行作为资金结算的中介机构,在办理结算时必须遵循存款人的委托,按照其意志,保证将所收款项支付给其指定的收款人;对存款人的资金,除国家法律另有规定外,必须由其自主支配,其他任何单位、个人以及银行本身都不得对其资金进行干预和侵犯。这一原则既保护了存款人的合法权益,又加强了银行办理结算的责任。

(三) 银行不垫款原则

这一原则主要在于划清银行资金和存款人资金的界限。根据该原则,银行办理结算只负责办理结算当事人之间的资金转移,而不能在结算过程中为其垫付资金。这一原则有利于保护银行资金的所有权或经营权,也有利于促使单位和个人以自己所有或经营管理的财产直接对自己的债务承担责任,从而保证了银行资金的安全。

上述三个原则既可单独发挥作用,亦是一个有机的整体,分别从不同角度强调了付款人、收款人和银行在结算过程中的权利义务,从而切实保障了结算活动的正常进行。

三、支付结算的主要法律依据

如前所述，支付结算包括票据、银行卡和汇兑、托收承付、委托收款、电子支付等结算方式。因此，凡是与支付结算的各种结算方式有关的法律、行政法规以及部门规章和地方性规定都是支付结算的法律依据。此外，中国人民银行不时颁布的有关支付结算的政策性文件亦是当事人进行支付结算活动必须遵守的规定。

至今为止，现行的适用支付结算的法律、行政法规以及部门规章和政策性规定主要有：《票据法》、《票据管理实施办法》（该办法于1997年6月23日经国务院批准，同年8月21日由中国人民银行发布并于同年10月1日起施行）、《支付结算办法》（该办法于1997年9月19日由中国人民银行发布，于同年12月1日起施行，原《银行结算办法》同时废止）、《中国人民银行银行卡业务管理办法》（该办法于1999年3月1日起施行，原《中国人民银行信用卡业务管理暂行办法》同时废止）、《人民币银行结算账户管理办法》（该办法于2003年9月1日起施行，1994年10月9日中国人民银行发布的《银行账户管理办法》同时废止）、《异地托收承付结算办法》（该办法于1994年10月9日修订，1995年1月1日起施行）、《电子支付指引（第一号）》（该指引由中国人民银行于2005年10月26日制定并公布，自公布之日起施行）等等。

第二节 票据结算之外的结算方式

根据中国人民银行颁布的《支付结算办法》以及有关规范性文件，票据结算之外的结算方式主要包括汇兑、托收承付、委托收款、银行卡、电子支付（该种方式实际也包括银行卡）等结算方式。以下分别就汇兑、托收承付、委托收款、银行卡和电子支付等几种结算方式加以说明。

一、汇兑

（一）概述

汇兑是指汇款人委托银行将其款项支付给收款人的结算方式。汇兑便于汇款人向异地的收款人主动付款，适用范围十分广泛。

汇兑分为信汇和电汇两种。汇兑适用于单位和个人的各种款项的结算。一般来说，信汇是以邮寄方式将汇款凭证转给外地收款人指定的汇入行，而电汇则是以电报方式将汇款凭证转发给收款人指定的汇入行，后者的汇款速度比前者快捷，汇款人可根据实际需要选择。

(二) 汇兑的办理程序

当事人应按以下程序办理汇兑：

第一，汇款人按要求签发汇兑凭证。根据《支付结算办法》的规定，汇款人签发汇兑凭证时，必须记载下列事项：(1) 表明"信汇"或"电汇"的字样；(2) 无条件支付的委托；(3) 确定的金额；(4) 收款人名称；(5) 汇款人名称；(6) 汇入地点、汇入行名称；(7) 汇出地点、汇出行名称；(8) 委托日期；(9) 汇款人签章。汇兑凭证上记载收款人为个人的，收款人需要到汇入银行领取汇款，汇款人应在汇兑凭证上注明"留行待取"字样；留行待取的汇款，需要指定单位的收款人领取汇款的，应注明收款人的单位名称；信汇凭收款人签章支取的，应在信汇凭证上预留其签章。如果汇款人确定不得转汇的，应在汇兑凭证备注栏注明"不得转汇"字样。

汇款人和收款人均为个人，需要在汇入银行支取现金的，应在信、电汇凭证的"汇款金额"大写栏，先填写"现金"字样，后填写汇款金额。

第二，汇出银行受理汇兑凭证，并进行认真审查。汇出银行审查汇兑凭证的内容有：汇兑凭证填写的各项内容是否齐全、正确；汇款人账户内是否有足够支付的余额；汇款人的印章是否与预留银行印鉴相符。

第三，汇入银行接收汇出银行的汇兑凭证之后，应审查汇兑凭证上联行专用章与联行报单印章是否一致，无误后，根据收款人的不同情况进行审查并办理付款手续。汇入银行对开立存款账户的收款人，应将汇给其的款项直接转入收款人账户，并向其发出收账通知，收账通知是银行将款项确已收入收款人账户的凭据。未在银行开立存款账户的收款人，凭信、电汇的取款通知或"留行待取"的，向汇入银行支取款项，必须交验本人的身份证件，在信、电汇凭证上注明证件名称、号码及发证机关，并在"收款人盖章"处签章；信汇凭签章支取的，收款人的签章必须与预留信汇凭证上的签章相符，银行审查无误后，以收款人的姓名开立应解汇款及临时存款账户，该账户只付不收，付完清户，不计付利息。

根据《支付结算办法》的规定，如果收款人需要委托他人向汇入银行支取款项的，应在取款通知上签章，注明本人身份证件的名称、号码、发证机关和"代理"字样以及代理人姓名。代理人代理取款时，也应在取款通知上签章，注明其身份证件的名称、号码及发证机关，并同时交验代理人和被代理人的身份证件。此规定是对原汇兑结算方式的进一步完善。

如果收款人转账支付的，应由原收款人向银行填制支款凭证，并由本人交验其身份证件办理支付款项。但该账户的款项只能转入单位或个体工商户的存款账户，严禁转入储蓄和银行卡账户。

如果转汇的，应由原收款人向银行填制信、电汇凭证，并由本人交验其身份证件。转汇的收款人必须是原收款人。原汇入银行必须在信、电汇凭证上加盖"转汇"戳记。

(三) 汇兑的撤销和退汇

1. 汇兑的撤销

这是指汇款人对汇出银行尚未汇出的款项,向汇出银行申请撤销的行为。汇款人申请撤销汇款必须是该款项尚未从汇出银行汇出。在申请撤销时,汇款人应出具正式函件或本人身份证件及原信、电汇回单;汇出银行只有在查明确未汇出款项,并收回原信、电汇回单时,方可办理撤销手续。但转汇银行不得受理汇款人或汇出银行对汇款的撤销。

2. 汇兑的退汇

这是指汇款人对汇出银行已经汇出的款项申请退回汇款的行为。汇款人申请退汇必须是该汇款已从汇出银行汇出。对在汇入银行开立存款账户的收款人,由汇款人与收款人自行联系退汇。换言之,如果汇款人与收款人不能达成一致退汇的意见,不能办理退汇。

对在汇入银行未开立存款账户的收款人,汇款人应出具正式函件或本人身份证件以及原信、电汇回单,由汇出银行通知汇入银行,经汇入银行核实汇款确未支付,并将款项退回汇出银行,方可办理退汇,否则,不能办理退汇。但转汇银行不得受理汇款人或汇出银行对汇款的退汇。

汇入银行对于收款人拒绝接受的汇款,应立即办理退汇。汇入银行对于向收款人发出取款通知,经过两个月无法交付的汇款,应主动办理退汇。

二、托收承付

(一) 概述

托收承付亦称异地托收承付,是指根据购销合同由收款人发货后委托银行向异地付款人收取款项,由付款人向银行承认付款的结算方式。人民银行自1990年4月1日起恢复这一结算方式,1994年10月9日又修订了《异地托收承付结算办法》,该办法于1995年1月1日起施行。《支付结算办法》进一步肯定了托收承付的结算方式。

根据《支付结算办法》的规定,托收承付结算每笔的金额起点为1万元,新华书店系统每笔的金额起点为1000元。这一规定对原托收承付的金额起点10万元作了改变。有关结算款项的划回方式,分邮寄和电报两种,由收款人选用。

(二) 托收承付的适用范围

根据《支付结算办法》的规定,托收承付的适用范围是:(1) 使用该结算方式的收款单位和付款单位,必须是国有企业、供销合作社以及经营管理较好,并经开户银行审查同意的城乡集体所有制工业企业;(2)办理结算的款项必须是商品交易以及因商品交易而产生的劳务供应的款项。代销、寄销、赊销商品的款项,不得办理托收承付结算。凡办理托收承付,必须同时符合上述两项规定。

(三) 托收承付的适用条件

根据《支付结算办法》的规定,办理托收承付,除符合前述适用范围的规定外,还必须具备以下三个前提条件:

第一,收付双方使用托收承付结算必须签有符合《合同法》规定的购销合同,并在合同上订明使用异地托收承付结算方式。

第二,收款人办理托收,必须具有商品确已发运的证件(包括铁路、航运、公路等运输部门签发的运单、运单副本和邮局包裹回执)。没有发运证件,可凭其他有关证件办理:(1)内贸、外贸部门系统内商品调拨,自备运输工具发送或自提的;易燃、易爆、剧毒、腐蚀性商品以及电、石油、天然气等必须使用专用工具或线路、管道运输的,可凭付款人已收到商品的证明(粮食部门凭提货单及发货明细表)。(2)铁道部门的材料厂向铁道系统供应专用器材,可凭其签发注明车辆号码和发运日期的证明。(3)军队使用军列整车装运物资,可凭注明车辆号码、发运日期的单据;军用仓库对军内发货,可凭后勤部签发的提货单副本,各大军区、省军区也可比照办理。(4)收款人承造或大修理船舶、锅炉和大型机器等,生产周期长,合同规定按工程进度分次结算的,可凭工程进度完工证明书。(5)付款人购进的商品,在收款人所在地转厂加工、配套的,可凭付款人和承担加工、配套单位的书面证明。(6)合同规定商品由收款人暂时代为保管的,可凭寄存证及付款人委托保管商品的证明。(7)使用"铁路集装箱"或将零单凑整车发运商品的,由于铁路只签发一张运单,可凭持有发运证件单位出具的证明。(8)外贸部门进口商品,可凭国外发来的账单、进口公司开发的结算账单。

第三,收付双方办理托收承付结算,必须重合同、守信用。根据《支付结算办法》的规定,如果收款人对同一付款人发货托收累计三次收不回货款的,收款人开户银行应暂停收款人向付款人办理托收;付款人累计三次提出无理拒付的;付款人开户银行应暂停其向外办理托收。

(四) 托收承付凭证的格式

根据《支付结算办法》第 189 条的规定,当事人签发托收承付凭证时,必须记载下列事项:(1) 表明"托收承付"的字样;(2) 确定的金额;(3) 付款人名称及账号;(4) 收款人名称及账号;(5) 付款人开户银行名称;(6) 收款人开户银行名称;(7) 托收附寄单证张数或册数;(8) 合同名称、号码;(9) 委托日期;(10) 收款人签章。托收承付凭证上欠缺记载上列事项之一的，银行不予受理。

(五) 托收承付的托收与承付

1. 托收

托收是指收款人根据购销合同发货后委托银行向付款人收取款项的行为。收款人办理托收，应填制托收凭证，盖章后并附发运证件或其他符合托收承付结算的有关证明和交易单证（所附单证的张数应在托收凭证上注明）送交银行。收款人如需取回发运证件，银行应在托收凭证上加盖"已验发运证件"戳记。

收款人开户银行接到托收凭证及其附件后，应当按照托收范围、条件和托收凭证填写的要求认真进行审查。审查内容包括：（1）托收款项是否符合异地托收承付结算办法规定的范围、条件、金额起点以及其他有关规定；（2）有无商品确已发运的证件；（3）托收凭证应填的各栏是否填写齐全和符合填写凭证的要求；（4）托收凭证与所附单证的张数是否相符；（5）托收凭证上是否加盖收款人印章。必要时，还应查验收付款人签订的购销合同。托收凭证的审查时间不得超过次日。凡不合要求或违反购销合同发货的，不能办理。经审查无误的，将有关托收凭证连同交易单证，一并寄交付款人开户行。

2. 承付

承付是指由付款人向银行承认付款的行为。付款人开户银行收到托收凭证及其附件后，应当及时通知付款人。根据《支付结算办法》的规定，该等通知办法可以采取付款人来行自取、派人送达、对距离较远的付款人邮寄等。付款人在承付期内审查核对，安排资金。

付款人的承付期依验单付款还是验货付款而不相同。验单付款的承付期为3天，从付款人开户银行发出承付通知的次日算起（承付期内遇法定休假日顺延）。付款人在承付期内，未向银行表示拒绝付款，银行即视为承付，并在承付期满的次日（遇法定休假日顺延）上午银行开始营业时，将款项主动从付款人的账户内付出，划给收款人。验货付款的承付期为10天，从运输部门向付款人发出提货通知的次日算起，收付双方在合同中明确规定，并在托收凭证上注明验货付款期限的，银行从其规定。

验货付款的，付款人收到提货通知后，应立即向银行交验提货通知。付款人在银行发出承付通知后（次日算起）的10天内，未收到提货通知。应在第10天将货物尚未到达的情况通知银行。在第10天付款人不通知银行的，银行即视同已验货，于10天期满的次日上午银行开始营业时，将款项划给收款人；在第10天付款人通知银行货物未到，而以后收到提货通知没有及时送交银行，银行仍按10天期满的次日作为划款日期，并按超过天数，计扣逾期付款赔偿金。

在验货付款的情况下,收款人必须在托收凭证上加盖明显的"验货付款"字样戳记。如果托收凭证未注明验货付款,经付款人提出合同证明是验货付款的,银行可按验货付款处理。

无论是验单付款还是验货付款,付款人都可以在承付期内提前向银行表示承付,并通知银行提前付款,银行应立即办理划款;因商品的价格、数量或金额变动,付款人应多承付款项的,须在承付期内向银行提出书面通知,银行据此随同当次托收款项划给收款人。但是,付款人不得在承付货款中,扣抵其他款项或以前托收款项。

(六)托收承付的逾期付款处理

付款人在承付期满银行营业终了时,如无足够资金支付,其不足部分,即为逾期未付款项,按逾期付款处理。

(1)付款人开户银行对付款人逾期支付的款项,应当根据逾期付款金额和逾期天数,按每天5‰计算逾期付款赔偿金。银行审查拒绝付款期间,不能算作付款人逾期付款,但对无理的拒绝付款,而增加银行审查时间的,应从承付期满日起,计算逾期付款赔偿金。

(2)赔偿金实行定期扣付,每月计算一次,于次月3日内单独划给收款人。在月内有部分付款的,其赔偿金随同部分支付的款项划给收款人,对尚未支付的款项,月终再计算赔偿金,于次月3日内划给收款人;次月又有部分付款时,从当月1日起计算赔偿金,随同部分支付的款项划给收款人,对尚未支付的款项,从当月1日起至月终再计算赔偿金,于第三月3日内划给收款人。第三月仍有部分付款的,按照上述办法计扣赔偿金。

赔偿金的扣付列为企业销货收入扣款顺序的首位,如付款人账户余额不足全额支付时,应排列在工资之前,并对该账户采取"只收不付"的控制办法,待一次足额扣付赔偿金后,才准予办理其他款项的支付。因此产生的经济后果,由付款人自行负责。

(3)付款人开户银行要随时掌握付款人账户逾期未付的资金情况,俟账户有款时,必须将逾期未付款项和应付的赔偿金及时扣划给收款人,不得拖延扣划。

(4)付款人开户银行对不执行合同规定,三次拖欠货款的付款人,应当通知收款人开户银行转知收款人,停止对该付款人办理托收。如果收款人不听劝告,继续对该付款人办理托收,付款人开户银行对发出通知的次日起1个月之后收到的托收凭证,可以拒绝受理,注明理由,原件退回。

(5)付款人开户银行对逾期未付的托收凭证,负责进行扣款的期限为3个月(从承付期满日算起)。在此期限内,银行必须按照扣款顺序陆续扣款。期满时,如果付款人仍无足够资金支付该笔尚未付清的欠款,银行应于次日通知付款人将有关交易单证（单证已作账处理或已部分支付的，可以填制"应付款项证明单"），在 2 日内退回银行。银行将有关结算凭证连同交易单证或应付款项证明单退回收款人开户银行转交收款人。并将应付的赔偿金划给收款人。

对付款人逾期不退回单证的，开户银行应当自发出通知的第 3 天起，按照该笔尚未付清欠款的金额，每天处以 5‰但不低于 50 元的罚款，并暂停付款人向外办理结算业务，直到退回单证时止。

(七) 托收承付的拒绝付款处理

付款人在承付期内，有正当理由，可向银行提出全部或部分拒绝付款。依照《支付结算办法》规定，该理由包括：（1）没有签订购销合同或未订明托收承付结算方式购销合同款项；（2）未经双方事先达成协议，收款人提前交货或因逾期交货，付款人不需要该项货物的款项；（3）未按合同规定的到货地址发货的款项；（4）代销、寄销、赊销商品的款项；（5）验单付款，发现所列货物的品种、规格、数量、价格与合同规定不符，或货物已到，经查验货物与合同规定或发货清单不符的款项；（6）验货付款，经查验货物与合同规定或发货清单不符的款项；（7）货款已经支付或计算有错误的款项。不属上述情况的，付款人不得向银行提出拒绝付款。

在处理拒绝付款问题时，有以下情况须注意：

（1）外贸部门托收进口商品的款项，在承付期内，订货部门除因商品的质量问题不能提出拒绝付款，应当另行向外贸部门提出索赔外，如果属前述其他情形的，可以向银行提出全部或部分拒绝付款。

（2）付款人对以上情况提出拒绝付款时，必须填写"拒绝付款理由书"，并加盖单位公章，注明拒绝付款理由，涉及合同的应引证合同有关条款。属商品质量问题，需要提出商检部门的检验证明；属商品数量问题，需要提出数量问题的证明及有关数量的记录；属外贸进口商品，应当提出国家商品检验或运输等部门出具的证明，一并送交开户银行。

（3）开户银行经审查，认为拒付理由不成立，均不受理，应实行强制扣款。银行同意部分或全都拒付的，应在拒绝付款理由书上签注意见。如果是部分拒绝付款，除办理部分付款外，应将拒绝付款理由书连同拒付证明和拒付商品清单邮寄收款人开户银行转交收款人。如果是全部拒绝付款，应将拒绝付款理由书连同拒付证明和有关单证邮寄收款人开户银行转交收款人。

（4）凡涉及军品的拒绝付款，银行不审查拒绝付款理由。

（5）收款人对无理拒付的，可委托银行重办托收。收款人在收到退回的结算凭证及其所附单证后，需要委托银行重办托收，应当填写回联"重办托收理由书"，将其中三联连同购销合同、有关证据和退回的原托收凭证及交易单证，一并送交银行。

（6）收款人开户银行对逾期尚未划回，又未收到付款人开户银行寄来逾期付款通知或拒绝付款理由书的托收款项，应当及时发出查询。付款人开户银行要积极查明，及时答复。

（7）银行无法审查拒绝付款是非的，应由收付双方自行协商处理，或向仲裁机关、人民法院申请调解或裁决。

（8）未经开户银行批准使用托收承付结算方式的城乡集体所有制工业企业，收款人开户银行不得受理其办理托收，付款人开户行对其承付的款项除按规定支付款项外，还要对该付款人按结算金额处以5%罚款。

三、委托收款

（一）概述

委托收款是收款人委托银行向付款人收取款项的结算方式。委托收款便于收款人主动收款，该结算方式适用范围亦十分广泛。无论是同城还是异地都可使用，既适用于在银行开立账户的单位和个体经济户各种款项的结算，也适用于水电、邮电、电话等劳务款项的结算，单位和个人凭已承兑的商业汇票、债券、存单等付款人债务证明办理款项的结算，均可以使用委托收款结算方式。

委托收款分邮寄和电报划回两种。前者是以邮寄方式由付款人开户银行向收款人开户银行转送委托收款凭证、提供收款依据的方式，后者则是以电报方式由付款人开户银行向收款人开户银行转送委托收款凭证，提供收款依据的方式。这两种方式由收款人选用。

根据《支付结算办法》第206条的规定，在同城范围内，收款人收取公用事业费或根据国务院的规定，可以使用同城特约委托收款。在办理公用事业费委托收款时，必须具有收付双方事先签订的合同，由付款人向开户银行授权，并经开户银行同意，报经中国人民银行当地分支行批准。

（二）委托收款凭证的格式

根据《支付结算办法》第202条的规定，当事人签发委托收款凭证时必须记载下列事项：（1）表明"委托收款"的字样；（2）确定的金额；（3）付款人名称；（4）收款人名称；（5）委托收款凭据名称及附寄单证张数；（6）委托日期；（7）收款人签章。凡欠缺上列记载事项之一的，银行不予受理。此外，如果委托收款以银行以外的单位为付款人的，委托收款凭证必须记载付款人开户银行名称；以银行以外的单位或在银行开立存款账户的个人为收款人的，委托收款凭证必须记载收款人开户银行名称；以未在银行开立存款账户的个人为收款人的，委托收款凭证必须记载被委托银行名称。欠缺上述记载的，银行不予受理。

(三) 委托收款的委托和付款

1. 委托

这是指收款人向银行提交委托收款凭证和有关债务证明并办理委托收款手续的行为。委托收款凭证即是如前所述的按规定填写的凭证；有关债务证明即是指能够证明付款人到期并应向收款人支付一定款项的证明。如水电费单、电话费单、已承兑的商业汇票、债券、存单等。

2. 付款

这是指银行在接到寄来的委托收款凭证及债务证明，并经审查无误之后向收款人办理付款的行为。根据《支付结算办法》的规定，银行可根据付款人的不同而在不同的时间付款，从而改变了原《银行结算办法》统一为 3 天的付款期。具体而言：（1）以银行为付款人的，银行应在当日将款项主动支付给收款人；（2）以单位为付款人的，银行应及时通知付款人，按照有关办法规定，需要将有关债务证明交给付款人的应交给付款人，并签收。付款人应于接到通知的当日书面通知银行付款；如果付款人未在接到通知日的次日起 3 日内通知银行付款的，视同付款人同意付款，银行应于付款人接到通知日的次日起第 4 日上午开始营业时，将款项划给收款人。

在实际中，付款人可能会提前收到由其付款的债务证明，在此情形下，付款人应通知银行于债务证明的到期日付款。如果付款人未于接到通知日的次日起 3 日内通知银行付款，付款人接到通知日的次日起第 4 日在债务证明到期日之前的，银行应于债务证明到期日将款项划给收款人。

银行在办理划款时，发现付款人存款账户不足支付的，应通过被委托银行向收款人发出未付款通知书。如果债务证明留存付款人开户银行的，应将其债务证明连同未付款通知书邮寄被委托银行转交收款人。

(四) 付款人拒绝付款

付款人在审查有关债务证明后，对收款人委托收取的款项需要拒绝付款的，可以办理拒绝付款。根据《支付结算办法》的规定，由于付款人不同，拒绝付款的方式略有不同：（1）以银行为付款人的，应自收到委托收款及债务证明的次日起 3 日内出具拒绝证明，连同有关债务证明、凭证寄给被委托银行，转交收款人；（2）以单位为付款人的，应在付款人接到通知日的次日起 3 日内出具拒绝证明，持有债务证明的，应将其送交开户银行。银行将拒绝证明、债务证明和有关凭证一并寄给被委托银行，转交收款人。

四、银行卡

(一) 概述

银行卡是指由商业银行（含邮政金融机构，下同）向社会发行的具有消费信用、转账结算、存取现金等全部或部分功能的信用支付工具。银行卡与原来意义上由银行发行的"信用卡"具有相同的意义，只是由于"信用卡"具有"信用"的含义，而原来意义上由银行发行的"信用卡"不仅包括具有"信用"含义的贷记卡，而且也包括不具有"信用"意义的借记卡，并且多为后者，因此，以"信用卡"的概念概括商业银行向社会发行的具有消费信用、转账结算、存取现金等全部或部分功能的特制载体卡片，就有些名不符实，而采用"银行卡"的概念则较为准确。于是，中国人民银行于1999年颁布的《银行卡业务管理办法》使用了"银行卡"的概念，并对信用卡的含义作了新的界定，即将信用卡限于贷记卡和准贷记卡两类，不包括借记卡。

随着银行卡业务的发展，银行卡的种类不断增多，用途也各种各样，不胜枚举。我国国内发行的银行卡主要是借记卡，即先存款后消费。银行卡产生的结算关系一般涉及三方当事人：即银行、持卡人和商户。商户向持卡人提供商品或服务的商业信用，然后向持卡人的发卡行收回货款或费用，再由发卡行或代办行向持卡人办理结算。银行卡的这种功能有利于减少现金货币的使用，节约流通费用，扩大银行转账结算范围，增加银行信贷资金来源，同时也有利于方便购物消费，维护支付人的资金安全，并且还可简化收款手续，节约社会劳动。因此，银行卡业务是当今商业银行发展最快、普及面最广的一项业务，也深受广大商户和消费者的欢迎。

银行卡的推广使用是我国支付结算制度改革发展的方向之一。中国人民银行、国家发展和改革委员会、公安部、财政部、信息产业部、商务部、中国银行业监督管理委员会、国家税务总局、国家外汇管理局联合于2005年4月24日发布了《关于促进银行卡产业发展的若干意见》，该意见旨在进一步推进银行卡产业健康快速发展，普及银行卡这种结算方式。

自改革开放以来，我国银行卡业务发展十分迅速。为了加强银行卡业务管理，中国人民银行总行发布了一系列有关银行卡的管理规定，1999年颁布的《银行卡业务管理办法》是对银行卡较为系统的规定，各发卡行亦制定了相应的管理办法和章程。现国务院正在组织制定《银行卡条例》。

（二）银行卡的种类

银行卡的种类依据不同的划分方式可有不同的分类。如：银行卡按币种不同分为人民币卡、外币卡；按信息载体不同分为磁条卡、芯片（IC）卡等；从发卡银行是否给予持卡人信用额度来分，银行卡可分为信用卡和借记卡。

1. 信用卡

信用卡是指发卡银行给予持卡人一定的信用额度，持卡人可在信用额度内先消费，后还款，或者先按发卡银行的要求交存一定金额的备用金，当备用金账户余额不足支付时，可在发卡银行规定的信用额度内透支的银行卡。信用卡分为贷记卡、准贷记卡两类。

（1）贷记卡是指发卡银行给予持卡人一定的信用额度，持卡人可在信用额度内先消费、后还款的信用卡。

（2）准贷记卡是指持卡人须先按发卡银行要求交存一定金额的备用金，当备用金账户余额不足支付时，可在发卡银行规定的信用额度内透支的信用卡。

2. 借记卡

借记卡是指持卡人先将款项存入卡内账户，然后进行消费的银行卡。借记卡不具备透支功能。借记卡按功能不同分为转账卡（含储蓄卡，下同）、专用卡、储值卡。

（1）转账卡。转账卡是实时扣账的借记卡。具有转账结算、存取现金和消费功能。

（2）专用卡。专用卡是具有专门用途、在特定区域使用的借记卡。具有转账结算、存取现金功能。这里所指的专门用途是指在百货、餐饮、饭店、娱乐行业以外的用途。

（3）储值卡。储值卡是发卡银行根据持卡人要求将其资金转至卡内储存，交易时直接从卡内扣款的预付钱包式借记卡。

此外，在实际中，还有一种联名/认同卡。联名/认同卡是商业银行与盈利性机构/非盈利性机构合作发行的银行卡附属产品，其所依附的银行卡品种必须是已经中国人民银行批准的品种，并应当遵守相应品种的业务章程或管理办法。发卡银行和联名单位应当为联名卡持卡人在联名单位用卡时提供一定比例的折扣优惠或特殊服务；持卡人领用认同卡表示对认同单位事业的支持。如前所述的芯片（IC）卡既可应用于单一的银行卡品种，又可应用于组合的银行卡品种。

根据《支付结算办法》的规定，银行卡按使用对象分为单位卡和个人卡。单位卡是指商业银行向企业、事业单位、学校、机关、团体、部队等单位发行的银行卡，其使用对象为单位；个人卡是指商业银行向个人，包括居住在城镇的工人、干部、教师、科技工作者、个体经济户以及其他成年的、有确定收入的居民发行的银行卡，其使用对象为个人。

此外，《支付结算办法》还根据信誉等级不同将银行卡分为金卡和普通卡。金卡是指商业银行向信誉等级较高的持卡人发行的银行卡，普通卡则是商业银行向信誉等级次之的持卡人发行的银行卡。一般而言，金卡的持卡人在善意透支时透支的金额大于普通卡持卡人的透支金额。

（三）银行卡的发行主体

根据《银行卡业务管理办法》的有关规定，发行银行卡的主体为商业银行（包括外资银行、合资银行），并须经过中国人民银行的批准。

根据有关规定，申请发行银行卡的商业银行必须具备下列条件：

（1）开业3年以上，具有办理零售业务的良好基础；

（2）符合中国人民银行颁布的商业银行资产负债比例监控指标，经营状况良好；

（3）相应的管理机构；

（4）合格的管理人员和技术人员；

（5）健全的管理制度和安全制度，特别是已就该项业务建立了科学完善的内部控制制度，有明确的内部授权审批程序；

（6）必要的电信设备和营业场所，并具有安全、高效的计算机处理系统；

（7）发行外币卡还须具备经营外汇业务的资格和相应的外汇业务经营管理水平；

（8）中国人民银行规定的其他条件。

关于商业银行开办银行卡业务的审批程序问题，根据《银行卡业务管理办法》的有关规定，应当按银行卡业务的不同，采用不同的审批程序：

（1）商业银行开办各类银行卡业务，应当按照中国人民银行有关加强内部控制和授权授信管理的规定，分别制定统一的章程或业务管理办法，报中国人民银行总行审批。商业银行总行不在北京的，应当先向中国人民银行当地中心支行申报，经审查同意后，由中国人民银行分行转报中国人民银行总行审批。

（2）已开办信用卡或转账卡业务的商业银行可向中国人民银行申请发行联名/认同卡、专用卡、储值卡；已开办人民币信用卡业务的商业银行可向中国人民银行申请发行外币信用卡。

（3）商业银行发行全国使用的联名卡、IC卡、储值卡应当报中国人民银行总行审批。

（4）商业银行分支机构办理经中国人民银行总行批准的银行卡业务应当持中国人民银行批准文件和其总行授权文件向中国人民银行当地行备案。商业银行分支机构发行区域使用的专用卡、联名卡应当持商业银行总行授权文件、联名双方的协议书报中国人民银行当地中心支行备案。

（5）商业银行变更银行卡名称、修改银行卡章程应当报中国人民银行审批。

（6）外资金融机构经营银行卡收单业务应当报中国人民银行总行批准。银行卡收单业务是指签约银行向商户提供的本外币资金结算服务。

（四）银行卡的计息和收费标准

1. 银行卡的计息标准

银行卡的计息包括计收利息和计付利息。根据银行卡的种类不同，计息标准不尽相同。

（1）发卡银行对准贷记卡及借记卡（不含储值卡）账户内的存款，按照中国人民银行规定的同期同档次存款利率及计息办法计付利息。

（2）发卡银行对贷记卡账户的存款、储值卡（含IC卡的电子钱包）内的币值不计付利息。

贷记卡持卡人非现金交易享受如下优惠条件：

第一，免息还款期待遇。银行记账日至发卡银行规定的到期还款日之间为免息还款期。免息还款期最长为60天。持卡人在到期还款日前偿还所使用全部银行款项即可享受免息还款期待遇，无须支付非现金交易的利息。

第二，最低还款额待遇。持卡人在到期还款日前偿还所使用全部银行款项有困难的，可按照发卡银行规定的最低还款额还款。

但是，贷记卡持卡人选择最低还款额方式或超过发卡银行批准的信用额度用卡时，不再享受免息还款期待遇，应当支付未偿还部分自银行记账日起，按规定利率计算的透支利息。贷记卡持卡人支取现金、准贷记卡透支，不享受免息还款期和最低还款额待遇，应当支付现金交易额或透支额自银行记账日起，按规定利率计算的透支利息。

此外，发卡银行对贷记卡持卡人未偿还最低还款额和超信用额度用卡的行为，应当分别按最低还款额未还部分、超过信用额度部分的5%收取滞纳金和超限费；贷记卡透支按月计收复利，准贷记卡透支按月计收单利，透支利率为日利率5‰，并根据中国人民银行的此项利率调整而调整。

2. 银行卡的收费标准

根据《银行卡业务管理办法》第24条的规定，商业银行办理银行卡收单业务应当按下列标准向商户收取结算手续费：（1）宾馆、餐饮、娱乐、旅游等行业不得低于交易金额的2%；（2）其他行业不得低于交易金额的1%。

有关跨行交易收费及分配问题，中国人民银行发布了《中国银联入网机构银行卡跨行交易收益分配办法》，该办法自2004年3月1日起施行。该办法对《银行卡业务管理办法》第25条和第26条以及有关收费及分配比例的规定进行了调整，具体内容如下：

（1）ATM跨行交易手续费

①ATM跨行交易分为取款和查询两种交易，交易手续费分配涉及发卡银行（简称发卡行）、提供机具和代理业务的代理银行（简称代理行）以及提供跨行信息转接的中国银联（简称银联）。

②ATM跨行取款交易收益分配采用固定代理行手续费和银联网络服务费方式。持卡人在他行ATM机上成功办理取款时，无论同城或异地，发卡行均

按每笔 3 元的标准向代理行支付代理费，同时按每笔 0.6 元的标准向银联支付网络服务费。

③暂不规定 ATM 跨行查询收费。

（2）POS 跨行交易商户结算手续费

POS 跨行交易的商户结算手续费收益分配，采用固定发卡行收益和银联网络服务费方式，即每笔商户结算手续费，发卡行获得的固定收益和银联收取的网络服务费执行如下标准：

①对宾馆、餐饮、娱乐、珠宝金饰、工艺美术品类的商户，发卡行的固定收益为交易金额的 1.4%，银联网络服务费标准为交易金额的 0.2%。

②对一般类型的商户，发卡行的固定收益为交易金额的 0.7%，银联网络服务费的标准为交易金额的 0.1%。

③对于以下几类特殊行业或商户，现阶段可通过降低发卡行收益比例和银联网络服务费标准的方式予以适当优惠：

第一，对房地产、汽车销售类商户，发卡行固定收益及银联网络服务费比照一般类型商户的办法和标准收取，但发卡行收益每笔最高不超过 40 元，银联网络服务费最高不超过 5 元；对批发类的商户，发卡行固定收益及银联网络服务费比照一般类型商户的办法和标准收取，但发卡行收益每笔最高不超过 16 元，银联网络服务费最高不超过 2 元。

第二，对航空售票、加油、超市等类型的商户，发卡行固定收益及银联网络服务费比照一般类型商户减半收取，即发卡行的固定收益为交易金额的 0.35%，银联网络服务费标准为交易金额的 0.05%。

第三，对公立医院和公立学校，发卡行和银联暂不参与收益分配。

中国人民银行对银行卡跨行交易收费及分配办法作上述调整，目的在于给各商业银行创造平等竞争的环境，加快建立全国统一的管理市场，在充分调动各方面积极性的前提下，推动银行卡联网联合的顺利开展。

根据《银行卡业务管理办法》第 27 条之规定，商业银行代理境外银行卡收单业务应当向商户收取结算手续费，其手续费标准不得低于交易金额的 4%。境内银行与境外机构签订信用卡代理收单协议，其分润比率按境内银行与境外机构分别占商户所交手续费的 37.5% 和 62.5% 执行。

（五）银行卡的申领与使用

根据《银行卡业务管理办法》和《支付结算办法》的有关规定，单位卡和个人卡的申请与使用不尽相同。

1. 单位卡

凡申领单位卡的单位，必须在中国境内金融机构开立基本存款账户，凭中国人民银行核发的开户许可证申领单位卡，并按规定填制申请表，连同有关资料一并送交发卡银行。该单位符合条件并按银行要求交存一定金额的备用金以后，银行为申领人开立银行卡存款账户，并发给银行卡。单位卡可以申领若干张，持卡人的资格由申领单位法定代表人或其委托的代理人书面指定和注销。单位卡有单位人民币卡和单位外币卡之分，单位申领单位外币卡以及使用单位外币卡应当遵守国家有关外汇管理的有关规定。

在单位卡的使用过程中，其账户的资金一律从其基本存款账户转账存入，不得交存现金，不得将销货收入的款项存入其账户。单位卡的持卡人不得用于10万元以上的商品交易、劳务供应款项的结算，并一律不得支取现金。如果需要向其账户续存资金的，单位卡的持卡人必须按前述转账方式转账存入。

2. 个人卡

凡具有完全民事行为能力的公民可申领个人卡，个人申领银行卡（储值卡除外），应当向发卡银行提供公安部门规定的本人有效身份证件，经发卡银行审查合格后，为其开立记名账户。个人卡的主卡持卡人可为其配偶及年满18周岁的亲属申领附属卡，申领的附属卡最多不得超过两张，也有权要求注销其附属卡。申领人应按规定填制申请表，连同有关资料一并送交发卡银行。申领人符合条件并按银行要求交存一定金额的备用金之后，银行为申领人开立银行卡存款账户，并发给银行卡。个人卡账户的资金以其持有的现金存入或以其工资性款项、属于个人的劳务报酬、投资回报等收入转账存入。严禁将单位的款项存入个人卡账户。个人卡也有个人人民币卡和个人外币卡之分。个人申领个人外币卡和使用个人外币卡应当遵守国家有关个人外汇管理的有关规定。

个人卡在使用过程中仅限于合法持卡人使用，不得转借或出租。个人卡的持卡人可以在银行支取现金，其在支取现金时，应将银行卡和身份证件一并交发卡银行或代理银行。IC卡、照片卡以及凭密码在POS上支取现金的可免验身份证件。发卡银行或代理银行压（刷）卡后，填写取现单，经审查无误，交持卡人签名确认。超过支付限额的，代理银行应向发卡银行索取，并在取现单上填写授权号码。办理付款手续后，将现金、银行卡、身份证件和取现单回单联交给持卡人。

个人卡持卡人需要向其账户续存资金的，只限于其持有的现金存入、工资性款项、属于个人的劳务报酬、投资回报等收入转账存入。持卡人或其代理人交存现金，应在发卡银行或其代理银行办理。持卡人凭银行卡在发卡银行或代理银行交存现金的，银行经审查并收受现金后，在存款单上压卡，将存款单回联及银行卡交给持卡人。持卡人委托他人在不压卡的情况下代为办理交存现金的。代理人应在银行卡存款单上填写持卡人的卡号、姓名、存款金额等内容，并将现金送交银行办理交存手续。

根据《银行卡业务管理办法》的有关规定，持卡人用银行卡提取现金的，发卡银行对贷记卡的取现应当每笔授权，每卡每日累计取现不得超过 2000 元人民币；对持卡人在自动柜员机（ATM 机）上取款设定交易上限，每卡每日累计取款不得超过 5000 元人民币；储值卡的面值或卡内币值不得超过 1000 元人民币。

（六）银行卡在特约单位购物、消费的程序

持卡人持银行卡在特约单位购物、消费时，应按以下程序进行：

1. 持卡人将银行卡和身份证件一并交特约单位

如果银行卡属智能卡（亦称 IC 卡）、照片卡等可免验身份证件。特约单位不得拒绝受理持卡人合法持有的、签约银行发行的有效银行卡，不得因持卡人使用银行卡而向其收取附加费用。

2. 特约单位应审查银行卡

特约单位受理银行卡时，应审查下列事项：（1）确为本单位可受理的银行卡；（2）银行卡在有效期内，未列入"止付名单"；（3）签名条上没有"样卡"或"专用卡"等非正常签名的字样；（4）银行卡无打孔、剪角、毁坏或涂改的痕迹；（5）持卡人身份证或卡片上的照片与持卡人相符。但使用 IC 卡、照片卡或持卡人凭密码在销售点终端上消费、购物，可免验身份证；（6）卡片正面的拼音姓名与卡片背面的签名和身份证件上的姓名一致。

3. 办理结算手续

特约单位受理银行卡审查无误的，在签购单上压卡，填写实际结算金额、用途、持卡人身份证件号码、特约单位名称和编号。如超过支付限额的，应向发卡银行索取并填写授权号码，交持卡人签名确认，同时核对其签名与卡片背面签名是否一致。经审查无误后，对同意按经办人填写的金额和用途付款的，由持卡人在签购单上签名确认，并将银行卡、身份证件和第一联签购单交还给持卡人。特约单位在每日营业终了，应将当日受理的银行卡签购单汇总，计算手续费和净计金额，并填写汇（兑）计单和进账单，连同签购单一并送交收单银行办理进账。收单银行接到特约单位送交的各种单据，经审查无误后，为特约单位办理进账。

根据《银行卡业务管理办法》第 39 条和第 40 条的有关规定，发卡银行依据密码等电子信息为持卡人办理的存取款、转账结算等各类交易所产生的电子信息记录，均为该项交易的有效凭据。发卡银行可凭交易明细记录或清单作为记账凭证。银行卡通过联网的各类终端交易的原始单据至少保留两年备查。

4. 有关问题的处理

（1）特约单位审查发现银行卡有问题时，应及时与签约银行联系，征求处理意见。对止付的银行卡，应收回并交还发卡银行。（2）特约单位不得通过压卡、签单和退货等方式支付持卡人现金。（3）持卡人要求退货的，特约单位应使用退货单办理压（刷）卡，并将退货单金额从当日签购单累计金额中抵减，退货单随签购单一并送交收单银行。

（七）银行卡的风险管理

根据《银行卡业务管理办法》第44条的规定，通过借记卡办理的各项代理业务，发卡银行不得为持卡人或委托单位垫付资金。因此，银行卡的风险管理也主要是针对银行卡中的信用卡的持卡人可能滥用信用额度，给发卡银行造成损失的情况所进行的风险管理。

1. 信用卡持卡人的资信审查

发卡银行在向持卡人发行信用卡之前，应当对信用卡的申请人的资信状况进行审查，包括其收入情况、财产状况、社会对其资信的认同等。审查符合条件后，可以确定授予其相应的信用额度，并要求持卡人采用相应的担保方式提供有效的担保。在发卡银行向持卡人发行信用卡之后，发卡银行应当对信用卡持卡人的资信状况进行定期复查，并应当根据持卡人的资信状况的变化随时调整其信用额度。

2. 信用卡的风险控制指标

根据《银行卡业务管理办法》第45条的有关规定，信用卡的风险控制指标如下：

（1）同一持卡人单笔透支发生额，个人卡不得超过2万元（含等值外币），单位卡不得超过5万元（含等值外币）。

（2）同一账户月透支余额，个人卡不得超过5万元（含等值外币），单位卡不得超过发卡银行对该单位综合授信额度的3%。无综合授信额度可参照的单位，其月透支余额不得超过10万元（含等值外币）。

（3）外币卡的透支额度不得超过持卡人保证金（含储蓄存单质押金额）的80%。

（4）从本办法施行之日起新发生的180天（含180天，下同）以上的月均透支余额不得超过月均总透支余额的15%。

此外，准贷记卡的透支期限最长为60天。贷记卡的首月最低还款额不得低于其当月透支余额的10%。

3. 发卡银行对风险管理的内部控制

根据《银行卡业务管理办法》的有关规定，发卡银行应当建立有关风险管理的一系列内部控制制度。其中，应当建立授权审批制度，明确对不同级别内部工作人员的授权权限和授权限额；应当建立对止付名单的管理制度，及时接受和发送止付名单；对持卡人透支款项和诈骗款项，应当及时采用适当的方式予以追偿，即：（1）扣减持卡人保证金、依法处置抵押物和质物；（2）向保证人追索透支款项；（3）通过司法机关的诉讼程序进行追索等。

(八) 银行卡当事人的权利义务

1. 发卡银行的权利和义务

(1) 发卡银行的权利。根据《银行卡业务管理办法》的规定,发卡银行的权利如下:

第一,发卡银行有权审查申请人的资信状况、索取申请人的个人资料,并有权决定是否向申请人发卡及确定信用卡持卡人的透支额度。

第二,发卡银行对持卡人透支有追偿权。对持卡人不在规定期限内归还透支款项的,发卡银行有权申请法律保护并依法追究持卡人或有关当事人的法律责任。

第三,发卡银行对不遵守其章程规定的持卡人,有权取消其持卡人资格,并可授权有关单位收回其银行卡。

第四,发卡银行对储值卡和IC卡内的电子钱包可不予挂失。

(2) 发卡银行的义务。根据《银行卡业务管理办法》的规定,发卡银行的义务如下:

第一,发卡银行应当向银行卡申请人提供有关银行卡的使用说明资料,包括章程、使用说明及收费标准。现有持卡人亦可索取上述资料。

第二,发卡银行应当设立针对银行卡服务的公平、有效的投诉制度,并公开投诉程序和投诉电话。发卡银行对持卡人关于账务情况的查询和改正要求应当在30天内给予答复。

第三,发卡银行应当向持卡人提供对账服务。按月向持卡人提供账户结单,在下列情况下发卡银行可不向持卡人提供账户结单:①已向持卡人提供存折或其他交易记录;②自上一份月结单后,没有进行任何交易,账户没有任何未偿还余额;③已与持卡人另行商定。

第四,发卡银行向持卡人提供的银行卡对账单应当列出以下内容:①交易金额、账户余额(贷记卡还应列出到期还款日、最低还款额、可用信用额度);②交易金额记入有关账户或自有关账户扣除的日期;③交易日期与类别;④交易记录号码;⑤作为支付对象的商户名称或代号(异地交易除外);⑥查询或报告不符账务的地址或电话号码。

第五,发卡银行应当向持卡人提供银行卡挂失服务,应当设立24小时挂失服务电话,提供电话和书面两种挂失方式,书面挂失为正式挂失方式,并在章程或有关协议中明确发卡银行与持卡人之间的挂失责任。

第六,发卡银行应当在有关卡的章程或使用说明中向持卡人说明密码的重要性及丢失的责任。

第七,发卡银行对持卡人的资信资料负有保密的责任。

2. 持卡人的权利和义务

(1) 持卡人的权利。根据《银行卡业务管理办法》的有关规定，持卡人的权利如下：

第一，持卡人享有发卡银行对其银行卡所承诺的各项服务的权利，有权监督服务质量并对不符服务质量进行投诉。

第二，申请人、持卡人有权知悉其选用的银行卡的功能、使用方法、收费项目、收费标准、适用利率及有关的计算公式。

第三，持卡人有权在规定时间内向发卡银行索取对账单，并有权要求对不符账务内容进行查询或改正。

第四，借记卡的挂失手续办妥后，持卡人不再承担相应卡账户资金变动的责任，司法机关、仲裁机关另有判决的除外。

第五，持卡人有权索取信用卡领用合约，并应妥善保管。

(2) 持卡人的义务。根据《银行卡业务管理办法》的有关规定，持卡人的义务如下：

第一，申请人应当向发卡银行提供真实的申请资料并按照发卡银行规定向其提供符合条件的担保。

第二，持卡人应当遵守发卡银行的章程及《领用合约》的有关条款。

第三，持卡人或保证人通讯地址、职业等发生变化，应当及时书面通知发卡银行。

第四，持卡人不得以和商户发生纠纷为由拒绝支付所欠银行款项。

3. 其他有关职责

根据《银行卡业务管理办法》的有关规定，商业银行发展受理银行卡的商户，应当与商户签订受理合约。受理合约不得包括排他性条款。受理合约中的手续费率标准低于本办法规定标准的不受法律保护。

《银行卡业务管理办法》规定，银行卡申请表、领用合约是发卡银行向银行卡持卡人提供的明确双方权责的契约性文件，持卡人签字，即表示接受其中各项约定。但发卡银行应当本着权利与义务对等的原则制定银行卡申请表及信用卡领用合约。

(九) 银行卡的销户

持卡人不需要继续使用银行卡的，应持银行卡主动到发卡银行办理销户。持卡人办理销户时，如果账户内还有余额，属单位卡的，则应将该账户内的余额转入其基本存款账户，不得提取现金；个人卡账户可以转账结清，也可以提取现金。

持卡人透支之后，只有在还清透支本息后，在下列情况下，可以办理销户：(1) 银行卡有效期满45天后，持卡人不更换新卡的；(2) 银行卡挂失满45天后，没有附属卡又不更换新卡的；(3) 银行卡被列入止付名单，发卡银行已收回其银行卡45天的;(4)持卡人死亡,发卡银行已收回其银行卡45天的;(5)持卡人要求销户或担保人撤销担保,并已交回全部银行卡45天的;(6)银行卡账户两年(含)以上未发生交易的;(7)持卡人违反其他规定,发卡银行认为应该取消资格的。发卡银行办理销户,应当收回银行卡。有效银行卡无法收回的,应当将其止付。

(十)银行卡的挂失

银行卡丧失后,持卡人应立即持本人身份证件或其他有效证明,并按规定提供有关情况,向发卡银行或代办银行申请挂失。发卡银行或代办银行审核后办理挂失手续。如果持卡人不及时办理挂失手续而造成损失的,则应自行承担该损失;如果持卡人办理了挂失手续而因发卡银行或代办银行的原因给持卡人造成损失的,则应由发卡银行或代办银行承担该损失。

五、电子支付

(一)概述

随着微电子技术的发展,信息技术的日益成熟,采用电子支付方式进行货币给付及其资金清算的电子银行也逐步兴起。电子支付的基本形态是电子数据,它以金融电子化网络为基础,通过计算机网络系统以及通讯信息系统等以传输电子信息的方式实现支付功能。在电子信息系统的支付下,电子支付可以方便地实现现金存取、汇兑、直接消费和贷款等功能。

1. 电子支付的概念和特点

电子支付是指单位、个人(以下简称客户)直接或授权他人通过电子终端发出支付指令,实现货币支付与资金转移的行为。这里所指的电子终端是指客户可用以发起电子支付指令的计算机、电话、销售点终端、自动柜员机、移动通讯工具或其他电子设备等。根据发起电子支付指令的电子终端不同,电子支付可以分为网上支付、电话支付、移动支付、销售点终端交易、自动柜员机交易和其他电子支付等类型。

电子支付与传统支付方式相比具有以下特点:

(1)电子支付通过电子数字化形态进行款项支付,而传统支付方式则是通过现金的流转、票据的转让及银行的汇兑等物理实体形态完成款项支付。

(2)电子支付的工作环境是一个开放性的系统平台,而传统支付方式则是在一个较为封闭的系统中进行。

(3)电子支付使用的是先进的网络和通讯等手段,而传统支付使用的是传统的通信媒介。

(4)电子支付具有不受时空限制的功能,而传统支付往往会受到时空限制的影响,因此,电子支付具有方便、快捷、高效、经济的优点。

2. 电子支付的当事人

电子支付的当事人因电子支付方式的不同而有差别。例如：网上支付的当事人往往涉及发出电子支付指令的客户、接受电子支付指令的客户、提供电子支付网络环境服务的经营商、银行等；移动支付的当事人一般会涉及发出电子支付指令的客户、接受电子支付指令的客户、提供移动通讯服务的经营商、银行等。

在电子支付关系中，银行仍然起着支付结算和资金清算中介机构的作用。一般而言，接受客户委托发出电子支付指令的发起银行称作"发起行"；电子支付指令接收人的开户银行或接收人未在银行开立账户而电子支付指令确定的资金汇入银行称为"接收行"。如果银行自身提供了电子支付的网络环境，一般就不涉及提供该项服务的经营商，否则，银行只有与提供电子支付网络环境的经营商合作，才能完成电子支付行为。

银行与其他机构合作开展电子支付业务的，其合作机构的资质要求应符合有关法规制度的规定。也就是说，非银行机构参与电子支付结算活动的，只有符合一定的条件，并经过有关主管部门认定，才能从事该项服务。鉴于非银行机构参与电子支付业务的实际情况，国家有关主管部门拟将非银行机构纳入支付清算组织进行监督管理，并对其机构性质、业务开办资质、注册资本金、审批程序、机构风险监控等做出相应规定。

银行根据有关规定将其部分电子支付业务外包给合法的专业化服务机构，但银行对客户的义务及相应责任不因外包关系有确立而转移。

3. 电子支付的基本要求

电子支付是一种新的支付结算方式，在实际运用和监管方面还存在诸多需要完善的地方。但是，根据现行有关规定，电子支付应当符合以下基本要求：

（1）遵守国家有关法律、行政法规以及部门规章的规定，不得损害客户和社会公共利益。电子支付的当事人应当依法参与电子支付行为，特别是参与电子支付活动的银行、非银行机构以及提供电子支付网络或通讯服务的经营商等有义务保障客户和社会公共利益的安全。

（2）电子支付的当事人之间应当签订书面合同或协议，以明确各自的权利义务关系。不同的电子支付方式涉及的当事人不尽相同，各自在电子支付关系中的权利义务关系也不一样。无论何种电子支付方式，当事人之间要根据公平交易的原则，签订书面合同或协议，以明确各自的权利义务，并建立相应的监督机制。

（3）客户办理电子支付业务应当在银行开立银行结算账户（以下简称账户）。客户开立和使用账户应当符合《人民币银行结算账户管理办法》、《境内外汇账户管理规定》等规定。

(4) 保障电子支付行为的数据资料记载完整、准确。电子支付指令与纸质支付凭证可以相互转换，二者具有同等效力。

4. 电子支付的立法

我国尚无电子支付方面的法律、行政法规。为规范电子支付业务，防范支付风险，保证资金安全，维护银行及其客户在电子支付活动中的合法权益，促进电子支付业务健康发展，中国人民银行于 2005 年 10 月 26 日制定并发布了《电子支付指引（第一号）》，以规范银行和客户之间的电子支付行为。该指引自发布之日起生效。有关部门选择了先通过"指引'，这种规范性文件的方式引导和规范电子支付行为，待条件成熟后再以相应部门规章或法律、行政法规的立法模式加以调整。

中国人民银行发布的《电子支付指引（第一号）》主要是调整银行和客户之间的权利义务关系，而未规定电子支付行为中其他当事人之间的权利义务关系。中国人民银行正在进一步研究并制定相应的指引，以规范电子支付关系中其他当事人之间的权利义务关系。

本书仅介绍《电子支付指引（第一号）》的有关内容。该指引对电子支付交易的有效性、客户和银行的权利义务、信息披露、支付安全等方面的问题作了具体规定。

（二）电子支付业务的申请

客户和银行之间发生电子支付业务，银行应根据审慎性原则，确定办理电子支付业务客户的条件，客户在符合相应条件的前提下，按照一定的程序办理电子支付业务的申请手续。具体程序如下：

第一，银行向公众公开披露办理电子支付业务的相关信息。根据《电子支付指引（第一号）》第 8 条的规定，银行应公开披露以下信息：（1）银行名称、营业地址及联系方式；（2）客户办理电子支付业务的条件；（3）所提供的电子支付业务品种、操作程序和收费标准等；（4）电子支付交易品种可能存在的全部风险，包括该品种的操作风险、未采取的安全措施、无法采取安全措施的安全漏洞等；（5）客户使用电子支付交易品种可能产生的风险；（6）提醒客户妥善保管、使用或授权他人使用电子支付交易存取工具（如卡、密码、密钥、电子签名制作数据等）的警示性信息；（7）争议及差错处理方式等。

第二，客户提出办理电子支付业务的申请。客户依照银行公布的办理电子支付业务的信息向银行提出申请，银行应认真审核客户申请办理电子支付业务的基本信息资料，并应告知客户所提供信息的使用目的和范围、安全保护措施、以及客户未提供或未真实提供相关资料信息的后果。

第三，银行与客户以书面或电子方式签订电子支付合同或协议。客户认可银行办理电子支付业务的相关要求之后,与银行以书面或电子方式签订合同或协议,即可开展电子支付业务。根据《电子支付指引(第一号)》第13条的规定,该合同或协议的内容包括:(1)客户指定办理电子支付业务的账户名称和账号;(2)客户应保证办理电子支付业务账户的支付能力;(3)双方约定的电子支付类型、交易规则、认证方式(如密码、密钥、数字证书、电子签名)等;(4)银行对客户提供的申请资料和其他信息的保密义务;(5)银行根据客户要求提供交易记录的时间和方式;(6)争议、差错处理和损害赔偿责任等。

根据《电子支付指引(第一号)》第14条的规定,客户在与银行进行电子支付业务的过程中,发生下列情形时,应当及时向银行提出电子或书面申请:(1)终止电子支付协议的;(2)客户基本资料发生变更的;(3)约定的认证方式需要变更的;(4)有关电子支付业务资料、存取工具被盗或遗失的;(5)客户与银行约定的其他情形。

如果客户利用电子支付方式从事违反国家法律法规活动的,银行应当按照有权部门的要求停止为其办理电子支付业务。客户提出终止电子支付协议或银行停止为客户办理电子支付业务的,银行应当按会计档案的管理要求妥善保存客户的申请资料,保存期限至电子支付业务终止后5年。

(三) 电子支付指令的发起和接收

(1)电子支付指令的发起。这是客户根据需要就货币支付和资金转移通过电子终端,根据其与发起行签订的协议,发出电子支付指令。

(2)电子支付指令的确认。在客户发出电子支付指令前,发起行应建立必要的安全程序,在提示客户对指令的准确性和完整性进行确认的前提下,对客户身份和电子支付指令再次进行确认,并应能够向客户提供纸质或电子交易回单,同时形成日志文件等记录,保存至交易后5年。

(3)电子支付指令的执行。发起行在确认客户电子支付指令完整和准确后,通过安全程序执行电子支付指令。发起行执行该指令后,客户不得要求变更或撤销电子支付指令。

(4)电子支付指令的接收。接收行收到电子支付指令后,应当按照协议规定,及时回复确认。

根据《电子支付指引(第一号)》的有关规定,在电子支付指令的发起和接收过程中,发起行和接收行应确保电子支付指令传递的可跟踪稽核和不可篡改。如果电子支付指令需转换为纸质支付凭证的,其纸质支付凭证必须记载以下事项(具体格式由银行确定):(1)付款人开户行名称和签章;(2)付款人名称、账号;(3)接收行名称;(4)收款人名称、账号;(5)大写金额和小写金额;(6)发起日期和交易序列号。

(四) 安全控制

鉴于电子支付方式的特殊性，我国现时的社会信用体系尚不健全，电子支付面临的各种安全性和风险性问题十分突出。《电子支付指引（第一号）》为此专门作出了相应的规定，有关内容如下：

(1) 建立有效的安全管理制度。银行应针对与电子支付业务活动相关的风险，建立有效的管理制度。这类制度包括但不限于计算机设备安全管理制度、计算机网络系统安全管理制度、数据库安全管理制度、电子交易安全管理制度。

(2) 采用符合规定的安全标准。银行在开展电子支付业务时采用的信息安全标准、技术标准、业务标准等应当符合有关规定。

(3) 限制电子支付的金额。银行应根据审慎性原则并针对不同客户，在电子支付类型、单笔支付金额和每日累计支付金额等方面做出合理限制：①银行通过互联网为个人客户办理电子支付业务，除采用数字证书、电子签名等安全认证方式外，单笔金额不应超过1000元人民币，每日累计金额不应超过5000元人民币；②银行为客户办理电子支付业务，单位客户从其银行结算账户支付给个人银行结算账户的款项，其单笔金额不得超过5万元人民币，但银行与客户通过协议约定，能够事先提供有效付款依据的除外；③银行应在客户的信用卡授信额度内，设定用于网上支付交易的额度供客户选择，但该额度不得超过信用卡的预借现金额度。

(4) 合理使用客户信息资料。银行使用客户资料、交易记录等，不得超出法律法规许可和客户授权的范围。

(5) 保守客户秘密。银行应依法对客户的资料信息、交易记录等保密。除国家法律、行政法规另有规定外，银行应当拒绝除客户本人以外的任何单位或个人的查询。银行应采取必要措施为电子支付交易数据保密：①对电子支付交易数据的访问须经合理授权和确认；②电子支付交易数据须以安全方式保存，并防止其在公共、私人或内部网络上传输时被擅自查看或非法截取；③第三方获取电子支付交易数据必须符合有关法律法规的规定以及银行关于数据使用和保护的标准与控制制度；④对电子支付交易数据的访问均须登记，并确保该登记不被篡改。

(6) 及时与客户核对电子支付交易情况。银行应与客户约定，及时或定期向客户提供交易记录、资金余额和账户状态等信息。

(7) 保护电子支付交易数据的完整性和可靠性。银行应采取必要措施保护电子支付交易数据的完整性和可靠性：①制定相应的风险控制策略，防止电子支付业务处理系统发生有意或无意的危害数据完整性和可靠性的变化，并具备有效的业务容量、业务连续性计划和应急计划；②保证电子支付交易与数据记录程序的设计发生擅自变更时能被有效侦测；③有效防止电子支付交易数据在传送、处理、存储、使用和修改过程中被篡改，任何对电子支付交易数据的篡改能通过交易处理、监测和数据记录功能被侦测；④按照会计档案管理的要求，对电子支付交易数据，以纸介质或磁性介质的方式进行妥善保存，保存期限为5年，并方便调阅。

（8）建立合理的授权机制。银行应确保对电子支付业务处理系统的操作人员、管理人员以及系统服务商有合理的授权控制：①确保进入电子支付业务账户或敏感系统所需的认证数据免遭篡改和破坏。对此类篡改都应是可侦测的，而且审计监督应能恰当地反映出这些篡改的企图。②对认证数据进行的任何查询、添加、删除或更改都应得到必要授权，并具有不可篡改的日志记录。

（9）建立职责分离的管理体系。银行应采取有效措施保证电子支付业务处理系统中的职责分离：①对电子支付业务处理系统进行测试，确保职责分离；②开发和管理经营电子支付业务处理系统的人员维持分离状态；③交易程序和内控制度的设计确保任何单个的雇员和外部服务供应商都无法独立完成一项交易。

（10）强化认证服务体系的作用。银行采用数字证书或电子签名方式进行客户身份认证和交易授权的，提倡由合法的第三方认证机构提供认证服务。如客户因依据该认证服务进行交易遭受损失，认证服务机构不能证明自己无过错，应依法承担相应责任。

（11）及时通报重大安全事项。银行应建立电子支付业务运作重大事项报告制度，及时向监管部门报告电子支付业务经营过程中发生的危及安全的事项。

（五）差错处理

电子支付业务常会出现差错，一旦发现差错，应当遵守据实、准确和及时的原则进行处理。《电子支付指引（第一号）》专门就差错处理事项作出规定，主要内容如下：

第一，差错的记录管理。银行对电子支付业务的差错应详细备案登记，记录内容应包括差错时间、差错内容与处理部门及人员姓名、客户资料、差错影响或损失、差错原因、处理结果等。

第二，差错的补救。电子支付交易数据出现差错，应当根据不同情况进行补救。

（1）由于银行保管、使用不当，导致客户资料信息被泄露或篡改的，银行应采取有效措施防止因此造成客户损失，并及时通知和协助客户补救。

（2）接收行由于自身系统或内控制度等原因对电子支付指令未执行、未适当执行或迟延执行致使客户款项未准确入账的，应及时纠正。

(3) 客户的有关电子支付业务资料、存取工具被盗或遗失,应按约定方式和程序及时通知银行。

(4) 非资金所有人盗取他人存取工具发出电子支付指令,并且其身份认证和交易授权通过发起行的安全程序的,发起行应积极配合客户查找原因,尽量减少客户损失。

(5) 客户发现自身未按规定操作,或由于自身其他原因造成电子支付指令未执行、未适当执行、延迟执行的,应在协议约定的时间内,按照约定程序和方式通知银行。银行应积极调查并告知客户调查结果。银行发现因客户原因造成电子支付指令未执行、未适当执行、延迟执行的,应主动通知客户改正或配合客户采取补救措施。

(6) 因不可抗力造成电子支付指令未执行、未适当执行、延迟执行的,银行应当采取积极措施防止损失扩大。

第三,差错的责任承担。根据《电子支付指引(第一号)》的规定以及一般法律归责原则,电子支付交易数据出现差错时,应当依照下列情况承担责任:

(1) 因银行自身系统、内控制度或为其提供服务的第三方服务机构的原因,造成电子支付指令无法按约定时间传递、传递不完整或被篡改,并造成客户损失的,银行应按约定予以赔偿。

(2) 因第三方服务机构的原因造成客户损失的,银行应予以赔偿,再根据与第三方服务机构的协议进行追偿。

(3) 因客户原因造成自身损失的,应当由自己承担损失责任。

(4) 因银行(包括第三方服务机构)和客户共同的原因造成损失的,应当依据各自的过错大小,由相应的责任人承担相应的过错责任。境内银行业金融机构(以下简称银行)开展电子支付业务,适用本指引。

第三节 结算纪律与责任

严格的支付结算纪律和责任是保证支付结算制度得以贯彻实施的重要条件,因此中国人民银行历来十分重视此问题的制度建设。中国人民银行曾专门发布过《违反银行结算制度处罚规定》,并于1994年9月26日发布了《关于加强银行结算工作的决定》,对支付结算纪律和责任作了规定。为了配合《票据法》的贯彻实施,中国人民银行发布的《票据管理实施办法》和《支付结算办法》专门就此问题作了详尽的规定。

一、结算纪律

（一）单位和个人的结算纪律

单位和个人是支付结算的重要当事人，其严格遵守结算纪律，按照结算制度办理结算，是严肃信用制度，维护结算秩序的前提条件。根据《支付结算办法》及有关规定，单位和个人必须遵守的结算纪律可以归纳为四条：

（1）不准套取银行信用，签发空头支票、印章与预留印鉴不符支票和远期支票以及没有资金保证的票据；

（2）不准无理拒付，任意占用他人资金；

（3）不准违反规定开立和使用账户；

（4）不准签发、取得和转让没有真实交易和债权债务的票据，套取银行和他人资金。

上述四不准要求单位和个人只准在银行账户余额内按照规定向收款单位和个人支付款项；对应该支付其他单位的款项必须依约履行义务；遵守国家有关账户管理的规定，严守信用，信守合同等。

（二）银行的结算纪律

银行是办理结算的主体。银行严格按照结算制度办理结算，是维护结算秩序的重要环节。因此，《支付结算办法》和中国人民银行 1994 年 9 月 26 日发布的《关于加强银行结算工作的决定》及有关规定对银行的结算纪律作了规定，总的亦可归纳为以下内容：

（1）不准以任何理由压票、任意退票、截留挪用客户和他行资金、受理无理拒付、不扣少扣滞纳金；

（2）不准在结算制度之外规定附加条件，影响汇路畅通；

（3）不准违反规定为单位和个人开立账户；

（4）不准拒绝受理、代理他行正常结算业务；

（5）不准放弃对企事业单位和个人违反结算纪律的制裁；

（6）不准违章签发、承兑、贴现票据，套取银行资金；

（7）不准超额占用联行汇差资金、转嫁资金矛盾；

（8）不准逃避向人民银行转汇大额汇划款项和清算大额银行汇票资金；

（9）不准签发空头银行汇票、银行本票和办理空头汇款；

（10）不准无理拒绝支付应由银行支付的票据款项。

二、结算责任

为了保证结算制度的贯彻执行，《支付结算办法》、《票据管理实施办法》和人民银行总行 1994 年 10 月 9 日发布的《违反银行结算制度处罚规定》及其他有关规定，对单位、个人和银行的结算责任作出了明确具体规定。

(一) 单位和个人办理结算的责任

单位和个人办理结算的责任包括三个方面：

第一，自行负责。单位和个人办理结算，因错填结算凭证，致使银行错投结算凭证或对款项不能解付，影响资金使用的，应由责任单位和个人负责；单位和个人对使用的支票、商业承兑汇票和银行签发的银行汇票、本票、承兑的银行承兑汇票以及预留银行的印章，因管理不善造成丢失、被盗，发生款项冒领，造成资金损失的，应由责任单位和个人负责；付款人及其代理付款人以恶意或者重大过失付款的，应当自行承担责任；单位和个人违反规定，银行停止其使用有关支付结算工具，因此造成的后果，由单位和个人自行负责。

第二，连带责任。允许背书转让的票据，由于付款人不能付款退回票据，持票人对出票人、背书人和其他债务人进行追索时，出票人、背书人和其他债务人（如保证人）要负连带责任。也就是说，持票人可以向出票人、背书人和其他债务人中的任何一方进行追索，被追索人不得拒绝。

在一般情况下，持票人可以书面通知他的前手债务人，前手债务人通知他的再前手，这是按照背书转让的顺序向前追索；持票人也可以书面分别通知汇票各债务人，各债务人中的任何一方都对持票人负有偿付票款的责任。

第三，经济处罚和行政处罚。经济处罚包括计扣赔偿金或赔款、罚息、罚款、没收非法所得。行政处罚包括警告、通报批评、停止使用有关结算方式、停止办理部分直至全部结算业务、吊销营业执照等。上列处罚既可单独处罚，亦可合并处罚。具体如下：

(1) 商业承兑汇票到期，付款人不能支付票款，按票面金额对其处以5%但不低于1000元的罚款；银行承兑汇票到期，承兑申请人未能足额交存票款，对尚未扣回的承兑金额按每天0.5‰计收罚息。

(2) 存款人签发空头或印章与预留印鉴不符的支票，不以骗取财物为目的的，由中国人民银行处以票面金额5%但不低于1000元的罚款；持票人有权要求出票人赔偿支票金额2%的赔偿金。

(3) 收款单位对同一付款单位发货托收累计3次收不回货款的，银行应暂停其向该付款单位办理托收；付款单位违反规定无理拒付，对其处以2000元至5000元的罚款，累计3次提出无理拒付，银行应暂停其向外办理托收。

(4) 付款单位到期无款支付，逾期不退回托收承付有关单证的，按照应付的结算金额对其处以每天0.5‰但不低于50元的罚款，并暂停其向外办理结算业务。付款人对托收承付逾期付款的，按照逾期付款金额每天0.5‰计扣赔偿金等。

(5) 银行卡的持卡人出租或转借其银行卡及其账户的，发卡银行应当责令其改正,并对其处以1000元人民币以内的罚款。

(6)银行卡的持卡人将单位的现金存入单位卡账户或将单位的款项存入个人卡账户的,中国人民银行应责令改正,并对单位卡所属单位及个人卡持卡人处以1000元人民币以内的罚款。

(二)银行办理结算的责任

银行办理结算违反规定,除银行承担有关责任外,还必须追究有关人员的责任。

1. 银行的责任

(1)工作差错责任。银行因工作差错,延压、误投结算凭证,误划、错解结算款项,延长结算时间,影响客户和他行资金使用的,按中国人民银行规定的同档次流动资金的贷款利率计付赔偿金。因错付发生冒领造成资金损失的,负责资金赔偿。

(2)违反结算规定责任。这类责任包括:

①延压、挪用、截留结算资金,影响客户和他行资金使用的,按延压结算金额每天0.5‰计付赔偿金。

②任意压票、退票、截留、挪用结算资金,由中国人民银行按结算金额对其处以每天0.7‰罚款;对直接负责的主管人员和其他责任人员给予警告、记过、撤职或者开除的处分。

③受理无理拒付、擅自拒付退票和有款不扣、拖延付款以及不扣、少扣赔偿金的,除按结算金额每天0.5‰替付款单位承担赔偿金外,还要对其处以2000元至5000元的罚款。

④银行签发空头银行汇票、本票和办理空头汇款,要追回垫付资金,并按垫付的金额对其处以每天1‰的罚款。

⑤银行采用欺骗手段,向外签发未办汇款的回单、帮助客户骗取银行承兑汇票或套取银行贴现资金的,对其处以5000元至1万元的罚款。

⑥银行未按规定通过人民银行办理大额转汇、清算大额银行汇票资金或将大额汇划款项和银行汇票化整为零的,对其处以每笔2000元至5000元的罚款。

⑦银行签发50万元以上的银行汇票,未及时向人民银行移存资金的。按延误天数和金额对其处以每天7‰的罚款;3次以上未及时移存资金的,对其进行通报,情节严重的,应停止其向外签发银行汇票。汇票解讫划回签发地人民银行后,签发行仍未移存资金的,按票面金额对其处以5‰的罚款。

⑧银行在结算制度之外规定附加条件,影响汇路畅通的,要限期纠正,并对其处以5000元至1万元的罚款。

⑨银行结算管理混乱,经常发生违规违纪问题,人民银行要对其发出警

告，限期纠正。不顾警告，拒不纠正或屡查屡犯的，要在全辖或全国范围内通报批评，直至暂停其办理部分或全部结算业务。

⑩银行卡的发卡银行未按规定时间将止付名单发至特约单位的，应当由其承担因此造成的资金损失。

银行违反规定，未经批准发行银行卡或帮助持卡人将其基本存款账户以外的存款或其他款项转入单位卡账户，将单位的款项转入个人卡账户的或违反规定帮助持卡人提取现金的或违反规定计息收费的，应按规定承担行政责任，即中国人民银行应当责令改正，有违法所得的，处以违法所得1倍以上3倍以下的罚款，但最高不超过30000元；没有违法所得的，按有关规定处以罚款；情节严重的，应当追究直接负责的主管人员和有关直接责任人员的行政责任，情节严重的追究有关领导人的责任。

2. 银行有关人员的责任

银行有关人员违反结算纪律的责任包括经济责任、行政责任和刑事责任。

（1）银行违反结算制度，情节严重，影响较大的，对行长（主任）、有关责任人处以按本人月工资额20%~80%的罚款，给予警告、记过、撤职直至开除公职的处分，并追究上级行领导的责任。

（2）私自利用结算骗取客户或银行资金以及进行其他违法活动，构成犯罪的，由司法机关追究刑事责任；未构成犯罪的，除追回赃款外，并给予警告、记过、撤职直至开除公职的处分。

（3）在票据业务中玩忽职守，对违反《票据法》及有关规定的票据予以承兑、付款、保证或者贴现的，对直接负责的主管人员和其他直接责任人员给予警告、记过、撤职或者开除的处分；造成重大损失，构成犯罪的，依法追究刑事责任。

（三）其他有关责任

除上述有关单位、个人、银行及其工作人员的责任外，其他有关单位和人员违反支付结算规定，亦应承担相应的法律责任。

（1）违反中国人民银行规定，擅自印制票据的，由中国人民银行责令改正，处以1万元以上20万元以下的罚款；情节严重的，中国人民银行提请有关部门吊销其营业执照。

（2）邮电部门在传递票据、结算凭证和拍发电报中，因工作差错而发生积压、丢失、错投、错拍、漏拍、重拍等，造成结算延误，影响单位、个人和银行资金使用或造成资金损失的，由邮电部门负责。

（3）伪造、变造票据和结算凭证上的签章或其他记载事项的，应当承担民事责任或刑事责任。

（4）有利用票据、银行卡、结算凭证欺诈的行为，构成犯罪的，应依法承担刑事责任；情节轻微，不构成犯罪的，应按照规定承担行政责任。

（5）特约单位未按规定的操作程序办理银行卡结算造成损失的，应承担造成的损失。

第四节　人民币银行结算账户管理制度

根据新形势下经济、金融发展的需要，为加强和完善银行结算账户管理。中国人民银行于 2003 年 4 月 10 日公布了《人民币银行结算账户管理办法》（以下简称《账户管理办法》）。该办法于 2003 年 9 月 1 日起施行，1994 年 10 月 9 日中国人民银行发布的《银行账户管理办法》同时废止。为了实施该办法，中国人民银行于 2005 年 1 月 19 日又发布了《人民币银行结算账户管理办法实施细则》（以下简称《账户管理办法实施细则》），该实施细则自 2005 年 1 月 31 日起施行。

本节将根据上述规定，对人民币银行结算账户（以下简称银行结算账户）管理制度的基本内容加以说明。

一、银行结算账户的定义和分类

（一）定义

银行结算账户是指银行为存款人开立的办理资金收付结算的人民币活期存款账户。这里的存款人是指在中国境内开立银行结算账户的机关、团体、部队、企业、事业单位、其他组织、个体工商户和自然人；银行是指在中国境内经中国人民银行批准经营人民币支付结算业务的银行业金融机构，如政策性银行、商业银行（含外资独资银行、中外合资银行、外国银行分行）、城市商业银行、城市信用社、农村信用合作社。从该定义可知，银行结算账户具有以下特点：

（1）办理人民币业务。这与外币存款账户不同，外币存款账户办理的是外币业务，其开立和使用应遵守国家外汇管理局的有关规定。

（2）办理资金收付结算业务。这与储蓄账户不同，储蓄的基本功能是存取本金和支取利息，储蓄账户不具有办理资金收付结算的功能，其开立和使用应遵守《储蓄管理条例》的规定。

（3）是活期存款账户。这与单位定期存款账户不同，单位定期存款账户不具有结算功能，该类账户的开立和使用应遵守《人民币单位存款管理办法》的规定。

（二）分类

银行结算账户依据存款人的不同划分，可以分为单位银行结算账户和个人银行结算账户。这里所指的单位包括机关、团体、部队、企业、事业单位和其他组织等。根据《账户管理办法》第3条的规定，个体工商户凭营业执照以字号或经营者姓名开立的银行结算账户纳入单位银行结算账户管理。个人银行结算账户是指存款人凭个人身份证件以自然人名称开立的银行结算账户。这里所指的个人包括中国公民（含香港、澳门、台湾居民）和外国公民。个人因投资、消费使用各种支付工具，包括借记卡、信用卡在银行开立的银行结算账户，纳入个人银行结算账户管理。根据《账户管理办法》第3条的规定，邮政储蓄机构办理银行卡业务开立的账户也纳入个人银行结算账户管理。

单位银行结算账户按照用途不同，可以分为基本存款账户、一般存款账户、专用存款账户、临时存款账户和合格境外机构投资者在境内从事证券投资开立的人民币特殊账户和人民币结算资金账户（以下简称"QFII专用存款账户"）。根据《账户管理办法》第6条和《账户管理办法实施细则》第5条的规定，存款人开立基本存款账户、临时存款账户（因注册验资和增资验资开立的除外）、预算单位开立专用存款账户和QFII专用存款账户实行核准制（上述银行结算账户可统称为核准类银行结算账户），经中国人民银行核准后颁发开户许可证。开户许可证是中国人民银行依法准予申请人在银行开立核准类银行结算账户的行政许可证件，是该类账户合法性的有效证明。

此外，根据《账户管理办法》的规定，银行结算账户还可以根据开户地的不同分为本地银行结算账户和异地银行结算账户。本地银行结算账户是指存款人在注册地或住所地开立的银行结算账户；异地银行结算账户是指存款人根据规定的条件在异地（跨省、市、县）开立的银行结算账户。根据《账户管理办法实施细则》的有关解释，这里所指的"注册地"是指存款人的营业执照等开户证明文件上记载的住所地。

银行结算账户的类别不同，其开立、使用和管理也不尽相同。

二、银行结算账户管理应当遵守的基本原则

根据《账户管理办法》的有关规定，银行结算账户管理应当遵守以下基本原则：

（1）一个基本账户原则。这是指单位银行结算账户的存款人只能在银行开立一个基本存款账户，不能多头开立基本银行账户。

（2）自主选择银行开立银行结算账户原则。这是指存款人可以自主选择银行开立账户，除国家法律、行政法规和国务院规定外，任何单位和个人不得强令存款人到指定银行开立银行结算账户。

（3）银行结算账户信息保密原则。这是指银行必须依法为存款人的银行结算账户信息保密。根据《账户管理办法》的规定，对单位银行结算账户的存款和有关资料，除国家法律、行政法规另有规定外，银行有权拒绝任何单位或个人查询。对个人银行结算账户的存款和有关资料，除国家法律另有规定外，银行有权拒绝任何单位或个人查询。

(4) 守法原则。这是指银行结算账户的开立和使用应当遵守法律、行政法规，不得利用银行结算账户进行偷逃税款、逃废债务、套取现金及其他违法犯罪活动。

三、银行结算账户的开立

存款人开立银行结算账户应当以实名开立，并对其出具的开户申请资料实质内容的真实性负责，但法律、行政法规另有规定的除外。根据《账户管理办法》第二章的规定，银行结算账户的类别不同，其开立条件也不尽相同，以下对不同类别的银行结算账户的开立条件加以说明。

(一) 基本存款账户的开立

基本存款账户是指存款人因办理日常转账结算和现金收付需要开立的银行结算账户。存款人的工资、奖金等现金支取，只能通过本账户办理。

1. 开立基本存款账户的存款人资格

根据《账户管理办法》第11条的规定，下列存款人，可以申请开立基本存款账户：(1) 企业法人；(2) 非法人企业；(3) 机关、事业单位；(4) 团级（含）以上军队、武警部队及分散执勤的支（分）队；(5) 社会团体；(6) 民办非企业组织；(7) 异地常设机构；(8) 外国驻华机构；(9) 个体工商户；(10) 居民委员会、村民委员会、社区委员会；(11) 单位设立的独立核算的附属机构；(12) 其他组织。

从上可见，修订后的《账户管理办法》对开立基本存款账户的存款人资格作了较为宽泛的规定，凡是具有民事权利能力和民事行为能力，并依法独立享有民事权利和承担民事义务的法人和其他组织，均可以开立基本存款账户。同时，有些单位虽然不是法人组织，但具有独立核算资格，有自主办理资金结算的需要，包括非法人企业（如具有营业执照的企业集团下属的分公司）、外国驻华机构、个体工商户、单位设立的独立核算的附属机构（单位附属独立核算的食堂、招待所、幼儿园）等，也可以开立基本存款账户。

2. 开立基本存款账户所需的证明文件

根据《账户管理办法》第17条的规定，存款人申请开立基本存款账户，应向银行出具下列证明文件：

(1) 企业法人，应出具企业法人营业执照正本；

(2) 非法人企业，应出具企业营业执照正本；

(3) 机关和实行预算管理的事业单位，应出具政府人事部门或编制委员会的批文或登记证书和财政部门同意其开户的证明；非预算管理的事业单位，应出具政府人事部门或编制委员会的批文或登记证书；

（4）军队、武警团级（含）以上单位以及分散执勤的支（分）队，应出具军队军级以上单位财务部门、武警总队财务部门的开户证明；

（5）社会团体，应出具社会团体登记证书，宗教组织还应出具宗教事务管理部门的批文或证明；

（6）民办非企业组织，应出具民办非企业登记证书；

（7）外地常设机构，应出具其驻在地政府主管部门的批文；

（8）外国驻华机构，应出具国家有关主管部门的批文或证明；外资企业驻华代表处、办事处应出具国家登记机关颁发的登记证；

（9）个体工商户，应出具个体工商户营业执照正本；

（10）居民委员会、村民委员会、社区委员会，应出具其主管部门的批文或证明；

（11）独立核算的附属机构，应出具其主管部门的基本存款账户开户登记证和批文；

（12）其他组织，应出具政府主管部门的批文或证明。

如果上述存款人为从事生产、经营活动纳税人的，还应出具税务部门颁发的税务登记证。根据《账户管理办法实施细则》第13条的规定，税务登记证是指国税登记证或地税登记证。如果存款人为从事生产、经营活动的纳税人，根据国家有关规定无法取得税务登记证的，在申请开立基本存款账户时可不出具税务登记证。

3. 开立基本存款账户的程序

根据《账户管理办法》的有关规定，存款人申请开立银行结算账户时，应填制开户申请书，提供规定的证明文件；银行应对存款人的开户申请书填写的事项和证明文件的真实性、完整性、合规性进行认真审查，并将审查后的存款人提交的上述文件和审核意见等开户资料报送中国人民银行当地分支行，经其核准后办理开户手续。中国人民银行应于两个工作日内对银行报送的基本存款账户的开户资料的合规性以及唯一性进行审核，符合开户条件的，予以核准；不符合开户条件的，应在开户申请书上签署意见，连同有关证明文件一并退回报送银行。

（二）一般存款账户的开立

一般存款账户是存款人因借款或其他结算需要，在基本存款账户开户银行以外的银行营业机构开立的银行结算账户。

1. 开立一般存款账户的存款人资格

开立基本存款账户的存款人都可以开立一般存款账户。修订后的《账户管理办法》取消了开立一般存款账户的限制条件，只要存款人具有借款或其他结算需要，都可以申请开立一般存款账户，且没有数量限制。

2. 开立一般存款账户所需的证明文件

根据《账户管理办法》第 18 条的规定，存款人申请开立一般存款账户，应向银行出具下列证明文件：（1）开立基本存款账户规定的证明文件；（2）基本存款账户开户登记证；（3）存款人因向银行借款需要，应出具借款合同；（4）存款人因其他结算需要，应出具有关证明。

3. 开立一般存款账户的程序

根据《账户管理办法》的有关规定，存款人申请开立一般存款账户时，应填制开户申请书，提供规定的证明文件；银行应对存款人的开户申请书填写的事项和证明文件的真实性、完整性、合规性进行认真审查；符合开立一般存款账户条件的，银行应办理开户手续，同时应在其基本存款账户开户登记证上登记账户名称、账号、账户性质、开户银行、开户日期，并签章，于开户之日起 5 个工作日内向中国人民银行当地分支行备案；自开立一般存款账户之日起 3 个工作日内书面通知基本存款账户开户银行。

从上可见，开立一般存款账户，实行备案制，无须中国人民银行核准。

（三）专用存款账户的开立

专用存款账户是存款人按照法律、行政法规和规章，对其特定用途资金进行专项管理和使用而开立的银行结算账户。

1. 开立专用存款账户的条件

专用存款账户是针对特定事项开立的存款账户。根据《账户管理办法》第 13 条的规定，对下列资金的管理与使用，存款人可以申请开立专用存款账户：（1）基本建设资金；（2）更新改造资金；（3）财政预算外资金；（4）粮、棉、油收购资金；（5）证券交易结算资金；（6）期货交易保证金；（7）信托基金；（8）金融机构存放同业资金；（9）政策性房地产开发资金；（10）单位银行卡备用金；（11）住房基金；（12）社会保障基金；（13）收入汇缴资金和业务支出资金；（14）党、团、工会设在单位的组织机构经费；（15）其他需要专项管理和使用的资金。

上述收入汇缴资金和业务支出资金，是指基本存款账户存款人附属的非独立核算单位或派出机构发生的收入和支出的资金。因收入汇缴资金和业务支出资金开立的专用存款账户，应使用隶属单位的名称。

开立专用存款账户的目的是保证特定用途的资金专款专用，并有利于监督管理。修订后的《账户管理办法》强调，只有法律、行政法规和规章规定要专户存储和使用的资金，才纳入专用存款账户管理，从此而言，该办法缩小了纳入专用存款账户管理的资金范围。

根据境外机构投资者可以在境内从事证券投资的新情况,《账户管理办法》第 20 条规定,合格境外机构投资者在境内从事证券投资开立的 QFII 专用存款账户纳入专用存款账户管理。

2. 开立专用存款账户所需的证明文件

根据《账户管理办法》第 19 条的规定,存款人申请开立专用存款账户,应向银行出具其开立基本存款账户规定的证明文件、基本存款账户开户登记证和下列证明文件:

(1) 基本建设资金、更新改造资金、政策性房地产开发资金、住房基金、社会保障基金,应出具主管部门批文;

(2) 财政预算外资金,应出具财政部门的证明;

(3) 粮、棉、油收购资金,应出具主管部门批文;

(4) 单位银行卡备用金,应按照中国人民银行批准的银行卡章程的规定出具有关证明和资料;

(5) 证券交易结算资金,应出具证券公司或证券管理部门的证明;

(6) 期货交易保证金,应出具期货公司或期货管理部门的证明;

(7) 金融机构存放同业资金,应出具其证明;

(8) 收入汇缴资金和业务支出资金,应出具基本存款账户存款人有关的证明;

(9) 党、团、工会设在单位的组织机构经费,应出具该单位或有关部门的批文或证明;

(10) 其他按规定需要专项管理和使用的资金,应出具有关法规、规章或政府部门的有关文件。

根据《账户管理办法实施细则》第 14 条的规定,同一个证明文件,只能开立一个专用存款账户。

根据《账户管理办法》第 20 条和《账户管理办法实施细则》第 14 条的规定,合格境外机构投资者在境内从事证券投资开立 QFII 专用存款账户时,应出具国家外汇管理部门的批复文件和证券管理部门的证券投资业务许可证,但无须出具基本存款账户开户许可证。

3. 开立专用存款账户的程序

根据《账户管理办法》的有关规定,存款人申请开立专用存款账户时,应填制开户申请书,提供规定的证明文件;银行应对存款人的开户申请书填写的事项和证明文件的真实性、完整性、合规性进行认真审查;如果专用存款账户属于预算单位专用存款账户的,银行应将存款人的开户申请书、相关的证明文件和银行审核意见等开户资料报送中国人民银行当地分支行,经其对申报资料进行合规性审查,并核准后办理开户手续,该核准程序与基本存款账户的核准程序相同；如果属于预算单位专用存款账户之外的其他专用存款账户的，银行应办理开户手续，并于开户之日起 5 个工作日内向中国人民银行当地分支行备案。

银行在办理专用存款账户开户手续时，同时应在其基本存款账户开户登记证上登记账户名称、账号、账户性质、开户银行、开户日期，并签章，自开立专用存款账户之日起 3 个工作日内书面通知基本存款账户开户银行。

（四）临时存款账户的开立

临时存款账户是存款人因临时需要并在规定期限内使用而开立的银行结算账户。

1. 临时存款账户开立的条件

根据《账户管理办法》第 14 条和《账户管理办法实施细则》第 10 条的规定，存款人有下列情况的，可以申请开立临时存款账户：（1）设立临时机构；（2）异地临时经营活动；（3）注册验资；（4）境外（含港澳台地区）机构在境内从事经营活动等。

临时存款账户主要是针对不同社会主体的不同经营活动的临时结算需要而开立的账户。《账户管理办法》以及实施细则的上述规定实际是扩大了临时存款账户的使用对象，如工程指挥部、筹备领导小组、摄制组等临时机构，建筑施工以及安装单位等在异地的临时经营活动，公司的注册验资、境外（含港澳台地区）机构在境内从事经营活动等，都可以开立临时存款账户。

根据《账户管理办法实施细则》的有关规定，存款人为临时机构的，只能在其驻地开立一个临时存款账户，不得开立其他其他银行结算账户；存款人在异地从事临时活动的，只能在其临时活动地开立一个临时存款账户；建筑施工及安装单位在异地同时承建多个项目的，可以根据建筑施工及安装合同开立不超过项目合同个数的临时存款账户。

2. 开立临时存款账户所需的证明文件

根据《账户管理办法》第 21 条和《账户管理办法实施细则》的有关规定，存款人申请开立临时存款账户，应向银行出具下列证明文件：

（1）临时机构，应出具其驻在地主管部门同意设立临时机构的批文；

（2）异地建筑施工及安装单位．应出具其营业执照正本或其隶属单位的营业执照正本，以及施工及安装地建设主管部门核发的许可证或建筑施工及安装合同；

（3）异地从事临时经营活动的单位，应出具其营业执照正本以及临时经营地工商行政管理部门的批文；

（4）境外（含港澳台地区）机构在境内从事经营活动的，应当出具政府有关部门批准其从事活动的证明文件；

(5) 注册验资资金，应出具工商行政管理部门核发的企业名称预先核准通知书或有关部门的批文。

(6) 增资验资资金，应当出具股东会或董事会决议等证明文件。

上述第(2)、(3)(6)种情形，存款人还应出具其基本存款账户开户登记证。

3. 开立临时存款账户的程序

根据《账户管理办法》的有关规定，存款人申请开立临时存款账户时，应填制开户申请书，提供规定的证明文件；银行应对存款人的开户申请书填写的事项和证明文件的真实性、完整性、合规性进行认真审查；银行应将存款人的开户申请书、相关的证明文件和银行审核意见等开户资料报送中国人民银行当地分支行，经对申报资料进行合规性审查，并核准后办理开户手续。该核准程序与基本存款账户的核准程序相同。

银行在办理临时存款账户开户手续时，同时应在其基本存款账户开户许可证上登记账户名称、账号、账户性质、开户银行、开户日期，并签章。但临时机构和注册验资需要开立的临时存款账户除外。银行自开立临时存款账户之日起3个工作日内应书面通知基本存款账户开户银行。

(五) 个人存款账户的开立

个人银行结算账户是自然人因投资、消费、结算等而开立的可办理支付结算业务存款账户。修订后的《账户管理办法》允许自然人可以开立银行结算账户，并对相关内容予以规定，这是银行结算账户制度的一个重要创新。

1. 个人存款账户开立的条件

根据《账户管理办法》第15条和《账户管理办法实施细则》的有关规定以及其他规范性文件，存款人有下列情况的，可以申请开立个人银行结算账户：(1) 使用支票、信用卡、电子支付等信用支付工具的；(2) 办理汇兑、定期借记（如代付水、电、话费）、定期贷记（代发工资）、借记卡等结算业务的。

自然人可根据需要申请开立个人银行结算账户，也可以在已开立的储蓄账户中选择并向开户银行申请确认为个人银行结算账户。

2. 开立个人存款账户所需的证明文件

根据《账户管理办法》以及实施细则的有关规定，存款人申请开立个人银行结算账户，应向银行出具下列证明文件：

(1) 中国内地居民，应出具居民身份证（或临时身份证）或户口簿或护照；居住在境内或境外的中国籍的华侨，可出具中国护照。

(2) 中国人民解放军军人，应出具军人身份证件；军队离退休干部以及在解放军军事院校学习的现役军人，可出具离休干部荣誉证、军官退休证、文职干部退休证或军事院校学员证。

（3）中国人民武装警察，应出具武警身份证件；武装警察离退休干部以及在解放军军事院校学习的现役军人，可出具离休干部荣誉证、军官退休证、文职干部退休证或军事院校学员证。

（4）香港、澳门特区居民，应出具港澳居民往来内地通行证；中国台湾居民，应出具台湾居民来往内地通行证或者其他有效旅行证件；

（5）外国公民，应出具护照；外国边民在我国边境地区和银行开立个人银行账户，可出具所在国制发的《边民出入境通行证》；获得在中国永久居留资格的外国人，可出具外国人永久居留证。

（6）法律、法规和国家有关文件规定的其他有效证件。

3. 开立个人存款账户的程序

根据《账户管理办法》的有关规定，存款人申请开立个人存款账户时，应填制开户申请书，提供规定的证明文件；银行应对存款人的开户申请书填写的事项和证明文件的真实性、完整性、合规性进行认真审查；符合开立条件的，银行应办理开户手续，并于开户之日起5个工作日内向中国人民银行当地分支行备案。

（六）异地存款账户的开立

《账户管理办法》突破了账户只能属地开立、属地管理的原则，规定单位或个人只要符合相关条件，均可根据需要在异地开立相应的银行结算账户。

1. 异地存款账户的开立条件

根据《账户管理办法》第16条的规定，存款人有下列情形之一的，可以在异地开立有关银行结算账户：（1）营业执照注册地与经营地不在同一行政区域（跨省、市、县）需要开立基本存款账户的；（2）办理异地借款和其他结算需要开立一般存款账户的；（3）存款人因附属的非独立核算单位或派出机构发生的收入汇缴或业务支出需要开立专用存款账户的；（4）异地临时经营活动需要开立临时存款账户的；（5）自然人根据需要在异地开立个人银行结算账户的。

2. 开立异地存款账户所需的证明文件

存款人需要在异地开立单位银行结算账户，根据开立存款账户的种类不同，除按照前述基本存款账户、一般存款账户、专用存款账户和临时存款账户的有关要求提供有关证明文件外，还应出具下列相应的证明文件：

（1）经营地与注册地不在同一行政区域的存款人，在异地开立基本存款账户的，应出具注册地中国人民银行分支行的未开立基本存款账户的证明，但是，中国人民银行分支行开具该证明时，只适用下述三种情形：第一，注册地已运行账户管理系统，但经营地尚未运行账户管理系统；第二，经营地已运行账户管理系统,但注册地尚未运行账户管理系统;第三,注册地和经营地均未运行账户管理系统。

(2) 异地借款的存款人,在异地开立一般存款账户的,应出具在异地取得贷款的借款合同;

(3) 因经营需要在异地办理收入汇缴和业务支出的存款人,在异地开立专用存款账户的,应出具隶属单位的证明。

属前述第(2)、(3)项情况的,还应出具其基本存款账户开户登记证。

存款人需要在异地开立个人银行结算账户,应出具的证明文件与前述开立个人存款账户要求的证明文件相同。

3. 开立异地存款账户的程序

开立异地存款账户的,根据其账户的种类不同,开立程序与前述相关账户开立的程序相同。

(七) 开立银行结算账户应当注意的问题

根据《账户管理办法实施细则》的有关规定,存款人在开立银行结算账户过程中,应当注意以下问题:

第一,存款人的预留签章。存款人为单位的,其预留签章为该单位的公章或财务专用章加其法定代表人(单位负责人)或其授权的代理人的签名或盖章;存款人为个人的,其预留签章为该个人的签名或者盖章。

第二,账户名称、存款人名称与预留银行签章中的公章或财务专用章的名称的一致性。存款人申请开立的银行结算账户的账户名称、出具的开户证明文件上记载的存款人名称以及预留银行签章中的公章或财务专用章的名称应当保持一致。但是,在下列情形下可以不一致:

(1) 因注册验资开立的临时存款账户,其账户名称为工商行政管理部门核发的"企业名称预先核准通知书"或政府有关部门批文中注明的名称,其预留银行签章中公章或财务专用章的名称应是存款人与银行在银行结算账户管理协议中约定的出资人名称;

(2) 预留银行签章中公章或财务专用章的名称依法可使用简称的,账户名称应与其保持一致;

(3) 没有字号的个体工商户开立的银行结算账户,其预留签章中公章或财务专用章应是个体户字样加营业执照上载明的经营者的签字或盖章。

第三,注册验资资金或增资验资资金的退还。存款人因注册验资或增资验资开立临时存款账户后,需要在临时存款账户有效期届满前退还资金的,应出具工商行政管理部门的证明;无法出具证明的,应于账户有效期届满后办理销户退款手续。

第四,银行结算账户的信息查询。存款人开立基本存款账户后,中国人民银行当地分支行应当为存款人打印初始密码，由开户银行转交存款人。存款人可以向中国人民银行当地分支行或者基本存款账户开户行，在提交基本存款账户开户许可证后，使用密码查询其已经开立的所有银行结算账户的相关信息。

四、银行结算账户的使用

(一) 银行结算账户的用途

银行结算账户的种类不同，其用途也不一样。《账户管理办法》对不同种类的银行结算账户的用途进行了界定，以下分别予以说明：

(1) 基本存款账户的用途。基本存款账户是存款人的主办账户。该账户主要办理存款人日常经营活动的资金收付及其工资、奖金和现金的支取。

(2) 一般存款账户的用途。一般存款账户用于办理存款人借款转存、借款归还和其他结算的资金收付。该账户可以办理现金缴存，但不得办理现金支取。

(3) 专用存款账户的用途。专用存款账户用于办理各项专用资金的收付。针对不同的专用资金，《账户管理办法》规定了不同的使用范围：

①单位银行卡账户的资金必须由其基本存款账户转账存入。该账户不得办理现金收付业务。

②财政预算外资金、证券交易结算资金、期货交易保证金和信托基金专用存款账户，不得支取现金。

③基本建设资金、更新改造资金、政策性房地产开发资金、金融机构存放同业资金账户需要支取现金的，应在开户时报中国人民银行当地分支行批准。中国人民银行当地分支行应根据国家现金管理的规定审查批准。

④粮、棉、油收购资金、社会保障基金、住房基金和党、团、工会经费等专用存款账户支取现金应按照国家现金管理的规定办理。

⑤收入汇缴账户除向其基本存款账户或预算外资金财政专用存款户划缴款项外，只收不付，不得支取现金。业务支出账户除从其基本存款账户拨入款项外，只付不收，其现金支取必须按照国家现金管理的规定办理。

(4) 临时存款账户的用途。临时存款账户用于办理临时机构以及存款人临时经营活动发生的资金收付。

(5) 个人存款账户的用途。个人银行结算账户用于办理个人转账收付和现金存取。个人银行结算账户实际有三项功能：第一，活期储蓄功能，可以通过个人结算存取存款本金和支付利息，该账户的利息按照活期储蓄利率计息；第二，普通转账结算功能，通过开立个人银行结算账户，办理汇款、支付水、电、话、气等基本日常费用、代发工资等转账结算服务，使用汇兑、委托收款、借记卡、定期借记、定期贷记、电子钱包（IC卡）等转账工具；第三，通过个人银行结算账户使用支票、信用卡等信用支付工具。

根据《账户管理办法》的规定，下列款项可以转入个人银行结算账户：①工资、奖金收入；②稿费、演出费等劳务收入；③债券、期货、信托等投资的本金和收益；④个人债权或产权转让收益；⑤个人贷款转存；⑥证券交易结算资金和期货交易保证金；⑦继承、赠与款项；⑧保险理赔、保费退还等款项；⑨纳税退还；⑩农、副、矿产品销售收入；（11）其他合法款项。

（二）银行结算账户使用过程中应当注意的事项

（1）存款人开立单位银行结算账户，自正式开立之日起3个工作日后，方可办理付款业务。但注册验资的临时存款账户转为基本存款账户和因借款转存开立的一般存款账户除外。根据《账户管理办法实施细则》第25条的规定，此处所指的"正式开立之日"是指：核准类单位银行结算账户为中国人民银行当地分支行的核准日期；非核准类单位银行结算账户为银行为存款人办理开户手续的日期。

（2）银行应按规定与存款人核对账务。银行结算账户的存款人收到对账单或对账信息后，应及时核对账务并在规定期限内向银行发出对账回单或确认信息。

（3）存款人不得出租、出借银行结算账户，不得利用银行结算账户套取银行信用。

（4）存款人在同一营业机构撤销银行结算账户后重新开立银行结算账户时，重新开立的银行结算账户可自开立之日起办理付款业务。

（5）对专用存款账户的专用资金使用，银行应按照相关规定和国家对粮、棉、油收购资金使用管理规定加强监督，对不符合规定的资金收付和现金支取，不得办理。但对其他专用资金的使用不负监督责任。

（6）临时存款账户在使用过程中，应当注意以下几点：

①临时存款账户应根据有关开户证明文件确定的期限或存款人的需要确定其有效期限。存款人在账户的使用中需要延长期限的，应在有效期限内向开户银行提出申请，并由开户银行报中国人民银行当地分支行核准后办理展期，并由该分支收回原临时存款账户开户许可证，颁发新的临时存款账户开户许可证。中国人民银行当地分支行不核准展期申请的，存款人应当及时办理该临时存款账户的撤销手续。临时存款账户的有效期最长不得超过2年。

②临时存款账户支取现金，应按照国家现金管理的规定办理。

③注册验资的临时存款账户在验资期间只收不付，注册验资资金的汇缴人应与出资人的名称一致。增资验资临时存款账户的使用和撤销比照注册验资开立的临时存款账户管理。

（7）个人银行结算账户在使用过程中，应当注意以下几点：

第一，单位从其银行结算账户支付给个人银行结算账户的款项，且每笔超过5万元的，应向其开户银行提供下列付款依据：①代发工资协议和收款人清单；②奖励证明；③新闻出版、演出主办等单位与收款人签订的劳务合同或支付给个人款项的证明；④证券公司、期货公司、信托投资公司、奖券发行或承销部门支付或退还给自然人款项的证明；⑤债权或产权转让协议；⑥借款合同；⑦保险公司的证明；⑧税收征管部门的证明；⑨农、副、矿产品购销合同；其他合法款项的证明。如果该款项金额未达5万元的，则无须提供该类付款依据。

第二，从单位银行结算账户支付给个人银行结算账户的款项应纳税的，税收代扣单性付款时应向其开户银行提供完税证明。

第三，个人持出票人为单位的支票向开户银行委托收款，将款项转入其个人银行结算账户的或者个人持申请人为单位的银行汇票和银行本票向开户银行提示付款，将款项转入其个人银行结算账户的，个人应当提供前述①所述的有关收款依据。

第四，个人持出票人（或申请人）为单位，且一手或多手背书人为单位的支票、银行汇票或银行本票，向开户银行提示付款并将款项转入其个人银行结算账户的，应当提供前述（1）所述的有关最后一手背书人为单位且被背书人为个人的收款依据。

第五，单位银行结算账户支付给个人银行结算账户款项的，银行应按有关规定，认真审查付款依据或收款依据的原件并留存复印件，按会计档案保管。未提供相关依据或相关依据不符合规定的，银行应拒绝办理。

第六，储蓄账户仅限于办理现金存取业务，不得办理转账结算。

五、银行结算账户的变更与撤销

（一）银行结算账户的变更

1. 银行结算账户变更的含义

银行结算账户的变更是指存款人名称、单位法定代表人或主要负责人、住址以及其他开户资料发生的变更。

2. 银行结算账户发生变更后的手续办理

银行结算账户发生变更的，应当办理相关的变更手续。根据《账户管理办法》和《账户管理办法实施细则》的有关规定，银行结算账户的存款人名称发生变更，但不改变开户银行及账号的，应于5个工作日内向开户银行提出银行结算账户的变更申请，并出具有关部门的证明文件。

单位的法定代表人或主要负责人、住址以及其他开户资料发生变更时，应于5个工作日内书面通知开户银行并提供有关证明。

银行接到存款人有关核准类银行账户的存款人名称、法定代表人或单位负责人的变更申请后,在两个工作日内,将存款人的"变更银行结算账户申请书"、开户许可证以及证明文件报送中国人民银行当地分支行。当地分支行对符合变更条件的,核准其变更申请,收回原开户许可证,颁发新的开户许可证;对不符合变更条件的,不核准其变更申请。

(二)银行结算账户的撤销

1. 银行结算账户撤销的含义

银行结算账户的撤销是指存款人因开户资格或其他原因终止银行结算账户使用的行为。

2. 银行结算账户撤销的事由

根据《账户管理办法》的规定,发生下列事由之一的,存款人应向开户银行提出撤销银行结算账户的申请:(1)被撤并、解散、宣告破产或关闭的;(2)注销、被吊销营业执照的;(3)因迁址需要变更开户银行的;(4)其他原因需要撤销银行结算账户的。

3. 银行结算账户撤销的手续办理

(1)存款人主体资格终止后,银行结算账户撤销手续的办理。

存款人发生被撤并、解散、宣告破产或关闭,或被注销、被吊销营业执照等主体资格终止的,应于5个工作日内向开户银行提出撤销银行结算账户的申请。存款人申请撤销基本存款账户的,存款人基本存款账户的开户银行应自撤销银行结算账户之日起2个工作日内将撤销该基本存款账户的情况书面通知该存款人其他银行结算账户的开户银行;存款人其他银行结算账户的开户银行,应自收到通知之日起2个工作日内通知存款人撤销有关银行结算账户;存款人应自收到通知之日起3个工作日内办理其他银行结算账户的撤销。

根据《账户管理办法实施细则》的有关规定,存款人主体资格终止后,撤销银行结算账户的,应当先撤销一般存款账户、专用存款账户、临时存款账户,将账户资金转入基本存款账户后,方可办理基本存款账户的撤销。

银行得知存款人主体资格终止情况的,存款人超过规定期限未主动办理撤销银行结算账户手续的,银行有权停止其银行结算账户的对外支付。

(2)因地址变更或其他原因需要变更开户银行,银行结算账户撤销手续的办理。

银行在收到存款人撤销银行结算账户的申请后,对于符合销户条件的,应当在两个工作日内办理撤销手续。存款人需要重新开立基本存款账户的,应在撤销其原基本存款账户后10日内申请重新开立基本存款账户。存款人在申请重新开立基本存款账户时,除应根据前述开立基本存款账户的规定出具相关证明文件外,还应当出具"已开立银行结算账户清单"。

(3) 办理银行结算账户撤销手续应当注意的事项。

在办理银行结算账户撤销手续过程中，应当注意以下事项：

①未获得工商行政管理部门核准登记的单位，在验资期满后，应向银行申请撤销注册验资临时存款账户，其账户资金应退还给原汇款人账户。注册验资资金以现金方式存入，出资人需提取现金的，应出具缴存现金时的现金缴款单原件及其有效身份证件。

②存款人尚未清偿其开户银行债务的，不得申请撤销该账户。

③存款人撤销银行结算账户，必须与开户银行核对银行结算账户存款余额，交回各种重要空白票据及结算凭证和开户登记证，银行核对无误后方可办理销户手续。存款人未按规定交回各种重要空白票据及结算凭证的，应出具有关证明，造成损失的，由其自行承担。

④银行撤销单位银行结算账户时应在其基本存款账户开户登记证上注明销户日期并签章，同时于撤销银行结算账户之日起两个工作日内，向中国人民银行报告。

⑤存款人应撤销而未办理销户手续的单位银行结算账户或银行对一年未发生收付活动且未欠开户银行债务的单位银行结算账户，应通知单位自发出通知之日起30日内办理销户手续，逾期视同自愿销户，未划转款项列入久悬未取专户管理。

六、银行结算账户的管理

加强银行结算账户的管理是维护正常结算秩序的基础，是加强信贷、结算监督和现金管理的重要措施之一。根据《账户管理办法》和《账户管理办法实施细则》的规定，银行结算账户的管理包括以下内容：

(一) 中国人民银行的管理

中国人民银行是银行结算账户的监督管理部门，负责对银行结算账户的开立、使用、变更和撤销进行检查监督。其对银行结算账户的管理主要有以下内容：

(1) 负责监督、检查银行结算账户的开立、使用、变更和撤销，并实施监控和管理中国人民银行当地分支行通过账户管理系统与支付系统、同城票据交换系统等系统的连接，实现相关银行结算账户信息的比对，依法监测和查处未经中国人民银行核准或未向中国人民银行备案的银行结算账户。

(2) 负责基本存款账户、临时存款账户和预算单位专用存款账户开户许可证的管理。中国人民银行应将开户许可证作为重要空白凭证进行管理，建立健全开户许可证的印制、保管、领用、颁发、收缴和销毁制度。任何单位及个人不得伪造、变造及私自印制开户许可证。

(3) 对存款人、银行违反银行结算账户管理规定的行为，中国人民银行依法予以处罚。

（二）银行的管理

这里的银行是指开户银行。银行对银行结算账户的管理主要有：

(1) 负责所属营业机构银行结算账户开立和使用的管理，监督和检查其执行本办法的情况，纠正违规开立和使用银行结算账户的行为。

(2) 应明确专人负责银行结算账户的开立、使用和撤销的审查和管理，负责对存款人开户申请资料的审查，并按照银行账户管理的规定及时报送存款人开销户信息资料，建立健全开销户登记制度，建立银行结算账户管理档案，按会计档案进行管理。银行结算账户管理档案的保管期限为银行结算账户撤销后10年。

(3) 应对已开立的单位银行结算账户实行年检制度，检查开立的银行结算账户的合规性，核实开户资料的真实性；对不符合账户管理规定开立的单位银行结算账户，应予以撤销。对经核实的各类银行结算账户的资料变动情况，应及时报告中国人民银行当地分支行。

(4) 应对存款人使用银行结算账户的情况进行监督，对存款人的可疑支付应按照中国人民银行规定的程序及时报告。

（三）存款人的管理

(1) 存款人应加强对预留银行签章的管理。单位遗失预留公章或财务专用章的，应向开户银行出具书面申请、开户许可证、营业执照等相关证明文件；更换预留公章或财务专用章时，应向开户银行出具书面申请、原预留签章的式样等相关证明文件；更换预留公章或财务专用章但无法提供原预留公章或财务专用章的，应向开户银行出具原印签卡片、开户许可证、营业执照正本、司法部门的证明等相关证明文件；个人遗失或更换预留个人印章或更换签字人时，应向开户银行出具经签名确认的书面申请，以及原预留印章或签字人的个人身份证件。银行应留存相应的复印件，并凭以办理预留银行签章的变更。

(2) 存款人应加强对开户许可证的管理。存款人的开户许可证遗失或毁损时，存款人应填写"补（换）发开户许可证申请书"，并加盖单位公章，比照有关开立银行结算账户的规定，通过开户银行向中国人民银行当地分支行提出补（换）发开户许可证的申请。申请换发开户许可证的，存款人应缴回原开户许可证。

(3) 存款人应妥善保管其密码。存款人在收到开户银行转交的初始密码之后，应到中国人民银行当地分支行或基本存款账户开户银行办理密码变更手续。存款人遗失密码的，应持其开户时需要出具的证明文件和基本存款账户开户许可证到中国人民银行当地分支行申请重置密码。

七、违反银行账户结算管理制度的处罚

根据《账户管理办法》的规定,违反银行结算管理制度的处罚包括以下内容:

(一) 存款人违反账户管理制度的处罚

第一,存款人在开立、撤销银行结算账户过程中,有下列行为之一的,对于非经营性的存款人,给予警告并处以 1000 元的罚款;对于经营性的存款人,给予警告并处以 1 万元以上 3 万元以下的罚款;构成犯罪的,移交司法机关依法追究刑事责任:

(1) 违反规定开立银行结算账户;

(2) 伪造、变造证明文件欺骗银行开立银行结算账户;

(3) 违反规定不及时撤销银行结算账户。

第二,存款人在使用银行结算账户过程中,有下列行为之一的,对于非经营性的存款人,给予警告并处以 1000 元的罚款;对于经营性的存款人,给予警告并处以 5000 元以上 3 万元以下的罚款:

(1) 违反规定将单位款项转入个人银行结算账户;

(2) 违反规定支取现金;

(3) 利用开立银行结算账户逃避银行债务;

(4) 出租、出借银行结算账户;

(5) 从基本存款账户之外的银行结算账户转账存入、将销货收入存入或现金存入单位信用卡账户。

第三,存款人的法定代表人或主要负责人、存款人地址以及其他开户资料的变更事项未在规定期限内通知银行的,给予警告并处以 1000 元的罚款。

第四,存款人违反规定,伪造、变造、私自印制开户登记证的,属非经营性的处以 1000 元罚款;属经营性的处以 1 万元以上 3 万元以下的罚款;构成犯罪的,移交司法机关依法追究刑事责任。

(二) 银行及其有关人员违反账户管理制度的处罚

第一,银行在银行结算账户的开立过程中,有下列行为之一的,给予警告,并处以 5 万元以上 30 万元以下的罚款;对该银行直接负责的高级管理人员、其他直接负责的主管人员、直接责任人员按规定给予纪律处分;情节严重的,中国人民银行有权停止对其开立基本存款账户的核准,责令该银行停业整顿或者吊销经营金融业务许可证;构成犯罪的,移交司法机关依法追究刑事责任:

(1) 违反规定为存款人多头开立银行结算账户;

(2) 明知或应知是单位资金,而允许以自然人名称开立账户存储。

第二，银行在银行结算账户的使用中，有下列行为之一的，给予警告，并处以 5000 元以上 3 万元以下的罚款；对该银行直接负责的高级管理人员、其他直接负责的主管人员、直接责任人员按规定给予纪律处分；情节严重的，中国人民银行有权停止对其开立基本存款账户的核准；构成犯罪的，移交司法机关依法追究刑事责任：

（1）提供虚假开户申请资料欺骗中国人民银行许可开立基本存款账户、临时存款账户、预算单位专用存款账户；

（2）开立或撤销单位银行结算账户，未按本办法规定在其基本存款账户开户登记证上予以登记、签章或通知相关开户银行；

（3）违反规定办理个人银行结算账户转账结算；

（4）为储蓄账户办理转账结算；

（5）违反规定为存款人支付现金或办理现金存入；

（6）超过期限或未向中国人民银行报送账户开立、变更、撤销等资料。

思 考 题

1. 什么是支付结算？
2. 开立一般存款账户的程序是什么？
3. 支付结算的基本原则是什么？
4. 什么是汇兑的撤销？

第十一章 票 据 法

第一节 票据法概述

一、票据法的概念及我国票据立法

(一) 票据的概念

关于票据，有广狭二义之分。广义上的票据包括各种有价证券和凭证，如股票、国库券、企业债券、发票、提单、仓单等；狭义上的票据则是指票据法上的票据。有关票据法上的票据，因各国立法不同，其理解亦不尽一致。例如，有的国家所称的"票据"仅包括汇票和本票，不包括支票，如德国、法国、瑞士等；有的国家则没有"票据"这样一个总的概念，而以《汇票法》的形式在规定汇票的同时，亦规定本票和支票，如英国；美国则将汇票、本票和支票以及存款单统称为"商业证券"(Commercial Paper)，等等。

1995年5月10日第八届全国人大常务委员会通过的《票据法》第2条第2款规定："本法所称的票据，是指汇票、本票和支票。"有鉴于此，我国票据法上的票据就是指出票人依法签发的，约定自己或委托付款人在见票时或指定的日期向收款人或持票人无条件支付一定金额并可转让的有价证券。

我国票据法上的票据具有以下特点：

(1) 票据是出票人依法签发的有价证券。法律依据不同的票据种类，规定了不同的形式，出票人必须依照法律规定的要求签发相关票据，否则即不受法律保护。

(2) 票据以支付一定金额为目的。票据的签发和转让以支付票据上的金额为最终目的，该金额得到全部支付，票据上的权利义务即为消灭。

(3) 票据所表示的权利与票据不可分离。票据权利的发生，必须作成票据；票据权利的转让，必须交付票据；票据权利的行使，必须提示票据，权利与票据融为一体。

(4) 票据所记载的金额由出票人自行支付或委托他人支付。由出票人自行支付的是本票，由出票人委托他人支付的是汇票和支票。

(5) 票据的持票人只要向付款人提示票据，付款人即应无条件向持票人收款人支付票据金额。票据是一种无因证券，持票人只要向票据债务人提示票据就可行使票据权利，而不问票据取得的原因是否无效或有瑕疵。

(6) 票据是一种可转让的证券。根据国际上通行的做法，凡记名票据，必须经背书才能交付转让；凡无记名票据，则可直接交付转让。我国《票据法》规定的票据均为记名票据，故其必须通过背书的方式进行转让。

(二) 票据法的概念

票据法是指规定票据的种类、形式、内容以及各当事人之间权利义务关系的法律规范的总称。票据法亦有广狭二义。广义上的票据法是指各种法律中有关票据规定的总称，包括以"票据法"名称颁布的法律以及其他法律中有关票据的规定。如《民法》中有关法律行为、代理、票据设置的规定等；《刑法》中有关伪造有价证券罪的规定；《民事诉讼法》中有关票据诉讼、公示催告等的规定，等等。狭义上的票据法则仅是指票据的专门立法，即可称为"票据法"的法律及其有关实施性规定。

(三) 我国票据立法概况

中华人民共和国成立以后，由于我国长期实施计划经济体制，一切信用集中于银行，因而实践中便缺少票据使用的条件，我国的票据立法也几乎处于空白状态。

在20世纪80年代末，中国人民银行全面推行了以汇票、本票、支票为主体的结算制度，允许票据在经济主体之间使用和流通，票据便得到了普遍的推广和广泛的运用。

1988年12月中国人民银行颁布了《银行结算办法》；1993年5月中国人民银行发布了《商业汇票办法》，等等。第八届全国人大常委会第十三次会议于1995年5月10日正式通过《票据法》，该法于1996年1月1日起施行。

《票据法》出台之后，中国人民银行组织制定了《票据管理实施办法》和《支付结算办法》等有关票据方面的实施办法及配套规定，最高人民法院为了正确适用《票据法》，公正、及时审理票据纠纷案件，保护票据当事人的合法权益，维护金融秩序和金融安全，于2000年11月14日公布了《最高人民法院关于审理票据纠纷案件若干问题的规定》（以下简称《高法审理票据纠纷案司法解释》）。这些配套立法工作完成和司法解释出台之后，可以说，中国已初步建立起一套适应社会主义市场经济发展需要的票据法体系。

二、票据法律关系

(一) 票据法律关系的概念

票据法律关系是指票据当事人之间在票据的签发和转让等过程中发生的权

利义务关系。

票据法律关系可分为票据关系和票据法上的非票据关系。票据关系是指当事人之间基于票据行为而发生的债权债务关系，如出票人与收款人之间的关系、收款人与付款人之间的关系、背书人与被背书人之间的关系，等等。票据法上的非票据关系则是指由《票据法》所规定的，不是基于票据行为直接发生的法律关系，如票据上的正当权利人对于因恶意而取得票据的人行使票据返还请求权而发生的关系、因手续欠缺而丧失票据上权利的持票人对于出票人或承兑人行使利益偿还请求权而发生的关系、票据付款人付款后请求持票人交还票据的关系等。总的来说，票据关系是票据当事人之间的基本法律关系，为了保障该基本法律关系中权利义务的实现，法律另外作出了相应规定，当事人之间依照这类规定而发生的权利义务关系，即为票据法上的非票据关系。

票据关系与票据的基础关系不同。票据关系的发生是基于票据的授受行为。那么当事人之间为何而授受票据，则是基于一定的原因或前提，这种授受票据的原因或前提关系即是票据的基础关系，如基于购买货物或返还资金而授受票据，该购货关系和返还资金关系即是票据的基础关系。在法理上，票据的基础关系往往都是民法上的法律关系。票据关系与票据的基础关系具有密切的联系。一般来说，票据关系的发生总是以票据的基础关系为原因和前提的，正因如此，《票据法》第10条第1款规定："票据的签发、取得和转让，应当遵循诚实信用的原则，具有真实的交易关系和债权债务关系。"这里的交易关系和债权债务关系就是基础关系的范畴。但是，票据关系一经形成，就与基础关系相分离，基础关系是否存在、是否有效，对票据关系都不起影响作用。这就是说，如果票据当事人违反《票据法》的上述规定而签发、取得和转让了没有真实的交易关系和债权债务关系的票据，该票据只要符合法定的形式要件，票据关系就是有效的；该票据关系的债务人就必须依票据上的记载事项对票据债权人承担票据责任，而不得以该票据没有真实的交易和债权债务关系为由而进行抗辩。除非依《票据法》第13条第2款之规定，持票人是不履行约定义务的与自己有直接债权债务关系的人，票据债务人才可进行抗辩。此外，票据关系因一定原因失效，亦不影响基础关系的效力。《票据法》第18条明确规定："持票人因超过票据权利时效或者因票据记载事项欠缺而丧失票据权利的，仍享有民事权利，可以请求出票人或者承兑人返还其与未支付的票据金额相当的利益。"因此，票据关系与票据之基础关系不容混淆。

票据法律关系与其他民事法律关系一样，由主体（即当事人）、内容和客体三大要素所构成，以下分别对此作些分析。

（二）票据法律关系的主体

票据法律关系的主体即是指票据法律关系的当事人。

因票据而发生的法律关系是一种债权债务关系，因而该关系之当事人可概括为债权人和债务人。但是，票据法律关系是一种特殊的关系，其主体都有特定的名称，被冠以不同名称的当事人在票据法律关系中具有不同的地位和作用。因此，其当事人也就显得较为复杂。总括而言，该等当事人有出票人（亦称发票人）、持票人、承兑人、付款人、受款人、背书人、被背书人、保证人等。由于票据的种类不同，当事人的构成不尽一样，票据行为的性质不同，当事人的称谓亦有区别，在某些情况下，同一个当事人可以有两个名称，即具有双重身份，如汇票中的付款人在承兑汇票后又称为承兑人等。因此，为了便于读者理解各种当事人的身份，待在以后分析票据行为及说明各类票据时再具体解释。

（三）票据法律关系的内容

票据法律关系的内容是指票据法律关系的主体依法所享有的权利和承担的义务。权利和义务是票据法律关系的实质所在。该等权利是指票据法律关系的当事人依照票据法或票据行为可以为一定行为或要求他人为一定行为。例如：依照《票据法》第5条和第9条之规定，票据当事人可以委托其代理人在票据上签章，票据的原记载人可以对票据上一些非主要记载事项进行更改；依据汇票出票人的出票行为，持票人可以要求承兑人或其他付款人按票据上所记载的金额付款等。该等义务系指票据法律关系的当事人依照票据法或票据行为必须进行或不进行一定的行为。例如，依照《票据法》第13条的规定，票据债务人不得以自己与出票人或者与持票人的前手之间的抗辩事由，对抗持票人。《票据法》第14条规定，票据上的记载事项应当真实，不得伪造、变造；依照本票出票人的出票行为，出票人应该无条件地按票据上所记载的金额支付给收款人或持票人等。

（四）票据法律关系的客体

票据法律关系的客体是指票据法律关系的权利和义务所共同指向的对象。该对象亦称为标的。这是权利义务的载体，否则权利义务都无所依归。鉴于票据法律关系是因支付或清偿一定的金钱而发生的法律关系，因而，其客体只能是一定数额的金钱，而不是某种物品。尽管签发票据的原因可能是由于买卖某种货物（即物品）而引起的，但因票据关系是一种独立的法律关系。与票据的基础关系不同，因而基础关系中的客体（即物品）并不是票据关系中的客体，故物品也就不能成为票据法律关系的客体，由此也不允许用其他物品来代替金钱进行支付或清偿。

三、票据行为

（一）票据行为的概念

票据行为是指票据关系的当事人之间以发生、变更或终止票据关系为目的

而进行的法律行为。在理解这一概念时,应把握以下几个要点:

第一,票据行为是在票据关系当事人之间进行的行为。该当事人包括:(1)出票人(亦称发票人)。这是指依法定方式作成票据并在票据上签名盖章,并将票据交付给收款人的人。(2)收款人(亦称抬头人)。这是指票据到期并经提示后收取票款的人。收款人有时又是持票人,(3)付款人。这是指根据出票人的命令支付票款的人。(4)持票人。即指持有票据的人。占有票据的收款人、被背书人或来人抬头票据的持有人都是票据的持票人。(5)承兑人。即是汇票的主债务人,这是指接受汇票之出票人的付款委托,同意承担支付票款义务的人。(6)背书人。这是指在转让票据时,在票据背面签字或盖章,并将该票据交付给受让人的票据收款人或持有人。(7)被背书人。这是指记名受让票据或接受票据转让的人。(8)保证人。即是为票据债务提供担保的人。(9)其他当事人。

第二,票据行为是以设立、变更或终止票据关系为目的的行为。这表明,票据行为是一种意思表示行为,即票据关系之当事人进行票据行为时都是有目的地设定、变更或终止某项票据权利或义务,并将该种意思表现于外。事实行为不具备意思表示的因素,因而其不属票据行为。

第三,票据行为是一种合法行为。票据行为是一种民事法律行为。根据《民法通则》第54条的规定,民事法律行为是一种合法行为,故票据行为就是一种合法行为。换言之,凡是行为主体不合格、意思表示不真实、行为内容违法等的违法行为就不是票据行为,不受法律的保护。

(二)票据行为成立的有效条件

票据行为是一种民事法律行为,故其必须符合民事法律行为成立的一般条件。根据《民法通则》和《票据法》的有关规定,票据行为的成立,必须符合以下基本条件:

第一,行为人必须具有从事票据行为的能力。从事票据行为的能力亦称票据能力。票据能力可概括为权利能力和行为能力。所谓权利能力是指行为人可以享有票据上的权利和承担票据上的义务的资格。所谓行为能力则是指行为人可以通过自己的票据行为取得票据上的权利和承担票据上的义务的资格。

根据一般民法理论,法人的权利能力与行为能力是一致的,即如果法人不能享有票据上的权利和承担票据上的义务,即也不能通过自己的行为取得该权利和承担该义务。至于法人是否具有从事某一票据行为的能力,则只能依法律的规定而定。从《票据法》及其他有关法律、法规的规定来看,法人的票据能力并无严格限制,法人可以依法从事各种票据行为。

公民的权利能力与行为能力往往不尽一致,即公民可以享有票据上的权利和承担票据上的义务,但却不一定能通过自己的行为取得该权利和承担该义务。《票据法》第16条规定："无行为能力人或者限制民事行为能力人在票据上签章的，其签章无效……"因此，在票据行为中，在票据上签章的自然人必须是具有完全民事行为能力的人。否则，该签章不具有任何效力，签章者并不因此而成为票据上的债务人，其他票据当事人也不得据此签章向无行为能力人或限制行为能力人主张任何票据债权。此外，法律、法规禁止公民从事某项票据行为的，公民即不具有从事该行为的能力。

第二，行为人的意思表示必须真实或无缺陷。依照民法的一般原则，意思表示真实应是行为人的内心意思与外在表示一致，意思表示无缺陷即是意思表示不存在法律上的障碍或欠缺。票据行为作为一种意思表示行为，即必须意思表示真实且无缺陷。鉴于票据行为的特殊性，应该更注重的是票据行为的外在表示形式，即形式上的合法性。但是，我国《票据法》第12条第1款规定："以欺诈、偷盗或者胁迫等手段取得票据的，或者明知有前列情形，出于恶意取得票据的，不得享有票据权利。"这一规定表明，尽管票据的形式符合法定条件，但从事票据行为的意思表示不真实或存在缺陷，票据持有人亦不得享有票据上的权利，该等行为无效。具体来说：

（1）因欺诈而取得票据的行为。这是指票据受让人故意告知签发人或转让人虚假情况，或者故意隐瞒真实情况，诱使签发人或转让人作出错误的出票行为或转让行为。由于签发人或转让人受蒙骗而不知真实情况，作出的出票或转让行为并不是其真实意思的反映，故其是无效的。

（2）因偷盗而取得票据的行为。这是指行为人在票据权利人或票据保管人不知情的情况下窃取其票据而占为己有的行为。实际上，票据权利人并未作出任何转让票据的意思表示，当然非法占有人取得票据的行为也就不能成为有效的行为，不受法律的保护。

（3）因胁迫而取得票据的行为。这是指行为人以给公民及其亲友的生命、健康、荣誉、名誉、财产等造成损害或者以给法人、其他组织的荣誉、名誉、财产等造成损害为要挟，迫使对方作出违背真实意思表示而签发或转让票据的行为。签发票据的人或转让票据的人，因精神受到恐吓作出的行为不是其真实的意思表示，故而该行为是无效的。

（4）因恶意而取得票据的行为。这是指票据取得人明知票据转让者存在权利上的瑕疵，没有处分、转让票据的权利，仍受让其票据的行为。恶意是相对善意而言的。票据取得人明知票据转让者因欺诈、偷盗、胁迫而取得票据，还受让该票据，这表明行为人有主观上的恶性，意思表示有缺陷，故其行为不受法律的保护。换言之，如果票据取得人不知道或者不可能知道票据转让者存在权利上的瑕疵，没有处分、转让票据的权利而受让其票据。根据民法理论中善意取得原则，只要票据形式合法，该票据取得人获得的票据即受法律保护。

在实践中，受让人除明知转让人因欺诈、偷盗、胁迫而无权处分票据的情形之外，还可能会明知票据转让者无权转让票据的其他情形，如转让者转让拾得的票据、转让者转让因他人疏忽而不当取得的票据等，亦应推定为恶意取得，该取得票据之行为无效。

除上述情形之外，根据《民法通则》第58条之规定，行为人之间恶意串通损害国家、集体或者第三者利益的，其行为无效。这亦适用于票据行为。

第三，票据行为的内容必须符合法律、法规的规定。票据行为是一种合法行为，故其内容必须符合法律、法规的规定。我国《票据法》第3条规定："票据活动应当遵守法律、行政法规，不得损害社会公共利益。"凡违背法律的规定而进行的行为，将不取得票据行为的法律效力。需要明确的是，这里所指的合法主要是指票据行为本身必须合法，即票据行为的进行程序、记载的内容等合法，至于票据的基础关系涉及的行为是否合法，则与此无关。例如当事人发出票据是基于买卖关系，如果该买卖关系违反法律、法规而无效，则不影响票据行为的有效性。

第四，票据行为必须符合法定形式。票据行为是一种要式行为，即须采用法律规定的形式，因此，票据行为必须符合法律、法规规定的形式。我国《票据法》对此内容作了详尽的规定，具体表现在以下几个方面：

（1）关于签章。在票据上，签章是票据行为生效的一个重要条件。"签章"与"签名"，不是同一个概念。国外票据法律普遍使用的是"签名"的概念，然而我国在传统和实践中习惯于使用盖章表现特定身份，特别是企事业单位及组织的盖章具有很强的法律效力。因此，我国《票据法》第7条第1款规定："票据上的签章，为签名、盖章或者签名加盖章。"这就是说，签章既包括签名，也包含盖章，这是我国票据法上一个特有的概念。具体来说，行为人在票据上签章，可以采用签名、盖章或者签名加盖章的其中之一。

票据上的签章是票据行为表现形式中绝对应记载的事项。如无该项内容，票据行为即为无效。票据上的签章因票据行为的性质不同，签章人也不相同。票据签发时，由出票人签章；票据转让时，由背书人签章；票据承兑时，由承兑人签章；票据保证时，由保证人签章；票据代理时，由代理人签章；持票人行使票据权利时，由持票人签章，等等。

《票据法》第7条第2款规定："法人和其他使用票据的单位在票据上的签章，为该法人或者该单位的盖章加其法定代表人或者其授权的代理人的签章。"根据该规定，法人和其他单位的签章必须同时采用两种方式，即该法人或该单位的盖章和该法人或该单位的法定代表人或者其授权的代理人的签章。这是法律规定的特定要求，否则，票据行为就不产生效力。

《高法审理票据纠纷案司法解释》第41条和中国人民银行发布的《支付

结算办法》第 23 条，就票据的签章要求作出了详尽的规定：

①银行汇票的出票人在票据上的签章和银行承兑汇票的承兑人的签章，应为经中国人民银行批准使用的该银行汇票专用章加其法定代表人或其授权的代理人的签名或者盖章；

②商业汇票的出票人在票据上的签章，为该法人或者该单位的财务专用章或者公章加其法定代表人、单位负责人或者其授权的代理人的签名或者盖章；

③银行本票的出票人在票据上的签章。应为经中国人民银行批准使用的该银行本票专用章加其法定代表人或其授权的代理人的签名或者盖章；

④单位在票据上的签章，应为该单位的财务专用章或者公章加其法定代表人或其授权的代理人的签名或者盖章；

⑤个人在票据上的签章，应为该个人的签名或者盖章；

⑥支票的出票人和商业承兑汇票的承兑人在票据上的签章，应为其预留银行的签章。

但是，根据《高法审理票据纠纷案司法解释》第 42 条的规定，银行汇票、银行本票的出票人以及银行承兑汇票的承兑人在票据上未加盖规定的专用章而加盖该银行的公章，支票的出票人在票据上未加盖与该单位在银行预留签章一致的财务专用章而加盖该出票人公章的，签章人应当承担票据责任。

关于票据的签名，《票据法》第 7 条第 3 款规定："在票据上的签名，应当为该当事人的本名。"这一规定主要是针对公民而言的。鉴于公民使用姓名的情况较为复杂，如有的人除本名外，还有乳名、学名；还有的人有一个或多个笔名，甚至有的人取了外文名等等，故票据法强调公民在票据上签名时只能使用本名。《票据管理实施办法》第 16 条规定，该本名是指符合法律、行政法规以及国家有关规定的身份证件上的姓名。

根据《高法审理票据纠纷案司法解释》第 46 条和《支付结算办法》第 24 条之规定，出票人在票据上的签章不符合规定的，票据无效；承兑人、保证人在票据上的签章不符合规定的，或者无民事行为能力人、限制民事行为能力人在票据上签章的，其签章无效，但不影响其他符合规定签章的效力；背书人在票据上的签章不符合规定的，其签章无效，但不影响其前手符合规定签章的效力。

（2）关于票据记载事项。票据记载相关事项是票据行为的一项重要内容。票据记载事项一般分为绝对记载事项、相对记载事项、非法定记载事项等。绝对记载事项是指票据法明文规定必须记载的，如无记载，票据即为无效的事项；相对记载事项是指某些应该记载而未记载，适用法律的有关规定而不使票据失效的事项；非法定记载事项是指票据法规定由当事人任意记载的事项。

根据《支付结算办法》的规定，票据上可以记载《票据法》及该办法规定事项以外的其他出票事项，但是该记载事项不具有票据上的效力，银行不负审查责任。由于票据种类的不同，记载的事项亦不一样，故这里只说明各类票据共同必须绝对记载的内容：

①据种类的记载，即汇票、本票、支票的记载。

②票据金额的记载。我国《票据法》第8条规定："票据金额以中文大写和数码同时记载，二者必须一致，二者不一致的，票据无效。"这一规定与国外票据立法不尽相同。国外普遍的做法是：票据金额同时以文字和数码记载，两者有差异时，以文字记载的金额为准。我国票据法则要求票据金额必须以中文大写和数码同时记载，二者必须一致，否则票据即为无效。

③票据收款人的记载。收款人是票据到期收取票款的人，并且是票据的主债权人，因此，票据必须记载这一内容，否则票据即为无效。

④年月日的记载。这一般是指发票年月日的记载。年月日是判定票据权利义务的发生、变更和终止的重要标准，因此票据必须将此作为必须记载的事项，否则票据即为无效。

正是基于票据金额、日期、收款人名称等内容在票据上的重要性，所以我国《票据法》第9条第2款规定："票据金额、日期、收款人名称不得更改，更改的票据无效。"因此，有关人员在进行票据行为时，必须严格审查这三项内容是否有过更改。如果确属记载错误或需要重新记载，只能由出票人重新签发票据。根据《高法审理票据纠纷案司法解释》第43条之规定，在前述情形下，付款人或者代理人对此类票据付款的，应当承担责任。

票据行为只有同时具备以上四个条件，才能发生法律效力，达到行为人预期的目的，否则票据行为即为无效。

(三) 票据行为的代理

1. 代理概述

票据行为是一种民事法律行为，故民法中的代理亦适用票据行为。

我国《票据法》对票据行为的代理作了相应规定。该法第5条第1款规定："票据当事人可以委托其代理人在票据上签章，并应当在票据上表明其代理关系。"根据这一规定，票据行为的代理必须具备以下条件：第一，票据当事人必须有委托代理的意思表示。根据票据代理的特殊性，该种授权委托一般以书面形式，即以授权委托书的方式为宜。第二，代理人必须按被代理人的委托在票据上签章。代理人在行使代理权时，必须在票据上以自己的名字或名称作签章。如果代理人未在票据上以自己的名字或名称签章，则不产生票据代理的效力。第三，代理人应在票据上表明代理关系，即注明"代理"字样或类似的文句。凡是符合上述条件的，该票据行为的代理即对被代理人发生法律效力，其后果由被代理人承担。

2. 无权代理

票据上的无权代理主要表现为行为人没有被代理人的授权而以代理人名义在票据上签章。根据我国《票据法》第 5 条第 2 款之规定，没有代理权而以代理人名义在票据上签章的，应当由签章人承担票据责任。

所谓票据责任是指票据债务人向持票人支付票据金额的义务。如果没有代理权以代理人名义在票据上签章，签章人应承担向持票人支付票据金额的义务。但是，签章人承担这一责任，必须存在三个条件：第一，必须是无权代理人在票据上以自己的名义签章。不论该票据记载的被代理人是何人，只要无权代理人在票据上以自己名义签章，其就应对此行为承担责任。第二，必须是行为人没有代理权。如果行为人不能证明自己具有代理权，即使票据上记载为被代理人代理并以自己的名义签章，也应承担责任。第三，必须是该行为能产生票据上的效力。如果无权代理人的行为不能产生票据上的效力，那么他不承担无权代理的责任。例如无权代理人系无民事行为能力人等。

3. 越权代理

在民法理论上，越权代理的越权部分，亦属无权代理，但是其与前述所言的无权代理不同的是：后者从一开始就没有代理权，而前者则有代理权，只是行为人超越了被代理人的授权范围而进行代理行为。在票据行为代理中，越权代理实则表现为增加了被代理人的票据义务。根据《票据法》第 5 条第 2 款之规定，代理人超越代理权限的，应当就其超越权限的部分承担票据责任。

四、票据权利与抗辩

（一）票据权利

1. 票据权利的概念

票据权利是指持票人向票据债务人请求支付票据金额的权利。根据我国《票据法》第 4 条第 4 款的规定，票据权利包括付款请求权和追索权。

票据权利是票据关系中票据债权人享有的权利，是一种证券权利，产生于票据债务人的票据行为，因此在学理上，该权利也叫票据上的权利。这与票据法上的权利不是同一概念，票据法上的权利是根据票据法的规定所产生的权利。从广义上讲，票据权利也属票据法上的权利范畴，但一般认为，票据法上的权利在性质上属于非票据关系。例如，《票据法》第 5 条规定的票据当事人可以委托其代理人在票据上签章的委托权，第 9 条规定票据的原记载人可以更改票据上一些非主要记载事项等等，该等权利就是票据法上的权利，而非票据权利。

2. 票据权利的内容

票据权利是以获得一定金钱为目的的债权。债权是一种请求权，即为请求他人为一定行为或不为一定行为的权利。票据权利作为一种金钱债权，表现为请求支付一定数额货币的权利如前所述，我国《票据法》规定票据权利为付款请求权和追索权。这表明票据权利的内容与一般的金钱债权不同。一般的金钱债权是一种简单的一次性的请求权，而票据权利则体现为二次请求权。第一次请求权是付款请求权，这是票据上的主要权利；第二次请求权为追索权，这是指第一次请求权（即付款请求权）得不到满足时，向付款人以外的票据债务人要求清偿票据金额及有关费用的权利，故该权利又称偿还请求权。由于追索权是一种附条件的权利，即有赖于第一次请求权不能实现才得以行使的权利，故又叫从票据权利。正因如此，《高法审理票据纠纷案司法解释》第4条规定："持票人不先行使付款请求权而先行使追索权遭拒绝提起诉讼的，人民法院不予受理。除有《票据法》第61条第2款和本规定第3条所列情形外，持票人只能在首先向付款人行使付款请求权而得不到付款时，才可以行使追索权。"

3. 票据权利的取得

票据权利的取得，亦称票据权利的发生。票据权利是以持有票据为依据的，因此，行为人合法取得票据，即取得了票据权利。根据一般情形，当事人取得票据主要有以下几种情况：第一，从出票人处取得。出票是创设票据权利的票据行为，从出票人处取得票据，即取得票据权利。第二，从持有票据的人处受让票据。票据通过背书或交付等方式可以转让他人，以此取得票据即获得票据权利。第三，依税收、继承、赠与、企业合并等方式获得票据。

根据我国《票据法》的有关规定，行为人合法取得票据，依法取得票据权利，必须注意以下几个问题：

（1）票据的取得，必须给付对价。对价是一个特定的法律概念，这是指当事人一方在获得某种利益时，必须给付对方相应的代价。《票据法》第10条第2款规定："票据的取得，必须给付对价，即应当给付票据双方当事人认可的相对应的代价。"这里所指的"相对应的代价"就是指相当或相等的代价。如：出票人签发一张金额为5万元的汇票。收款人提供5万元的商品，该商品即是相对应的代价。该等对价是否相当或相等，一般以票据双方当事人签订的合同或达成的协议为准。如果一方当事人提供不符合双方认可的对价，不仅构成民法中的违约责任，而且在票据法中也被认为是无对价，只有在事后追认同意的，才构成对价。

票据的取得是无对价或无相当对价的，根据票据法的一般原理，只要票据取得人取得票据没有恶意，即不存在欺诈、偷盗、胁迫等，那么他自然享有票据权利，但该票据权利不得优于其前手。所谓"前手"是指在票据签章人或者持票人之前签章的其他票据债务人。这就是说，凡是无对价或无相当对价取得票据的，如果属于善意取得，仍然享有票据权利，但票据持有人必须承受其前手的权利瑕疵。如果前手的权利因违法或有瑕疵而受影响或丧失，该持票人的权利也因此而受影响或丧失。

（2）因税收、继承、赠与可以依法无偿取得票据的，不受给付对价之限制。这是一种例外的情况。由于法律允许一些无偿法律行为存在，故也承认一方当事人给付他方当事人某种利益时，他方当事人只接受该种利益而无须支付任何报酬。所以《票据法》第11条第1款规定："因税收、继承、赠与可以依法无偿取得票据的，不受给付对价的限制。但是，所享有的票据权利不得优于其前手的权利。"这一规定一方面强调了在法律认可的无偿关系情况下，可以取得票据并不受给付对价之限制，另一方面又对无偿取得票据者的票据权利作了相应的限制，这一限制表现在两个方面：一是由此取得的票据权利范围不得超过其前手的权利范围；二是如果前手的权利有瑕疵，票据取得人取得的权利亦受此影响。

（3）因欺诈、偷盗、胁迫、恶意或重大过失而取得票据的，不得享有票据权利。前述有关部分对欺诈、偷盗、胁迫和恶意取得票据的情形已作过说明，这里不再赘述。该等行为取得的票据，即使票据的要式齐全、票据的背书连续，也不得享有票据权利，由此而触犯其他法律、法规的，还要依法追究其相应的法律责任。

根据《票据法》第12条第2款之规定，"持票人因重大过失取得不符合本法规定的票据的，也不得享有票据权利"。民法理论上的重大过失是指行为人因疏忽或过于自信不仅没有遵守法律对他较高的注意之要求，甚至连人们一般应当注意并能够注意的要求都未达到，以致造成某种损害后果。此处的持票人因重大过失取得票据是指票据受让人虽不是明知，但如果凭一般业务交往和日常生活之基本经验和习惯稍加注意就可知道票据转让人转让的票据不符合票据法规定的票据。在此情况下，票据取得人不得享有票据权利。但是，应该注意的是，如果持票人因重大过失取得符合票据法规定的有效票据，是否享有票据权利，《票据法》没有规定。如果持票人因重大过失而没有注意到票据转让人对票据没有处分权，尽管该票据是有效票据，亦应视为不得享有票据权利。

4. 票据权利的消灭

票据权利的消灭是指因发生一定的法律事实而使票据权利不复存在。票据权利消灭之后，票据上的债权、债务关系也随之消灭。在一般情况下，票据权利可因履行、免除、抵消等事由的发生而消灭。这里主要说明票据权利因时效而消灭的情形。

我国民法确定的时效主要是指消灭时效，这是指权利人在法律规定的时效期间内不行使权利，即引起权利丧失的一种制度。根据我国《票据法》第17

条之规定，票据权利因在一定期限内不行使而消灭的情形有四种：

第一，持票人对票据的出票人和承兑人的权利，自票据到期日起 2 年。见票即付的汇票、本票，自出票日起 2 年。这是有关付款请求权的时效规定。依此规定，持票人对票据的出票人和承兑人、本票的发票人享有的付款请求权，自票据到期日起 2 年内不行使，见票即付的汇票、本票的付款请求权，自出票日起 2 年内不行使，其权利归于消灭。

第二，持票人对支票出票人的权利，自出票日起 6 个月。这也是有关付款请求权的时效规定。依此规定，持票人对支票的出票人的付款请求权，自出票日起 6 个月内不行使，其权利归于消灭。

第三，持票人对前手的追索权，在被拒绝承兑或者被拒绝付款之日起 6 个月。这是有关追索权的时效规定。持票人的付款请求权被拒绝之后，自被拒绝承兑或者被拒绝付款之日起 6 个月不行使追索权的，该项权利归于消灭。

第四，持票人对前手的再追索权，自清偿日或者被提起诉讼之日起 3 个月。这也是有关追索权的时效规定。再追索权是指受到追索而偿还了票款的人因取得票据上的权利而向其前手再追索的追索权。票据的被追索人清还了票款之后，即取得持票人的同一权利，故有权向其前手行使追索权。根据我国《票据法》的规定，被追索人清偿了票款之后，自清偿日或者被提起诉讼之日起 3 个月内，应向其前手行使再追索权，否则即丧失该权利。

根据《高法审理票据纠纷案司法解释》第 13 条和第 18 条之规定，前述四种情形中，第一种和第二种所指的权利，包括付款请求权和追索权；第三种和第四种所指的追索权，不包括对票据出票人的追索权。

上述时效的规定都适用民法上有关时效中断和中止的有关规定。但是，根据《高法审理票据纠纷案司法解释》第 20 条之规定，上述票据权利时效发生中断的，只对发生时效中断事由的当事人有效。

5. 票据权利的行使与保全

票据权利的行使是指票据权利人向票据债务人提示票据，请求实现票据权利的行为，如请求承兑、提示票据请求定期付款、行使追索权等。票据权利的保全是指票据权利人防止票据权利丧失的行为，如为防止付款请求权与追索权因时效而丧失，采取中断时效的行为；为防止追索权丧失而请求作成拒绝证明的行为等。

票据权利人为了防止票据权利的丧失，在人民法院审理、执行票据纠纷案件时，可以请求人民法院依法对票据采取保全措施或者执行措施。根据《高法审理票据纠纷案司法解释》第 8 条之规定，经当事人申请并提供担保，对具有下列情形之一的票据，可以依法采取保全措施和执行措施：（1）不履行约定义务，与票据债务人有直接债权债务关系的票据当事人所持有的票据；

(2) 持票人恶意取得的票据；(3) 应付对价而未付对价的持票人持有的票据；(4) 记载有"不得转让"字样而用于贴现的票据；(5) 记载有"不得转让"字样而用于质押的票据；(6) 法律或者司法解释规定有其他情形的票据。

无论是票据权利的行使还是保全，都涉及一个在何地进行的问题。根据民法的一般原理，在债的履行中，除特定物的给付外，凡债务的清偿，除非当事人之间有特别约定，应当在债权人的住所进行。但是，票据是一种流通证券，转让较为频繁，因而票据债务人往往很难确定票据到期时的债权人，到债权人处履行债务亦较为困难。为此，《票据法》第16条规定："持票人对票据债务人行使票据权利，或者保全票据权利，应当在票据当事人的营业场所和营业时间内进行，票据当事人无营业场所的，应当在其住所进行。"此处所指的票据当事人是指对票据债务承担义务的承兑人、付款人、保证人、出票人或前手背书人等。此处所指的住所，依照《民法通则》第39条之规定："法人以它的主要办事机构所在地为住所"，以及该法第15条规定："公民以他的户籍所在地的居住地为住所，经常居住地与住所不一致的，经常居住地视为住所"。

6. 票据权利的补救

票据权利与票据是紧密相连的。如果票据一旦丧失，票据权利的实现就会受到影响。为此，我国《票据法》第15条规定了票据丧失后的补救措施。该补救措施主要有三种形式，即挂失止付、公示催告、普通诉讼。无论是采取哪一种补救措施，均必须符合以下几个条件：第一，必须有丧失票据的事实。所谓丧失票据（或票据丧失）是指票据因灭失、遗失、被盗等原因而使票据权利人脱离其对票据的占有。在此情况下，票据的物质客体可能已经消灭，或者虽然还存在但失票人不知其在何处。第二，失票人必须是真正的票据权利人。第三，丧失的票据必须是未获付款的有效票据。如果是已经付款的票据，或者属于必要记载事项不全的票据，或手续欠缺以及时效届满其权利已消灭的票据等，均不得采取该等补救措施。以下分别对三种补救措施作一说明。

(1) 挂失止付。这是指失票人将丧失票据的情况通知付款人并由接受通知的付款人暂停支付的一种方法。我国《票据法》第15条第1款规定："票据丧失，失票人可以及时通知票据的付款人挂失止付，但是，未记载付款人或者无法确定付款人及其代理付款人的票据除外。"根据这一规定，挂失止付的票据应当是不属于未记载付款人的票据或者无法确定付款人及其代理付款人的票据。未记载付款人的汇票、本票、支票属于无效票据，故不能挂失止付；无法确定付款人的代理付款人（一般指银行）的银行汇票、银行承兑汇票、银行本票是由代理付款人在见票时直接支付票款，且代理付款人的名称都未在票据上记载，经背书转让后，更难确定代理付款人，故挂失止付通知无法送达，当然也不能挂失止付。

失票人在通知票据的付款人或者代理付款人挂失止付时，应当填写挂失止付通知书并签章。根据《票据管理实施办法》第19条的规定，挂失止付通知书应当记载下列事项：①票据丧失的时间和事由；②票据种类、号码、金额、出票日期、付款日期、付款人名称、收款人名称；③挂失止付人的名称、营业场所或者住所及联系方法。

《票据法》第15条第2款规定："收到挂失止付通知的付款人，应当暂停支付。"依此规定，付款人对通知止付的票据，应承担停止付款的义务，否则，则应承担民事赔偿责任。

挂失止付并不是票据丧失后票据权利补救的必经程序，它仅仅是失票人在丧失票据后可以采取的一种暂时的预防措施，以防止票据被冒领或骗取。因此，失票人既可在票据丧失后先采取挂失止付，再紧接着申请公示催告或提起诉讼；也可以不采取挂失止付，直接向人民法院申请公示催告，由法院在受理后发出停止支付通知，或向法院直接起诉。但是，票据丧失后，票据极易被冒领、骗取，而且法院在受理公示催告或起诉时有一个过程，故失票人应在票据丧失后通知付款人挂失止付为宜。根据《票据管理实施办法》的规定，付款人或者代理付款人自收到挂失止付通知书之日起12日内没有收到人民法院的止付通知书的，自第13日起，挂失止付通知书失效。但是，如果付款人或者代理付款人在收到挂失止付通知书前，已经依法向持票人付款的，不再接受挂失止付。

（2）公示催告。这是指在票据丧失后，由失票人向人民法院提出申请，请求人民法院以公告方法通知不确定的利害关系人限期申报权利，逾期未申报者，则权利失效，而由人民法院通过除权判决宣告所丧失的票据无效的一种制度或程序。我国《民事诉讼法》第十八章规定了公示催告程序，该法第193条规定："按照规定可以背书转让的票据持有人，因票据被盗、遗失或者灭失，可以向票据支付地的基层人民法院申请公示催告。"我国《票据法》第15条第3款规定："失票人应当在通知挂失止付后3日内，也可以在票据丧失后，依法向人民法院申请公示催告……"根据《民事诉讼法》的规定，票据丧失后的公示催告程序如下：

①失票人向票据支付地的基层人民法院提出公示催告的申请。票据支付地是指票据的履行地。银行汇票以出票人所在地为支付地；商业汇票以承兑人或付款人所在地为支付地；银行本票以出票人所在地为支付地；支票以出票人开户银行所在地为支付地。票据的代理付款银行是受付款人的委托向持票人支付票款，因此，代理付款银行所在地不能确定为票据支付地。失票人向人民法院递交公示催告申请书时，应当写明票面金额、出票人、持票人、背书人等主要内容和申请的理由以及事实等。如果是已通知挂失止付的，应当在通知挂失止

付后3日内向人民法院提出公示催告的申请。

②人民法院决定受理申请后,应当同时向付款人及代理付款人发出止付通知,并自立案之日起3日内发出公告。止付通知是由人民法院向付款人发出的停止付款的通知,如果付款人拒不止付,由此给失票人造成损失的,应承担相应的责任。付款人接到停止付款通知后,应当停止支付,直至公示催告程序终结。公告是由人民法院在受理公示催告申请后,以公开文字形式向社会发出的旨在敦促利害关系人限期申报权利的一种告示。该公告应当在全国性的报刊上登载。人民法院应在受理申请后3日内发出公告,公示催告的期间不得少于60日,涉外票据可根据情况适当延长,但最长不得超过90日。

③人民法院收到利害关系人的申报后,应当裁定终结公示催告程序。人民法院在收到利害关系人提出的票据权利主张后,应通知公示催告申请人在指定的期间查看票据。如果公示催告的票据与利害关系人出示的票据不一致的,法院应裁定予以驳回利害关系人的申报。

④公示催告期间届满以及在判决作出前,没有利害关系人申报权利的,公示催告申请人应当自申报权利期间届满的次日起一个月内申请法院作出判决。法院判决丧失票据无效。判决应当公告,并通知付款人。判决生效后,公示催告申请人有权依据判决向付款人请求付款或向其他票据债务人行使追索权。至此,票据丧失后的权利补救措施完成。

(3) 普通诉讼。这是指丧失票据的失票人向人民法院提起民事诉讼,要求法院判定付款人向其支付票据金额的活动。《票据法》第15条第3款规定:"失票人应当在通知挂失止付后3日内,也可以在票据丧失后……向人民法院提起诉讼。"失票人向人民法院提起诉讼以补救票据权利的,应注意以下几点:第一,票据丧失后的诉讼被告一般是付款人,但在找不到付款人或付款人不能付款时,也可将其他票据债务人(出票人、背书人、保证人等)作为被告。第二,诉讼请求的内容是要求付款人或其他票据债务人在票据的到期日或判决生效后支付或清偿票据金额。第三,失票人在向法院起诉时,应提供所丧失的票据的有关书面证明。第四,失票人向法院起诉时,应当提供担保,以防由于付款人支付已丧失的票据票款后可能出现的损失。担保的数额相当于票据载明的金额。第五,在判决前,丧失的票据出现时,付款人应以该票据正处于诉讼阶段为由暂不付款,而将情况迅速通知失票人和人民法院,法院应终结诉讼程序。失票人与提示人对票据债务人没有争议的,应由真正的票据债权人持有票据并向付款人行使票据权利;如失票人与提示人对票据债权人有争议的,任何一方均可向法院起诉,由法院确认。在判决生效后,丧失的票据出现时,付款人不为付款,应将情况通知失票人。如果失票人与提示人对票据权利没有争议的,由真正的票据权利人向付款人行使票据权利;如有争议,任何一方可向法院起诉，请求确认权利人。

（二）票据抗辩

1. 票据抗辩的概念

票据抗辩是指票据的债务人依照《票据法》的规定，对票据债权人拒绝履行义务的行为。票据抗辩是票据债务人的一种权利，是债务人保护自己的一种手段。法律之所以规定债务人可以在一定情况下具有拒绝履行义务的权利，这主要是基于票据是一种可流通证券，让与极为频繁，在每一个转让环节都有可能使票据出现缺陷，因此赋予债务人的票据抗辩权则可依法保护其合法利益。

2. 票据抗辩的种类

票据债务人行使抗辩权的情形较为复杂，前述有关内容已提及一些。从总的来看，票据抗辩权的行使必须严格依照票据法的规定进行，否则，不得行使抗辩权。根据抗辩原因不同以及抗辩效力的不同，票据抗辩可分为两种：

（1）对物抗辩。这是指基于票据本身的内容而发生的事由所进行的抗辩。这一抗辩可以对任何持票人提出。其主要包括以下情形：①票据行为不成立而为的抗辩。如票据应记载的内容有欠缺；票据债务人无行为能力；无权代理或超越代理权进行票据行为；票据上有禁止记载的事项（如付款附有条件，记载到期日不合法）；背书不连续；持票人的票据权利有瑕疵（如因欺诈、偷盗、胁迫、恶意、重大过失取得票据）等。②依票据记载不能提出请求而为的抗辩。如票据未到期、付款地不符等。③票据载明的权利已消灭或已失效而为的抗辩。如票据债权因付款、抵消、提存、免除、除权判决、时效届满而消灭等。④票据权利的保全手续欠缺而为的抗辩。如应作成拒绝证书而未作等。⑤票据上有伪造、变造情形而为的抗辩。

（2）对人抗辩。这是指票据债务人对抗特定债权人的抗辩。这一抗辩多与票据的基础关系有关。例如，甲签发一张票据给乙而购买商品，甲就可以乙未交货，不具有对价为由向乙主张抗辩。为此，《票据法》第13条第2款亦规定："票据债务人可以对不履行约定义务的与自己有直接债权债务关系的持票人，进行抗辩。"在理解这一规定时，应注意的是：票据债务人只能对基础关系中的直接相对人不履行约定义务的行为进行抗辩，该基础关系必须是该票据赖以产生的民事法律关系，而不是其他的民事法律关系；如果该票据已被不履行约定义务的持票人转让给第三人，而该第三人属善意、已对价取得票据的持票人，则票据债务人不能对其进行抗辩。

3. 票据抗辩的限制

票据抗辩是有限制的，这是各国立法普遍采用的做法。我国《票据法》第13条第1款亦规定："票据债务人不得以自己与出票人或者与持票人的前手之间的抗辩事由，对抗持票人。但是，持票人明知存在抗辩事由而取得票据的除外。"这便是对票据抗辩限制的规定。根据这一规定，我国票据法中对票据抗辩的限制主要表现在以下方面：

第一，票据债务人不得以自己与出票人之间的抗辩事由对抗持票人。这就是说，如果票据债务人（如承兑人、付款人）与出票人之间存在抗辩事由（如出票人与票据债务人存在合同纠纷；出票人存入票据债务人的资金不够等），该票据债务人不得以此抗辩事由对抗善意持票人。

第二，票据债务人不得以自己与持票人的前手之间的抗辩事由对抗持票人。例如，票据债务人与持票人的前手（如背书人、保证人等）存在抵消关系，而持票人的前手将票据转让给了持票人，票据债务人就不能以其与持票人的前手存在抗辩事由而拒绝向持票人付款。

上述对票据抗辩的限制实际是把票据债务人与出票人之间存在的抗辩以及票据债务人与其前债权人（持票人的前手）之间所存在的抗辩限制在他们之间，而不允许将这些抗辩扩大到其他人。这主要在于保证票据作为一种流通和支付工具的正常使用和流通，不致使票据权利人缺乏安全感而无端造成善意持票人的经济损失。但是如果持票人明知票据债务人与出票人之间存在抗辩以及票据债务人与其前债权人之间存在抗辩，这表明持票人具有主观恶意，票据债务人可以对其主张抗辩，拒绝付款。在此情况下，票据债务人应对持票人的恶意行为承担举证责任。

第三，凡是善意的、已付对价的正当持票人可以向票据上的一切债务人请求付款，不受前手权利瑕疵和前手相互间抗辩的影响。例如，持票人不知道其前手取得票据存在欺诈、偷盗、胁迫、重大过失等情形，并已为取得票据支付了相应的代价，那么票据债务人不能以持票人的前手存在权利瑕疵而对抗持票人。

第四，持票人取得的票据是无对价或不相当对价的，由于其享有的权利不能优于其前手的权利，故票据债务人可以对抗持票人前手的抗辩事由对抗该持票人。

根据《高法审理票据纠纷案司法解释》第23条之规定："代理付款人在人民法院公示催告公告发布以前按照规定程序善意付款后，承兑人或者付款人以已经公示催告为由拒付代理付款人已经垫付的款项的，人民法院不予支持。"

（三）票据的伪造和变造

伪造和变造的票据直接影响票据权利，因此，我国《票据法》第14条对票据的伪造和变造的责任和效力作了规定。

1. 票据的伪造

票据的伪造是指假冒他人名义或虚构人的名义而进行的票据行为。一般认为。票据上的伪造包括票据的伪造和票据上签章的伪造两种。前者是指假冒他人或虚构人的名义进行出票行为，如在空白票据上伪造出票人的签章或者盗盖出票人的印章而进行出票；后者则是指假冒他人名义而进行出票行为之外的其他票据行为，如伪造背书签章、承兑签章、保证签章等。票据的伪造与票据的无权代理不同的是，票据伪造的伪造人必须是假冒他人名义签章，而票据的无权代理则是在票据上表明了代理关系，将被代理人的姓名或名称记载在票据上并由代理人签章，因此二者不能等同。

票据的伪造行为是一种扰乱社会经济秩序、损害他人利益的行为，在法律上不具有任何票据行为的效力。由于其从一开始就是无效的，故持票人即使是善意取得，对被伪造人也不能行使票据权利。对伪造人而言，由于票据上没有以自己名义所作的签章，因此也不应承担票据责任。但是，如果伪造人的行为给他人造成损害的，必须承担民事责任，构成犯罪的，还应承担刑事责任。

根据《票据法》第14条第2款之规定，票据上有伪造签章的，不影响票据上其他真实签章的效力。这就是说，在票据上真正签章的人，仍应对被伪造的票据的债权人承担票据责任，票据债权人按票据法的规定提示承兑、提示付款或行使追索权时，在票据上真正签章人不能以伪造为由进行抗辩。

2. 票据的变造

票据的变造是指无权更改票据内容的人，对票据上签章以外的记载事项加以变更的行为。例如，变更票据上的到期日、付款日、付款地、金额等。构成票据的变造，须符合以下条件：一是变造的票据是合法成立的有效票据；二是变造的内容是票据上所记载的除签章以外的事项；三是变造人无权变更票据的内容。

有些行为与票据的变造相似，但不属于票据的变造：（1）有变更权限的人依法对票据进行的变更，这属于有效变更，不属于票据的变造；（2）在空白票据上经授权进行补记的，由于该空白票据欠缺有效成立的条件，此等补记只是使票据符合有效票据的条件，不属于票据的变造；（3）变更票据上的签章的，属于票据的伪造，而不属于票据的变造。

根据《票据法》第14条第3款之规定，票据的变造应依照签章是在变造之前或之后来承担责任。如果当事人签章在变造之前，应按原记载的内容负责；如果当事人签章在变造之后，则应按变造后的记载内容负责；如果无法辨别是在票据被变造之前或之后签章的，视同在变造之前签章。例如，甲签发一张本票交受款人乙，金额为2万元，乙背书转让给丙，丙取得本票后将金额改为5万元然后转让给丁，丁又背书转让给戊。因甲乙签章在变造之前，故应就2万元负责；丙为变造人，应对其所变造的文义负责，即对5万元负责；丁签章在变造之后，应对5万元负责。如果戊向甲请求付款，甲只负责付给2万元。戊已付给丁5万元，其所受损失3万元应向丁和丙请求赔偿。但是，在实践中，变造人可能签章，也可能不签章，无论是否签章，其都应就行为承担法律责任。

尽管被变造的票据仍为有效，但是，票据的变造是一种违法行为，故变造人的变造行为给他人造成经济损失的，应对此承担赔偿责任，构成犯罪的，应承担刑事责任。

第二节 汇 票

一、汇票的概念和种类

汇票是出票人签发的、委托付款人在见票时或者在指定日期无条件支付确定的金额给收款人或者持票人的票据。由此可见，汇票是这样一种票据：第一，汇票有三个基本当事人，即出票人、付款人和收款人。由于这三个当事人在汇票发行时既已存在，故属基本当事人，缺一不可。但是随着汇票的背书转让，汇票上设立保证等，被背书人、保证人等也成为汇票上的当事人。第二，汇票是由出票人委托他人支付的票据，是一种委托证券，而非自付证券。第三，汇票是在指定到期日付款的票据。指定到期日是指见票即付、定日付款、出票后定期付款、见票后定期付款四种形式。第四，汇票是付款人无条件支付票据金额给持票人的票据，此处的持票人包括收款人、被背书人或受让人。

汇票可从不同角度作出不同分类：（1）以付款期限长短为标准，汇票可分为即期汇票和远期汇票。即期汇票是指见票即行付款的汇票，包括标明见票即付的汇票、到期日与出票日相同的汇票以及未记载到期日的汇票（以提示日为到期日）。远期汇票是指约定一定的到期日付款的汇票，包括定期付款汇票、出票日后定期付款汇票（也叫计期汇票）和见票后定期付款汇票。（2）以记载受款人的方式不同为标准，汇票可分为记名式汇票和无记名式汇票。（3）以签发和支付地点不同，汇票可分为国内汇票和国际汇票，前者指在一国境内签发和付款的汇票，后者指汇票的签发和付款一方在国外，或都在国外的汇票。（4）以银行对付款的要求不同，汇票可分为跟单汇票和原票，前者指使用汇票时需附加各种单据（如提货单、运货单、保险单等），后者是指只需提出汇票本身即可付款，无需附加任何单据的汇票。

我国《票据法》将汇票分为银行汇票和商业汇票，前者是指银行签发的汇票，后者则是银行之外的企事业单位、机关、团体等签发的汇票。

在实践中，银行汇票一般由汇款人将款项交存当地银行，由银行签发给汇款人持往异地办理转账结算或支取现金。单位、个体经济户和个人需要使用各种款项，均可使用银行汇票。

银行汇票的当事人是：(1) 出票人。这是指"签发行"。根据我国现行做法，只有参加"全国联行往来"的银行才能签发汇票，即充当出票人。(2) 受款人。这是指收款人，收款人可以是"汇款人"，也可以是其他人。(3) 付款人。银行汇票的出票银行为银行汇票的付款人。"汇款人"不是汇票上的当事人，而是与出票人有原因关系的人。"汇款人"可以是单位、个体经济户和个人。汇款人与签发行的关系是委托关系。银行汇票的提示付款期限自出票日起1个月。

商业汇票是指收款人或付款人（或承兑申请人）签发，由承兑人承兑，并于到期日向收款人或被背书人支付款项的票据。商业汇票按承兑人的不同，分为商业承兑汇票和银行承兑汇票。前者指由收款人签发，经付款人承兑，或由付款人签发并承兑的票据，后者指由收款人或承兑申请人签发，并由承兑申请人向开户银行申请，经银行审查同意承兑的票据。商业汇票的收款人、付款人或承兑申请人一般指供货和购货单位。在商业承兑汇票中，汇票上的当事人是：(1) 出票人是交易中的收款人，即卖方，或者交易中的付款人，即买方。(2) 承兑人，出票人如是卖方，承兑人为买方，出票人如是买方，本人为承兑人。(3) 付款人，是买方的开户银行。(4) 受款人，是交易中的收款人，即卖方。在银行承兑汇票中，汇票上的当事人是：(1) 出票人是承兑申请人。(2) 付款人和承兑人是承兑行，即承兑申请人的开户银行。(3) 受款人是与出票人签订购销合同的收款人，即卖方。根据有关规定，商业汇票的付款期限，最长不得超过6个月；商业汇票的提示付款期限，自汇票到期日起10日。

二、出票

（一）出票的概念

出票亦称发票。《票据法》第20条规定："出票是指出票人签发票据并将其交付给收款人的票据行为。"依此规定，出票实际包括两个行为：一是出票人依照票据法的规定作成票据，即在原始票据上记载法定事项并签章；二是交付票据，即将作成的票据交付给他人占有。这两者相辅相成，缺一不可。

根据《票据法》第21条之规定，汇票的出票人在为出票行为时，必须与付款人具有真实的委托付款关系，并且具有支付汇票金额的可靠资金来源；汇票的出票人不得签发无对价的汇票用以骗取银行或者其他票据当事人的资金。由于汇票是出票人委托付款人向持票人支付票据金额的一种委付证券，故出票人与付款人之间必须存在真实的支付委托关系，即出票人与付款人之间必须存在事实上的资金关系或者其他的债权债务关系。与此同时，出票人在出票时，必须确保在汇票不承兑或不获付款时,必须具有足够的清偿能力。《票据法》强调汇票的签发,必须给付对价,即出票人不得与其他当事人相互串通,利用签发没有对价的承兑汇票,通过转让、贴现来骗取银行或其他票据当事人的资金。由于票据是一种无因证券,因此,即使出票人签发没有对价的汇票,出票人等债务人仍应按照汇票上记载的事项承担票据责任。

(二) 汇票的格式

汇票是一种要式证券,出票行为是一种要式行为,故汇票的作成必须符合法定的格式。汇票的格式就是作成汇票后表现于汇票之上的内容。该内容可分为绝对应记载事项、相对应记载事项和非法定记载事项。

1. 汇票的绝对应记载事项

汇票的绝对应记载事项是指票据法规定必须在票据上记载的事项,若欠缺记载,票据便为无效。根据《票据法》第 22 条之规定,汇票的绝对应记载事项包括七个方面的内容,如果汇票上未记载该七个方面事项之一的,汇票无效。具体内容如下:

(1) 表明"汇票"的字样。这是指在票据上必须记载足以表明该票据是汇票的文字。如果没有该等文字,"汇票"则为无效。根据我国现行汇票的用法,汇票可有"银行汇票"、"银行承兑汇票"、"商业承兑汇票"等称谓,因此,只要能够有表明"汇票"字样的,即可。

(2) 无条件支付的委托。这是汇票的支付文句,即须表明出票人委托付款人支付汇票金额是不附带任何条件的。换言之,如果汇票附有条件(如收货后付款),则汇票无效。那么,汇票上未记载"无条件支付的委托"是否就导致汇票无效呢?从我国目前使用的汇票来看,主要有银行汇票、商业承兑汇票、银行承兑汇票三种。这三种汇票都未记载支付文句。从银行汇票来看,出票人同时又是付款人,出票人实际上是约定自己支付汇票金额,而不存在出票人对他人的支付委托,也就没有必要记载支付委托。从商业承兑汇票来看,以付款人为出票人的,出票人与付款人为同一个,也不存在支付委托问题;以收款人为出票人的,则存在出票人对付款人的支付委托。从银行承兑汇票来看,则存在支付委托的问题。我们认为,尽管实务中上述三种汇票的付款都是无条件付款,但是,《票据法》生效之后,应严格依此规定记载该等支付文句。否则,汇票即为无效。

(3) 确定的金额。这是指汇票上记载的金额必须是固定的数额。如果汇票上记载的金额是不确定的,如 10 万元以下、5 万元以上等,汇票将无效。在实践中,银行汇票记载的金额有汇票金额和实际结算金额。汇票金额是指出票时汇票上应该记载的确定金额;实际结算金额是指不超过汇票金额,而另外记载的具体结算的金额。汇票上记载有实际结算金额的,以实际结算金额为汇票金额。如果银行汇票记载汇票金额而未记载实际结算金额,并不影响该汇票的效力,而以汇票金额为实际结算金额。实际结算金额只能小于或等于汇票金额,如果实际结算金额大于汇票金额的,实际结算金额无效,以汇票金额为付款金额。根据《支付结算办法》第61条的规定,收款人受理申请人交付的银行汇票时,应在出票金额以内,根据实际需要的款项办理结算,并将实际结算金额和多余金额准确、清晰地填入银行汇票内解讫通知的有关栏内。未填明实际结算金额和多余金额或实际结算金额超过出票金额的,银行不予受理。

(4) 付款人名称。付款人是指出票人在汇票上的委托支付汇票金额的人。付款人是汇票的主债务人,如果汇票上未记载付款人的名称,收款人或者持票人将不知道向谁提示承兑或提示付款。因此,汇票上未记载付款人,汇票便为无效。

(5) 收款人名称。收款人是指出票人在汇票上记载的受领汇票金额的最初票据权利人。在英美法国家,法律允许签发无记名式汇票,没有将收款人名称规定为应记载事项,而我国《票据法》则不允许签发无记名汇票,故汇票上应将收款人名称作为应记载的绝对之事项,这有利于汇票的转让和流通,减少发生纠纷。

(6) 出票日期。这是指出票人在汇票上记载的签发汇票的日期。出票日期在法律上具有重要的作用,即可以确定出票后定期付款汇票的付款日期、确定见票即付汇票的付款提示期限、确定见票后定期付款汇票的承兑提示期限、确定利息起算日、确定某些票据权利的时效期限、确定保证成立之日期、判定出票人于出票时的行为能力状态以及代理人的代理权限状态等,因此,如果汇票上不记载出票日期,这将不利于保护持票人的票据权利。其应为绝对应记载事项。

(7) 出票人签章。这是指出票人在票据上亲自书写自己的姓名或盖章。这一问题在前述有关内容已作说明。如果汇票出票人不在汇票上签章,汇票即为无效。

2. 汇票的相对应记载事项

这也是汇票上必须应记载的内容,但是,相对应记载事项未在汇票上记载,并不影响汇票本身的效力,汇票仍然有效。该等未记载的事项可以通过法律的直接规定来补充确定。《票据法》第23条规定了这一内容,以下分别加以阐释。

(1) 付款日期。这是指支付汇票金额的日期。汇票除见票即付外,其金额一般是在签发汇票后一段时间才支付。因此,汇票应记载一个付款日期以作为票据权利人行使票据权利的依据。但是,如果汇票上未记载付款日期的,并不必然导致票据的无效,根据《票据法》第23条第2款之规定,此为见票即付。

关于付款日期,《票据法》第 25 条规定了四种形式,即见票即付、定日付款、出票后定期付款、见票后定期付款。付款日期为汇票到期日。出票人签发汇票时,只能在这四种法定形式中选定,而不能选用法定形式以外的其他任何形式。见票即付是指汇票的付款人一经持票人为付款提示,即应该予以付款的一种付款日期形式。汇票上未记载具体付款时间,表明了"见票即付"字样或依法推定为见票即付的,持票人提示汇票的提示日就是付款日期,即属汇票到期。但是,为了防止持票人久久不提示票据,损害债务人的利益,《票据法》第 53 条规定,见票即付汇票的法定付款提示期限为出票日起 1 个月。持票人未在此期限内为付款提示的,即丧失对其一切前手的追索权。定日付款是指汇票上记载特定年、月、日为支付款日期的一种形式。由于该形式的付款日期最为明确,故实践中使用较多。出票后定期付款是指汇票上记载的从出票日起经过一定期间方能付款的一种付款日期形式。这是从出票日作为起算日,直到汇票上记载的一定期间(如 2 个月)的末日为到期日。见票后定期付款是指出票人在汇票上记载的于付款人承兑日起经过一定期间方能付款的一种付款日期形式,如见票后 3 个月付款或承兑后 6 个月付款等。这里的起算日即是见票日。

(2)付款地。这是指汇票金额的支付地点。此一内容应在票据上加以明确记载,以便于收款人或持票人知道在何地提示付款。但是,如果汇票上未记载付款地的,也不必然导致票据无效,而是依据法律的规定确定付款地。根据《票据法》第 23 条第 3 款之规定,在此情况下,付款地为付款人的营业场所、住所或者经常居住地。付款人的营业场所为其从事生产经营活动的固定场所,付款人没有经营场所的,以其住所为付款地,住所与经常居住地不一致的,则以其经常居住地为付款地。根据我国有关法律解释,经常居住地一般是指公民最后连续居住满 1 年以上的日常生活居住地。

(3)出票地。这是指出票人签发票据的地点,此一内容亦应在票据上加以明确记载。如果汇票上未记载出票地的,依照《票据法》第 23 条第 4 款之规定,出票人的营业场所、住所或者经常居住地为出票地。

3. 汇票的非法定记载事项

这是指法律规定以外的记载事项。根据《票据法》第 24 条之规定,汇票上可以记载本法规定事项以外的其他出票事项,但是该记载事项不具有汇票上的效力。法律规定以外的事项主要是指与汇票的基础关系有关的事项,如签发票据的原因或用途、该票据项下交易的合同号码,等等。因此,这些事项尽管有利于当事人清算方便,但却与票据关系本身关系不大,故其不具有票据上的效力。

(三) 出票的效力

出票是以创设票据权利为目的的票据行为。所以，出票人依照《票据法》的规定完成出票行为之后，即产生票据上的效力。这一效力表现为创设票据权利和引起票据债务的发生，这种权利义务因汇票当事人的地位不同而不相同。

(1) 对收款人的效力。收款人取得出票人发出的汇票后，即取得票据权利，一方面就票据金额享有付款请求权；另一方面，在该请求权不能满足时，即享有追索权。

(2) 对付款人的效力。出票行为是单方行为，付款人并不因此而有付款义务，只有付款之权限。但基于出票人的付款委托使其具有承兑人的地位，在其对汇票进行承兑后，即成为汇票上的主债务人。

(3) 对出票人的效力。出票人委托他人付款，一旦该行为成立，就必须保证该付款能得以实现。如果付款人不予付款，出票人就应该承担票据责任。因此，《票据法》第126条规定："出票人签发汇票后，即承担保证该汇票承兑和付款的责任。出票人在汇票得不到承兑或者付款时，应当向持票人清偿本法第70条、第71条规定的金额和费用。"这一规定表明，收款人在向付款人行使票据权利而得不到满足时，出票人必须就此承担票据责任。从法律上讲，该责任是一种担保责任，即担保汇票的承兑和付款。担保汇票的承兑是指汇票到期日前不获承兑时，收款人或持票人可以请求出票人偿还票据金额、利息和有关费用。担保汇票的付款是指汇票到期时，付款人虽已承兑但拒绝付款的，出票人必须承担清偿责任。

三、背书

(一) 汇票转让与背书

汇票的转让是指汇票的持票人以背书或仅凭交付的方式而将票据权利让与他人的一种票据行为。票据权利与票据是不可分的，因而票据的转让也就是票据权利的转让。一般而言，票据转让主要有背书交付和单纯交付两种。单纯交付是指持票人未在票据上作任何转让事项的记载而直接将票据交与他人的一种法律行为；背书交付是指持票人以转让票据权利为目的，按法定的事项和方式记载于票据上的一种票据行为。但是，我国《票据法》第27条第3款规定，"持票人行使第1款规定的权利时，应当背书并交付汇票"，而该条第1款规定，"持票人可以将汇票权利转让给他人或者将一定的汇票权利授予他人行使"。这表明，我国《票据法》规定的汇票转让只能采用背书的方式，而不能仅凭单纯交付方式，否则就不产生票据转让的效力。

根据《票据法》第27条第2款之规定，出票人在汇票上记载"不得转让"字样，汇票不得转让。根据《高法审理票据纠纷案司法解释》第53条之规定，对于记载"不得转让"字样的票据，其后手以此票据进行贴现、质押的，通过贴现、质押取得票据的持票人主张票据权利的，人民法院不予支持。这是有关出票人的禁止背书的规定。尽管此处标明的是"不得转让"，但在实践中只要表明了禁止背书的含义，如"禁止背书"、"禁止转让"等字样，亦是有效的。依此规定，如果收款人或持票人将出票人作禁止背书的汇票转让的，该转让不发生票据法上的效力，出票人和承兑人对受让人不承担票据责任。

(二) 背书的形式

背书是一种要式行为，故其必须符合法定的形式，即其必须作成背书并交付，才能有效成立。从背书的记载事项而言，根据《票据法》的有关规定，其应与出票一样，符合有关出票时应记载的事项内容。现就有关汇票记载的事项作一说明：

(1) 关于背书签章和背书日期的记载。《票据法》第29条规定："背书由背书人签章并记载背书日期。背书未记载日期的，视为在汇票到期日前背书。"背书人背书时，必须在票据上签章，背书才能成立，否则，背书行为无效。背书人签章是确定背书的债务人地位及其担保责任的依据，故此属绝对应记载事项。关于背书日期，其是相对应记载事项，因为，背书未记载日期的，视为在汇票到期日前背书。这表明背书未记载背书日期，并不因之无效，而是以法律的补充规定来确定背书日期。票据法确定"汇票到期日前"作为未记载背书日期的日期，这主要是为了保护善意持票人的权利不因背书未记载日期而无效。

(2) 关于被背书人名称的记载。我国《票据法》第30条规定："汇票以背书转让或者以背书将一定的汇票权利授予他人行使时，必须记载被背书人名称。"这一规定表明，我国票据法不承认不记名背书。如果背书人不作成记名背书，即不记载被背书人名称，汇票转让将不能成立，背书行为无效。因此，被背书人名称是背书应记载之绝对事项。但是，根据《高法审理票据纠纷案司法解释》第49条之规定，背书人未记载被背书人名称即将票据交付他人的，持票人在票据被背书人栏内记载自己的名称与背书人记载具有同等法律效力。

(3) 关于禁止背书的记载。背书人的禁止背书是背书行为的一项任意记载事项。如果背书人不愿意对其后手以后的当事人承担票据责任，即可在背书时记载禁止背书。《票据法》第34条规定："背书人在汇票上记载'不得转让'字样，其后手再背书转让的，原背书人对后手的被背书人不承担保证责任。"这是指背书人之后手将记载有禁止背书的汇票转让，原背书人对依此取得汇票的一切当事人，包括以后的被背书人、背书人、最后持票人等，将不承担票据责任，其只对直接的被背书人承担责任。

（4）关于背书时粘单的使用。《票据法》第28条规定："票据凭证不能满足背书人记载事项的需要，可以加附粘单，粘附于票据凭证上。粘单上的第一记载人，应当在汇票和粘单的粘接处签章。"由于票据转让次数较多，票据背面没有记载的余地，背书人可以使用粘单，即因票据不能满足背书记载事项的需要而粘附于票据上的纸张，将背书的事项记载于粘单上。为了保证粘单的有效性和真实性，第一位使用粘单的背书人必须将粘单粘接在票据上，并且在粘接处签章，否则该粘单记载的内容即为无效。

（5）关于背书不得记载的内容。根据我国《票据法》第33条之规定，背书不得记载的内容有两项：一是附有条件的背书；二是部分背书。附有条件的背书是指背书人在背书时，记载一定的条件，以限制或者影响背书效力。根据《票据法》第33条第1款的规定，背书时附有条件的，所附条件不具有汇票上的效力。这与一般民事法律行为可以附条件是不同的。这里所指的"所附条件不具有汇票上的效力"并不影响背书行为本身的效力，被背书人仍可依该背书取得票据权利。部分背书是指背书人在背书时，将汇票金额的一部分或者将汇票金额分别转让给二人以上的背书。由于背书人将背书金额的一部分或将背书金额分别转让给二人以上，该背书金额的另一部分权利人或数个权利人对同一背书金额无从行使票据权利。因此，《票据法》第33条第3款便规定部分背书无效。

（三）背书连续

背书连续是指在票据转让中，转让汇票的背书人与受让汇票的被背书人在汇票上的签章依次前后衔接。这就是说，票据上记载的多次背书，从第一次到最后一次在形式上都是相连续而无间断。例如，第一次背书的被背书人是第二次背书的背书人，第二次背书的被背书人是第三次背书的背书人，依次类推，在形式上该等背书形成连续。换言之，如果第一次背书的被背书人是第二次背书的背书人，第二次背书的被背书人是第四次背书的背书人，而不是第三次背书的背书人，那么，该等背书就不连续。一般而言，连续背书的第一背书人应当是在票据上记载的收款人，最后的票据持有人应当是最后一次背书的被背书人。《票据法》第31条第1款规定："以背书转让的汇票，背书应当连续。"这就是说，如果背书不连续的，付款人可以拒绝向持票人付款，否则付款人得自行承担责任。

背书连续主要是指背书在形式上连续，如果背书在实质上不连续，如有伪造签章等，付款人仍应对持票人付款。但是，如果付款人明知持票人不是真正票据权利人，则不得向持票人付款，否则应自行承担责任。

在实践中，如何认定背书连续是十分重要的。这里从几个方面对此作一说明：第一，各种背书在形式上是有效的，即背书不存在要式上的缺陷。如果背书存在实质上的原因而无效，如无行为能力人或限制行为能力签章或伪造背书等，则不影响背书的连续。这里所指的形式上有效除了背书的连续之外，还包括背书行为必须符合法定的形式条件。第二，背书的连续是指转让背书连续，而不包括非转让背书在内，如委托收款背书、质押背书（在以下内容说明）等。第三，后次背书的背书人与收款人或者前次背书的被背书人必须具有同一性。这就是说，后次背书的背书人的名称，从背书记载来看，应与前次背书的被背书人的名称完全一致。但是，也应注意的是，有的背书人在作背书或被背书人在再作背书时，尽管记载的这两方面的当事人一致，但所表述的名称有不一致的情况，如将"中国注册会计师协会"写成"中注协"，这应根据实际情况确定当事人，而不应以名称不一致而一概认定背书不连续。第四，对于非经背书转让，而以其他合法方式取得汇票的，不涉及背书连续的问题。该其他合法方式主要是指因税收、继承、赠与等方式而取得票据的形式，这些都不是依背书而取得的票据，依据《票据法》第31条第1款之规定，只要取得票据的人依法举证，表现其合法取得票据的方式，证明其汇票权利，就能享有票据上的权利。

（四）委托收款背书和质押背书

委托收款背书和质押背书属非转让背书，具有自己的特殊性，以下分别加以说明。

1. 委托收款背书

这是指持票人以行使票据上的权利为目的，而授予被背书人以代理权的背书。以此可见，该背书方式不以转让票据权利为目的，而是以授予他人一定的代理权为目的，其确立的法律关系不属于票据上的权利转让与被转让关系，而是背书人（原持票人）与被背书人（代理人）之间在民法上的代理关系。该关系形成后，被背书人可以代理行使票据上的一切权利。在此情形下，被背书人只是代理人，而未取得票据权利，背书人仍是票据权利人。

《票据法》第35条第1款规定，"背书记载'委托收款'字样的，被背书人有权代背书人行使被委托的汇票权利。但是，被背书人不得再以背书转让汇票权利。"这就是说，被背书人因委托收款背书而取得代理权后，可以代为行使付款请求权和追索权，在具体行使这些权利的过程中，还可以请求作成拒绝证明、发出拒绝事由通知、行使利益偿还请求权等，但不能行使转让票据等处分权利，否则，原背书人对后手的被背书人不承担票据责任。但不影响出票人、承兑人以及原背书人之前手的票据责任。

委托收款背书与其他背书一样，持票人依据法律规定的记载事项作成背书并交付，才能生效。按《票据法》的规定，背书人可以记载"委托收款"字样,但如果记载"因收款"、"托收"、"代理"等字样的,也应该认为有效。

2. 质押背书

这是指持票人以票据权利设定质权为目的而在票据上作成的背书。背书人是原持票人,也是出质人,被背书人则是质权人。质押背书确立的是一种担保关系,即在背书人(原持票人)与被背书人之间产生一种质押关系,而不是一种票据权利的转让与被转让关系。因此质押背书成立后,即背书人作成背书并交付,背书人仍然是票据权利人,被背书人并不因此而取得票据权利。但是,被背书人取得质权人地位后,在背书人不履行其债务的情况下,可以行使票据权利,并从票据金额中按担保债权的数额优先得到偿还。换言之,如果背书人履行了所担保的债务,被背书人则必须将票据返还背书人。

质押背书与其他背书一样,也必须依照法定的形式作成背书并交付。与此同时,根据《票据法》第35条第2款之规定,质押时应当以背书记载"质押"字样。但如果在票据上记载质押文句表明了质押意思的,如"为担保"、"为设质"等,也应视为其有效。如果记载"质押"文句的,其后手再背书转让或者质押的,原背书人对后手的被背书人不承担票据责任,但不影响出票人、承兑人以及原背书人之前手的票据责任。该条第2款还规定:"被背书人依法实现其质权时,可以行使汇票权利。"这里所指的汇票权利包括付款请求权和追索权以及为实现该等权利而进行的一切行为,如提示票据、请求付款、受领票款、请求作成拒绝证明、进行诉讼等。

根据《高法审理票据纠纷案司法解释》的规定,以汇票设定质押时,出质人在忙票上只记载了"质押"字样而未在票据上签章的,或者出质人未在汇票、粘单上记载"质押"字样而另行签订质押合同、质押条款的,不构成票据质押。此外,贷款人恶意或者有重大过失从事票据质押贷款的,人民法院应当认定质押行为无效。

(五) 法定禁止背书

法定禁止背书是指根据《票据法》的规定而禁止背书转让的情形。由于法律规定在某些情况下,汇票不得背书转让,因此,如果背书人将此类汇票以背书方式转让的,应当承担汇票责任。《票据法》第36条规定:"汇票被拒绝承兑、被拒绝付款或者超过付款提示期限的,不得背书转让;背书转让的,背书人应当承担汇票责任。"根据这一规定,法定禁止背书的情形有三种:

一是被拒绝承兑的汇票。这是指持票人在汇票到期日前,向付款人提示承兑而遭拒绝的汇票。汇票上的付款人只有在汇票承兑后,才是汇票上的主债务人。如果付款人对汇票拒绝承兑的,就不具有汇票上债务人的地位,不承担支付票据金额的责任,因此,收款人或持票人虽然在汇票成立时即已取得付款请求权,但因付款人拒绝承兑,该付款请求权也就无法确定,当然也就不能将这种付款请求权再背书转让。在付款人拒绝承兑的情况下，收款人或持票人只能向其前手行使追索权，取得票据金额；如果其将这种票据转让的，受让人取得该汇票时，也只能通过向其前手行使追索权，取得票据金额。

二是被拒绝付款的汇票，这是指对不需承兑的汇票或者业已经付款人承兑的汇票，持票人于汇票到期日向付款人提示付款而被拒绝的汇票。被拒绝付款的汇票，付款人即使对汇票已作承兑，负有于汇票到期日无条件付款的责任，但是付款人在汇票到期日拒绝付款的，收款人或者持票人的付款请求权也不能得到实现。如果持票人将该种汇票再行转让，受让人尽管也可以取得付款请求权，但实现的可能性极小。因此，《票据法》便禁止将该种票据再行背书转让，如果背书转让的，背书人应承担汇票责任，受让人有权向其前手行使追索权。

三是超过付款提示期限的汇票。这是指持票人未在法定付款提示期间内向付款人提示付款的汇票。法定付款提示期间是法律规定的由收款人或者持票人行使付款请求权的期限。收款人或者持票人应当在汇票到期日起至法定提示期间届满前行使付款请求权。如果收款人或持票人未在此期间内行使付款请求权的，即丧失对其前手的追索权。因此，《票据法》便规定不允许将该种汇票再行转让，否则，受让人的利益就可能受到损害。背书人以背书将该种票据进行转让，应该承担汇票责任。

四、承兑

(一) 承兑的概念

承兑是指汇票付款人承诺在汇票到期日支付汇票金额的票据行为。承兑是汇票特有的制度。汇票是一种出票人委托他人付款的委付证券。但是出票人的出票行为完成之后，由于其是一种单方法律行为，故对付款人并不当然产生约束力，只有在付款人表示愿意向收款人或持票人支付汇票金额后，持票人才可于汇票到期日向付款人行使付款请求权，承兑就是这样一种明确付款人的付款责任，确定持票人票据权利的制度。

(二) 承兑的程序

承兑的程序主要包括两个方面：一是提示承兑；二是承兑成立。以下分别加以说明。

1. 提示承兑

提示承兑是指持票人向付款人出示汇票，并要求付款人承诺付款的行为。根据我国《票据法》的有关规定，因汇票付款日期的形式不同，提示承兑的期限亦不一样。

(1) 定日付款和出票后定期付款汇票的提示承兑期限。《票据法》第39

条规定:"定日付款或者出票后定期付款的汇票,持票人应当在汇票到期日前向付款人提示承兑。"在票据法理论上,定日付款汇票和出票后定期付款的汇票,属于可以提示承兑汇票。也就是说,持票人既可以在到期日前提示承兑,待付款人承兑后而于到期日即行使付款请求权,也可以不提示承兑,而于到期日直接向付款人请求付款。但是。根据我国目前使用的银行承兑汇票和商业承兑汇票来看,其都必须提示承兑。因此,这两种汇票都属必须提示承兑的汇票。根据票据法的上述规定,上述两类汇票的提示承兑期限实际是指从出票人出票日起至汇票到期日止。在此期间,持票人应当向付款人提示承兑,否则,即丧失对其前手的追索权。

(2) 见票后定期付款汇票的提示承兑期限。根据《票据法》第 40 条第 1 款之规定,"见票后定期付款的汇票,持票人应当自出票日起 1 个月内向付款人提示承兑。"见票后定期付款汇票的付款日期,是以见票日为起算日期来确定的,汇票不经提示承兑,就无法确定见票日,也就无法确定付款日期,从而持票人便无法行使票据权利。因此,该种汇票属于必须提示承兑的汇票。根据《票据法》的规定,该种汇票的持票人应当自出票日起 1 个月内向付款人提示承兑。否则,即丧失对其前手的追索权。

(3) 见票即付汇票的提示承兑问题。《票据法》第 40 条第 3 款规定:"见票即付的汇票无需提示承兑。"这就是票据法理论上通常所说的无需提示承兑汇票。这种汇票主要包括两种:一是汇票上明确记载有"见票即付"的汇票;二是汇票上没有记载付款日期,根据法律直接规定视为见票即付的汇票。我国的银行汇票,未记载付款日期,故其属见票即付的汇票,该汇票无需提示承兑。

2. 承兑成立

(1) 承兑时间。持票人向付款人提示承兑后,付款人应即决定是否承兑。为此,法律一般都规定一个让付款人考虑的时间。我国《票据法》第 41 条第 1 款规定:"付款人对向其提示承兑的汇票,应当自收到提示承兑的汇票之日起 3 日内承兑或者拒绝承兑。"一般来说,如果付款人在 3 日内不作承兑与否表示的,则应视为拒绝承兑,持票人可以请求其作出拒绝承兑证明,向其前手行使追索权。

(2) 接受承兑。这是指持票人向付款人提示承兑时,付款人需要向持票人办理的收取汇票的手续。《票据法》第 41 条第 2 款规定:"付款人收到持票人提示承兑的汇票时,应当向持票人签发收到汇票的回单。回单上应当记明汇票提示承兑日期并签章。"这里所指的回单实际是指持票人收到的付款人向其出具的已收到请求承兑汇票的证明。这一手续办理完毕,即意味着接受承兑。

(3) 承兑的格式。这是指付款人办理承兑手续时需要在汇票上记载的事项和如何记载该等事项。《票据法》第42条规定："付款人承兑汇票的,应当在汇票正面记载'承兑'字样和承兑日期并签章;见票后定期付款的汇票,应当在承兑时记载付款日期。""汇票上未记载承兑日期的,以前条第1款规定期限的最后一日为承兑日期。"根据这一规定,付款人办理承兑手续时,应在汇票上记载承兑的事项包括承兑文句、承兑日期、承兑人签章。在这三个记载事项中,承兑文句和承兑人签章是绝对应记载事项,缺一不可,否则承兑行为无效。而承兑日期则属于相对应记载事项,即使该项内容欠缺,承兑仍然有效,但应以法律的规定作为补充,即以付款人3天的承兑考虑时间的最后1天为承兑日期。与此同时,见票后定期付款的汇票,付款人还应当在承兑时记载付款日期,这是因为,该汇票的付款日期是依据见票日计算确定的,如果不记载这一内容,收款人或持票人的付款请求权就无法得以行使。

根据《票据法》的上述规定,上列应记载事项必须记载于汇票的正面,而不能记载于汇票的背面或粘单上,当然,更不能以口头方式或电报、传真等书面方式来表示。在实务中,上列应记载事项一般已全部印在正式的标准格式上,因而只需付款人填写即可。

(4) 退回已承兑的汇票。付款人依承兑格式填写完毕应记载事项后,并不意味着承兑生效,只有在其将已承兑的汇票退回持票人才产生承兑的效力。

(三) 不单纯承兑

承兑有单纯承兑与不单纯承兑之分。前者是指付款人完全依汇票文义而不附加任何条件的限制或改变原汇票文义所为的承兑;后者系指付款人对原汇票文义或附加限制或予以变更所为的承兑。我国《票据法》不允许不单纯承兑。《票据法》第43条规定："付款人承兑汇票,不得附有条件;承兑附有条件的,视为拒绝承兑。"这里所指的附有条件的承兑即是指不单纯承兑。付款人作出的承兑是无条件的,如果附有条件,则应视为拒绝承兑,持票人可以请求作成拒绝证明,向其前手行使追索权。在票据法理论上,部分承兑、变更票据记载事项的承兑都属于不单纯承兑的范畴,如果付款人作出该等承兑,其效力与前相同。

(四) 承兑的效力

承兑生效后,即对付款人产生相应的效力。《票据法》第44条规定："付款人承兑汇票后,应当承担到期付款的责任。"这就是有关承兑效力的规定。该等到期付款的责任是一种绝对责任。其表现在:第一,承兑人于汇票到期日必须向持票人无条件地支付汇票上的金额,否则其必须承担迟延付款责任;第二,承兑人必须对汇票上的一切权利人承担责任,该等权利人包括付款请求权人和追索权人;第三,承兑人不得以其与出票人之间资金关系来对抗持票人,拒绝支付汇票金额;第四,承兑人的票据责任不因持票人未在法定期限提示付款而解除。

五、保证

(一) 保证的概念

这里所指的保证即是票据保证，即为票据债务人以外的第三人，以担保特定债务人履行票据债务为目的，而在票据上所为的一种附属票据行为。保证的作用在于加强持票人票据权利的实现，确保票据付款义务的履行，促进票据流通。

(二) 保证的当事人与格式

1. 保证的当事人

保证的当事人为保证与被保证人。就保证人而言，根据《票据法》第45条第2款之规定，其由汇票债务人以外的他人担当。由此可见，保证人是指票据债务人以外的，为票据债务的履行提供担保而参与票据关系中的第三人。已成为票据债务人的，不得再充当票据上的保证人。此外，根据《票据管理实施办法》第12条和《高院审理票据纠纷案司法解释》第60条之规定，保证人应是具有代为清偿票据债务能力的法人、其他组织或者个人；国家机关、以公益为目的的事业单位、社会团体、企业法人的分支机构和职能部门不得为保证人；但是经国务院批准为使用外国政府或者国际经济组织贷款进行转贷，国家机关提供票据保证的，以及企业法人的分支机构在法人书面授权范围内提供票据保证的除外。票据保证无效的，票据的保证人应当承担与其过错相应的民事责任。就被保证人而言，这是指票据关系中已有的债务人，包括出票人、背书人、承兑人。票据债务人一旦由他人为其提供保证，其在保证关系中就被称为被保证人。

2. 保证的格式

这是指在办理保证手续时需要在汇票上记载的事项和如何记载该等事项。根据《票据法》第46条之规定，在办理保证手续时，"保证人必须在汇票或粘单上记载下列事项：(一) 表明'保证'的字样；(二) 保证人名称和住所；(三) 被保证人的名称；(四) 保证日期；(五) 保证人签章。"有关保证的记载事项和记载方法问题，可以具体分析如下：

(1) 票据保证必须作成于汇票或粘单之上。保证是一种书面行为，并须作成于汇票或粘单之上，如果另行签订保证合同或者保证条款的，不属于票据保证，人民法院应当适用《中华人民共和国担保法》的有关规定。

(2) 票据保证记载的事项，有绝对应记载事项和相对应记载事项。其中绝对应记载事项包括保证文句和保证人签章两项；相对应记载事项包括被保证人的名称、保证日期和保证人住所。关于被保证人的名称，如果不记载这一内容。根据《票据法》第47条第1款之规定，已承兑的汇票，承兑人为被保证人；未承兑的汇票，出票人为被保证人。关于保证日期，如果不记载这一内容，根据《票据法》第47条第2款之规定，出票日期为保证日期。关于保证人的住所，如果不记载这一内容，依据《票据法》第16条之规定，可以推定为保证人的营业场所或住所。

（3）保证的记载方法。《票据法》未规定保证的记载方法，但是依照《支付结算办法》第35条第2款之规定，如果是为出票人、承兑人保证的，则应记载于汇票的正面；如果是为背书人保证，则应记载于汇票的背面或者粘单上。

（4）保证不得记载的内容。《票据法》第48条规定："保证不得附有条件；附有条件的，不影响对汇票的保证责任。"这一规定表明。保证是无条件的，即不得附加任何条件。如果保证附加条件，不论是作为停止条件，还是作为解除条件都会使票据保证的效力具有不确定性，从而使保证人的票据债务人地位不能得到明确，这就不能达到设立票据保证的目的。因此，《票据法》便规定保证附有条件的，所附条件无效，保证本身仍然具有效力，保证人应向持票人承担保证责任。

（三）保证的效力

保证一旦成立，即在保证人与被保证人之间产生法律效力，保证人必须对保证行为承担相应的责任。

1. 保证人的责任

《票据法》第49条规定："保证人对合法取得汇票的持票人所享有的汇票权利，承担保证责任。但是，被保证人的债务因汇票记载事项欠缺而无效的除外。"这是有关保证人责任的规定。根据这一规定，保证行为成立之后，保证人就成为票据上的债务人，必须向被保证人的一切后手承担票据责任，即满足被保证人票据权利的实现。但是，保证人承担保证责任是有一定前提条件的。根据《票据法》的前述规定，如果被保证人的债务因形式要件欠缺而无效，保证人的债务，即承担的保证责任也将归于无效。换言之，如果被保证人的债务无效是因实质上的原因而无效，保证人的债务，即保证责任则不能免除。如被保证人因无行为能力发出汇票或伪造汇票等原因而使汇票无效，保证人的责任不能免除。这里所指的形式要件欠缺是指汇票记载事项有缺陷而导致汇票无效的情况。

在票据法理论上，保证具有从属性，这是指保证人的责任与被保证人的责任是同一的。我国《票据法》第50条亦肯定了这一内容，即："被保证的汇票，保证人应当与被保证人对持票人承担连带责任。汇票到期后得不到付款的，持票人有权向保证人请求付款，保证人应当足额付款。"

《票据法》对保证人的责任与被保证人的责任同一性的规定，即连带责任的规定包括以下含义：第一，保证人与被保证人的责任在数量上是同一的，即被保证人承担多少债务，保证人也承担与之相同的债务。我国《票据法》不允许作部分保证。第二，保证人与被保证人的责任在种类上是同一的，即如果保证人是为承兑人提供保证，那么保证人就取得了票据上主债务人的地位，必须承担绝对付款的责任；如果保证人是为出票人或者背书人提供保证的，就取得了票据上次债务人的地位，必须承担担保票据承兑和付款的责任。第三，保证人与被保证人在顺序上是同一的，即保证人与被保证人对持票人所承担的票据责任，没有先后顺序的区分，持票人可以不分先后向保证人或被保证人行使票据上的权利，亦可同时向保证人和被保证人行使票据权利。正是基于上述原因，《票据法》便规定，汇票到期后得不到付款的，持票人有权向保证人请求付款，保证人应当足额付款。保证人不得以持票人未先向被保证人行使权利，拒绝履行其债务，亦不得以由被保证人承担一部分债务，自己只就部分债务承担责任为由而拒绝完全履行债务。

2. 共同保证人的责任

共同保证是指保证人为二人以上的保证。《票据法》第51条规定："保证人为二人以上的，保证人之间承担连带责任。"这就是说，在共同保证的情况下，持票人可以不分先后向保证人中的一人或者数人或者全体就全部票据金额及有关费用行使票据权利，共同保证人不得拒绝。

3. 保证人的追索权

这是指保证人在向持票人清偿债务后，依照法律规定取得持票人对被保证人及被保证人之前手的偿还请求权。这一偿还请求权不是从持票人处获得的，而是根据法律规定而获得。《票据法》第52条对此作了规定："保证人清偿汇票债务后，可以行使持票人对被保证人及其前手的追索权。"由此可见，保证人的这一偿还请求权是一种追索权，保证人行使这一权利时，被保证人及其前手不得以对抗持票人的事由而对抗保证人。

保证人是否可以享有对票据承兑人的付款请求权和追索权，《票据法》未作明确规定。由于承兑人并不因保证人清偿债务而解除责任，承兑人仍是票据上的主债务人，保证人应该享有对承兑人的付款请求权和追索权。

六、付款

（一）付款的概念

付款是指付款人依据票据文义支付票据金额，以消灭票据关系的行为。付款是付款人的行为，这与出票人、背书人等偿还义务的行为不同：前者是支付票据金额的行为，并以消灭票据关系为目的；后者则并不以票据金额为依据而支付，不能引起票据关系的消灭。

(二) 付款的程序

付款的程序包括提示与支付。以下分别做些分析。

1. 付款提示

付款提示是指持票人向付款人或承兑人出示票据，请求付款的行为。持票人只有在法定期限内为付款提示的，才产生法律效力。关于这种法律效力，主要表现在两个方面：一是付款人一经持票人提示，即应付款；二是持票人得以保全对其前手的追索权，即在付款人拒绝付款的情况下，持票人可以请求付款人作成拒绝证明，向其前手行使追索权。

根据《票据法》第53条的规定，持票人提示付款的法定期限如下：第一，见票即付的汇票，自出票日起1个月内向付款人提示付款；第二，定日付款、出票后定期付款或者见票后定期付款的汇票，自到期日起10日内向承兑人提示付款。如果持票人未在上述法定期限内为付款提示的，则丧失对其前手的追索权。但是，持票人丧失的追索权仅限于其前手，而对于承兑人并不发生失权的效果。因为承兑人是汇票的主债务人，所负责任为绝对责任，即使持票人未在法定期内为付款提示，承兑人仍应负责。如果承兑人或者付款人对逾期提示付款的持票人付款的，与按照规定的期限付款具有同等法律效力。《票据法》第53条第3款规定："持票人未按照前款规定期限提示付款的，在作出说明后，承兑人或者付款人仍应当继续对持票人承担付款责任。"这是一种例外性规定。在实践中，持票人可能会因不可抗力的原因等而不能在法定提示付款期间提示付款，如果持票人由此而丧失对其前手的追索权，有些不尽合理。因此，法律便要求持票人作出说明，承兑人或付款人仍应继续对持票人承担付款责任。关于付款提示的方法，一般是由持票人亲自到付款人处，或者通过邮局寄交付款人处。但根据《票据法》第53条第3款的规定，通过委托收款银行或者通过票据交换系统向付款人提示付款的，亦视同持票人提示付款。

付款提示的当事人包括提示人和受提示人。提示人一般是持票人，但也可以是持票人的代理人和质权人；受提示人通常是付款人，在汇票中受提示人包括已进行承兑的承兑人及未承兑的付款人。在我国实践中，银行汇票属见票即付汇票，银行为受提示人；因银行之间建立联行结算制度建立了代理关系的，银行汇票的代理付款银行也可为受提示人。银行承兑汇票的受提示人是承兑银行，因银行之间建立联行结算代理关系的，该代理付款银行也是受提示人。

2. 支付票款

这是指持票人向付款人或承兑人进行付款提示后，付款人无条件地在当日按票据金额足额支付给持票人的行为。《票据法》第54条规定："持票人依照前条规定提示付款的，付款人必须在当日足额付款。"依此规定，付款人必须在当日向提示人付款，且该支付的款项为票据金额的全部，而非部分。如果付款人或承兑人不能当日足额付款的，依照《票据法》第106条之规定，应承担迟延付款的责任。

在支付票款的过程中，持票人必须向付款人履行一定的手续，根据《票据法》第55条的规定，持票人获得付款的，应当在汇票上签收，并将汇票交给付款人。根据《票据管理实施办法》第25条之规定，此处所指的"签收"是指持票人在票据的正面签章，表明持票人已经获得付款。

在实践中，持票人和付款人的收款或付款行为往往是通过委托银行代理进行的。该等受托收款或付款的银行不是汇票的当事人，只是代理人，因此，他们只能依照委托按汇票上记载的内容进行资金结算。因此，《票据法》第56条规定："持票人委托的收款银行的责任，限于按照汇票上记载事项将汇票金额转入持票人账户。""付款人委托的付款银行的责任，限于按照汇票上记载事项从付款人账户支付汇票金额。"换言之，如果委托付款银行多付或少付，委托收款银行多收或少收，都应自行承担责任。

付款人或者代理付款人在付款时应当尽审查义务。根据《票据法》第57条的规定，付款人及其代理付款人付款时，应当审查汇票背书的连续，并审查提示付款人的合法身份证明或者有效证件。但该等审查义务仅限于汇票格式是否合法，即汇票形式上的审查，而不负责实质上的审查。如果付款人及其代理付款人以恶意或者有重大过失付款的，应当自行承担责任。此外，如果付款人对定日付款、出票后定期付款或者见票后定期付款的汇票在到期日前付款，根据《票据法》第58条的规定，应由付款人自行承担所产生的责任。付款人的这一责任包括，在持票人不是票据权利人时，对于真正的票据权利人并不能免除其票据责任。而对由此造成损失的，付款人只能向非正当持票人请求赔偿。

如果汇票金额为外币的，依照《票据法》第59条的规定。应按照付款日的市场汇价，以人民币支付。汇票当事人对汇票支付的货币种类另有约定的，从其约定。

（三）付款的效力

根据《票据法》第60条之规定，付款人依法足额付款后，全体汇票债务人的责任解除。付款人依照票据文义支付票据金额之后，票据关系随之消灭，汇票上的全体债务人的责任便予以解除。但是，如果付款人付款存在瑕疵，即未尽审查义务而对不符法定形式的票据付款，或其存在恶意或重大过失而付款的，则不发生上述法律效力，付款人的义务不能免除，其他债务人也不能免除责任。

七、追索权

(一) 追索权的概念

追索权是指持票人在票据到期不获付款或期前不获承兑或有其他法定原因,并在实施行使或保全票据上权利的行为后,可以向其前手请求偿还票据金额、利息及其他法定款项的一种票据权利。追索权是在票据权利人的付款请求权得不到满足之后,法律赋予持票人对票据债务人进行追偿的权利。它是用来弥补付款请求权对保护持票人票据权利的实现所带来的局限的一种制度。因此,追索权与付款请求权在权利行使对象上有一定的区别:后者的行使对象是票据上的付款人;前者的行使对象可以是票据上的主债务人,但主要还是票据上的次债务人,如票据上的出票人、背书人、保证人等。

(二) 追索权发生的原因

追索权的发生须具备一定的条件,该条件包括实质条件和形式条件,以下分别加以说明。

1. 追索权发生的实质条件

根据《票据法》第61条的规定,追索权发生的实质条件包括以下内容:第一,汇票到期被拒绝付款;第二,汇票在到期日前被拒绝承兑;第三,在汇票到期日前,承兑人或付款人死亡、逃匿的;第四,在汇票到期日前,承兑人或付款人被依法宣告破产或因违法被责令终止业务活动。在发生上述情形之一的,持票人可以行使追索权。

2. 追索权发生的形式条件

追索权的发生除了构成前述实质条件之外,还须具有一定的形式条件。这一形式条件即是持票人行使追索权必须履行一定的保全手续而不致使追索权丧失。该等保全手续包括:第一,在法定提示期限提示承兑或提示付款;第二,在不获承兑或不获付款时,在法定期限内作成拒绝证明。根据《支付结算办法》第41条的规定,拒绝证明应当包括下列事项:①被拒绝承兑、付款的票据种类及其主要记载事项;②拒绝承兑、付款的事实依据和法律依据;③拒绝承兑、付款的时间;④拒绝承兑人、拒绝付款人的签章。根据《票据法》的有关规定,该等拒绝证明主要有:

(1) 拒绝证书。拒绝证书是由国家授权的机关制作的用以证明持票人已依法行使票据权利而被拒绝,或者无法行使票据权利的一种公证书。拒绝证书分拒绝承兑证书和拒绝付款证书。拒绝承兑证书是指汇票因付款人拒绝承兑或者因付款人死亡等原因而无须提示承兑时,持票人请求作成的证书。拒绝付款证书是指汇票因付款人拒绝付款或者因其他法定原因而无法提示付款致使持票人不获付款所作成的证书。持票人已请求作成拒绝承兑证书的,而无须再请求作成拒绝付款证书。拒绝证书是公证机关制作的公证书，其有一定的格式，主要包括以下内容：①拒绝人和被拒绝人的名称；②汇票的内容，即汇票记载的事项；③提示日期；④拒绝事由或无从提示的原因；⑤作成日期；⑥公证机关和公证员盖章。

（2）退票理由书。汇票的持票人委托银行办理票据托收，或者向代理付款银行提示付款时，如果付款人或者代理付款银行拒绝付款，可由其出具退票理由书，说明退票理由。该退票理由书可起到拒绝证书的作用，即证明持票人已行使其权利而未获结果，故持票人有退票理由书就无须再请求作成拒绝证书。根据《支付结算办法》第42条的规定，退票理由书应包括下列事项：①所退票据的种类；②退票的事实依据和法律依据；③退票时间；④退票人签章。

（3）承兑人、付款人或者代理付款银行直接在汇票上记载提示日期、拒绝事由、拒绝日期并盖章。这也是拒绝证明的形式之一，可起到证明持票人已行使其权利而无结果的情况，可代替拒绝证书。

（4）持票人因承兑人或者付款人死亡、逃匿或者其他原因，不能取得拒绝证明的，可以依法取得其他有关证明。该等证明包括死亡证明、失踪证明书等。这些证明也具有拒绝证明的作用，也为《票据法》所肯定（第63条）。

（5）人民法院的有关司法文书。根据《票据法》第64条第1款的规定，承兑人或者付款人被人民法院依法宣告破产的，人民法院的有关司法文书具有拒绝证明的效力。这表明持票人在上述情形下无法向承兑人或者付款人提示承兑或者提示付款，故有权向其前手行使追索权。

（6）有关行政主管部门的处罚决定。承兑人或者付款人因违法被责令终止业务活动的，持票人也无法向承兑人或者付款人提示承兑或者付款，因而，该等处罚决定便具有拒绝证明的作用。

持票人出具上述文书之一的，即构成其行使追索权的形式条件。《票据法》第65条规定："持票人不能出示拒绝证明、退票理由书或者未按照规定期限提供其他合法证明的，丧失对其前手的追索权。但是，承兑人或者付款人仍应当对持票人承担责任。"这表明，持票人未依法提供拒绝证明，将丧失的是对其前手的追索权，其前手却是票据上的偿还债务人，即次债务人，而对于付款人或承兑人来讲，他们是票据上的主债务人，即使持票人未在法定期限内作成拒绝证明，主债务人仍应负绝对付款责任。

根据《支付结算办法》第44条之规定，持票人应当自收到被拒绝承兑或者被拒绝付款的有关证明之日起3日内，将被拒绝事由书面通知其前手，其前手应当自收到通知之日起3日内书面通知其再前手。持票人也可以同时向各票据债务人发出书面通知。

(三) 追索权的行使

持票人按照法定手续保全了追索权之后，就可进入行使追索权的程序。该程序一般包括：由持票人发出追索通知、确定追索对象、请求偿还、受领清偿金额等。以下分别做一分析。

1. 发出追索通知

（1）通知的当事人。通知的当事人分为通知人和被通知人。通知人是指持票人以及收到通知后再为通知的背书人及其保证人。持票人是最初的通知人，但收到持票人发来追索通知的债务人，如果在其前手还存在债务人，其也必须向其前手发出该追索通知，因此收到追索通知的债务人也可以成为通知人，这些债务人一般包括背书人及其保证人。被通知人是指向持票人承担担保承兑和付款的票据上的次债务人。他们都是被追索的当事人，因此被通知人可泛指持票人的一切前手，包括出票人、背书人、保证人等。

（2）通知的期限。这是指《票据法》规定的持票人向其前手或者收到通知的被通知人向其前手发出追索通知的期间。《票据法》第66条第1款规定："持票人应当自收到被拒绝承兑或者被拒绝付款的有关证明之日起3日内，将被拒绝事由书面通知其前手；其前手应当自收到通知之日起3日内书面通知其再前手。持票人也可以同时向各汇票债务人发出书面通知。"这就是《票据法》有关通知期限的规定。依此规定，无论是持票人，还是收到追索通知的背书人及其保证人，发出追索通知的期限都是3天。在计算时间上，持票人发出追索通知的起算日为其收到拒绝证明之日，收到追索通知的背书人及其保证人发出追索通知的起算日为其收到追索通知之日。

（3）通知的方式和通知应记载的内容。依照《票据法》第66条之规定，通知应当以书面形式发出。书面形式包括书信、电报、电传等。在规定期限内将通知按照法定地址或约定的地址邮寄的，视为已发出通知。根据《票据法》第67条规定，书面通知应记明汇票的主要记载事项，并说明该汇票已被退票。其主要记载事项包括出票人、背书人、保证人以及付款人的名称和地址、汇票金额、出票日期、付款日期等。汇票退票的情况主要是指汇票何以不获承兑或者不获付款。

（4）未在规定期限内发出追索通知的后果。如果持票人未按规定期限发出追索通知或其前手收到通知未按规定期限再通知其前手，根据《票据法》第66条第2款之规定，持票人仍可以行使追索权。因延期通知给其前手或者出票人造成损失的，由没有按照规定期限通知的汇票当事人，承担对该损失的赔偿责任，但是所赔偿的金额以汇票金额为限。

2. 确定追索对象

（1）确定追索对象。这里所指的追索对象是指在追索关系中的被追索人，该被追索人为出票人、背书人、承兑人和保证人。根据《票据法》第68条第2款之规定，持票人可以不按照汇票债务人的先后顺序，对其中任何一人、数人或者全体行使追索权。这是有关持票人选择追索权的规定。据此规定，持票人在确定追索权行使对象时，可以根据自己的意愿，自由选择其前手债务人或者承兑人，并请求其偿还。根据《支付结算办法》第45条第2款之规定，持票人对票据债务人中的一人或者数人已经进行追索的，对其他票据债务人仍可以行使追索权。但是，《票据法》第69条规定："持票人为出票人的，对其前手无追索权。"这是有关回头背书中持票人追索权限制的规定。所谓回头背书是指背书人以其前手债务人为被背书人所作的背书。它以票据上既存的债务人为受让人，因此又称为还原背书或逆背书。例如A签发一张汇票给收款人B，B背书转让给C，C再背书转让给D，这是一般转让背书。如果持票人D再将汇票背书转让给A或B，这就是回头背书。在回头背书中，出票人A是持票人时，D、C、B均属于其前手，但不得对他们行使追索权，因为D、C、B在一般转让背书中，都是A的后手，对A享有票据权利。背书人B作为持票人时，D、C、A属于其前手，而C、D在一般转让背书中又是B的后手，对B享有票据权利，因此，B只能向A行使追索权，而不能向其原来的后手C、D行使追索权。

（2）被追索人的责任承担。如前所述，出票人、背书人、承兑人和保证人均为被追索人。依据《票据法》第68条之规定，该等被追索人对持票人承担连带责任。这一责任的含义是指各票据债务人在持票人向其行使追索权时，必须承担全部清偿的责任，而不得以持票人未向其他票据债务人请求清偿为由拒绝履行清偿责任；同时，也不得只为部分金额的清偿而要求持票人就其余部分金额，再向其他票据债务人请求清偿。

在票据上存在着多个债务人的情况下，票据的追索并不以持票人完成追索而告结束。《票据法》第68条第3款规定："持票人对汇票债务人中的一人或者数人已经进行追索的，对其他汇票债务人仍可以行使追索权。被追索人清偿债务后，与持票人享有同一权利。"这就是说，持票人受领被追索人清偿的，如不足清偿，还可向其他票据债务人继续追索，在其完全得到清偿之后，其追索即告完成，但被追索人则可以向其前手进行追索而又进入新的追索程序中，该被追索人的前手清偿债务后，也可以向其前手进行追索而又开始一个新的追索程序，直至到出票人为止。正因如此，被追索人清偿债务后，即取得了向其前手及承兑人的票据权利，该权利与持票人享有的权利相同，即既包括再追索权，也包括对承兑人的付款请求权。

3. 请求清偿金额和受领

（1）请求清偿金额。这是指持票人行使追索权，可以请求被追索人支付的金额和费用。根据《票据法》第70条之规定，该金额和费用包括：①被拒绝付款的汇票金额；②汇票金额自到期日或者提示付款日起至清偿日止，按照中国人民银行规定的同档次流动资金贷款利率计算的利息；③取得有关拒绝证明和发出通知书的费用。由此可见，作为追索权标的的追索金额，通常要比作为付款请求权标的的票据金额要大。

根据《票据法》第71条之规定，被追索人在依前述内容向持票人支付清偿金额及费用后，可以向其他汇票债务人行使再追索权，请求其他汇票债务人支付相应的金额和费用。其包括：①已清偿的全部金额，即为满足其后手（包括持票人或者其他追索权人）的追索权而支付的全部金额；②前项金额自清偿日起至再追索清偿日止，按照中国人民银行规定的同档次流动资金贷款利率计算的利息；③发出通知书的费用，即指被追索人在追索过程中发生的费用。

（2）受领清偿金额。这是指持票人或行使再追索权的被追索人接受被追索人的清偿金额。根据《票据法》第70条和第71条之规定，持票人或行使再追索权的被追索人在接受清偿金额时，应当履行相应的义务，这一义务即是其应当交出汇票和有关拒绝证明，并出具所收到利息和费用的收据。如果持票人或行使再追索权的被追索人拒绝履行该等义务的，被追索人即可拒绝清偿有关金额和费用。

（3）被追索人清偿债务后的效力。根据《票据法》第72条之规定：被追索人清偿债务（依被追索的金额清偿债务）后，其责任解除。这里的责任解除是以被追索人自己或其前手清偿票据债务为前提的，在被追索人按照《票据法》第70条、第71条的规定向追索权人进行清偿后，即发生解除票据责任的效力。

第三节 本　　票

一、本票概述

（一）本票的概念

本票是出票人签发的，承诺自己在见票时无条件支付确定的金额给收款人或者持票人的票据。本票是由出票人约定自己付款的一种自付证券，其基本当事人有两个，即出票人和收款人，在出票人之外不存在独立的付款人。在出票人完成出票行为之后，即承担了到期日无条件支付票据金额的责任，不需要在到期日前进行承兑。因此，本票与汇票是不同的。

(二) 本票的种类

依照不同的标准，可以对本票作不同分类，例如记名式本票、指定式本票和不记名本票；远期本票和即期本票；银行本票和商业本票等。根据我国《票据法》第 73 条第 2 款和第 75 条之规定，本票仅限于银行本票，且为记名式本票和即期本票。

银行本票是银行签发的，承诺自己在见票时无条件支付确定的金额给收款人或者持票人的票据。单位和个人在同一票据交换区域需要支付的各种款项，均可以使用银行本票。银行本票分为定额银行本票和不定额银行本票。根据《支付结算办法》的规定，定额银行本票面额为 1000 元、5000 元、1 万元和 5 万元。

(三)《票据法》对本票体例的规定

本票作为票据的一种，具有与其他票据相同的一般性质和特征，因此，《票据法》总则中的内容均适用于本票。《票据法》对汇票的规定较为详细，而汇票中的有关规定，如出票、背书、保证、付款、追索权等具体制度，都可适用于本票。故《票据法》在立法体制上对本票的规定只就其个性方面，即与其他票据不同的方面加以规定，而对于与汇票相同的方面，则采用准用的办法适用汇票的有关规定。因此本节也采用与《票据法》立法体例相同的做法说明本票的内容。

二、出票

本票的出票与汇票一样，包括作成票据和交付票据。本票的出票行为是以自己负担支付本票金额的债务为目的的票据行为。因此，《票据法》第 74 条规定："本票的出票人必须具有支付本票金额的可靠资金来源，并保证支付。"由此可见，本票出票人是票据金额的直接支付人，与汇票的承兑人相同，这与汇票的出票人只承担担保责任是不同的。

在实践中，本票的出票人在出票时，除自身具有良好的资信状况外，还应该在按照规定收妥款项后，再签发本票。根据第十届全国人大常委会第十一次会议对《票据法》的修改决定，删去了《票据法》第 75 条的规定，即"本票出票人的资格由中国人民银行审定"的内容。这一修改取消了对本票出票人的资格审查限制，扩大了本票出票人的范围。

本票出票人出票，必须按一定的格式记载相关内容。与汇票一样，本票的记载事项也包括绝对应记载事项和相对应记载事项。

(1) 本票的绝对应记载事项。根据《票据法》第 75 条和《支付结算办法》第 101 条之规定，本票的绝对应记载事项包括以下六个方面的内容：①表明"本票"字样。这是本票文句记载事项，无此记载，本票即为无效。②

无条件支付的承诺。这是有关支付文句，表明出票人无条件支付票据金额，而不附加任何条件，否则，票据即为无效。③确定的金额。④收款人名称。⑤出票日期。⑥出票人签章。在上述绝对应记载事项中，除第一、二项以及未规定付款人名称外，其余四项与汇票的规定完全相同。

（2）本票的相对应记载事项。根据《票据法》第76条规定，本票的相对应记载事项包括两项内容：①付款地。本票上未记载付款地的，出票人的营业场所为付款地。②出票地。本票上未记载出票地的，出票人的营业场所为出票地。此外，根据《票据法》第80条第2款之规定，本票的出票行为，可适用《票据法》第24条关于汇票的规定。根据该条之规定，本票上可以记载《票据法》规定事项以外的其他出票事项，但是这些事项并不发生本票上的效力。

三、见票付款

根据《票据法》的规定，银行本票是见票付款的票据，收款人或持票人在取得银行本票后，随时可以向出票人请求付款。根据《支付结算办法》第108条之规定，跨系统银行本票的兑付，持票人开户银行可根据中国人民银行规定的金融机构同业往来利率向出票银行收取利息。

为了防止收款人或持票人久不提示票据而给出票人造成不利。《票据法》第78条规定了本票的付款提示期限，即："本票自出票日起，付款期限最长不得超过两个月。"持票人依照前述规定的期限提示本票的，出票人必须承担付款的责任（《票据法》第70条）。如果持票人超过提示付款期限不获付款的，在票据权利时效内向出票银行作出说明，并提供本人身份证或单位证明，可持银行本票向出票银行请求付款。从上可见，本票的出票人是票据上的主债务人，负有向持票人绝对付款的责任。

如果本票的持票人未按照规定期限提示本票的，则丧失对出票人以外的前手的追索权。这里所指的出票人以外的前手是指背书人及其保证人。由于本票的出票人是票据上的主债务人，对持票人负有绝对付款责任，除票据时效届满而使票据权利消灭或者要式欠缺而使票据无效外，并不因持票人未在规定期限内向其行使付款请求权而使其责任得以解除。因此，持票人仍对出票人享有付款请求权和追索权，只是丧失对背书人及其保证人的追索权。

四、对汇票有关规定的引用

《票据法》第80条规定："本票的背书、保证、付款行为和追索权的行使，除本章规定外，适用本法第二章有关汇票的规定。""本票的出票行为，除本章规定外，适用本法第24条关于汇票的规定。"关于出票的引用，前述有关内容已作过说明，这里主要说明以下内容：

(1) 背书。本票的背书与汇票的背书完全相同,可以准用《票据法》第二章第二节背书第 27 条至第 34 条、第 35 条第 1 款、第 36 条、第 37 条之规定。

(2) 保证。本票的保证可以准用《票据法》第二章第四节关于保证即第 45 条至第 52 条之规定。

(3) 付款。本票的付款可以准用《票据法》第二章第五节关于付款的某些规定,即为第 53 条第 3 款、第 54 条、第 55 条、第 56 条第 1 款、第 57 条、第 59 条、第 60 条。

(4) 追索权。本票的追索权可以准用《票据法》第二章第六节关于追索权即第 61 条第 1 款、第 2 款第 3 项、第 63 条、第 64 条、第 66 条至第 72 条之规定。

第四节 支 票

一、支票概述

(一) 支票的概念

支票是出票人委托银行或者其他金融机构见票时无条件支付一定金额给受款人或者持票人的票据。支票的基本当事人有三个:出票人、付款人和收款人。支票是一种委付证券,与汇票相同,与本票不同。

支票与汇票和本票相比,有两个显著的特点:第一,以银行或者其他金融机构作为付款人;第二,见票即付。

(二) 支票的种类

依不同的分类标准,可以对支票作不同的分类,例如记名支票、无记名支票、指示支票;对己支票、指己支票、受付支票、普通支票、特殊支票等。我国《票据法》按照支付票款方式,将支票分为普通支票、现金支票和转账支票。

(1) 普通支票。该种支票未印有"现金"或"转账"字样,其既可以用来支取现金,亦可用来转账。根据《票据法》第 83 条第 1 款的规定,普通支票用于转账时,应当在支票正面注明,即在普通支票左上角画两条平行线。有该画线标志的支票,亦称为画线支票,画线支票只能用于转账,不得支取现金。

(2) 现金支票。《票据法》第 83 条第 2 款规定,支票中专门用于支取现金的,可以另行制作现金支票,现金支票只能用于支取现金。

(3) 转账支票。《票据法》第 83 条第 3 款规定,支票中专门用于转账的,可以另行制作转账支票,转账支票只能用于转账,不得支取现金。

在实践中,我国一直采用的是现金支票和转账支票,没有普通支票,但为了方便当事人,并借鉴国外的方法经验,《票据法》便规定了普通支票的形式。

(三)《票据法》对支票体例的规定

与本票一样,《票据法》只是对支票的个性方面的问题作了规定,而有关其一般性的问题,则适用《票据法》总则中的有关规定和汇票中的相关规定。本节也仅对支票有关个性方面的问题,即与汇票、本票不同的有关内容加以说明。

二、出票

(一)出票的概念

出票人签发支票并交付的行为即为出票。但是,出票人签发支票必须具备一定的条件,即为在经中国人民银行当地分支行批准办理支票业务的银行机构开立可以使用支票的存款账户的单位和个人。根据《票据法》第 82 条之规定,"开立支票存款账户,申请人必须使用其本名,并提交证明其身份的合法证件。""开立支票存款账户和领用支票,应当有可靠的资金,并存入一定的资金。""开立支票存款账户。申请人应当预留其本名的签名式样和印鉴。"这些规定主要在于保证支付支票票款的安全,保护支票权利义务各方当事人的合法权益。

(二)支票的格式

与汇票一样,支票出票人作成有效的支票,必须按法定要求记载有关事项。该等事项亦可分为绝对应记载事项和相对应记载事项。

1. 绝对应记载事项

根据《票据法》第 84 条之规定,支票的绝对应记载事项共有六项内容:(1)表明"支票"字样。这是支票文句的记载事项,无此内容即为无效。(2)无条件支付的委托。这是支票有关支付文句的记载事项。我国现行使用的支票记载支付的文句,一般是支票上已印好的"上列款项请从我账户内支付"的字样。(3)确定的金额。(4)付款人名称。(5)出票日期。(6)出票人签章。

为了发挥支票灵活便利的特点,我国《票据法》规定了两项绝对应记载事项可以通过授权补记的方式记载:一是关于支票金额的授权补记。支票的金额本是绝对应记载事项,但在使用中,往往发生难以确定支票金额的情况,如果事先就确定一个固定金额,就会发生所载金额与所用金额不一致的情况,给支票使用人造成极大不便。因此,《票据法》第 85 条规定:"支票上的金额可以由出票人授权补记，未补记前的支票，不得使用。"这就是说，出票人可以授权收款人就支票金额补记，收款人以外的其他人不得补记；在支票金额未补记之前，收款人不得背书转让，提示付款。二是关于收款人名称的授权补记。我国《票据法》规定的票据都是记名式票据，故无收款人名称记载，票据即为无效。但是，在实际中，出票人往往不能事先确定收款人，无法在出票时记载收款人名称。为了方便人们的日常生活，《票据法》第86条第1款便规定："支票上未记载收款人名称的，经出票人授权，可以补记。"如前所述，未补记这一内容的，支票不得背书转让、提示付款。此外，由于实践中存在出票人兼任收款人的情况，如单位签发支票向其开户银行领取现金，故《票据法》第86条第4款规定："出票人可以在支票上记载自己为收款人。"这是一种例外性规定。

根据《支付结算方法》第119条之规定，签发支票应使用碳素墨水或墨汁填写，中国人民银行另有规定的除外。

2. 相对应记载事项

《票据法》第86条第2款、第3款规定了相对应记载事项。该相对应记载事项包括两项内容：（1）付款地。根据《票据法》第86条第2款之规定，支票上未记载付款地的，付款人的营业场所为付款地。（2）出票地。根据《票据法》第86条第3款之规定，支票上未记载出票地的，出票人的营业场所、住所或者经常居住地为出票地。

此外，根据《票据法》第93条第2款之规定，支票上可以记载非法定记载事项，但这些事项并不发生支票上的效力。

(三) 出票的其他法定条件

支票的出票行为取得法律上的效力，必须依法进行，除须按法定格式签票据外，还须符合其他法定条件。根据《票据法》第87条和第88条之规定以及有关规定，这些法定条件有：第一，支票的出票人所签发的支票金额不得超过其付款时在付款人处实有的存款金额。如果出票人签发的支票金额超过其付款时在付款人处实有的存款金额，在法律上，该支票称为空头支票。签发空头支票是一种违法行为，对其责任人要给予严厉的处罚和制裁，构成犯罪的，要依法追究其刑事责任。第二，支票的出票人不得签发与其预留本名的签名式样或者印鉴不符的支票，使用支付密码的，出票人不得签发支付密码错误的支票。支票的出票人委托付款人支付票款给收款人或持票人，作为支票付款人的银行并不是支票上的债务人。只是受出票人的委托从其账户支付票款。由于出票人开立支票存款账户时必须预留其本名的签名式样和印鉴或使用了支付密码，为了保障银行支付的票款确系出票人签发支票的票款，故出票人签发支票时，必须使用与其本名的签名式样和印鉴相一致的签章或使用相应的支付密码，否则，该支票即为无效。

(四) 出票的效力

出票人作成支票并交付之后，对出票人产生相应的法律效力。依照《票据法》第89条第1款之规定，出票人必须按照签发的支票金额承担保证向该持票人付款的责任。这一责任包括两项：一是出票人必须在付款人处存有足够可处分的资金，以保证支票票款的支付；二是当付款人对支票拒绝付款或者超过支票付款提示期限的，出票人应向持票人承担付款责任。

三、付款

如前所述，支票属见票即付的票据，因而没有到期日的规定。支票的出票日实质上就是到期日。我国《票据法》第90条规定："支票限于见票即付，不得另行记载付款日期。另行记载付款日期的，该记载无效。"因此，出票人在付款人处的存款足以支付支票金额时，付款人应当在见票当日足额付款。以下对付款的有关问题加以说明。

(一) 提示期间

支票为见票即付的票据，但是，为了防止持票人久不提示支票，给出票人在管理上造成不便，以及防止空头支票的出现，《票据法》规定了持票人的提示期间。《票据法》第91条第1款规定："支票的持票人应当自出票日起10日内提示付款；异地使用的支票，其提示付款的期限由中国人民银行另行规定。"目前，我国支票主要在城市票据交换范围内使用和流通，故在同城范围内，支票的提示期间为10天。随着支票使用和流通范围的扩大，在异地使用时，则需延长提示期间，而这一提示期间最终由中国人民银行另行规定。

超过提示付款期限的，依照《票据法》第91条第2款的规定，付款人可以不予付款，但是付款人不予付款的，出票人仍应当对持票人承担票据责任。由于支票不同于汇票、本票，没有主债务人，出票人处于相当于主债务人的地位，所以必须加重出票人的责任。持票人超过提示付款期限的，并不丧失对出票人的追索权，出票人仍应当对持票人承担支付票款的责任。

(二) 付款

持票人在提示期间内向付款人提示票据，付款人在对支票进行审查之后，如未发现有不符规定之处，即应向持票人付款。《票据法》第89条第2款规定："出票人在付款人处的存款足以支付支票金额时，付款人应当在当日足额付款。"

(三) 付款责任的解除

《票据法》第92条规定："付款人依法支付支票金额的，对出票人不再承担受委托付款的责任，对持票人不再承担付款的责任。但是，付款人以恶意或者有重大过失付款的除外。"这是有关付款人付款责任解除的规定。

这里所指的恶意或者有重大过失付款是指付款人在收到持票人提示的支票时，明知持票人不是真正的票据权利人，支票的背书以及其他签章系属伪造，或者付款人不按照正常的操作程序审查票据等情形。在此情况下，付款人不能解除付款责任。由此造成损失的，由付款人承担赔偿责任。

四、支票准用汇票的有关规定

《票据法》第93条规定："支票的背书、付款行为和追索权的行使，除本章规定外，适用本法第二章有关汇票的规定。""支票的出票行为，除本章规定外，适用本法第24条、第26条关于汇票的规定。"据此规定，支票准用汇票的条款有如下情形：

(1) 出票。如前所述的出票引用汇票的有关规定外，还适用《票据法》第26条的规定。

(2) 背书。支票背书准用《票据法》第二章第二节第27条至第34条、第35条第1款、第36条、第37条的规定。

(3) 付款。支票的付款行为准用《票据法》第二章第五节第53条第3款、第55条、第56条第1款、第57条第1款、第59条、第60条之规定。

(4) 追索权。支票的追索权的行使准用《票据法》第二章第六节第61条第1款和第2款第3项、第62条、第64条、第66条、第72条之规定。

五、对签发空头支票行为实施的行政处罚

在实践中，签发空头支票、与预留银行签章不符的支票（以下简称签发空头支票）的行为时有发生。为保护持票人的合法利益，提高社会信用，中国人民银行于2005年4月30日发布了《关于对签发空头支票行为实施行政处罚有关问题的通知》，该通知对签发空头支票的行为的违规行为实施的行政处罚作出了规定。

(一) 实施行政处罚的主体资格和处罚依据及标准

(1) 主体资格。依据《中华人民共和国行政处罚法》、《票据管理实施办法》的有关规定，由中国人民银行及其分支机构实施对签发空头支票出票人的行政处罚。

(2) 处罚依据和标准。根据《票据管理实施办法》第31条的规定，签发空头支票或者签发与其预留的签章不符的支票，不以骗取财物为目的的，由中国人民银行处以票面金额5%但不低于1000元的罚款。

(二) 处罚程序

实施行政处罚依照下列程序进行：

1. 调查取证

(1) 银行发现出票人有签发空头支票行为的,应立即填制《空头支票报告书》(以下简称《告知书》),将支票和其他足以证明出票人违规签发空头支票的资料复印并签章后作《报告书》附件,于当日至迟次日(节假日顺延)报送当地人民银行分支行支付结算管理部门(以下简称人民银行)。

(2) 人民银行收到《报告书》之日起 3 个工作日内进行核实,并作出是否进行行政处罚的决定。签发空头支票事实清楚、证据确凿的,应作出行政处罚。行政处罚决定由主管行长授权支付结算管理部门负责人批准。作出行政处罚决定后,应编制《中国人民银行行政处罚意见告知书》,并连同拟处罚决定一并通知举报行。签发空头支票事实不清、证据不足的,应提出纠正意见,将材料退回举报行。

2. 告知

银行应在收到人民银行作出的拟处罚决定和《告知书》之日起 5 个工作日内,填写《告知书》中出票人名称、违规事实等有关内容,并送达出票人。送达情况应在当日至迟次日(节假日顺延)报告人民银行。

3. 决定

(1) 人民银行在银行送达《告知书》之日起 5 个工作日内,未收到出票人陈述或申辩的书面材料的,或在对当事人提出的陈述或申辩意见复核后不予采纳的,应编制《中国人民银行行政处罚决定书》(以下简称《决定书》),并通知银行。对于拟进行重大行政处罚决定的,出票人在收到《告知书》3 日内,要求听证的,人民银行应组织听证。

(2) 银行在收到《决定书》之日起 5 个工作日内填写《决定书》中出票人名称、违规事实、罚款金额等内容,送达出票人,并填制《送达回证》。送达情况应在当日至迟次日(节假日顺延)报告人民银行。

4. 罚款缴纳

罚款代收机构应根据《决定书》决定的罚款金额收取罚款。对逾期缴纳罚款的出票人,人民银行可按每日罚款数额的 3% 加处罚款,或填写《中国人民银行强制执行申请书》,向人民法院申请强制执行。

(三) 监督管理

中国人民银行分行、营业管理部、省会(首府)城市中心支行应建立签发空头支票"黑名单"制度,并将有关违规信息定期向同一票据交换区域内的银行进行通报。通报的内容包括出票单位名称及法定代表人或出票人个人姓名、签发空头支票种类(指空头支票还是与其预留签章不符的支票)、出票日期、支票金额、支票号码、出票人账号、收款人名称、累计签发空头支票情况等。

中国人民银行分行、营业管理部、省会（首府）城市中心支行应制订本辖区空头支票行政处罚的实施细则，并向总行报告；负责本辖区内空头支票行政处罚的组织实施；将空头支票处罚的有关情况每年向总行报告一次。

（四）违规责任

罚款代收机构对空头支票罚款收入占压、挪用的，中国人民银行及其分支机构可按《金融违法行为处罚办法》第 22 条的规定给予警告，没收违法所得，并处违法所得 1 倍以上 3 倍以下的罚款；没有违法所得的，处 5 万元以上 30 万元以下的罚款；情节严重的，建议罚款代收机构或其上级行按规定对罚款代收机构的高级管理人员及直接责任人员给予纪律处分。

出票人开户银行不报、漏报或迟报出票人签发空头支票情况的，由人民银行责令其纠正；逾期不改正、情节严重的，可建议出票人开户银行或其上级行按照规定对出票人开户银行的高级管理人员及直接责任人员给予纪律处分。

对于屡次签发空头支票的出票人，银行有权停止为其办理支票或全部支付结算业务。

第五节 法律责任

我国《票据法》第六章专门规定了法律责任问题。该章中的法律责任是指票据责任之外的刑事法律责任、行政法律责任和民事法律责任。以下分别予以说明。

一、票据欺诈行为的法律责任

《票据法》第 102 条规定了七种票据欺诈行为的刑事法律责任问题。该七种票据欺诈行为是：（1）伪造、变造票据；（2）故意使用伪造、变造的票据；（3）签发空头支票或者故意签发与其预留的本名签名式样或者印鉴不符的支票，骗取财物；（4）签发无可靠资金来源的汇票、本票，骗取资金；（5）汇票、本票的出票人在出票时作虚假记载，骗取财物；（6）冒用他人的票据，或者故意使用过期或者作废的票据，骗取财物；（7）付款人同出票人、持票人恶意串通，实施前六项所列行为之一的。

凡行为人实施上述行为之一，即构成犯罪，应依法承担刑事法律责任。根据《刑法》第 177 条和第 194 条的规定，对构成前述第一项行为的，处 5 年以下有期徒刑或者拘役，并处或单处 2 万元以上 20 万元以下罚金；情节严重的，处 5 年以上 10 年以下有期徒刑，并处 5 万元以上 50 万元以下罚金；情节特别严重的，处 10 年以上有期徒刑或者无期徒刑，并处 5 万元以上 50 万元以下罚金或者没收财产。对构成前述第二、三、四、五、六项行为，数额较大的，处

5年以下有期徒刑或者拘役，并处2万元以上20万元以下罚金；数额巨大或者有其他严重情节的，处5年以上10年以下有期徒刑，并处5万元以上50万元以下罚金；数额特别巨大或者有其他特别严重情节的，处10年以上有期徒刑或者无期徒刑，并处5万元以上50万元以下罚金或者没收财产。付款人同出票人、持票人恶意串通，实施票据欺诈行为的，与出票人、持票人一起作为共犯，承担与之相应的刑事责任。

《票据法》第103条规定了行为人实施前述票据欺诈行为之一的，情节轻微，不构成犯罪的，依照国家有关规定给予行政处罚的问题。所谓行政处罚是指国家行政机关对违反法律、国家行政管理法规的人所作的处罚。该等处罚主要有警告、罚金、罚款、没收非法所得、停止办理某项业务、停业整顿、吊销营业执照或经营许可证、拘留等。

行为人实施前述票据欺诈行为，给他人造成损失的，还应当承担民事赔偿责任，但被伪造签章者不承担票据责任。

二、金融机构工作人员的法律责任

金融机构工作人员在票据业务中玩忽职守，对违反《票据法》规定的票据予以承兑、付款或者保证的，给予处分；造成重大损失，构成犯罪的，依法追究刑事责任。因上述行为给当事人造成损失的，由该金融机构和直接责任人员依法承担连带赔偿责任。此处所指的"处分"是指由单位给予该人员警告、记过、撤职、开除公职等行政处分；此处所指的刑事责任，即是依照《刑法》第397条之规定，处3年以下有期徒刑或者拘役；情节特别严重的，处3年以上7年以下有期徒刑。

三、付款人故意压票，拖延支付的法律责任

该责任包括行政责任和民事责任。依照《票据法》第105条第1款之规定，票据的付款人对见票即付或者到期的票据，故意压票，拖延支付的，由金融行政管理部门处以罚款，对直接责任人员给予处分。这是有关行政责任的规定，这里所指的金融行政管理部门是指中国人民银行。根据中国人民银行颁布的有关规定，该等行政处罚主要有罚款、警告、通报批评、停止使用或办理有关票据结算以及对责任人给予行政处罚。

关于民事责任，依照《票据法》第105条第2款之规定，票据的付款人故意压票、拖延支付，给持票人造成损失的，依法承担赔偿责任。该等赔偿责任参照支付结算制度的有关规定执行。

思 考 题

1. 什么是货币发行?
2. 什么是外汇管理?
3. 简述票据的法律特征。
4. 简述票据背书的含义和效力。
5. 简述伪造票据和变造票据持票人的票据权利的保护。
6. 简述行使票据追索权的条件。

第十二章 会 计 法

第一节 会计法概述

一、会计法的概念及调整对象

会计是以货币计量为基本形式，采用专门方法，连续、完整、系统地反映和控制单位的经济行为，进而达到加强经济管理，提高经济效益目的的一种管理活动。会计法是指调整会计法律关系的法律，有广义和狭义之分。广义的会计法是指国家颁布的有关会计方面的法律、法规和规章的总称；狭义的会计法专指全国人民代表大会常务委员会通过的《中华人民共和国会计法》（下称《会计法》）。本章所述的是狭义的会计法。

《会计法》于 1985 年 1 月 21 日由第六届全国人民代表大会常务委员会第九次会议通过，1993 年 12 月 29 日第八届全国人民代表大会常务委员会第五次会议对该法作了修正，1999 年 10 月 31 日第九届全国人民代表大会常务委员会第十二次会议作出《关于修改〈中华人民共和国会计法〉的决定》，对《会计法》再次作了修改。新修改的《会计法》共 7 章 52 条，主要对会计工作总的原则、会计核算、会计监督、会计机构、会计人员和法律责任等作了详细规定。

《会计法》调整国家机关、社会团体、公司、企业、事业单位和其他组织（以下统称单位），在办理会计事务中产生的经济管理关系。这种关系包括上述单位内部的会计事务管理关系、上述单位之间在办理会计事务中产生的经济关系、上述单位与国家会计管理机关和有关行政管理机关之间在会计事务管理中产生的行政管理关系等。

二、会计法的基本原则

（1）各单位必须依法办理会计事务。根据《会计法》规定，单位办理会计事务必须依照《会计法》的规定进行。无论何种单位在进行独立核算，独立记载经济业务，独立办理会计事务时，必须依照《会计法》的规定进行。

(2) 各单位必须依法设置会计账簿，并保证其真实、完整。根据《会计法》的规定，国家机关、社会团体、公司、企业、事业单位和其他组织都必须依法设置会计账簿，并保证其真实、完整。会计账簿是指具备一定格式，用以记载各项经济业务的账册。会计账簿是重要的会计信息，它既是编制会计报表的主要依据，同时也是审计工作的重要依据，因此，各单位必须依法设置会计账簿。

(3) 单位负责人对本单位的会计工作和会计资料的真实性、完整性负责。单位负责人有广义和狭义之分，狭义的单位负责人是指一个单位的最高领导者。国家机关的负责人是指该机关的最高行政首长；社会团体的负责人是指该社会团体的行政事务负责人，如有的是会长负责制，有的则为秘书长负责制；企业单位和事业单位的负责人是指其法定代表人；其他组织的负责人是指该组织的最高行政负责人等。广义的单位负责人除包含狭义的单位负责人之外，还包括该单位的副职领导人。会计法所指的单位负责人应是指狭义的单位负责人。根据《会计法》的规定，单位负责人既要对本单位的会计工作担负责任，同时还要对本单位保存和提供的会计资料的真实性、完整性担负责任。对本单位的会计工作负责，是指对本单位的会计工作负领导责任，即要领导本单位的会计机构、会计人员和其他有关人员认真执行《会计法》，按照国家规定组织好本单位的会计工作，支持本单位的会计机构和会计人员依法独立开展会计工作，并保障会计人员的职权不受侵犯。对本单位的会计资料的真实性和完整性负责，即要保证本单位的会计资料不存在弄虚作假、隐瞒等情况。

(4) 会计机构、会计人员依法进行会计核算，实行会计监督。会计机构和会计人员应依照《会计法》的规定进行会计核算，实行会计监督。任何单位或者个人不得以任何方式授意、指使、强令会计机构、会计人员，伪造、变造会计凭证、会计账簿和其他会计资料，提供虚假财务会计报告。任何单位或者个人不得对依法履行职责、抵制违反本法规定的行为的会计人员实行打击报复。

(5) 对认真执行会计法，忠于职守，坚持原则，做出显著成绩的会计人员，给予精神的或物质的奖励。由于会计人员所负的双重责任，使会计人员时刻处在处理各种利益关系的特殊位置，常常处于矛盾的交点处，既要按单位领导的意见办，又要严格执行国家财会法规；既要站在本单位的角度开展工作，又要站在国家的角度来处理经济业务事项。有些事务如处理不当，不是违反国家规定，就是违背领导意志，或是触犯本单位的利益，在这种情况下，不是要受到国家的制裁，就是有可能遭受打击报复，这就需要他们具有高度的原则性。为了充分调动会计人员依法做好本职工作的积极性，提高会计人员的地位，《会计法》突出了对认真执行本法，忠于职守，坚持原则，做出显著成绩的会计人员，给予精神或物质奖励的基本精神。具体奖励办法和标准，由各地区、部门、单位根据实际情况灵活掌握。

三、会计管理体制

（1）统一领导和分级管理。《会计法》规定，国务院财政部门主管全国的会计工作；县级以上地方各级人民政府财政部门管理本行政区域内的会计工作。因此，会计工作的主管机关为各级财政部门，在全国为财政部，在地方为县级以上地方各级人民政府财政部门。各级财政部门应当依照《会计法》的规定，自觉地管理好会计工作。财政部门虽然是会计工作的主管部门，但并不排斥国家其他部门对会计工作进行管理，如国家审计机关、证券监督机构等。

财政部应在统一领导全国会计工作的前提下，充分发挥地方各级财政部门和中央各部门管理会计工作的积极性；地方各级财政部门和中央各部门应根据国务院财政部门的要求和规定，结合本部门、本地区的实际情况，认真管好本部门、本地区的会计工作。

（2）会计制度制定权限。根据《会计法》的规定，国家统一的会计制度由国务院财政部门根据《会计法》制定并公布，各地方、各部门都不得自搞一套，自行其是。对有些对会计核算和会计监督有特殊要求的行业，允许国务院有关部门依照本法和国家统一的会计制度制定具体办法或者补充规定，但必须报经国务院财政部门审核批准。军队实施国家统一的会计制度的具体办法，由中国人民解放军总后勤部制定，但须报国务院财政部门备案。所谓国家统一的会计制度是指由国务院财政部门根据《会计法》制定的关于会计核算、会计监督、会计机构和会计人员以及会计工作管理的准则、制度、办法等。这些准则、制度、办法等都是在全国范围内实施的会计工作管理方面的规范性文件，主要包括三个方面：一是国家统一的会计核算制度，如《企业会计准则》、《事业单位会计准则》以及各种具体准则等；二是国家统一的会计机构和会计人员管理制度，如《会计人员职权管理条例》、《总会计师条例》、《会计证管理办法》、《会计专业技术资格考试暂行规定》等；三是国家统一的会计工作管理制度，如《会计人员工作规则》、《会计档案管理办法》、《会计人员继续教育暂行规定》等。

第二节 会 计 监 督

一、单位内部的会计监督

（一）各单位的内部会计监督制度

1. 各单位内部会计监督制度的主要内容

根据《会计法》以及《会计基础工作规范》的规定，各单位应当依据有关法律、法规和《会计基础工作规范》的规定，加强会计基础工作，严格执行会计法规制度，保证会计工作依法有序地进行。各单位内部会计监督制度的主要内容包括：(1) 内部会计管理体系。主要内容包括：单位领导人、总会计师对会计工作的领导职责；会计部门及其会计机构负责人、会计主管人员的职责、权限；会计部门与其他职能部门的关系；会计核算的组织形式等。(2) 会计人员岗位责任制度。主要内容包括：会计人员的工作岗位设置；各会计工作岗位的职责和标准；各会计工作岗位的人员和具体分工；会计工作岗位轮换办法；对各会计工作岗位的考核办法。(3) 账务处理程序制度。主要内容包括：会计科目及其明细科目的设置和使用；会计凭证的格式、审核要求和传递程序；会计核算方法；会计账簿的设置；编制会计报表的种类和要求；单位会计指标体系。(4) 内部牵制制度。主要内容包括：内部牵制制度的原则；组织分工；出纳岗位的职责和限制条件；有关岗位的职责和权限。(5) 稽核制度。主要内容包括：稽核工作的组织形式和具体分工；稽核工作的职责、权限；审核会计凭证和复核会计账簿、会计报表的方法。(6) 原始记录管理制度。主要内容包括：原始记录的内容和填制方法；原始记录的格式；原始记录的审核；原始记录填制人的责任；原始记录签署、传递、汇集要求。(7) 定额管理制度。主要内容包括：定额管理的范围；制定和修订定额的依据、程序和方法；定额的执行；定额考核和奖惩办法等。(8) 计量验收制度。主要内容包括：计量检测手段和方法；计量验收管理的要求；计量验收人员的责任和奖惩办法。(9) 财产清查制度。主要内容包括：财产清查的范围；财产清查的组织；财产清查的期限和方法；对财产清查中发现问题的处理办法；对财产管理人员的奖惩办法。(10) 财务收支审批制度。主要内容包括：财务收支审批人员和审批权限；财务收支审批程序；财务收支审批人员的责任。(11) 实行成本核算的单位应当建立成本核算制度。主要内容包括：成本核算的对象、方法和程序，成本分析等。(12) 各单位应当建立财务会计分析制度。主要内容包括：财务会计分析的主要内容；财务会计分析的基本要求和组织程序；财务会计分析的具体方法；财务会计分析报告的编写要求等。

2. 各单位内部会计监督制度的要求

各单位建立、健全本单位内部会计监督制度应当符合四项要求：一是记账人员与经济业务事项和会计事项的审批人员、经管人员、财物保管人员的职责权限应当明确，并相互分离、相互制约；二是重大对外投资、资产处置、资金调度和其他重要经济业务事项的决策和执行的相互监督、相互制约程序应当明确；三是财产清查的范围、期限和组织程序应当明确；四是对会计资料定期进行内部审计的办法和程序应当明确。

(二) 单位负责人的义务和会计机构、会计人员的职权

1. 单位负责人的义务

单位负责人在会计监督方面的义务主要有：一是应当保证会计机构、会计人员依法履行职责；二是不得授意、指使、强令会计机构、会计人员违法办理会计事项。单位负责人保证会计机构、会计人员依法履行职责，应注意两方面的问题：一方面要支持会计机构、会计人员的工作，会计人员的工作往往会涉及国家和本单位、其他单位和本单位、本单位内部有关部门之间或本单位内职工个人和单位之间的经济利益关系，特别是涉及本单位和国家之间、本单位职工个人和单位之间的经济利益关系时，可能会因严格执行国家会计制度而发生工作上的矛盾，这时，需要单位负责人坚决支持会计人员依法履行职责，如果有人非法干涉会计机构、会计人员行使职权时，单位负责人应当制止；另一方面，单位负责人自己也不得非法干涉会计机构、会计人员依法行使职权。

2. 会计机构、会计人员的职权

会计机构、会计人员在会计监督方面的职权主要有：发现会计账簿记录与实物、款项及有关资料不相符的，按照国家统一的会计制度的规定有权自行处理的，应当及时处理；无权处理的，应当立即向单位负责人报告，请求查明原因，作出处理。具体的监督职权包括以下内容：(1) 对原始凭证进行审核和监督。对不真实、不合法的原始凭证，不予受理。对弄虚作假、严重违法的原始凭证，在不予受理的同时，应当予以扣留，并及时向单位领导人报告，请求查明原因，追究当事人的责任。对记载不准确、不完整的原始凭证，予以退回，要求经办人员更正、补充。(2) 对伪造、变造、故意毁灭会计账簿或者账外设账行为，应当制止和纠正；制止和纠正无效的，应当向上级主管单位报告，请求作出处理。(3) 对实物、款项进行监督，督促建立并严格执行财产清查制度。发现账簿记录与实物、款项不符时，应当按照国家有关规定进行处理。超出会计机构、会计人员职权范围的，应当立即向本单位领导报告，请求查明原因，作出处理。(4) 对指使、强令编造、篡改财务报告的行为，应当制止和纠正；制止和纠正无效的，应当向上级主管单位报告，请求处理。(5) 对财务收支进行监督。对审批手续不全的财务收支，应当退回，要求补充、更正；对违反规定不纳入单位统一会计核算的财务收支，应当制止和纠正；对违反国家统一的财政、财务、会计制度规定的财务收支，不予办理；对认为是违反国家统一的财政、财务、会计制度规定的财务收支，应当制止和纠正；制止和纠正无效的，应当向单位领导人提出书面意见请求处理。单位领导人应当在接到书面意见起10日内作出书面决定，并对决定承担责任；对违反国家统一的财政、财务、会计制度规定的财务收支，不予制止和纠正，又不向单位领导人提出书面意见的，也应当承担责任；对严重违反国家利益和社会公众利益的

财务收支，应当向主管单位或者财政、审计、税务机关报告。（6）对违反单位内部会计管理制度的经济活动，应当制止和纠正；制止和纠正无效的，向单位领导人报告，请求处理。（7）对单位制定的预算、财务计划、经济计划、业务计划的执行情况进行监督。（8）各单位必须依照法律和国家有关规定接受财政、审计、税务等机关的监督。如实提供会计凭证、会计账簿、会计报表和其他会计资料以及有关情况，不得拒绝、隐匿和谎报。（9）按照法律规定应当委托注册会计师进行审计的单位，应当委托注册会计师进行审计，并配合注册会计师的工作，如实提供会计凭证、会计账簿、会计报表和其他会计资料以及有关情况。不得拒绝、隐匿和谎报，不得示意注册会计师出具不当的审计报告。

二、财政等有关部门对单位会计工作的监督

（一）财政部门对各单位会计工作的监督

根据《会计法》和《财政部门实施会计监督办法》等规定，财政部门对各单位的会计工作实施监督主要包括如下几个方面：

1. 监督各单位是否依法设置会计账簿

根据《会计法》和有关会计法规、规章的规定，各单位应当按照国家统一会计制度的规定和会计业务的需要设置会计账簿。会计账簿包括总账、明细账、日记账和其他辅助性账簿。现金日记账和银行存款日记账必须采用订本式账簿。不得用银行对账单或者其他方法代替日记账。实行会计电算化的单位，用计算机打印的会计账簿必须连续编号，经审核无误后装订成册，并由记账人员和会计机构负责人、会计主管人员签字或者盖章。启用会计账簿时，应当在账簿封面上写明单位名称和账簿名称。在账簿扉页上应当附启用表。内容包括：启用日期、账簿页数、记账人员和会计机构负责人、会计主管人员姓名，并加盖名章和单位公章。记账人员或者会计机构负责人、会计主管人员调动工作时，应当注明交接日期、接办人员或者监交人员姓名，并由交接双方人员签名或者盖章。启用订本式账簿，应当从第一页到最后一页顺序编写页数，不得跳页、缺号。使用活页式账页，应当按账户顺序编号，并须定期装订成册。装订后再按实际使用的账页顺序编写页码，并另加目录，记明每个账户的名称和页次。财政部门依法对各单位设置会计账簿实施监督检查的内容包括：应当设置会计账簿的是否按规定设置会计账簿；是否存在账外账行为；是否存在伪造、变造会计账簿的行为；设置会计账簿是否存在其他违反法律、行政法规和国家统一的会计制度的行为。

2. 监督各单位的会计凭证、会计账簿、财务会计报告和其他会计资料是否真实、完整根据《会计法》和有关会计法规、规章的规定，各单位必须保证其会计凭证、会计账簿、财务会计报告和其他会计资料真实、完整。在监督时发现重大违法嫌疑，国务院财政部门及其派出机构可以向与被监督单位有经济业务往来的单位和被监督单位开立账户的金融机构查询有关情况，有关单位和金融机构应当给予支持。财政部门依法对各单位会计凭证、会计账簿、财务会计报告和其他会计资料的真实性、完整性实施监督检查的内容包括：《会计法》第10条规定的应当办理会计手续、进行会计核算的经济业务事项是否如实在会计资料上反映；填制的会计凭证、登记的会计账簿、编制的财务会计报告与实际发生的经济业务事项是否相符；财务会计报告的内容是否符合有关法律、行政法规和国家统一会计制度的规定；其他会计资料是否真实、完整。

3. 监督各单位的会计核算是否符合《会计法》和国家统一的会计制度的规定

根据《会计法》及有关会计法规、规章的规定，各单位的会计核算必须符合《会计法》和国家统一的会计制度的规定进行。

各单位必须根据实际发生的经济业务事项进行会计核算，填制会计凭证，登记会计账簿，编制财务会计报告。任何单位不得以虚假的经济业务事项或者资料进行会计核算。会计核算是全部会计工作的核心，其他各项会计工作都是围绕会计核算来展开的。任何单位在填制会计凭证、登记会计账簿、编制财务会计报告时，均不得以虚假的经济业务事项或者资料进行会计核算。

各单位进行会计核算必须以公历年制为会计年度，即自公历1月1日起至12月31日止。会计核算以人民币为记账本位币。业务收支以人民币以外的货币为主的单位，也可以选定某种人民币以外的货币作为记账本位币，但是编报的会计报表应当折算为人民币反映。

"会计凭证、会计账簿、会计报表和其他会计资料必须符合统一的会计制度的规定"，是指各单位的会计资料必须符合法律、法规和制度的要求，会计记录必须如实反映经济业务的实际情况，会计记录的文字表述和数字计算必须准确可靠，发生的一切经济业务都必须进行会计核算，不得多记或少记。

各单位办理《会计法》规定的事项，必须填制或者取得原始凭证，并及时送交会计机构。会计机构必须对原始凭证进行审核，并根据经过审核的原始凭证编制记账凭证。这里讲的"原始凭证"是指证明经济业务已经发生，并用作记账的原始依据，明确经济责任的一种凭证。原始凭证按其来源的不同，可分为外来原始凭证和自制原始凭证两种。前者是指经济业务发生时从外单位取得的原始凭证，如购货时取得的发票、付款时取得的收据等；后者则是指由本单位经办人员填制的原始凭证，如入库单、领料单等。根据《会计法》第14条第1款的规定。对于发生的每笔经济业务，都应办理会计手续，由业务经办人员填制或取得原始凭证，并应及时送交会计机构。这是因为原始凭证是会计核算工作的基本依据，取得原始凭证并及时送交会计机构，是保证会计核算工作正常运行的前提条件。对原始凭证进行审核，主要包括以下内容：（1）审核凭证所记载的经济业务是否真实、可靠，判断是否正常，涉及业务发生的日期、季节，经办负责人员，数量和单价，业务的程序和手续等是否符合要求；（2）合法性、合规性、合理性审核，主要审核经济业务的内容是否符合有关政策、法令、制度、计划、预算和合同等的规定，是否符合审批权限和手续，以及是否符合节约原则等；（3）完整性审核，主要审核原始凭证的手续是否完备，应填项目是否填写齐全，有关经办人员是否都已签名或盖章，主管人员是否审批同意等；（4）正确性审核，主要审核原始凭证的摘要和数字是否填写清楚、正确，数量、单价、金额的计算有无差错，大写与小写金额是否相符等。

会计机构在对原始凭证审核之后，应根据审核无误的原始凭证编制记账凭证。记账凭证是一种用来确定经济业务性质和分类——会计分录的凭证。主要包括收款凭证、付款凭证和转账凭证三种类型。记账凭证必须附有原始凭证，以供备查。

各单位按照国家统一的会计制度的规定，根据账簿记录编制会计报表，报送财政部门和有关部门。会计报表由单位负责人和主管会计工作的负责人、会计机构负责人（会计主管人员）签名并盖章。设置总会计师的单位并由总会计师签名并盖章。会计报表是根据会计账簿的日常核算资料，按照规定的报表格式，总括反映一定期间的经济活动和财务收支情况及其结果的一种报告文件。《会计法》中所指的会计报表主要是单位对外提供的会计报表，一些单位根据管理需要编制的仅供内部管理使用的会计报表不在此限。对会计报表中诸项数据的基本要求是合法、真实、准确、完整。由于单位负责人、会计机构负责人、会计主管人员以及总会计师直接主管本单位的会计工作，对会计报表诸项数据的基本要求负全面责任，因此，由单位负责人、会计机构负责人、会计主管人员及总会计师签名或盖章后，就对会计报表中数据的合法性、真实性、准确性、完整性承担相应的责任。

财政部门依法对各单位会计核算实施监督检查的内容主要包括：采用会计年度、使用记账本位币和会计记录文字是否符合法律、行政法规和国家统一的会计制度的规定；填制或者取得原始凭证、编制记账凭证、登记会计账簿是否符合法律、行政法规和国家统一会计制度的规定；财务会计报告的编制程序、报送对象和报送期限是否符合法律、行政法规和国家统一会计制度的规定；会计处理方法的采用和变更是否符合法律、行政法规和国家统一会计制度的规定；使用的会计软件及其生成的会计核算资料是否符合法律、行政法规和国家统一会计制度的规定；是否按照法律、行政法规和国家统一会计制度的规定建立并实施内部会计监督制度；会计核算是否有其他违法会计行为。

4. 监督各单位是否依法管理会计档案

会计凭证、会计账簿、会计报表和其他会计资料，应当按照国家有关规定建立档案，妥善保管。会计档案的保管期限和销毁办法，由国务院财政部门会同有关部门制定。会计档案是指会计凭证、会计账簿和会计报表等会计核算资料，它是记录和反映经济业务的重要史料和证据。充分利用会计档案资料，对于总结经济工作经验，指导生产经营管理和事业管理，查证经济财务问题，防止贪污舞弊，研究经济发展的方针、战略等都有很大意义。各单位必须严格按照要求管理好会计档案，如果不按照要求管理会计档案，造成会计档案管理的混乱，应当受到法律的追究。财政部门依法对各单位会计档案的建立、保管和销毁是否符合法律、行政法规和国家统一会计制度的规定实施监督检查。

5. 监督从事会计工作的人员是否具备从业资格

根据《会计法》第五章的规定，只有取得会计从业资格证书的人员才能从事会计工作，未取得会计从业资格证书的人员，不得从事会计工作。财政部门依法对各单位任用会计人员实施监督检查的内容包括：从事会计工作的人员是否持有会计人员从业资格证书；会计机构负责人（会计主管人员）是否具备法律、行政法规和国家统一会计制度规定的任职资格。

（二）其他部门对各单位会计工作的监督

根据《会计法》的规定，除财政部门外，审计、税务、人民银行、证券监管、保险监管等部门也应当依照有关法律、行政法规规定的职责，对有关单位的会计资料实施监督检查。

1. 审计部门对各单位会计工作的监督

根据我国《宪法》和《审计法》的规定，国务院和县级以上人民政府设立审计机关。审计机关在会计监督工作中的权限包括：（1）有权要求被审计单位按照规定报送预算或者财务收支计划、预算执行情况、决算、财务报告，社会审计机构出具的审计报告，以及其他与财政收支或者财务收支有关的资料，被审计单位不得拒绝、拖延、谎报。（2）有权检查被审计单位的会计凭证、会计账簿、会计报表以及其他与财政收支或者财务收支有关的资料和资产，被审计单位不得拒绝。（3）有权就审计事项的有关问题向有关单位和个人进行调查，并取得有关证明材料。有关单位和个人应当支持、协助审计机关工作。如实向审计机关反映情况，提供有关证明材料。（4）对被审计单位正在进行的违反国家规定的财政收支、财务收支行为，有权予以制止；制止无效的，经县级以上审计机关负责人批准，通知财政部门和有关主管部门暂停拨付与违反国家规定的财政收支、财务收支行为直接有关的款项；已经拨付的，暂停使用。采取该项措施不得影响被审计单位合法的业务活动和生产经营活动。(5) 审计机关认为被审计单位所执行的上级主管部门有关财政收支、财务收支的规定与法律、行政法规相抵触的,应当建议有关主管部门纠正;有关主管部门不予纠正的,审计机关应当提请有权处理的机关依法处理。(6) 审计机关可以向政府有关部门通报或者向社会公布审计结果。审计机关通报或者公布审计结果,应当依法保守国家秘密和被审计单位的商业秘密,遵守国务院的有关规定。

2. 税务部门对各单位会计工作的监督

国务院税务主管部门主管全国税收征收管理工作。税务部门对各单位会计工作的监督的职责和权限是:(1) 对依规定可以不设置账簿的、依规定应当设置但未设置账簿的,以及虽设置账簿,但账目混乱或者成本资料、收入凭证、费用凭证残缺不全,难以查账的有权核定其应纳税额。(2) 对不按照独立企业之间的业务往来收取或者支付价款、费用,而减少其应纳税的收入或者所得额的,税务机关有权进行合理调整。(3) 账簿、凭证管理。从事生产、经营的纳税人、扣缴义务人按照国务院财政、税务主管部门的规定设置账簿,根据合法、有效凭证记账,进行核算。个体工商户确实不能设置账簿的,经税务机关核准,可以不设置账簿。(4) 从事生产、经营的纳税人的财务、会计制度或者财务、会计处理办法,应当报送税务机关备案。从事生产、经营的纳税人的财务、会计制度或者财务、会计处理办法与国务院或者国务院财政、税务主管部门有关税收的规定相抵触的,依照国务院或者国务院财政、税务主管部门有关税收的规定计算纳税。(5) 专用发票管理。增值税专用发票由国务院税务主管部门指定的企业印制;其他发票,按照国务院税务主管部门的规定,分别由省、自治区、直辖市国家税务局、地方税务局指定企业印制。从事生产、经营的纳税人、扣缴义务人必须按照国务院财政、税务主管部门规定的保管期限保管账簿、记账凭证、完税凭证及其他有关资料。(6) 税务机关有权进行下列检查:检查纳税人的账簿、记账凭证、报表和有关资料,检查扣缴义务人代扣代缴、代收代缴税款账簿、记账凭证和有关资料;到纳税人的生产、经营场所和货物存放地检查纳税人应纳税的商品、货物或者其他财产,检查扣缴义务人与代扣代缴、代收代缴税款有关的经营情况;责成纳税人、扣缴义务人提供与纳税或者代扣代缴、代收代缴税款有关的文件、证明材料和有关资料,包括会计资料;询问纳税人、扣缴义务人与纳税或者代扣代缴、代收代缴税款有关的问题和情况;到车站、码头、机场、邮政企业及其分支机构检查纳税人托运、邮寄应纳税商品、货物或者其他财产的有关单据、凭证和有关资料;经县以上税务局(分局)局长批准,凭全国统一格式的检查存款账户许可证明,查核从事生产、经营的纳税人、扣缴义务人在银行或者其他金融机构的存款账户；查核从事生产、经营的纳税人的储蓄存款，须经银行县、市支行或者市分行的区小事处核对。指定所属储蓄所提供资料。税务机关派出的人员进行税务检查时，应当出示税务检查证件，并有责任为被检查人保守秘密。

3. 证券监管部门对各单位会计工作的监督

根据我国《证券法》的规定。国务院证券监督管理机构对证券市场实施监督管理，履行下列职责：依法制定有关证券市场监督管理的规章、规则，并依法行使审批或者核准权；依法对证券的发行、交易、登记、托管、结算进行监督管理；依法对证券发行人、上市公司、证券交易所、证券公司、证券登记结算机构、证券投资基金管理机构、证券投资咨询机构、资信评估机构以及从事证券业务的律师事务所、会计师事务所、资产评估机构的证券业务活动，进行监督管理；依法监督检查证券发行和交易的信息公开情况；依法对违反证券市场监督管理法律、行政法规的行为进行查处；法律、行政法规规定的其他职责。国务院证券监督管理机构依法履行职责，有权采取下列措施：进入违法行为发生场所调查取证；询问当事人和与被调查事件有关的单位和个人，要求其对与被调查事件有关的事项作出说明；查阅、复制当事人和与被调查事件有关的单位和个人的证券交易记录、登记过户记录、财务会计资料及其他相关文件和资料；对可能被转移或者隐匿的文件和资料，可以予以封存；查询当事人和与被调查事件有关的单位和个人的资金账户、证券账户，对有证据证明有转移或者隐匿违法资金、证券迹象的，可以申请司法机关予以冻结。国务院证券监督管理机构工作人员依法履行职责，进行监督检查或者调查时，应当出示有关证件，并对知悉的有关单位和个人的商业秘密负有保密的义务。

4. 监察机关对各单位会计工作的监督

《行政监察法》规定监察机关的职责之一是有权要求被监察的部门和人员提供与监察事项有关的文件、资料、财务账目及其他有关的材料，进行查阅或者予以复制；有权要求被监察的部门和人员就监察事项涉及的问题作出解释和说明。

除上述监督检查部门之外，中国人民银行、保险监督管理部门等也可在职权范围对各单位会计工作实施监督。

上述监督检查部门对有关单位的会计资料依法实施监督检查后，应当出具检查结论。有关监督检查部门已经作出的检查结论能够满足其他监督检查部门履行本部门职责需要的，其他监督检查部门应当加以利用，避免重复查账。

依法对有关单位的会计资料实施监督检查的部门及其工作人员，对在监督检查中知悉的国家秘密和商业秘密负有保密义务。

各单位必须依照有关法律、行政法规的规定，接受有关监督检查部门依法实施的监督检查，如实提供会计凭证、会计账簿、财务会计报告和其他会计资料以及有关情况，不得拒绝、隐匿、谎报。

第三节　会计机构和会计人员

一、会计机构

(一) 会计机构和会计人员的设置

各单位应当根据会计业务的需要，设置会计机构，或者在有关机构中设置会计人员并指定会计主管人员。设置会计机构，应当配备会计机构负责人，在有关机构中配备专职会计人员，应当在专职会计人员中指定会计主管人员。会计机构负责人、会计主管人员应当具备六项基本条件：一是坚持原则，廉洁奉公；二是具有会计专业技术资格；三是主管一个单位或者单位内一个重要方面的财务会计工作时间不少于2年；四是熟悉国家财经法律、法规、规章和方针、政策，掌握本行业业务管理的有关知识；五是有较强的组织能力；六是身体状况能够适应本职工作的要求。

不具备设置会计机构和配备会计人员条件的，应当根据《代理记账管理暂行办法》，委托经批准设立从事会计代理记账业务的中介机构代理记账。

国有的和国有资产占控股地位或者主导地位的大、中型企业必须设置总会计师。国务院颁布的《总会计师条例》规定，总会计师由具有会计师以上专业技术资格的人员担任。总会计师行使《总会计师条例》规定的职责、权限。根据《总会计师条例》的规定，总会计师是单位行政领导成员，协助单位主要行政领导人工作，直接对单位主要行政领导人负责。总会计师组织领导本单位的财务管理、成本管理、预算管理、会计核算和会计监督等方面的工作，参与本单位重要经济问题的分析和决策。总会计师具体组织本单位执行国家有关财经法律、法规、方针、政策和制度，保护国家财产。总会计师的职权受国家法律保护。

总会计师负责组织本单位的下列工作：一是编制和执行预算、财务收支计划、信贷计划，拟订资金筹措和使用方案，开辟财源，有效地使用资金；二是进行成本费用预测、计划、控制、核算、分析和考核，督促本单位有关部门降低消耗、节约费用、提高经济效益；三是建立、健全经济核算制度，利用财务会计资料进行经济活动分析；四是承办单位主要行政领导人交办的其他工作。总会计师负责对本单位财会机构的设置和会计人员的配备、会计专业职务的设置和聘任提出方案；组织会计人员的业务培训和考核；支持会计人员依法行使职权。

总会计师行使下列职权：对违反国家财经法律、法规、方针、政策、制度和有可能在经济上造成损失、浪费的行为,有权制止或者纠正。制止或者纠正无效时,提请单位主要行政领导人处理。总会计师有权组织本单位各职能部门、直属基层组织的经济核算、财务会计和成本管理方面的工作。总会计师主管审批财务收支工作。除一般的财务收支可以由总会计师授权的财会机构负责人或者其他指定人员审批外,重大的财务收支,须经总会计师审批或者由总会计师报单位主要行政领导人批准。预算、财务收支计划、成本和费用计划、信贷计划、财务专题报告、会计决算报表,须经总会计师签署。涉及财务收支的重大业务计划、经济合同、经济协议等,在单位内部须经总会计师核签。会计人员的任用、晋升、调动、奖惩,应当事先征求总会计师的意见。财会机构负责人或者会计主管人员的人选,应当由总会计师进行业务考核,依照有关规定审批。

(二) 会计机构内部应当建立稽核制度

会计机构内部稽核制度是会计机构自身对于会计核算工作进行的一种自我检查、自我审核的制度,其主要内容包括:稽核工作的组织形式和具体分工;稽核工作的职责、权限;审核会计凭证和复核会计账簿、会计报表的方法。建立会计机构内部稽核制度的目的在于防止会计核算工作上的差错和有关人员的舞弊,提高会计核算工作的质量。会计稽核是会计工作的重要内容,加强会计稽核工作是做好会计核算工作的重要保证。

根据《会计基础工作规范》的规定,各单位应当根据会计业务需要设置会计工作岗位。会计工作岗位一般可分为:会计机构负责人或者会计主管人员;出纳;财产物资核算;工资核算;成本费用核算;财务成果核算;资金核算;往来结算;总账报表;稽核;档案管理等。开展会计电算化和管理会计的单位,可以根据需要设置相应工作岗位,也可以与其他工作岗位相结合。会计工作岗位,可以一人一岗、一人多岗或者一岗多人。但出纳人员不得兼管稽核、会计档案保管和收入、支出、费用、债权债务账目的登记工作。

二、会计人员

(一) 会计人员的任职资格

从事会计工作的人员,必须取得会计从业资格证书。担任单位会计机构负责人(会计主管人员)的,除取得会计从业资格证书外,还应当具备会计师以上专业技术职务资格或者从事会计工作3年以上经历。会计人员从业资格管理办法由国务院财政部门规定。会计人员应当遵守职业道德,提高业务素质。会计证是具备一定会计专业知识和技能的人员从事会计工作的资格证书。未取得会计证的人员,各单位不得任用其担任会计岗位的工作。会计证的颁发和管理按属地原则由所在地的同级财政部门负责。中央和国务院各部、委、局、总公司、各人民团体及其在京直属单位的会计人员会计证的颁发和管理由国务院机关事务管理局负责。

取得会计证必须符合四项基本条件：坚持四项基本原则；遵守国家财经和会计法律、法规、规章制度；具备一定的会计专业知识及技能；热爱会计工作、秉公办事。会计证实行考试制度，会计证考试原则上每年进行一次。

持证人员被单位任用（或聘用）从事会计工作时，应由所在单位提出申请，在30日内到发证机关换领正式会计证，同时办理注册登记手续。有效期满仍未从事会计工作的，其所持预备会计证自行失效。会计证实行验证制度。各级财政、税务等部门具有共同负责检查和监督会计人员持证上岗情况的权利。

会计证实行注册登记和年检考核制度。取得会计证的人员，被单位聘（任）用从事会计工作时，应由所在单位提出申请，并在30日内到发证机关进行注册登记，注册后的持证人员作为正式会计人员管理。在岗会计人员应按规定向发证机关办理会计证年检。年检工作每两年进行一次。由各基层单位将持证会计人员的情况按会计证所列内容逐项填写，并经本单位人事部门核签后送发证机关进行年检。发证机关审核无误后，在会计证相应年份备注栏加盖验讫印章和日期，退回持证人。对未经发证机关注册登记、有违法乱纪行为、未按规定参加继续教育培训和脱离会计岗位的，以及弄虚作假骗取会计证的，发证机关不予办理年检。

持证会计人员调离原单位的，应在离岗30日内，由所在单位报发证机关备案。对于离岗后继续从事会计工作的，由调出方发证机关向调入方发证机关提供证明并转出业务档案。调入单位应向同级发证机关提出申请，按规定办理注册登记后，其所持会计证可继续使用。会计人员因离退、解聘、留职停薪、辞职等原因离开原工作单位的，所持会计证在有效期内不予收回，继续从事会计工作时，重新按规定向发证机关办理注册登记手续。凡脱离会计工作岗位连续时间超过3年的，所持会计证自行失效，必须重新参加考试或按规定申领。持证会计人员严重违反财经纪律给国家、集体造成严重经济损失，或受到两次记大过行政处分的，或弄虚作假骗取会计证的，发证机关应收回其会计证。因有提供虚假财务会计报告、做假账、隐匿或者故意销毁会计凭证、会计账簿、财务会计报告，贪污、挪用公款，职务侵占等与会计职务有关的违法行为被依法追究刑事责任的人员，不得取得或者重新取得会计从业资格证书。除前述人员外，因违法违纪行为被吊销会计从业资格证书的人员，自被吊销会计从业资格证书之日起5年内不得重新取得会计从业资格证书。

（二）会计人员调动或离职时应当办理交接手续

会计人员调动工作或者离职，必须与接管人员办清交接手续。一般会计人员办理交接手续，由会计机构负责人（会计主管人员）监交；会计机构负责人（会计主管人员）办理交接手续，由单位负责人监交，必要时主管单位可以派人会同监交。会计人员工作调动或者因故离职，必须将本人所经管的会计工作全部移交给接替人员。没有办清交接手续的，不得调动或者离职。接替人员应当认真接管移交工作，并继续办理移交的未了事项。会计人员办理移交手续前，必须及时做好以下工作：（1）已经受理的经济业务尚未填制会计凭证的，应当填制完毕；（2）尚未登记的账目，应当登记完毕，并在最后一笔余额后加盖经办人员印章；（3）整理应该移交的各项资料，对未了事项写出书面材料；（4）编制移交清册，列明应当移交的会计凭证、会计账簿、会计报表、印章、现金、有价证券、支票簿、发票、文件、其他会计资料和物品等内容；实行会计电算化的单位，从事该项工作的移交人员还应当在移交清册中列明会计软件及密码、会计软件数据磁盘（磁带等）及有关资料、实物等内容。

移交人员在办理移交时，要按移交清册逐项移交，接替人员要逐项核对点收：（1）现金、有价证券要根据会计账簿有关记录进行点交。库存现金、有价证券必须与会计账簿记录保持一致。不一致时，移交人员必须限期查清。（2）会计凭证、会计账簿、会计报表和其他会计资料必须完整无缺。如有短缺，必须查清原因，并在移交清册中注明，由移交人员负责。（3）银行存款账户余额要与银行对账单核对，如不一致，应当编制银行存款余额调节表调节相符，各种财产物资和债权债务的明细账户余额要与总账有关账户余额核对相符；必要时，要抽查个别账户的余额，与实物核对相符，或者与往来单位、个人核对清楚。（4）移交人员经管的票据、印章和其他实物等，必须交接清楚；移交人员从事会计电算化工作的，要对有关电子数据在实际操作状态下进行交接。会计人员临时离职或者因病不能工作且需要接替或者代理的，会计机构负责人、会计主管人员或者单位领导人必须指定有关人员接替或者代理，并办理交接手续。临时离职或者因病不能工作的会计人员恢复工作的，应当与接替或者代理人员办理交接手续。移交人员因病或者其他特殊原因不能亲自办理移交的，经单位领导人批准，可由移交人员委托他人代办移交，但委托人应当承担相应的责任。单位撤销时，必须留有必要的会计人员，会同有关人员办理清理工作，编制决算。未移交前，不得离职。接收单位和移交日期由主管部门确定。单位合并、分立的，其会计工作交接手续比照上述有关规定办理。移交人员对所移交的会计凭证、会计账簿、会计报表和其他有关资料的合法性、真实性承担法律责任。

会计机构负责人、会计主管人员移交时，还必须将全部财务会计工作、重大财务收支和会计人员的情况等，向接替人员详细介绍。对需要移交的遗留问题，应当写出书面材料。交接完毕后，交接双方和监交人员要在移交清册上签名或者盖章。并应在移交清册上注明：单位名称，交接日期，交接双方和监交人员的职务、姓名，移交清册页数以及需要说明的问题和意见等。移交清册一般应当填制一式三份，交接双方各执一份，存档一份。接替人员应当继续使用移交的会计账簿，不得自行另立新账，以保持会计记录的连续性。

（三）会计人员应遵守职业道德

会计人员在会计工作中应当遵守职业道德，树立良好的职业品质、严谨的工作作风，严守工作纪律，努力提高工作效率和工作质量；热爱本职工作，努力钻研业务。使自己的知识和技能适应所从事工作的要求；熟悉财经法律、法规、规章和国家统一会计制度。并结合会计工作进行广泛宣传；按照会计法律、法规和国家统一会计制度规定的程序和要求进行会计工作，保证所提供的会计信息合法、真实、准确、及时、完整；会计人员办理会计事务应当实事求是、客观公正；会计人员应当熟悉本单位的生产经营和业务管理情况，运用掌握的会计信息和会计方法，为改善单位内部管理、提高经济效益服务；会计人员应当保守本单位的商业秘密。除法律规定和单位领导人同意外。不能私自向外界提供或者泄露单位的会计信息。财政部门、业务主管部门和各单位应当定期检查会计人员遵守职业道德的情况，并作为会计人员晋升、晋级、聘任专业职务、表彰奖励的重要考核依据。

（四）会计人员的教育和培训

会计人员应当按照国家有关规定参加会计业务的培训。各单位应当合理安排会计人员的培训，保证会计人员每年有一定时间用于学习和参加培训。会计人员教育培训的主要任务是提高会计人员政治素质、业务能力、职业道德水平，使其知识和技能不断得到更新、补充、拓展和提高。会计人员教育培训的对象为在职会计人员，具体包括在国家机关、社会团体、企事业单位和其他组织从事会计工作并已取得会计证的会计人员。

按规定应参加而未参加继续教育的会计人员，除特殊情况外，财政部门会计管理机构及会计人员所在单位应督促其接受继续教育。年度内未接受继续教育或未按有关规定完成继续教育时间的会计人员，如无正当理由的，予以警告；连续两年未接受继续教育或连续两年来按有关规定完成继续教育时间的会计人员，不予办理会计证年检，不得参加上一档次会计专业技术资格考试或高级会计师资格评审，不得参加先进会计工作者评选，财政部门不予颁发会计人员荣誉证书；会计人员所在单位负有责任的，其单位不得申请会计基础工作规范化资格；连续3年未接受继续教育或连续3年未按有关规定完成继续教育时间的会计人员，由省级财政部门作出或建议作出取消其会计证、会计专业技术资格（职称）、会计人员所在单位会计基础工作规范化证书的决定；被取消会计证、会计专业技术资格（职称）、会计基础工作规范化证书的会计人员和单位，两年内（含两年）不得重新参加会计证考试、会计专业技术资格（职称）考试或评审、申请会计基础工作规范化资格。如在两年后想重新获得会计证、会计专业技术资格（职称）、会计基础工作规范化证书，须经省级财政部门批准后才能重新参加会计证、会计专业技术资格（职称）考试（评审）或申请会计基础工作规范化资格。

第四节 违反会计法的法律责任

一、不依法进行会计管理、核算和监督的法律责任

违反《会计法》的规定，有下列行为之一的，由县级以上人民政府财政部门责令限期改正，可以对单位并处 3000 元以上 5 万元以下的罚款；对其直接负责的主管人员和其他直接责任人员，可以处 2000 元以上 2 万元以下的罚款；属于国家工作人员的，还应当由其所在单位或者有关单位依法给予行政处分：

（1）不依法设置会计账簿的。一是依法应当设置会计账簿而不设置会计账簿的；二是虽然设置了会计账簿，但未按规定的要求设置会计账簿的。

（2）私设会计账簿的。即不按国家规定的要求私设会计账簿的行为，多为在依法设置的会计账簿之外，另设会计账簿进行核算的行为。

（3）未按照规定填制、取得原始凭证或者填制、取得的原始凭证不符合规定的。原始凭证是反映各单位经济业务最基本的证据，填制、取得原始凭证或者填制、取得的原始凭证都必须符合国家规定，如原始凭证的内容必须具备凭证的名称；填制凭证的日期；填制凭证单位名称或者填制人姓名；经办人员的签名或者盖章；接受凭证单位名称；经济业务内容；数量、单价和金额。从外单位取得的原始凭证，必须盖有填制单位的公章；从个人取得的原始凭证，必须有填制人员的签名或者盖章。自制原始凭证必须有经办单位领导人或者其指定的人员签名或者盖章。对外开出的原始凭证，必须加盖本单位公章。凡填有大写和小写金额的原始凭证，大写与小写金额必须相符。购买实物的原始凭证，必须有验收证明。支付款项的原始凭证，必须有收款单位和收款人的收款证明。原始凭证不得涂改、挖补。发现原始凭证有错误的，应当由开出单位重开或者更正，更正处应当加盖开出单位的公章。

（4）以未经审核的会计凭证为依据登记会计账簿或者登记会计账簿不符合规定的。各单位必须对原始凭证进行审核，确认其符合规定的，才能作为依据登记会计账簿。对不真实、不合法的原始凭证，不予受理。对弄虚作假、严重违法的原始凭证，在不予受理的同时，应当予以扣留，并及时向单位领导人

报告，请求查明原因，追究当事人的责任。对记载不准确、不完整的原始凭证，予以退回，要求经办人员更正、补充。登记会计账簿也必须按照规定进行。

（5）随意变更会计处理方法的。会计处理方法是指在进行会计核算时所采用的具体核算方法，如会计确认方法、会计计量方法、会计记录方法和会计报告方法等。各单位采用的会计处理方法，前后各期应当一致，不得随意变更，确有必要变更的，应当按照国家统一的会计制度的规定变更，并将变更的原因、情况及影响在财务会计报告中说明。

（6）向不同的会计资料使用者提供的财务会计报告编制依据不一致的。财务会计报告是全面地反映单位在一定时期内经济活动情况及其成果的报告文件，应当根据经过审核的会计账簿记录和有关资料编制，并符合本法和国家统一的会计制度关于财务会计报告的编制要求、提供对象和提供期限的规定；其他法律、行政法规另有规定的，从其规定。财务会计报告由会计报表、会计报表附注和财务情况说明书组成。向不同的会计资料使用者提供的财务会计报告，其编制依据应当一致。

（7）未按照规定使用会计记录文字或者记账本位币的。会计记录的文字应当使用中文。在民族自治地方，会计记录可以同时使用当地通用的一种民族文字。在中华人民共和国境内的外商投资企业、外国企业和其他外国组织的会计记录可以同时使用一种外国文字。

（8）未按照规定保管会计资料，致使会计资料毁损、灭失的。各单位对会计凭证、会计账簿、财务会计报告和其他会计资料，应当建立档案，妥善保管。会计档案的保管期限和销毁办法，应按国务院财政部门会同有关部门制定的规定执行。当年会计档案，在会计年度终了后，可暂由本单位财务会计部门保管一年。期满之后，原则上应由财务会计部门编造清册移交本单位的档案部门保管。财务会计部门和经办人必须按期将应当归档的会计档案，全部移交档案部门，不得自行封包保存。档案部门必须按期点收，不得推诿拒绝。各单位保存的会计档案应积极为本单位提供利用，向外单位提供利用时，档案原件原则上不得借出，如有特殊需要，须报经上级主管单位批准，但不得拆散原卷册，并应限期归还。撤销、合并单位和建设单位完工后的会计档案，应随同单位的全部档案一并移交给指定的单位，并按规定办理交接手续。各种会计档案的保管期限，根据其特点，分为永久、定期两类。定期保管期限分为3年、5年、10年、15年、25年5种。会计档案保管期满，需要销毁时，由本单位档案部门提出销毁意见，会同财务会计部门共同鉴定，严格审查，编造会计档案销毁清册。对于其中未了结的债权债务的原始凭证，应单独抽出，另行立卷，由档案部门保管到结清债权债务时为止。建设单位在建设期间的会计档案，不得销毁。各单位按规定销毁会计档案时。应由档案部门和财务会计部门共同派员监销。各级主管部门销毁会计档案时，还应有同级财政部门、审计部门派员参加监销。

（9）未按照规定建立并实施单位内部会计监督制度或者拒绝依法实施的监督或者不如实提供有关会计资料及有关情况的。各单位必须按照规定建立并实施单位内部会计监督制度，必须依照有关法律、行政法规的规定，接受有关监督检查部门依法实施的监督检查，如实提供会计凭证、会计账簿、财务会计报告和其他会计资料以及有关情况，不得拒绝、隐匿、谎报。

（10）任用会计人员不符合本法规定的。从事会计工作的人员，必须取得会计从业资格证书。担任单位会计机构负责人（会计主管人员）的，除取得会计从业资格证书外，还应当具备会计师以上专业技术职务资格或者从事会计工作3年以上经历。

根据《会计法》的规定，有上述行为之一，构成犯罪的，依法追究刑事责任。会计人员有上述所列行为之一，情节严重的，由县级以上人民政府财政部门吊销会计从业资格证书。有关法律对上述所列行为的处罚另有规定的，依照有关法律的规定办理。

二、伪造、变造，编制虚假会计资料的法律责任

各单位都必须保证会计资料的真实、完整，伪造、变造会计凭证、会计账簿和其他会计资料，提供虚假财务会计报告的行为，都是违法行为。会计机构和会计人员不得伪造、变造会计凭证、会计账簿和其他会计资料，提供虚假财务会计报告。根据《会计法》第43条的规定，伪造、变造会计凭证、会计账簿，编制虚假财务会计报告，构成犯罪的，依法追究刑事责任。根据我国《刑法》的规定，伪造、变造会计凭证、会计账簿，编制虚假财务会计报告，如果是向股东和社会公众提供虚假的或者隐瞒重要事实的财务会计报告，严重损害股东或者其他人利益的，对其直接负责的主管人员和其他直接责任人员，处3年以下有期徒刑或者拘役，并处或者单处2万元以上20万元以下罚金。由于实施伪造、变造会计凭证、会计账簿，编制虚假财务会计报告行为的目的不同，因此将可能构成虚报注册资本罪，虚假出资、抽逃罪，妨害清算罪，徇私舞弊低价折股、出售国有资产罪，偷税罪，逃避追缴欠税罪等。如根据我国《刑法》第201条的规定，纳税人采取伪造、变造、隐匿、擅自销毁账簿、记账凭证，在账簿上多列支出或者少列、不列收入、经税务机关通知申报而拒不申报或者进行虚假的纳税申报的手段，不缴或者少缴应纳税款，偷税数额占应纳税额的10%以上不满30%并且偷税数额在1万元以上不满10万元的，或者因偷税被税务机关给予二次行政处罚又偷税的，处3年以下有期徒刑或者拘

役，并处偷税数额1倍以上5倍以下罚金；偷税数额占应纳税额的30%以上并且偷税数额在10万元以上的，处3年以上7年以下有期徒刑，并处偷税数额1倍以上5倍以下罚金。伪造、变造会计凭证、会计账簿，编制虚假财务会计报告尚不构成犯罪的，由县级以上人民政府财政部门予以通报，可以对单位并处5000元以上10万元以下的罚款；对其直接负责的主管人员和其他直接责任人员，可以处3000元以上5万元以下的罚款；属于国家工作人员的，还应当由其所在单位或者有关单位依法给予撤职直至开除的行政处分；对其中的会计人员，并由县级以上人民政府财政部门吊销会计从业资格证书。

三、隐匿或者故意销毁依法应当保存的会计资料的法律责任

隐匿或者故意销毁依法应当保存的会计凭证、会计账簿、财务会计报告，构成犯罪的，依法追究刑事责任。《刑法》第162条规定："隐匿或者故意销毁依法应当保存的会计凭证、会计账簿、财务会计报告，情节严重的，处5年以下有期徒刑或者拘役，并处或者单处2万元以上20万元以下罚金。单位犯此罪的，对单位判处罚金，并对其直接负责的主管人员和其他直接责任人员，处5年以下有期徒刑或者拘役，并处或者单处2万元以上20万元以下罚金。"根据《刑法》第201条的规定，采用隐匿或者故意销毁依法应当保存的会计凭证、会计账簿、财务会计报告、偷税的，还将构成偷税罪等。尚不构成犯罪的，由县级以上人民政府财政部门予以通报，可以对单位并处5000元以上10万元以下的罚款；对其直接负责的主管人员和其他直接责任人员，可以处3000元以上5万元以下的罚款；属于国家工作人员的，还应当由其所在单位或者有关单位依法给予撤职直至开除的行政处分；对其中的会计人员，并由县级以上人民政府财政部门吊销会计从业资格证书。

四、授意、指使、强令会计机构、会计人员及其他人员伪造、变造、编制、隐匿、故意销毁会计资料的法律责任

《会计法》第5条规定，任何单位或者个人都不得以任何方式授意、指使、强令会计机构、会计人员伪造、变造会计凭证、会计账簿或其他会计资料，提供、虚假财务会计报告。授意、指使、强令会计机构、会计人员及其他人员伪造、变造会计凭证、会计账簿、编制虚假财务会计报告或者隐匿、故意销毁依法应当保存的会计凭证、会计账簿、财务会计报告，构成犯罪的，依法追究刑事责任；尚不构成犯罪的，可以处5000元以上5万元以下的罚款；属于国家工作人员的，还应当由其所在单位或者有关单位依法给予降级、撤职、开除的行政处分。

五、单位负责人对会计人员进行打击报复的法律责任

会计人员应当依法履行职责，坚决抵制违反会计法的行为，任何单位或者个人都不得对会计人员进行打击报复，这是我国《会计法》对会计人员依法行使职权进行保护的一项重要保护性条款。根据这一条款，任何单位或者个人如果对会计人员由于严格依法办事实行打击报复，都属违法行为。单位负责人对依法履行职责、抵制违反会计法规定行为的会计人员以降级、撤职、调离工作岗位、解聘或者开除等方式实行打击报复，构成犯罪的，依法追究刑事责任。我国《刑法》第255条规定："公司、企业、事业单位、机关、团体的领导人，对依法履行职责、抵制违反会计法、统计法行为的会计、统计人员实行打击报复，情节恶劣的，处3年以下有期徒刑或者拘役。"尚不构成犯罪的，由其所在单位或者有关单位依法给予行政处分。对受打击报复的会计人员，应当恢复其名誉和原有职务、级别。

六、其他违反会计法的法律责任

其他违反会计法的法律责任主要指两种情况，一是财政部门及有关行政部门的工作人员在实施监督管理中滥用职权、玩忽职守、徇私舞弊或者泄露国家秘密、商业秘密，构成犯罪的，依法追究刑事责任。我国《刑法》第397条规定："国家机关工作人员滥用职权或者玩忽职守，致使公共财产、国家和人民利益遭受重大损失的，处3年以下有期徒刑或者拘役；情节特别严重的，处3年以上7年以下有期徒刑。""国家机关工作人员徇私舞弊，犯前款罪的，处5年以下有期徒刑或者拘役；情节特别严重的，处5年以上10年以下有期徒刑。本法另有规定的，依照规定。"我国《刑法》第398条规定："国家机关工作人员违反保守国家秘密法的规定，故意或者过失泄露国家秘密，情节严重的，处3年以下有期徒刑或者拘役；情节特别严重的，处3年以上7年以下有期徒刑。非国家机关工作人员犯前款罪的，依照前款的规定酌情处罚。"尚不构成犯罪的，依法给予行政处分。二是指违反《会计法》第30条的规定，将检举人姓名和检举材料转给被检举单位和被检举人个人的，由所在单位或者有关单位依法给予行政处分。我国《会计法》第30条规定："任何单位和个人对违反本法和国家统一的会计制度规定的行为，有权检举。收到检举的部门有权处理的，应当依法按照职责分工及时处理；无权处理的，应当及时移送有权处理的部门处理。收到检举的部门、负责处理的部门应当为检举人保密，不得将检举人姓名和检举材料转给被检举单位和被检举人个人。"

违反《会计法》的规定，同时违反其他法律规定的，由有关部门在各自职权范围内依法进行处罚。

思 考 题

1. 会计人员的任职资格是怎么规定的？
2. 主管会计有何职责？
3. 伪造、变造、编制虚假会计资料应当承担什么法律责任？
4. 单位负责人对会计人员进行打击报复的应当承担什么法律责任？

第十三章 经济仲裁和诉讼

第一节 经 济 仲 裁

一、仲裁与仲裁法概述

(一) 仲裁的概念、特点

1. 仲裁的概念和性质

仲裁是指纠纷当事人在自愿基础上达成协议,将纠纷交由特定的非司法的第三者裁决,并做出对双方都有约束力的裁决的一种解决问题的制度和方式。仲裁具有契约性、自治性、民间性和准司法性。

2. 仲裁的特点

(1) 是一种便利的解决争议的方式。
(2) 提交仲裁以双方当事人自愿为前提。
(3) 必须有三方活动主体。
(4) 必须遵循一定的程序。
(5) 客体是当事人之间发生的一定范围内的争议。
(6) 裁决具有强制性。

(二) 仲裁范围

平等主体的公民之间、法人之间和其他组织之间发生的合同纠纷和其他的财产权益纠纷,可以仲裁。包括民事合同争议、投资争议等。不能仲裁的有:婚姻、收养、监护、扶养、继承纠纷;依法应由行政机关处理的行政争议;劳动争议;农业集体经济组织内部的农业承包合同纠纷。

仲裁范围由当事人约定,只能是当事人可自由处分的权利发生纠纷才能提交仲裁,依法不能自由处分的权利发生纠纷不能提交仲裁。

二、仲裁的基本原则

第一,当事人意思自治原则。其含义包括:是否以仲裁方式解决经济争议由当事人自由决定;由谁仲裁由当事人自由决定。仲裁地点由当事人自由决定；是否申请和解由当事人自由决定。除仲裁程序规则和仲裁所适用的实体法不能由当事人自由决定外，其他与仲裁有关的程序事项均由双方当事人自由决定。当事人约定共同以仲裁方式解决争议，必须以书面仲裁协议或仲裁条款为提交仲裁的意思表示；当事人只能选择该仲裁委员会仲裁员花名册中的仲裁员；可以和解，但必须在仲裁裁决做出之前申请和解。

第二，以事实为根据，以法律为准绳。仲裁机关对受理的经济纠纷案件，应当在搞清事实的基础上，按照法律公平合理地解决纠纷。

第三，仲裁独立原则。仲裁机关的仲裁依法独立进行，不受行政机关、社会团体和个人的干涉。当事人各方在适用法律上一律平等，而不能以权代法，徇私枉法。

第四，一裁终局制。仲裁实行一裁终局的制度。裁决作出后，当事人就同一纠纷再申请仲裁或者向人民法院起诉的，仲裁委员会或者人民法院不予受理。裁决被人民法院依法裁定撤销或者不予执行的，当事人就该纠纷可以根据双方重新达成的仲裁协议申请仲裁，也可以向人民法院起诉。

仲裁委员会应当由当事人协议选定。仲裁不实行级别管辖和地域管辖。

三、仲裁协议

（一）仲裁协议的内容

仲裁协议有两种形式：一是合同中订立的仲裁条款；二是以其他书面形式在纠纷发生前或者纠纷发生后达成的仲裁协议。仲裁协议应包括三项主要内容：请求仲裁的意思表示、仲裁事项、选定的仲裁机构。

（二）仲裁协议无效

有下列情形之一的，仲裁协议无效：

(1) 约定的仲裁事项超出法律规定的仲裁范围；

(2) 无民事行为能力人或者限制民事行为能力人订立的仲裁协议；

(3) 一方采取胁迫手段，迫使对方订立仲裁协议的。

仲裁协议独立存在，合同的变更、解除、终止或者无效，不影响仲裁协议的效力。仲裁庭有权确认合同的效力。

（三）对仲裁协议效力的异议

当事人对仲裁协议的效力有异议的，可以请求仲裁委员会作出决定或者请求人民法院作出裁定。一方请求仲裁委员会作出决定，另一方请求人民法院作出裁定的，由人民法院裁定。

当事人对仲裁协议的效力有异议，应当在仲裁庭首次开庭前提出。

四、仲裁程序

（一）申请与受理

当事人申请仲裁应当符合下列条件：

（1）有仲裁协议；

（2）有具体的仲裁请求和事实、理由；

（3）属于仲裁委员会的受理范围。

当事人申请仲裁，应当向仲裁委员会递交仲裁协议、仲裁申请书及副本。

仲裁委员会收到仲裁申请书之日起5日内，认为符合受理条件的，应当受理，并通知当事人；认为不符合受理条件的，应当书面通知当事人不予受理，并说明理由。

一方当事人因另一方当事人的行为或者其他原因，可能使裁决不能执行或者难以执行的，可以申请财产保全。

当事人申请财产保全的，仲裁委员会应当将当事人的申请依照民事诉讼法的有关规定提交人民法院。申请有错误的，申请人应当赔偿被申请人因财产保全所遭受的损失。

（二）仲裁庭的组成

当事人应当在仲裁规则规定的期限内约定仲裁庭的组成方式或者选定仲裁员，没有约定或未选定的，由仲裁委员会主任指定。

仲裁庭可以由三名仲裁员或者一名仲裁员组成。由三名仲裁员组成的，设首席仲裁员。

仲裁庭组成后，仲裁委员会应当将仲裁庭的组成情况书面通知当事人。

仲裁员有下列情形之一的，必须回避，当事人也有权提出回避申请：

（1）是本案当事人或者当事人、代理人的近亲属；

（2）与本案有利害关系；

（3）与本案当事人、代理人有其他关系，可能影响公正仲裁的；

（4）私自会见当事人、代理人，或者接受当事人、代理人的请客送礼的。

仲裁员因回避或者其他原因不能履行职责的，应当依法重新选定或者指定仲裁员。

（三）开庭和裁决

仲裁应当开庭进行。当事人协议不开庭的，仲裁庭可以根据仲裁申请书、答辩书以及其他材料作出裁决。

仲裁不公开进行。当事人协议公开的，可以公开进行，但涉及国家秘密的除外。

申请人经书面通知，无正当理由不到庭或者未经仲裁庭许可中途退庭的，可以视为撤回仲裁申请。

被申请人经书面通知，无正当理由不到庭或者未经仲裁庭许可中途退庭的，可以缺席裁决。

当事人应当对自己的主张提供证据。仲裁庭认为有必要收集的证据，可以自行收集。

在证据可能灭失或者以后难以取得的情况下，当事人可以申请证据保全。当事人申请证据保全的，仲裁委员会应当将当事人的申请提交证据所在地的基层人民法院。

仲裁庭在作出裁决前，可以先行调解。当事人自愿调解的，仲裁庭应当调解。调解不成的，应当及时作出裁决。调解达成协议的，仲裁庭应当制作调解书或者根据协议的结果制作裁决书。调解书与裁决书具有同等法律效力。

裁决书自作出之日起发生法律效力。

五、申请撤销裁决

当事人提出证据证明裁决有下列情形之一的，可以向仲裁委员会所在地的中级人民法院申请撤销裁决：

(1) 没有仲裁协议的；
(2) 裁决的事项不属于仲裁协议的范围或者仲裁委员会无权仲裁的；
(3) 仲裁庭的组成或者仲裁的程序违反法定程序的；
(4) 裁决所根据的证据是伪造的；
(5) 对方当事人隐瞒了足以影响公正裁决的证据的；
(6) 仲裁员在仲裁该案时有索贿受贿，徇私舞弊，枉法裁决行为的。

人民法院经组成合议庭审查核实裁决有前款规定情形之一的，应当裁定撤销。

人民法院认定该裁决违背社会公共利益的，应当裁定撤销。

当事人申请撤销裁决的，应当自收到裁决书之日起6个月内提出。人民法院应当在受理撤销裁决申请之日起2个月内作出撤销裁决或者驳回申请的裁定。

人民法院受理撤销裁决的申请后，认为可以由仲裁庭重新仲裁的，通知仲裁庭在一定期限内重新仲裁，并裁定中止撤销程序。仲裁庭拒绝重新仲裁的，人民法院应当裁定恢复撤销程序。

六、执行

当事人应当履行裁决。一方当事人不履行的，另一方当事人可以依照民事诉讼法的有关规定向人民法院申请执行。受申请的人民法院应当执行。

一方当事人申请执行裁决，另一方当事人申请撤销裁决的，人民法院应当裁定中止执行。

人民法院裁定撤销裁决的，应当裁定终结执行。撤销裁决的申请被裁定驳回的，人民法院应当裁定恢复执行。

[案例 10-1] 经济仲裁

甲公司与乙研究所签订了一份技术合同，约定双方联合开发研制一种营养口服液。合同中的仲裁条款约定："因履行合同发生的争议，由双方协商解决。协商不成，由仲裁机构进行仲裁。"在履行合同过程中，双方发生争议。乙提出在本单位所在地 A 市申请仲裁，甲不同意。后经过双方协商重新达成仲裁协议，约定将合同争议提交甲所在地的 B 市经济仲裁委员会进行仲裁。事后，乙担心 B 市经济仲裁委员会实行地方保护主义，又转而向合同履行地的 C 市人民法院起诉。但未向法院说明此前曾有两份仲裁协议。法院受理了乙的起诉，并向甲送达了起诉的副本，甲参加诉讼并进行了答辩。法院经审理后判决甲败诉。甲立即上诉，理由是甲、乙之间事先有仲裁协议，法院不应受理此案，故法院的判决无效。

问：甲的理由能否成立？

[案例点评]

本案的核心是仲裁协议的法律效力以及仲裁与诉讼的关系。

1. 第一份仲裁协议（合同中的仲裁条款）因不具备仲裁协议的必备内容而无效。由于合同当事人没有指定具体的经济仲裁委员会，该仲裁条款实际无法履行，因而无效。

2. 第二份仲裁协议有效。甲、乙通过再度协商，共同选定 B 市经济仲裁委员会作为仲裁机构，符合仲裁协议的必备内容，有法律效力。

3. 乙向 C 市人民法院起诉不合法。第二份仲裁协议有效，当事人应当依照约定向 B 市经济仲裁委员会申请仲裁。C 市人民法院如果知道甲、乙之间有第二份仲裁协议，将不会受理乙的起诉。

4. C 市人民法院审理甲、乙之间的合同争议有合法依据。由于乙起诉时并没有向 C 市人民法院声明甲、乙之间有仲裁协议，法院予以受理。当起诉副本送达甲时，甲不仅没有在首次开庭前提出异议（声明甲、乙之间有仲裁协议，法院不应当受理），还出庭进行答辩，视为甲放弃了仲裁协议，C 市人民法院有权依法进行审理并作出判决。因此，甲如果在 C 市人民法院首次开庭前提出异议，法院将不能受理此案，但当法院已经依法判决后再提出异议，异议不能成立。

第二节 涉外仲裁

一、涉外仲裁的概念

涉外仲裁,是指中国的公民、法人或其他经济组织与外国的公民、法人和其他经济组织间在经济交往中发生合同纠纷和其他财产权益纠纷时,根据双方当事人依据合同中的仲裁条款或者争议发生后达成的书面仲裁协议,自愿提交中国仲裁机构或者其他仲裁机构仲裁,从而解决双方经济争议的一种法律形式。

我国仲裁法规定,涉外经济贸易、运输和海事中发生的纠纷仲裁适用该法有关规定。

我国《中国国际经济贸易仲裁委员会仲裁规则》规定,以仲裁的方式,独立、公正地解决契约性或非契约性的经济贸易等争议。争议包括:

(1) 国际的或涉外的争议;

(2) 涉及香港特别行政区、澳门特别行政区或台湾地区的争议;

(3) 外商投资企业相互之间以及外商投资企业与中国法人、自然人及经济组织之间的争议;

(4) 涉及中国法人、自然人及其他经济组织利用外国的、国际组织的或香港特别行政区、澳门特别行政区、台湾地区的资金、技术或服务进行项目融资、招标投标、工程建筑等活动的争议;

(5) 中华人民共和国法律、行政法规特别规定或特别授权由仲裁委员会受理的争议;

(6) 当事人协议由仲裁委员会仲裁的其他国国内争议。我国《仲裁法》规定不能仲裁或另行规定的争议除外。

二、涉外仲裁适用的法律

处理涉外经济争议,适用哪一国家的法律,是一个很重要的问题,因为合同当事人属于不同的国家,如果按不同国家的法律处理争议,往往会得出不同的结果,与当事人有密切的利害关系。而各国的法律又可能有所不同,那么,如果出现合同争议,就会涉及应该适用哪个国家的法律问题,即所谓合同的准据法,包括对合同是否成立、合同成立的时间、合同内容的解释、合同的履行、违约责任等问题所适用的法律。

当事人在订立合同时或者发生争议后,对于合同所适用的法律已有选择的,仲裁机构或法院在审理该项合同纠纷案件时,应以当事人选择的法律为依据。当事人选择的法律,可以是中国法,也可以选择适用某项国际公约或国际惯例。国外大多数国家允许当事人选择处理合同争议所适用的法律,但是当事人的选择必须是经双方协商一致和明示的,并且不能违反法律的基本原则和社会公共利益。

当事人在订立合同时或者发生争议后,对于合同所适用的法律未作选择的,仲裁机构或人民法院受理案件后,应当允许当事人在开庭审理以前作出选择。如果当事人仍不能协商一致作出选择,仲裁机构或人民法院应当适用与合同有最密切联系的国家的法律。这是指合同缔约地法、履行地法、合同标的物所在地法,以及仲裁地法和有管辖权的法院所在地法等。具体适用哪个国家的法律,则视合同争议的具体情况而定。

由于选择适用法律问题与当事人双方有着直接的利害关系。就这个问题达成协议,有时相当困难,而达不成协议的情况是经常发生的。比如,国际贸易中,卖方出售货物或者出让技术的目的是获取利润,如果他们选择的适用法律适当,那么在这笔买卖中他们的利润就有了可靠的法律保障。因卖方在与买方洽谈合同时,总要详细了解买方国家的有关法律。如果买方国家的法律对他们不利或者规定不明确时,一定会选用他们熟悉的国际条约或国际惯例作为合同的适用法律。买方为了避免吃亏上当,在签约前往往要根据卖方国家的法律规定,了解卖方是否具备法定的权利能力和行为能力,即调查卖方的资信情况。买方根据本国的法律要求和国际惯例,往往在合同中要求明确规定解决合同争议所适用的法律。

对于在中国境内履行的中外合资经营企业合同、中外合作经营企业合同、中外合作勘探开发自然资源合同,必须适用中国法律,当事人协议选择适用外国法律的合同条款或书面仲裁条款无效。这是因为这3种合同都是根据中国法律在中国成立的,企业都设在中国境内并在中国境内进行基本的生产经营活动。有的外方当事人不愿适用中国法律而适用第三国法律,应予以解释并拒绝这种要求。

三、仲裁协议

仲裁协议,是指双方当事人表示愿意把他们之间的争议交付仲裁裁决的一种书面协议。它是仲裁机构或仲裁员受理争议案件的依据。

仲裁协议有两种形式:一种是由双方当事人在争议发生之前订立的,表示愿意把将来可能发生的争议提交仲裁解决的协议,这种协议一般都包含在主合同内,作为合同的一项条款,通常称之为仲裁条款;另一种是由双方当事人在争议发生之后订立的,表示同意把已经发生的争议交付仲裁解决的协议。这是独立于合同的一个协议,通常称之为提交仲裁协议。这两种仲裁协议的形式,具有同等的法律效力。

双方当事人订立了书面仲裁协议（包括合同中订有仲裁条款），他们就不能把有关争议的案件提交法院处理，如果任何一方违反仲裁协议，把他们之间的争议向法院提起诉讼，法院不应受理。如果法院受理了，则对方可根据仲裁协议要求法院停止司法诉讼程序，把有关争议案件交由协议中的仲裁机关审理。

对仲裁协议及/或仲裁案件管辖权的抗辩，应当在仲裁庭首次开庭前提出；对书面审理的案件的管辖权的抗辩，应当在第一次实体答辩前提出。对仲裁协议及/或仲裁案件管辖权提出抗辩不影响按仲裁程序进行审理。

四、仲裁地点

仲裁地点是仲裁协议的主要内容。它与仲裁所适用的程序法以及按照哪一国的冲突法规则来确定合同的实体法都有密切的关系。按有些国家的法律，凡属程序方面的问题，原则上适用审判地法，也就是在哪个国家仲裁，就要适用哪个国家的仲裁程序规则。至于确定双方当事人的权利、义务的实体法，除双方当事人在合同中已作出明确规定外，仲裁员一般也要按照仲裁地国家的法律冲突规则来确定合同所应适用的准据法。

五、仲裁机构

当事人双方协商一致，可以选择任何仲裁机构。国际经济仲裁有两种做法：一种是在常设的仲裁机构进行仲裁。比如，瑞典斯德哥尔摩商会仲裁院及伦敦国际仲裁院等；另一种是临时仲裁庭，即不要常设仲裁机构主持，直接由双方当事人指定的仲裁员自行组成仲裁庭进行仲裁。这种仲裁庭，案件处理完毕即自动解散。国际经济纠纷案绝大部分是在常设的仲裁机构主持下进行仲裁的。

我国目前有两家涉外仲裁机构：中国国际经济贸易仲裁委员会（对外又称中国国际商会仲裁院）和中国海事仲裁委员会。

涉外仲裁委员会可以从具有法律、经济贸易、科学技术等专门知识的外籍人士中聘任仲裁员。

六、仲裁规则

仲裁规则，是指仲裁机构在受理、审理案件过程中所遵循和适用的程序法。它包括如何提出仲裁申请、如何进行答辩、如何指定仲裁员、怎样进行仲裁审理、如何作出仲裁裁决等内容。仲裁规则的作用主要是为当事人、仲裁员提供一套进行仲裁的行为准则，以便在仲裁时有所遵循。

仲裁规则是由各国的仲裁机构自行制定的。在国际上，除了各国仲裁机构制定的仲裁规则以外，还有一些国际性和地区性的仲裁规则，如联合国国际贸易法委员会仲裁规则、国际商会商事仲裁规则等。

我国《仲裁法》规定，涉外仲裁规则可以由中国国际商会依照《仲裁法》和《民事诉讼法》的有关规定制定。比如，我国有《中国国际经济贸易仲裁委员会仲裁规则》，或称《中国国际商会仲裁院仲裁规则》。

仲裁规则与仲裁机构是有密切联系的。一般来说，仲裁条款规定在哪个仲裁机构仲裁，就按哪个机构制定的仲裁规则办理。但是，有些国家也允许双方当事人任意选择他们认为合适的仲裁规则。比如，仲裁条款规定，在某个国家的仲裁机构进行仲裁时，可以不采用该仲裁机构制定的仲裁规则，而采用其他国家的仲裁机构或国际组织所制定的仲裁规则，但以不违反仲裁地国家仲裁法中强制性规定为限。比如，我国的《中国国际经济贸易仲裁委员会仲裁规则》规定，凡当事人同意将争议提交仲裁委员会仲裁的，均视为同意按照本仲裁规则进行仲裁。但当事人另有约定且仲裁委员会同意的，从其约定。

七、仲裁裁决的效力

仲裁裁决是终局的，对双方当事人均有约束力。任何一方当事人均不得向法院起诉，也不得向其他机构提出变更仲裁裁决的请求。

各国法律对仲裁裁决的上诉程序都有一定的限制。有些国家原则上不允许对仲裁裁决提起上诉，有些国家虽然允许当事人上诉，但法院一般只审查程序，而不审查实体，即是审查仲裁裁决在法律手续上是否完备，而不审查仲裁裁决在认定事实或适用法律方面是否正确。有些国家的仲裁法规定，如法院发现有下列情况之一的，有权撤销仲裁裁决：

（1）仲裁裁决缺乏有效的仲裁协议作为依据；
（2）仲裁员行为不当（即未按仲裁程序行事）或越权作出裁决；
（3）交付仲裁裁决的事项是属于法律规定不得提交仲裁处理的问题；
（4）仲裁裁决违反该国的公共秩序；
（5）仲裁程序不当或仲裁裁决不符合法定的要求。

为了明确仲裁裁决的效力，避免引起复杂的上诉程序，双方当事人在订立仲裁条款时，一般都明确规定：仲裁裁决是终局的裁决，对双方当事人都有拘束力，任何一方都不得向法院提起上诉要求予以更改。

仲裁费用，一般都规定由败诉一方负担，或按仲裁裁决办理。

八、涉外仲裁裁决的执行

涉外仲裁裁决作出后，当事人应当依照仲裁裁决书写明的期限自动履行；

仲裁裁决书未写明期限的，应当立即履行。如果逾期不执行，一方当事人可以向有关机构申请依法强制执行。

《中国国际经济贸易仲裁委员会仲裁规则》规定：一方当事人不履行的，另一方当事人可以根据中国法律的规定，向中国法院申请执行；或者根据1958年《承认执行外国仲裁裁决公约》或中国缔结或参加的其他国际条约，向外国有管辖权的法院申请执行。

我国于1986年正式加入了在联合国支持下，在纽约缔结的《承认执行外国仲裁裁决公约》，简称《纽约公约》。《纽约公约》的主要内容包括以下5个方面：

第一，缔约国应该互相承认和执行对方国家所作出的仲裁裁决，并规定在承认和执行对方国家的仲裁裁决时，不应该在实质上比承认和执行本国的仲裁裁决提出更为麻烦的条件或征收更高的费用。

第二，申请承认和执行裁决的一方当事人，应提供经过适当证明的仲裁裁决的正本或副本，以及仲裁协议的正本或经过适当证明的副本，必要时还应附有译本。

第三，凡外国仲裁裁决有下列情况之一者，被请求执行的机关可依被诉人的请求，拒绝予以承认和执行：

（1）被诉人证明仲裁协议的当事人无行为能力，或根据仲裁协议选定的准据法，或根据作出裁决国家的法律，该项仲裁协议是无效的；

（2）被诉人没有得到关于指定仲裁员或进行仲裁程序的适当通知，或者由于其他原因而不能对案件提出意见；

（3）裁决的事项超出仲裁协议所规定的范围；

（4）仲裁庭的组成或仲裁程序与双方当事人的协议不相符合，或者在双方当事人无协议时，与仲裁地国家的法律不相符合；

（5）仲裁裁决对当事人尚未发生拘束力，或者裁决已被仲裁地国家的有关当局撤销或停止执行。所谓裁决对当事人尚未发生拘束力是指裁决尚能提起异议或上诉，或正在对裁决的有效性进行诉讼。

第四，如果被请求承认和执行仲裁裁决的国家的有关当局认为，按照该国法律，裁决中的争议事项不适合以仲裁方式处理，或者认为裁决的内容违反该国的公共秩序，也可以拒绝予以执行。

第五，公约允许各缔约国在参加该公约时可以发表声明，提出若干保留条件，如声明在承认和执行外国仲裁裁决时，须以互惠为条件，即只承认和执行缔约国所作出的裁决，对非缔约国所作出的裁决可不按公约的规定办理；并可声明仅对根据本国法律属于商事关系所引起的争议适用该公约的规定，对于非商事争议的裁决则不在此限。

我国民事诉讼法规定,对中华人民共和国涉外仲裁机构作出的裁决,被申请人提出证据证明仲裁裁决有下列情形之一的,经人民法院组成合议庭审查核实,裁定不予执行:

(1) 当事人在合同中没有订有仲裁条款或者事后没有达成书面仲裁协议的;

(2) 被申请人没有得到指定仲裁员或者进行仲裁程序的通知,或者由于其他不属于被申请人负责的原因未能陈述意见的;

(3) 仲裁庭的组成或者仲裁的程序与仲裁规则不符的;

(4) 裁决的事项不属于仲裁协议的范围或者仲裁机构无权仲裁的。

第三节 经济诉讼

一、民事审判概念

经济诉讼采取的是民事审判方式,适用民事诉讼法的规定。

民事审判,是指司法机关对民事纠纷案件进行审理和判决的活动。我国没有专门处理经济纠纷的特别程序,一律适用民事诉讼法所规定的民事诉讼程序。审理民事经济纠纷案件所适用的法律在实体方面,是我国的国内法,在某些涉外经济纠纷案件中也可以根据我国法律的规定适用外国法律和我国缔结或参加的国际条约、国际惯例。在程序法方面,适用中华人民共和国民事诉讼法的规定,属于我国法院专属管辖的案件,当事人不得用协议选择其他国家的法院管辖。民事诉讼法的任务是保护当事人行使诉讼权利,保证人民法院查明事实,分清是非,正确适用法律,及时审理案件,确认民事权利义务关系,制裁民事违法行为,保护当事人的合法权益。维护社会秩序、经济秩序,促进企业的管理的改进和完善,从而保障社会主义建设事业顺利进行。

二、民事诉讼的管辖

管辖是第一审普通经济争议在各级人民法院之间、不同地区的同级人民法院之间的分工和权限。划分管辖有不同的标准,以是否由法律直接规定为标准,可分为法定管辖和裁定管辖。法定管辖包括级别管辖和地域管辖。裁定管辖包括移送管辖和指定管辖。以法律的强制性规定和任意性规定为标准,可分为专属管辖和协议管辖。以诉讼关系为标准,可分为共同管辖和合并管辖。

1. 级别管辖

级别管辖是按人民法院组织系统划分上下级人民法院之间受理第一审民事经济案件的分工和权限。基层人民法院、中级人民法院、高级人民法院和最高人民法院有权管辖一定范围的第一审民事经济案件。确立级别管辖的主要依据是案件的繁简程度和影响大小。基层人民法院管辖法律另有规定以外的全部第一审案件；中级人民法院管辖重大涉外案件、在本辖区有重大影响的案件和最高人民法院确定受其管辖的案件；高级人民法院管辖在本辖区内有重大影响的案件；最高人民法院管辖在全国有重大影响的案件，以及它认为应当由其审理的第一审案件。

2. 地域管辖

地域管辖是确定在同级的人民法院之间在各自的辖区内受理第一审民事经济案件的分工和权限。地域管辖分为一般地域管辖、特殊地域管辖和专属管辖。

（1）一般地域管辖，是按当事人的所在地划分案件管辖法院。通常实现"原告就被告原则"。即对公民提起的诉讼，由被告住所地人民法院管辖；被告住所地和经常居住地一致的，由经常居住地人民法院管辖；对法人或其他组织提起诉讼，由被告住所地人民法院管辖。同一诉讼的几个被告住所地和经常居住地在两个以上的人民法院辖区的，各该人民法院都有管辖权。对不在我国领域居住的人提起有关身份关系的诉讼，对被监禁和劳动教养的人提起诉讼，对下落不明的或宣告失踪的人提起的有关身份关系的诉讼，可以由原告所在地的人民法院管辖。

（2）特殊地域管辖，以诉讼标的所在地或者引起法律关系发生、变更、消灭的法律事实所在地为依据确定管辖法院的，为特殊地域管辖。因合同纠纷提起的诉讼，由被告住所地或合同履行地人民法院管辖。合同的双方当事人可以在书面合同中协议选择被告住所地、合同履行地、合同签订地、原告住所地、标的物所在地人民法院管辖，但不得违反级别管辖和专属管辖的规定。因保险合同纠纷所提起的诉讼，由被告住所地和保险标的物所在地人民法院管辖。因票据纠纷提起的诉讼，由票据支付地或被告住所地人民法院管辖。因铁路、公路、水上、航空运输和联合运输合同纠纷提起的诉讼，由运输始发地、目的地、或者被告住所地人民法院管辖。因侵权行为提起的诉讼，由侵权行为地或者被告住所地人民法院管辖。因铁路、公路、水上、航空事故请求损害赔偿，提起的诉讼，由事故发生地或者车辆、船舶最先到达地、航空器最先降落地或者被告住所地人民法院管辖。因船舶碰撞或者其他海事损害事故请求损害赔偿提起的诉讼，由碰撞发生地、碰撞船舶最先到达地、加害船舶被扣留地或者被告住所地人民法院管辖。因海难救助费用提起的诉讼，由救助地或者被救助船舶最先到达地人民法院管辖。因共同海损提起的诉讼，由船舶最先到达地、共同海损理算地或者航程终止地的人民法院管辖。

（3）专属管辖。专属管辖是根据案件的特定性质，由法律规定由一定地区的人民法院管辖，专属管辖具有排他性，除法律规定具有专属管辖权的法院外，其他法院无权管辖。下列案件，由规定的人民法院专属管辖：因不动产纠纷提起的诉讼，由不动产所在地人民法院管辖；因港口作业中发生纠纷提起的诉讼，由港口所在地人民法院管辖；因继承遗产纠纷提起的诉讼，由被继承人死亡时住所地或者主要遗产所在地人民法院管辖。

根据地域管辖的规定，同一诉讼可以由两个或者两个以上的法院管辖，这种情形，称为共同管辖。在共同管辖中，当事人可以从有管辖权的几个法院中选择管辖法院。

3. 移送管辖和指定管辖

人民法院发现受理的案件不属于本院管辖的，应当移送有管辖权的法院。受移送的法院应当受理。受移送的法院认为受移送的案件依照规定不属于本院管辖的，应当报请上级法院指定管辖。人民法院之间因管辖权发生争议，由争议双方协商解决；协商解决不了的，报请它们的共同上级法院指定管辖。上级人民法院有权管辖下级人民法院管辖的案件，也可以把本院管辖的第一审民事经济案件交给下级人民法院审理。下级人民法院对它管辖的第一审民事经济案件，认为需要由上级人民法院审理的，可以报请上级人民法院审理。

三、民事审判程序

审判程序，是指人民法院在处理案件过程中所必须遵循的规则和制度。有了审判程序，对法院来说，审理案件的做法就有了依据，能有效地保证审判活动正确、合法、及时地进行。对诉讼当事人来说，也有所遵循，明确自己在诉讼活动中的地位、权利、义务以及如何维护自己的合法权益。

（一）两审终审制

人民法院审判案件，实行两审终审制。就是地方各级人民法院第一审案件的判决和裁定，当事人可以按照法定程序向上一级人民法院上诉，由上级人民法院进行上诉审，即第二审。

地方各级人民法院第一审案件的判决和裁定，如果在上诉期间内当事人不上诉，就是发生法律效力的判决和裁定；中级、高级和最高人民法院审判的第二审案件的判决和裁定，最高人民法院审判的第一审案件的判决和裁定，都是终审的判决和裁定，也就是发生法律效力的判决和裁定。

履行发生法律效力的判决和裁定（包括发生法律效力的调解协议），是当事人的法定诉讼义务之一。

当事人对已经发生法律效力的判决、裁定，认为有错误的，可以向原审人民法院或者上一级人民法院申请再审，但不停止判决、裁定的执行。当事人申请再审，应当在判决、裁定发生法律效力后 2 年内提出。

人民法院对已经发生法律效力的判决、裁定的申请再审，经过复查，认为原判决、裁定正确，申请无理的，予以驳回。

(二) 审判程序

1. 第一审普通程序

(1) 起诉和受理。原告起诉必须符合法定的4项条件：

①原告是与本案有直接利害关系的公民、法人和其他组织；

②有明确的被告；

③有具体的诉讼请求和事实、理由；

④属于人民法院受理民事诉讼的范围和受诉人民法院管辖。

(2) 原告起诉应当向人民法院递交起诉状。起诉状应当记明下列事项：

①当事人的姓名、性别、年龄、民族、职业、工作单位和住所，法人或者其他组织的名称、住所和法定代表人或者主要负责人的姓名、职务。

②诉讼请求和所根据的事实与理由。

③证据和证据来源、证人姓名和住所。

④起诉状还应按照被告人数提出副本。书写起诉状确有困难的，可以口头起诉，由人民法院记入笔录，并告知对方当事人。

⑤人民法院收到起诉状或口头起诉后，经审查认为符合起诉条件的，应当在7日内立案，并通知当事人；认为不符合起诉条件的，应当在7日内裁定不予受理，原告对裁定不服的，可以提起上诉。

⑥人民法院应当在立案之日起5日内，将起诉状副本发送被告，被告在收到之日起15日内提出答辩状。被告提出答辩状的，人民法院应当在收到之日起5日内，将答辩状副本发送原告；被告不提出答辩状的，不影响人民法院审理。

(3) 调解。凡是能调解的经济纠纷案件，人民法院经济庭根据当事人自愿的原则，在事实清楚的基础上，分清是非，进行调解，促使当事人相互谅解，达成协议。

调解达成协议的，人民法院应当制作调解书。调解书应当写明诉讼请求、案件的事实和调解结果，由审判人员、书记员署名，并加盖人民法院印章，送达双方当事人调解书经双方当事人签收后，即具有法律效力。调解未达成协议，或者调解书送达前一方反悔的，人民法院应当及时判决。

(4) 开庭审理。民事案件的审理，除涉及国家秘密、个人隐私或者法律另有规定的以外，应当公开进行。开庭审理时，由审判长核对当事人，宣布审判人员、书记员名单，告知当事人有关的诉讼权利义务，询问当事人是否提出回避申请。

在庭审过程中，主要是进行法庭调查和法庭辩论。法庭调查按照下列顺序进行：

当事人陈述；

告知证人的权利义务，证人作证，宣读未到庭的证人证言；

出示书证、物证和视听资料；

宣读鉴定结论；

宣读勘验笔录。

当事人在法庭上可以提出新的证据。当事人经法庭许可，可以向证人、鉴定人、勘验人发问。当事人要求重新进行调查、鉴定或者勘验的，是否准许，由人民法院决定。

法庭辩论按下列顺序进行：

原告及其诉讼代理人发言；

被告及其诉讼代理人答辩；

第三人及其诉讼代理人发言或者答辩；

互相辩论。

法庭辩论终结，由审判长按照原告、被告、第三人的先后顺序征询各方最后意见。

法庭辩论终结，应当依法作出判决，判决前能够调解的，还可以进行调解；调解不成的，应当及时作出判决。判决书应当写明如下内容：

①案由、诉讼请求、争议的事实和理由；

②判决认定的事实、理由和适用的法律依据；

③判决结果和诉讼费用的负担；

④上诉期间和上诉的法院。

人民法院宣告判决一律公开进行；当庭宣判的，应当在10日内发送判决书；定期宣判的，宣判后立即发给判决书。

(5) 财产保全。人民法院对于可能因当事人一方的行为或者其他原因，使判决不能执行或者难以执行的案件，可以根据对方当事人的申请作出财产保全的裁定。当事人没有提出申请的，人民法院在必要时也可以裁定采取财产保全措施。人民法院采取财产保全措施，可以责令申请人提供担保；申请人不提供担保的，驳回申请。

财产保全限于诉讼请求的范围，或者与本案有关的财物。财产保全采取查封、扣押、冻结或者法律规定的其他方法。被申请人提供担保的，人民法院应当解除财产保全。申请有错误的，申请人应当赔偿被申请人因财产保全所遭受的损失。

2. 简易程序

基层人民法院和它派出的法庭审理事实清楚、权利义务关系明确、争议不大的简单的民事纠纷案件，适用简易程序。简易程序实际上是简化了的第一审程序。简易程序的特点：

（1）原告可以口头起诉；

（2）当事人双方可以同时到基层人民法院或者它派出的法庭请求解决纠纷；

（3）基层人民法院或者它派出的法庭可以当即审理，也可以另定日期审理，并用简便方式随时传唤当事人、证人；

（4）实行独任审判，即由一名审判员单独进行审判。

按简易程序审理的案件，审理中发现并不是简单的案件，可以改用第一审普通程序。

起诉时被告下落不明的案件，不得运用简易程序审理。

3. 第二审程序

当事人不服地方人民法院第一审判决或裁定的，有权在判决书送达之日起15日内，在裁定书送达之日起10日内，向上一级人民法院提起上诉。

上诉状应当包括当事人的姓名、法人的名称及其法定代表人的姓名或者其他组织的名称及其主要负责人的姓名；原审人民法院名称、案件的编号和案由；上诉的请求和理由。

上诉状应当通过原审人民法院提出，并按照对方当事人或者代表人的人数提出副本。

第二审人民法院对上诉案件，应当组成合议庭开庭审理。经过阅卷和调查，询问当事人，在事实核对清楚后，合议庭认为不需要开庭审理的，也可以径行判决、裁定。

第二审人民法院审理上诉案件，可以在本法院进行，也可以到案件发生地或者原审人民法院所在地进行。

第二审人民法院对上诉案件，经过审理，按照下列情形分别处理：

（1）原判决认定事实清楚，适用法律正确的，判决驳回上诉，维持原判决；

（2）原判决适用法律错误的，依法改判；

（3）原判决认定事实错误，或者原判决认定事实不清，证据不足，裁定撤销原判决，发回原审人民法院重审，或者查清事实后改判；

（4）原判决违反法定程序，可能影响案件正确判决的，裁定撤销原判决，发回原审人民法院重审。

人民法院审理对判决的上诉案件，应当在第二审立案之日起三个月内审结。有特殊情况需要延长的，由本院院长批准；对裁定的上诉案件，应当在第二审立案之日起30日内作出终审裁定。

当事人对重审案件的判决、裁定，可以上诉。

4. 执行程序

发生法律效力的民事判决、裁定,当事人必须履行。一方拒绝履行的,对方当事人可以向人民法院申请执行,也可以由审判员移送执行员执行。调解书和其他应当由人民法院执行的法律文书,当事人必须履行。一方拒绝履行的,对方当事人可以向人民法院申请执行。

发生法律效力的民事判决、裁定,以及刑事判决、裁定中的财产部分,由第一审人民法院执行。

申请执行的期限,双方或者一方当事人是公民的为1年,双方是法人或者其他组织的为6个月。从法律文书规定履行期间的最后一日起计算。

被执行人未按执行通知履行法律文书确定的义务,人民法院可采取以下措施:

(1) 人民法院有权向银行、非银行金融机构和其他有储蓄业务的单位查询被执行人的存款情况,有权冻结、划拨被执行人的存款。

(2) 人民法院有权扣留、提取被执行人应当履行义务部分的收入,但应当保留被执行人及其所扶养家属的生活必需费用。

(3) 人民法院有权查封、扣押、冻结、拍卖、变卖被执行人应当履行义务部分的财产,但应当保留被执行人及其所扶养家属的生活必需品。

(4) 被执行人不履行法律文书确定的义务,并隐匿财产的,人民法院有权发出搜查令,对被执行人及其住所或者隐匿地进行搜查。

(5) 强制迁出房屋或者强制退出土地,由院长签发公告,责令被执行人在指定期间履行。被执行人逾期不履行的,由执行员强制执行。强制迁出的房屋中被撤出的财物,由人民法院派人运至指定处所,交给被执行人。被执行人因拒绝接收而造成的损失,由被执行人承担。

(6) 被执行人未按判决、裁定和其他法律文书指定的期间履行给付金钱义务的,应当加倍支付迟延履行期间的债务利息。

5. 审判监督程序

当事人对已发生法律效力的判决、裁定,认为有错误的,可以向原审人民法院或者上一级人民法院申请再审,但不停止判决、裁定的执行。

当事人的申请符合下列情形之一的,人民法院应当再审:

(1) 有新的证据,足以推翻原判决、裁定的;

(2) 原判决、裁定认定事实的主要证据不足的;

(3) 原判决、裁定比照适用法律确有错误的;

(4) 人民法院违反法定程序,可能影响案件正确判决、裁定的;

(5) 审判人员在审理该案件时有贪污受贿、徇私舞弊、枉法裁判行为的。

人民法院对不符合前款规定的申请,予以驳回;如认为符合前款规定的申请，应当在立案后裁定中止原判决的执行并及时通知双方当事人。

当事人申请再审，应当在判决、裁定发生法律效力后2年内提出。当事人对已经发生法律效力的解除婚姻关系的判决，不得申请再审。

人民法院审理再审案件，应当另行组成合议庭。

四、涉外民事诉讼程序

涉外民事诉讼程序，是指当事人一方或双方是外国人、无国籍人、外国企业或组织，或者当事人之间民事法律关系的设立、变更、终止的法律事实发生在外国，或者诉讼标的物在外国的民事案件，即涉外民事案件所适用的民事诉讼程序。在中华人民共和国领域内进行涉外民事诉讼，适用我国涉外民事诉讼程序的特别规定。如特别规定中没有规定的，要适用我国民事诉讼法的一般规定。

我国缔结或者参加的国际条约与我国民事诉讼法有不同规定的，适用该国际条约的规定，但我国声明保留的条款除外。我国和外国法院都有管辖权的案件，一方当事人向外国法院起诉，而另一方当事人向中华人民共和国人民法院起诉，人民法院可予受理。

判决后，外国法院申请或者当事人请求人民法院承认和执行外国法院对本案作出的判决、裁定的，不予准许；但双方共同参加或者签订的国际条约另有规定的除外。当然以不违反我国法律的基本原则及不违反我国国家主权、安全和社会公共利益的原则为前提。

外国人、无国籍人、外国企业和组织在人民法院起诉、应诉，需要委托律师代理诉讼的，必须委托我国的律师。涉外民事诉讼中的外籍当事人，可以委托本国人为诉讼代理人，也可以委托本国律师以非律师身份担任诉讼代理人；外国驻华使、领官员受本国公民的委托，可以以个人名义担任诉讼代理人，但在诉讼中不享有外交特权和豁免权。

涉外民事案件在适用实体法时，比一般民事案件的情况要复杂，根据国际私法中冲突规范确定适用的准据法，就可能会出现适用外国法的情况。

思 考 题

1. 仲裁与诉讼有什么区别？
2. 仲裁裁决的撤销有什么条件？
3. 仲裁的范围是如何规定的？
4. 如何确定经济诉讼的管辖？
5. 我国民事诉讼的程序是如何规定的？

参考书目

1. 财政部会计资格评价中心．经济法［M］．北京：中国财政经济出版社，2007．
2. 法律法规中心编．新民事诉讼法要点解读［M］．北京：法律出版社，2007．
3. 王东敏．新破产法疑难解读与实务操作［M］．北京：法律出版社，2007．
4. 徐明．新证券法解读［M］．上海：上海社会科学出版社，2006．
5. 周友苏．新证券法论［M］．北京：法律出版社，2007．
6. 徐永前．新合伙企业法100问［M］．北京：企业管理出版社，2006．
7. 汪发元．反不正当竞争理论与实践［M］．北京：中国言实出版社，2005．
8. 安建．中华人民共和国公司法释义［M］．北京：法律出版社，2005．
9. 田燕苗．新合伙企业法讲读［M］．北京：中国工人出版社，2006．
10. 吕景胜．经济法实务［M］．北京：中国人民大学出版社，2003．
11. 黄月华．经济法通论［M］．北京：法律出版社，2003．
12. 孔祥俊．反不正当竞争法新论［M］．北京：人民法院出版社，2001．
13. 吴汉东．知识产权法［M］．北京：中国政法大学出版社，1999．
14. 刘春天．知识产权法［M］．北京：中国人民大学出版社，2000．
15. 梁慧星，王利明．经济法的理论问题［M］．北京：中国政法大学出版社，1996．
16. 沈秀英，陈茂国等．经济法概论［M］．武汉：武汉理工大学出版社，2004．
17. 吕忠梅，刘大洪．经济法的法学与法经济学分析［M］．北京：中国检察出版社，2000．
18. 史际春，邓峰．经济法总论［M］．北京：法律出版社，1998．
19. 黄进，宋连斌，徐前权．仲裁法学［M］．北京：中国政法大学出版社，2002．
20. 张乃根．中国知识产权法［M］．北京：法律出版社，1999．

21. 郑成思. 知识产权法 [M]. 北京：法律出版社，1997.
22. 许明月. 经济法学论点要览 [M]. 北京：法律出版社，2000.
23. 夏和平. 银行业务中的法律问题 [M]. 北京：中国经济出版社，2001.
24. 卞耀武，李飞. 公司法的理论与实务 [M]. 北京：中国商业出版社，1994.
25. 梁英武. 中国民法 [M]. 北京：法律出版社，1990.
26. 郑成思. 知识产权研究 [M]. 北京：中国方正出版社，1996.
27. 刘心稳. 票据法 [M]. 北京：中国政法大学出版社，2002.
28. 国家工商行政管理局编写组. 工商行政管理法律知识 [M]. 北京：工商出版社，1997.